Johanna Baronin Herzogenberg

PRAG

Johanna Baronin Herzogenberg

PRAG

Ein Führer

Prestel-Verlag München

Inhalt

Vorwort   VII

Wiedersehen mit Prag · *Vorwort zur achten Auflage*   IX

Der erste Weg   9

Der Hradschin   19

Auf der Burg, 19 – St. Georg, 21 – Die Kollegiatskirche zu Allerheiligen, 27 – Der Dom, 27 – Im Inneren des Domes, 31 – Die Wenzels-Kapelle und der Kronschatz, 43 – Der Domschatz, 50 – Die Prager Bischöfe, 50 – Die Nationalgalerie, 52 – Die Residenz und der Wladislawsche Saal, 56 – Der Prager Fenstersturz, 60 – Zum Goldmachergäßchen, 64 – Das Belvedere und der königliche Garten, 66 – Die Kunstkammer Europas, 70 – Die Krönung Maria Theresias, 75 – Die Burgstadt, 85 – Der Hradschinplatz, 87 – Das Palais Czernin, 89 – Loreto, 94 – Hohler Weg und Spornergasse, 96

Die Kleinseite   117

Vom Kleinseitner Ring zur Moldau, 117 – Von der Moldau zum Malteserplatz, 123 – Das Prager Jesulein, 126 – Die Stadt des Adels, 128 – Das Palais Waldstein und sein Bauherr, 130 – Gärten und Paläste am Burghang, 136 – Gärten und Paläste am Laurenziberg, 139 – St. Niklas, 147

Auf dem Wischehrad   154

Die Moldau, 154 – Der Burgfelsen, 155 – Sagen und Mythen, 157 – Blick in die Geschichte und das Stadtbild, 161

Die Karlsbrücke   169

Der Bau, 169 – Die Brückenheiligen, 172 – Der hl. Johannes von Nepomuk, 182

Die Altstadt   189

Der Altstädter Ring, 189 – Gang durch die südliche Altstadt, 210 – Gang durch die nördliche Altstadt, 229 – Die Universität, 249 – Am Altstädter Brückenturm, 262

Die Neustadt   267

Der Wenzelsplatz, 267 – Geschichte der Neustadt, 274 – Erster Rundgang, 276 – Zweiter Rundgang, 292

Vor der Stadt   301

Kloster Strahow und Laurenziberg, 301 – Kloster Břevnov, 313 –
Der Weiße Berg, 319 – Schloß Stern, 325 – Schloß Troja, 328 –
Burg Karlstein, 332

Ausklang   342

Herzöge und Könige von Böhmen   358

Tschechisches Straßenverzeichnis   360

Register   362

Vorwort

Vor einigen Jahren erschien als Weihnachtsnummer einer westdeutschen Zeitschrift ein Heft über Prag. Es war die erste Aussage nach 1945, die nicht nur Klage oder Anklage war, und es war das erste Mal, daß sich Tschechen und Deutsche und Juden, hüben und drüben, und auch in Amerika, zusammengefunden hatten, um über diese Stadt zu schreiben. Dazu kam eine Fülle neu gesehener Bilder der alten unzerstörten Schönheit. Zusammen mit alten Prager Freunden war auch ich zu einem Beitrag aufgefordert worden, aber ich wußte nicht, wer außer diesen noch schreiben würde. – Nie noch habe ich ein Bücherpaket so zitternd vor Aufregung aufgemacht, eines der Hefte genommen und dann gelesen und wieder gelesen – eigentlich habe ich gar nicht gelesen, ich habe es überflogen, in einem merkwürdigen Wortsinn: ich war im Fluge dort, in der Stadt selbst, eingetaucht in die unverwechselbare Atmosphäre und hingerissen auch von der aus allen Beiträgen spürbaren Liebe zu dieser Stadt, die allen gemeinsame Heimat war. Diese Liebe war lebendig, auch wenn sie verletzt oder enttäuscht war, oder wenn sie einer für immer ›verlorenen Geliebten‹ galt. Alle hatten sie es hingeschrieben, daß sie Prag lieben, obwohl sie alle aus Geschichte und Gegenwart wissen, was Franz Kafka einmal so ausdrückte: »Das Mütterchen hat Krallen«. Alle haben auch in den dunklen Tagen ihre Stadt geliebt, als das Gehen durch ihre Straßen ein Gehen zwischen Leben und Tod war – einmal für die einen, wenig später für die anderen. Es ist deshalb fast gleichgültig, wie alt einer ist; das heißt für jeden ist der Augenblick gültig, da er bewußt in und mit Prag zu leben anfing. So kann ich es wagen, darüber zu schreiben, obwohl ich das kaiserlich-königliche Prag nur vom Hörensagen kenne, ebenso wie die große literarische Zeit der zwanziger Jahre – die große Vergangenheit kennen wir ja alle nur aus Geschichten, die um ihre Zeugen lebendig sind.

Als ich Prag verlassen mußte, pflückte ich mir zwischen den Geleisen eines Verladebahnhofes zum Abschied ein paar Margeriten – als ich auf den Tag nach vielen Jahren wiederkehrte, war Fronleichnam und die altersdunkle Teynkirche, in die ich zuerst eintrat, war in eine leuchtende Margeritenwiese verwandelt – überall, überall standen sie, in Vasen und Gläsern, in Schalen, auch noch auf den Grabsteinen in den Seitenschiffen!

Prag ist so lebendig wie je, es ist schön und unzerstört – und es ist auch traurig und grau, an vielen Stellen wie tot, immer gibt es hier Einzelne und Gruppen, die unterdrückt werden, die es sehr viel schwerer haben als alle anderen Mitbürger, und das Rad der Geschichte dreht sich so schnell, daß die Tschechen sagen: »Každému chvíli – Jedem eine Weile!«

Nicht erst als ich weit fort von Prag war, nicht erst als ich dorthin wiederkehrte und die Gegenwart so stark war, daß ich keine Zeit hatte mich zu erinnern – nein, ganz in der Fülle jener unwiederbringlichen Jahre, da das eigene Leben begann, jubelten wir hinaus – und ich wiederhole es heute und immer – was ich als Motto diesem Buch voranstelle:

»O Prag, du tolle, du feierliche Stadt, du Stadt der Martyrer, der Musikanten und der schönen Mädchen, o Prag, welch' ein Stück meiner freien Seele hast du mir genommen!« (W. Raabe.)

Wiedersehen mit Prag

Vorwort zur achten Auflage

»Da waren wir wie Träumende, unser Mund war voll Lachen und unsere Zunge voll Jubel...« Dieser Vers aus einem uralten Wallfahrtslied, dem 126. Psalm, kam mir wieder und wieder in den Sinn, als ich ein Vierteljahrhundert nach Erscheinen dieses Buches wieder oben auf der Burgrampe stand und in das weite dunstgefüllte Panorama der Stadt Prag schaute, als meine Augen sich weiteten – nein, keine Tränen! –, als mein Herz in großer Dankbarkeit ganz ruhig blieb, als ich erlebte, daß die Stadt trotz aller Veränderung im Einzelnen sie selbst geblieben ist – dieses Wunder einer lebendigen Stadt, die ihre Geschichte, diese dramatische Geschichte, jeweils in einen architektonischen Schild verwandelt hatte, der das Leben immer neuer Generationen schützend umschloß. Tartsche oder Pavese nennt man einen solchen Schild, der den ganzen Mann deckt, und ich habe einen solchen wiedergesehen, auf dem der Patron Böhmens aufgemalt ist, der heilige Wenzel. Immer noch und immer wieder ist sein Denkmal auf dem Wenzelsplatz der Ort, wo diese lebendige Geschichte manifest wird.

Hat die Stadt ihren Kern bewahrt, auch durch die bewundernswerte, oft erst im letzten Augenblick den Verfall aufhaltende Arbeit der Denkmalpflege, so hat sie neue Horizonte getürmt, die Siedlungen im ehemaligen dörflichen Umland mit den Wohnblöcken. Über das alles soll berichtet werden, denn wie dieses Buch eine Generation von Lesern begleitet hat und zu meiner Freude ihnen wirklich Einführung und Führung blieb, so muß jetzt, 1990, doch Neues hinzugefügt werden, wenn es auch nur in einzelnen, aber wichtigen Punkten den Gesamteindruck belebend verändert hat.

WIEDERSEHEN MIT PRAG

Zuerst möchte ich voller Freude feststellen, daß der vorgeschlagene ›erste Weg‹, den so viele meiner Aufforderung folgend gegangen sind, ein repräsentatives Projekt der Denkmalpflege wurde, das als ›Der Königsweg‹ Farbe in die Altstadt brachte, die nunmehr leuchtend den Gast begleitet, der vom Pulverturm zur Moldau geht. Am deutlichsten sind die Spuren all der Bemühungen, die von den Kunstwissenschaftlern vorbereitet und von den handwerklich qualifizierten Restauratoren durchgeführt wurden, am *Altstädter Ring* zu sehen.

Die Ostseite ist durch den neuen farbigen Putz der Fassaden so etwas wie eine prachtvolle Kulisse vor der Teynkirche geworden, man traut seinen Augen nicht. Dazu kommt neben den Farben der plötzliche Einbruch der Gotik in die erste Reihe, jener behelmten Gotik, die wir an den Türmen dieser Kirche lieben. Auf einmal ist da eine Konkurrenz entstanden: das turmartige, dreigeschossige ›Haus zur steinernen Glocke‹. Wir wußten wohl, daß die Häuser rund um den Platz viel älter sind als ihre Renaissance- oder Barockfassaden vorgeben. Aber daß ein vollständiges gotisches Haus mit seinen Maßwerkfenstern und den Gewölben der Innenräume unmittelbar neben dem Palais Kinsky gewissermaßen ›herausgeschält‹ werden könnte, das hatte wohl keiner vermutet, der in den zurückliegenden Jahren die Arbeiten am Gerüst verfolgte; ›erfunden‹ sind das Gesims und das Dach, und die Gelehrten scheinen immer noch zu diskutieren. Wir sehen mit Staunen das Ergebnis und das völlig neu akzentuierte Spannungsfeld der Fassaden am Altstädter Ring, denn die Restaurierung hat ja auch die Südseite neu in den Blick gerückt! Überall, in der ganzen Stadt, wurden Kreuze, Kugeln, Sterne und Lettern frisch vergoldet, und sie funkeln bei Tag und Nacht.

Das gotische *›Haus zur steinernen Glocke‹* hatte eine neubarocke Fassade vom Ende des 19. Jahrhunderts, bei deren Instandsetzung so bedeutsame Architekturteile zum Vorschein kamen, daß man sich zu einer umfassenden Untersuchung und daraufhin zu jener Wiederherstellung entschloß, die wir nun

WIEDERSEHEN MIT PRAG

als wohl auffälligstes Ergebnis der Denkmalpflege betrachten. Die erste Nachricht über das Haus stammt aus dem Jahre 1363, in den Kellern sind Bauteile aus dem späten 13. Jahrhundert erhalten. Das Haus muß nach den erhaltenen saalartigen, gewölbten und reich ausgestatteten Räumen, vor allem zwei Kapellen, repräsentativen Zwecken gedient haben; man vermutet, daß Königin Elisabeth, die letzte Przemyslidin, die Auftraggeberin gewesen sein könnte. Das Gebäude wird von den Historikern als Palast eingestuft. Man hat die zwölftausend (!) architektonischen oder plastischen Fragmente wo es ging wieder eingefügt oder ergänzt. Das gilt vor allem für die sechs schlanken, hohen Fenster der Westfassade mit ihrem Maßwerk. Am überzeugendsten wirken die Farbreste und der Zierat in der Kapelle im Obergeschoß, die in die Zeit nach 1330 datiert werden, sowie die früheren in der niedrigen Erdgeschoß-Kapelle, wo wir noch einen Schmerzensmann erkennen können. Das Haus mit seinem schönen Innenhof und den umlaufenden Galerien wird für Ausstellungen und kulturelle Veranstaltungen genutzt.

Das *Agneskloster* an der Moldau ist heute zu einer Abteilung der *Nationalgalerie* geworden, die in allen restaurierten Räumen die böhmische Malerei des 19. Jahrhunderts ausgestellt hat. Ich kann die Einführung von Seite 232 hier einfach fortsetzen! Seit 1963 haben im Areal des Klosters Grabungen und Untersuchungen stattgefunden, deren höchst wichtige Ergebnisse in den siebziger und achtziger Jahren publiziert wurden; eine Zusammenfassung findet sich in der 1989 erschienenen deutschsprachigen Monographie ›Agnes von Böhmen‹ von Jaroslav Polc.

Erstaunliches, ja Wundervolles ist geschehen. Man hat nachweisen können, daß diese Anlage mit den beiden Kirchen auch als königliche Grablege geplant war. Die Gebeine der seligen Agnes aber wurden nicht gefunden. Sie ist dennoch am 12. November 1989 unter großer Beteiligung tschechischer, slowakischer und deutscher Pilger aus der Tschechoslowakei heiliggesprochen worden. Der neunzigjährige Erzbischof von Prag, František Kardinal Tomášek, konnte dieses Fest, das die Erfüllung jahrhundertelanger Bestrebungen schenkte, mitfeiern. Die sich überstürzenden Ereignisse der folgenden Wochen, die wiedergewonnene Freiheit, wird von vielen Menschen der ›neuen‹ Heiligen und immer verehrten Königstochter und Klarissen-Äbtissin Agnes zugeschrieben.

Das franziskanische Doppelkloster, das in der Anmut und Schönheit der Frühgotik wiedererstanden ist, wurde zurückhaltend und mit Geschmack in den erdgeschossigen Räumen mit großformatigen Bildern und im Kreuzgang mit schönen Beispielen des böhmischen Kunsthandwerks, vor allem Glas, Porzellan und Keramik, eingerichtet. Es wäre freilich zu wünschen, daß die beiden Kirchenräume als reine Architektur belassen blieben. Der kleine, mit der Architektur geschickt verquickte Konzertsaal, der für Kammermusik genutzt wird, könnte, zusammen mit der Salvator- und der Franziskuskirche, ein Ort der Ruhe und der Besinnung bleiben.

Die riesenhaften Bilder der Historienmalerei und der Darstellung mythischer tschechischer Vergangenheit sind Illustrationen des nationalen Erwachens in der zweiten Hälfte des 19. Jahrhunderts. Die Landschafts- und Portraitmalerei hat eine qualitätvolle Tradition, das ganze Jahrhundert hindurch. Die kleinformatigen Bilder sind im Obergeschoß dicht gehängt, was oft der Wirkung einzelner Werke abträglich ist. Einige Namen sollten wir uns merken, so die von Vater Antonin Mánes (1784-1843), dem Landschafter, und seinem berühmteren Sohn Josef Mánes (1820-1871), der für die Entwicklung der Malerei, in Form und vor allem auch im Inhalt, beispielgebend für seine Landsleute war. Sein Bruder Quido (1828-1880) wird als Exponent des Prager Biedermeier geschätzt. Unter den Landschaftern sind Adolf Kosárek (1830-1859) und Anton Chittussi (1847-1891) besonders beliebt. Die sogenannte Generation des Nationaltheaters, die an der Ausstattung mitgearbeitet hat und Bilder aus der Geschichte des tschechischen Volkes schuf, ist durch Mikoláš Aleš (1852-1913) und Vojtěch Hynais (1854-1925) gut vertreten.

Einen Maler, der mit Carl Spitzweg (1808-1885) und August Piepenhagen (1791-1868) befreundet war und durch seine Vielseitigkeit hervorragt, möchte ich noch nennen: Josef Navratil (1798-1865). Neben seinen Landschaften und Genrebildern hat er sich als Freskant in den Häusern des Adels und der Bürger hervorgetan. In unmittelbarer Nähe des Agnesklosters ist die ehemalige *Vavramühle* zu einem Philateliemuseum umgestaltet worden, so daß wir dort die entzückenden Alpenlandschaften in den Salons bewundern können.

St. Georg auf dem Hradschin ist eines der ehrwürdigsten Klöster Prags und Böhmens. Daß man es nach gründlicher Sanierung seit den sechziger Jahren der *Nationalgalerie* zur Verfügung gestellt hat, ist zu begrüßen. Es gab seit der Einrichtung für die Sammlungen böhmischer Kunst vom Mittelalter bis zum Barock immer wieder Diskussionen über die Art der Präsentation. Mit Spannung also betritt man die weitläufige Anlage, deren Mitte der lichte, große Klosterhof ist, von den Flügeln des ehemaligen Kreuzganges umschlossen. Nichts, gar nichts, weder die Mauern oder Wände, weder Sockel oder Bespannungen, Rahmen oder Staffeleien mindern die überwältigende Aura des je einzelnen Kunstwerkes. Welch ein Reichtum, welch eine Wiederbegegnung! Gewiß gibt es da und dort die Möglichkeit einer anderen Hängung oder Beleuchtung – aber was ist das für eine Nebensächlichkeit in des Wortes wahrer Bedeutung, wenn wir vor den Tafeln des Meisters von Hohenfurth stehen, vor den Schönen Madonnen, vor dem Votivbild des Očko von Vlaším, wenn wir eine der anmutigen Marien mit dem Kind fast umschreiten können? Der großzügig genutzte Platz läßt jedem Kunstwerk Raum. Alle die Meisterwerke jener Epoche des Weichen oder Schönen Stils, des 14. Jahrhunderts, in dem Böhmen und besonders Prag zu den führenden Kunstzentren Europas gehörte, sind ausgestellt. Auch dem strengen Meister Theoderich mit seinen gewaltigen Bildern von Heiligen begegnen wir – sie stammen aus der Heilig-Kreuzkapelle des Karlstein, die vermutlich über Jahre hin geschlossen bleiben wird, da umfangreiche Restaurierungsmaßnahmen eingeleitet werden mußten.

Die mittelalterlichen Kunstwerke sind sowohl im Souterrain wie im Erdgeschoß ausgestellt. Einer der schönsten Säle befindet sich neben dem Innenhof, mit großen Fenstern bis zum Boden, durch die das Licht einströmt. Dort stehen rechtwinklig zu den Fenstern Stellwände, an denen die Tafeln des Meisters von Wittingau hängen. Noch nie habe ich sie so still aus sich selbst leuchtend gesehen, noch nie ihre Frömmigkeit und Lieblichkeit so erfahren. Hier wird uns bewußt, daß es Bilder sind, die zu einem Flügelaltar in einer Kirche gehörten und daß Jahrhunderte Gebet und Gesang um sie war – und auch die Stille des Gotteshauses. Manchmal stellt sich diese erfüllte Stille auch hier ein.

Im Obergeschoß ist der ganze Reichtum böhmischer barocker Künste zu finden. Der Rundgang wird durch die merkwürdig verschachtelten Stellwände zu einem Spaziergang durch eine Art Labyrinth der Überraschungen – in den unteren Geschossen geht man hauptsächlich ›an der Wand entlang‹. Die Maler des 17. und 18. Jahrhunderts sind bestens vertreten: die großen Namen kennen wir vom Besuch der verschiedenen Kirchen, für die Karel Skreta, Peter Brandl oder Wenzel Lorenz Reiner – um nur einige zu nennen – gemalt haben. Nicht ganz glücklich erscheint die Aufstellung von großen Plastiken, die vor allem in der Höhe mehr Raum brauchen. Ich denke da an eines der Meisterwerke von Johann Bernhard Braun, den steinernen Engel von Lysa a. d. Elbe, der aus einer am Parkrand angelegten Einsiedelei stammt. Er stand im Freien, und er brauchte diese Luft, die in seinem Gewand und in seinen Flügeln rauscht. Diese Figur gehört zu den wundervollsten Erfindungen des einst so vielbeschäftigten Meisters. Sie zu umschreiten und dem Engel immer neu zu begegnen, gehört zu den unvergeßlichen Erlebnissen im Georgskloster.

Im Eingangsbereich gibt es einen Museumsladen. Es sei auf die kleinen Postkartenmappen hingewiesen, die jeweils zu einem Sammlungskomplex oder einem Einzelkunstwerk zwölf verschiedene Postkarten enthalten und einen knappen Einführungstext – dies alles in mehreren Sprachen. So etwa in der Reihe zur Prager Burg ›Das Areal des Georgsklosters‹, oder ›Böhmische Kunst der Gotik‹, oder ›Der Domschatz von St. Veit‹, oder ›Der Liber Viaticus des Johann von Neumarkt (Jan ze Středy)‹, eine illuminierte böhmische Handschrift von 1360.

Zu den wichtigsten musealen Einrichtungen, die einen hohen Informationswert haben, gehört die Sammlung historischer Denkmäler im *Palais Lobkowitz* auf der Prager Burg, für die das *Nationalmuseum* verantwortlich zeichnet. Erst 1987 ist nach gründlichen Restaurierungsarbeiten an dem Palast, der an der östlichen Burgseite liegt, dieser anschauliche Rundgang durch die Geschichte der Böhmischen Länder der Öffentlichkeit übergeben worden. Der überwältigend reiche Anschauungsunterricht auf dem gesamten Areal der Prager Burg, ja der Hradschin-Stadt, das heißt von den alten Festungsmauern beim Kloster Strahov herunter über den Hradschinplatz, die Burghöfe, den Dom, die sakralen und profanen Gebäude innerhalb der Burg mit ihren Sammlungen und ihrer unvergleichlichen Rolle als Schauplatz der Geschichte dieses Landes bis in unsere Tage, wird hier wie durch ein Riesenbilderbuch ergänzt, das auch die Geschichte der Slowaken mit einbezieht. Vom Beginn der Besiedlung durch slawische Stämme über die ersten staatlichen Eigenformen werden wir anhand von Grabungsfunden zu den ersten Dokumenten des przemyslidischen Staates mit der Hauptstadt Prag geführt. Zu den großen mitteleuropäischen Kostbarkeiten aus der Zeit nach der Völkerwanderung gehören die Funde aus den verschiedenen Zentren des Großmährischen Reiches, auf dessen Territorium sich die Missionare des Christentums aus Ost – die Brüder Kyrill und Methodius – und West, vor allem aus den Diözesen Salzburg und Regensburg, begegneten. Die wechselvolle Geschichte der Przemyslidenfürsten gipfelt kurz vor ihrem Aussterben in der machtvollen und unglücklichen Gestalt König Ottokars II., der in der Schlacht am Marchfeld gegen den legitim gewählten, aber damals noch ganz unbedeutenden König Rudolf von Habsburg Krone und Leben verlor. Ein Jahrhundert später ist der böhmische König im Kreise der Kurfürsten des Heiligen Römischen Reiches der Erste; er ist gewählter und gekrönter böhmischer und deutscher König, König der Lombardei und des Arelats und in Rom gekrönter Römischer Kaiser: Karl IV., Sohn des Luxemburgers Johann und der letzten Przemyslidentochter Elisabeth. Dem Goldenen Zeitalter folgen die Jahrzehnte der hussitischen Revolution, die Wahl eines Königs aus dem polnischen Königshaus der Jagellonen und ab 1526 die bis ins 20. Jahrhundert dauernde Herrschaft der Habsburger. Die Aufreihung hervorragender und abwechslungsreicher Ausstellungsstücke, Originaldokumente, aber auch ausgezeichnete Faksimiles etwa der kostbaren Handschriften, ist nach modernen museumstechnischen Erfahrungen so geschickt gemacht, daß man immer wieder verweilt und sich vertieft und überrascht kunsthistorische Kostbarkeiten aus allen Gebieten neu entdeckt. Zeitlich schließen die neunzehn verschiedenen Themenkreise mit dem Jahr der Revolution 1848. Wir werden also gerade noch in das erwachende Selbstbewußtsein der Völker eingeführt. Der Slawenkongreß vom Juni 1847, in verschiedenen Darstellungen dokumentiert, darunter die Messe vor dem Denkmal des hl. Wenzel, bildet den Schlußakkord. Die weitere Entwicklung wird im Hauptgebäude des Nationalmuseums am Wenzelsplatz dargestellt, in jenem Gebäude, das den großen Platz abschließt, der bis heute Schauplatz historischer Entscheidungen geblieben ist.

Noch eine Bemerkung zu diesem Lobkowitz-Palais: Die Sanierung und Adaptierung brachte Licht in die ununterbrochene Folge von Gebäuden, die an dieser äußersten Flanke des Burgberges in den Befestigungsring einbezogen waren. Der heutige Bau ist frühbarock, dreigeschossig in der stadtseitigen Ansicht. Er schließt an den Schwarzen Turm an, durch den wir über die Alte Schloßstiege die Kleinseite erreichen. Im Palais ist ein empfehlenswertes kleines Café eingerichtet, in dem bei gutem Wetter auch in einer Art Veranda serviert wird. Man genießt einen wundervollen Blick über die Stadt, der jenem gleicht, den ich einst im ›Goldenen Brünnl‹ so begeistert gepriesen habe (vgl. Seite 119) – dieses Lokal gibt es leider nicht mehr!

Es muß mit gemischten Gefühlen darauf hingewiesen werden, daß der Touristenstrom in Prag von Ostern bis in den Herbst hinein inzwischen Ausmaße angenommen hat, die das ›Fassungsvermögen‹ überschreiten. Eine notwendige Entscheidung, die an allen Ballungszentren des Fremdenverkehrs in Europa fällt, ist das Abschirmen der Kunstwerke und das Abschließen von Räumen, die durch den Ansturm der Massen gefährdet werden. So ist im Veitsdom die *Wenzelskapelle* zwar geöffnet, aber nicht mehr zu betreten; man blickt durch die offenen Türen in den Raum, den man auf diese Weise natürlich nicht mehr wirklich erleben kann.

Eine ähnliche Lösung hat man für den großen *Bibliothekssaal im Kloster Strahow* gefunden – eine Kordel schließt ab, man muß den Raum und das Deckenfresko von der Schmalseite her erfassen. Hier sollte daran erinnert werden, wie nützlich ein Fernglas ist!

Zu den leuchtenden Ergebnissen der umfangreichen Restaurierungsarbeiten in Kirchen-Innenräumen zählen die ehemaligen Klosterkirchen der Ursulinen, *St. Ursula*, auf der Nationalstraße, der Dominikaner in *St. Aegidien* in der Altstadt, der Praemonstratenser auf dem Berge Sion, das heißt in *Kloster Strahow*, und der Benediktiner in *Břevnov*. Hier haben durch die Reinigung die prachtvollen barocken Altarbilder eine neue satte Farbigkeit gewonnen, die einen kraftvollen Akzent setzt. Endlich soll auch der Prälaturbau mit dem berühmten Asamfresko wieder zugänglich werden, da hier eine ständige Ausstellung barocker Paramente und liturgischer Geräte geplant ist. Die kleine *Rochuskirche* im Areal des Klosters Strahow, ein Bau aus der Zeit Rudolfs II., wird neuerdings für Wechselausstellungen genutzt.

Der *Wenzelsplatz*, immer wieder Schauplatz großer Manifestationen, ist heute fast gänzlich Fußgängerzone. Das erschwert die Zufahrt zu den zahlreichen Hotels ganz erheblich. Um zu den hoteleigenen Parkplätzen zu kommen, muß man seine Reservierung nachweisen können. Am unteren Ende des Platzes, am Brückl, ist 1986 ein sehr imponierender moderner Bau entstanden, der sich einerseits gut einfügt, andererseits architektonisch herausragt. Originell ist die große Uhr im obersten Geschoß. Den Bau entwarf Alena Šrámková.

Die neue *Schnellstraße*, die im Rücken des Nationalmuseums oberhalb des Wenzelsplatzes zur Auffahrt auf die Autobahn führt, hat einen einst mit prominenten öffentlichen Gebäuden besetzten Boulevard zu einer Rennstrecke gemacht und dadurch die Gebäude abgewertet: das Smetanatheater (ehemaliges deutsches Theater), das neue Parlament und schließlich den einst zu Recht berühmten Hauptbahnhof, den man auch als Fußgänger vor lauter Röhrentürmen und Zwischendecks der neuen Umbauung kaum mehr wahrnimmt. Er war zu seiner Zeit einer der bedeutendsten Großstadtbahnhöfe, 1901-1909 im beginnenden und in Prag besonders ausgebildeten Jugendstil erbaut.

Zu den wichtigsten Verbesserungen im überalterten Verkehrswesen der Stadt Prag gehört zweifellos die neue *Metro*, deren erste Linien weiter ausgebaut werden sollen. Sie ist vor allem für die berufstätige Bevölkerung eine große Erleichterung, da sie die Außenbezirke im Norden, Westen und Süden einbezieht. Sie fährt in kurzen Abständen und ist sehr billig. Einige der Untergrundstationen sind künstlerisch gestaltet, besonders schön ist die Malostranská, aus der man nahe der Moldau beim Waldsteingarten aussteigt und in ein kleines abgeschlossenes Geviert gelangt, in dem man ruhig verweilen kann – eine Art Garten. Von hier aus kann man die Reitschule des Waldstein-Gartens, die bedeutende Wechselausstellungen beherbergt, besuchen.

Das *Nationaltheater* an der Moldau wurde zur Jahrhundertfeier grundlegend restauriert, und man kann wirklich sagen, es erstrahlt in neuem Glanz. Das gilt sowohl für den Außen- wie für den Innenbau, der zudem bühnentechnisch modernisiert wurde. Man sollte in einer Pause nicht nur die Foyers durchwandern, sondern auch im Kellergeschoß den Raum mit den symbolischen Grundsteinen und dem Faksimile der Gründungsurkunde besuchen, in dem die ganze patriotische Rolle dieses Hauses anschaulich wird.

In unmittelbarer Nachbarschaft hat man in der Nationalstraße die sogenannte ›*Neue Szene*‹ gebaut, einen Komplex von drei Kuben aus Glas, die eine kleinere Bühne, verschiedene Säle und auch eine gute Gastronomie beherbergen. Die platzartigen Räume zwischen den Bauten sind für den abendlichen Betrieb vor, während und nach den Vorstellungen in beiden Häusern geschickt konzipiert. Manche Licht- und Spiegeleffekte auf den großen Glasflächen sind überraschend, doch hat das straßenseitige Hauptgebäude eine matte Oberfläche und wirkt wie mit Butterbrotpapier überzogen.

Leider ist das schönste und ehrwürdigste Prager Theater immer noch Ruine, das einst so zauberhafte Ständetheater. Es heißt, daß es zum Mozartjahr 1991 nach tiefgreifenden Umbauten wieder geöffnet werden soll.

Wenn wir von den neuen Horizonten sprechen, so fällt schon von weitem das *Hotel Forum* und der *Kulturpalast* auf, ein Komplex, der im Süden der Stadt entstanden ist und durch die eigene Metro-Haltestelle rasch und bequem erreicht werden kann. Beide Gebäude sind weniger wegen ihrer architektonischen Gestaltung bemerkenswert als vielmehr wegen des geschickt gewählten Standortes, an dem sie erbaut wurden. Man genießt von hier einen ganz neuen und einmaligen Blick auf die Stadt, der alles umschließt, was städtebaulich und stadtgeschichtlich wichtig ist: die beiden Burgfelsen, dazwischen die Moldau und das dicht besiedelte Areal der Prager Städte, die ja inzwischen zu einer Millionenstadt zusammengewachsen sind und die große Mitte, den Kern in seiner historischen Qualität, unangetastet ließen – wo kann man das noch von einer europäischen Hauptstadt sagen? Dieses lebendige Wunder erschließt sich am schönsten von den Foyers und Terrassen des Kulturpalastes, wenn man in den Pausen der großen sommerlichen Konzertveranstaltungen diese herrliche Stadt in allen Schattierungen des abendlichen Lichtes und Gegenlichtes erlebt. Hier wiederholt sich die legendäre Vision der Fürstin Libussa: Auch wir sehen »eine große Stadt, deren Glanz bis an die Sterne reicht«.

In den Prager Außenbezirken mit den Hochhäusern der letzten dreißig Jahre ist kaum eine bemerkenswerte Architektur oder städtebauliche Anlage zu entdecken; dafür gibt es eine schon ältere Kirche, deren moderner Kreuzweg viele Besucher anzieht. Es handelt sich um die Kirche *Maria, Königin des Friedens* in der Siedlung *Lhotka* am Südrand der Stadt. Sie wurde 1937 im Stil der Neuen Sachlichkeit gebaut und bietet einen sehr bescheidenen Anblick; interessant ist freilich die Konzeption: Sie sollte zu einem Ring von zwölf Sühnekirchen gehören, die an die Zerstörung und Schleifung der Mariensäule auf dem Altstädter Ring erinnern. Die Säule, zum Dank für die Errettung der Alt- und der Neustadt vor den Schweden errichtet, war fälschlich für ein Denkmal der gegenreformatorischen Unterdrückung durch die Habsburger und als Siegeszeichen nach der Schlacht am Weißen Berge 1618 ausgegeben und in den ersten Tagen der jungen Republik, im November 1918, ganz bewußt beseitigt worden. Vielen Pragern war das immer ein Schmerz. Die Trümmer der Säule und der Figur der Immaculata sowie der Engel befinden sich im Lapidarium der Stadt in St. Katharina. Ein Abguß des großartigen, klassisch anmutenden Hauptes (Johann Georg Bendl, 1650) liegt auf dem linken Seitenaltar. Hinter dem Hochaltar, der durch moderne Einbauten verunklärt ist, steht eine hohe Säule mit einer vergoldeten Figur der Madonna.

Anläßlich der Jahrtausendfeier des Bistums Prag, 1973, hat der Pfarrer dieser Kirche, P. Vladimir Rudolf, zusammen mit dem Bildhauer und Restaurator Karel Stadnik einen Kreuzweg an den Längswänden angebracht, der dem herkömmlichen in keiner Weise gleicht. In einzelnen Feldern sind Hochreliefs aus bräunlichem und grauem Kunstharz angebracht, jeweils eine abgeschlossene Szene darstellend, die sich auf eine der vierzehn überlieferten Kreuzwegstationen bezieht. Es wird ein Ereignis aus der Geschichte aufgegriffen und in Beziehung zur Via Dolorosa gesetzt. Die Reihe beginnt mit der Todesangst Jesu am Ölberg, die hier in die Angst vor der Atombombe, die sich wie ein großer Baum entfaltet, einmündet. Die Geißelung ist im Bild einer Galeere dargestellt, wo unbarmherzig auf die rudernden Sträflinge eingeschlagen wird. An das Todesurteil, das Pontius Pilatus ausspricht, erinnert die Verurteilung der Jeanne d'Arc in Rouen. Simon von Kyrene tritt aus der Reihe von Sträflingen in einem KZ, ganz so wie Pater Maximilian Kolbe. Das große Kreuz aus langen Metallteilen, die von ferne an einen Stacheldraht erinnern, ist der Mittelpunkt der linken Kirchenwand. Der Leidensweg Jesu und der Menschen endet mit der großen Schar der Gerechten, die an goldenen Bändern vorbei auf den großen Auferstandenen zugehen.

Man kann sagen, daß es eine weitgehend literarische Lösung ist, doch bleiben einige der Szenen in ihrer realistischen Ausdruckskraft im Gedächtnis haften – und wohl am meisten die Erkenntnis, daß auch während der schwersten Unterdrückung kirchlichen Lebens zwei mutige Männer ein Kunstwerk zu schaffen wagten, das für viele in den weiten und öden Wohnmaschinen zu einem Wallfahrtsort wurde und das auch ausländische Besucher Prags anzieht.

Einen Satz der ersten Auflage dieses Buches verbessere ich mit großer Freude – er steht auf Seite 331 und betrifft das *Schloß Troja*. Seit dem Jahre 1977 hat man dieses und den großen Garten einer gründlichen Sanierung unterzogen. Das Ergebnis ist beispielhaft! Nicht nur, daß die prachtvolle Gliederung des Baues durch die farbige Fassung aller Außenwände seine architektonische Qualität augenfällig macht, auch die Wiederherstellung eines barocken Gartens ist hervorragend gelungen. Rot und weiß ist der Farbklang, und die neugedeckten Dächer nehmen das warme, erdige Rot der Fensterrahmungen und Risalite auf. Noch einmal ist dieser Farbton präsent in den großen Vasen, die das Parterre und die Gartenmauern schmücken. Nur wenige sind noch original; man hat sie nachgeschaffen, und wir können den ersten Eindruck, den die Bauherren, die Familie Sternberg, und die Gäste hatten, nach-erleben, da die Bepflanzung natürlich ganz jung ist, so daß etwa die kleinen Buchseinfassungen noch keine geschlossenen Buschreihen bilden, und auch die Bäumchen in den riesigen, weiß gestrichenen Holzkübeln sind ganz jung. Drüben im Nutzgarten, der von einer Mauer umschlossen einen rhombenförmigen Grundriß hat, setzte man jene Apfelsorten, die zu Ende des 17. Jahrhunderts dort schon einmal angepflanzt wurden. Es gibt wenige europäische Beispiele solch liebevoller Rekonstruktion einer barocken Anlage wie hier in Troja. Dazu kommt die Restaurierung aller Repräsentationsräume, so daß der Komplex eines seigneuralen Lustschlosses wiederhergestellt ist. Das Kunstgewerbemuseum stellt dort Glas aus seinen reichen Beständen aus.

Noch manche Überraschung wartet auf uns, wenn wir wieder in die Stadtmitte zurückkehren. Es gibt immer Neues zu entdecken, und es herrscht eine wundervolle Aufbruchstimmung seit der Wende in das neue Jahrzehnt in dieser Stadt. Ein alter Prager Freund sagte mir: »Jetzt möchte ich dreißig

Jahre jünger sein, um in dieser Freiheit und Hoffnung ins dritte Jahrtausend zu gehen!« Prag ist so lebendig! Durch diese junge und alte Stadt will ich mit meinen Freunden gehen, mit denen, die sie schon kennen und lieben, und mit denen, die sie neu entdecken und lieben lernen.

Legenden der folgenden Farbtafeln

1 Restaurierte Häuser an der Südseite des Altstädter Rings.

2 Ostseite des Altstädter Rings nach der Restaurierung mit dem gotischen Haus ›Zur Steinernen Glocke‹.

3 Das Wenzelsdenkmal von Josef Vaclav Myslbek, 1913, vor dem Nationalmuseum am Wenzelsplatz. Begleitfiguren am Sockel: die heiligen Landespatrone Ludmila und Agnes, Adalbert und Prokop.

4 St. Salvator- und St. Franziskuskirche des Agnesklosters an der Moldau. Die erste Klarissinnengemeinschaft wurde 1233 von der heiligen Przemyslidenfürstin und Äbtissin Agnes gegründet.

5 Das Nationalmuseum, 1885-1890 nach Plänen von Josef Schulz für die Sammlungen patriotischer Kunstfreunde errichtet. Im weiträumigen Treppenhaus, als Pantheon bezeichnet, Bronzebüsten bedeutender böhmischer Gelehrter und Schriftsteller.

6 Der Wenzelsplatz, früher Roßmarkt, Hauptplatz der 1348 gegründeten Neustadt, von der Rampe des Nationalmuseums aus gesehen. Ort entscheidender Manifestationen im 19. und 20. Jahrhundert.

7 Detail einer Jugendstilfassade in der Karpfengasse (Kaprová), Altstadt.

8 Haus im Stil der Sezession in der Kastalusgasse (Haštalská), Altstadt.

9 Die Nationalstraße (Národní) mit der Barockfassade der Ursulinenkirche, 1704, den Theaterneubauten ›Neue Szene‹ und dem Nationaltheater.

10 Blick auf den Jungmannplatz und das Haus ›Koruna‹ am Wenzelsplatz, das erste Automatenbuffet, 1913.

11 Die restaurierte barocke Fassade der romanischen St. Georgskirche auf dem Hradschin.

12 Innenraum der barocken St. Margaret-Kirche des Klosters Břevnov, 993 gegründet; Neubau der Klosterkirche von Christoph Dientzenhofer, 1708-1715.

13 Blick vom Garten des Prämonstratenserklosters Strahow auf den Hradschin und den St. Veitsdom.

Tafel 3 Tafel 4 ▷

◁ Tafel 9   Tafel 10

Tafel 12

Der erste Weg

Wir sind in Prag! Ist es eine goldene Stadt? Der erste Eindruck ist grau und fremd. Nicht fremd für den, der wiederkehrt, aber auch für ihn voller Spannung, wie die Wiederbegegnung sein wird. Ich weiß noch genau, wie groß meine Unsicherheit war, als ich nach vielen Jahren das erstemal wieder nach Prag gekommen war und Freunde mich begleiteten, die diese Stadt noch nicht kannten. Wie mochte ihnen wohl zumute sein? Ich hatte das Gefühl, sie in ein Abenteuer mitgenommen zu haben, ihnen zuviel versprochen zu haben, denn alles, was mir die Erinnerung verklärte, war für sie in Wirklichkeit vielleicht so dürftig und schmutzig wie die Einfahrt in die Stadt und das Hotel, in dem wir nach allerlei Umfragen gelandet waren. Ich hatte plötzlich Angst, daß die geliebte Stadt hinter anderen würde zurückstehen müssen, die wir gesehen hatten. Die Freunde würden sie zwar schön finden, aber nicht überwältigend, sie würden ihr nicht verfallen, wie dies früher allen geschehen war, die sie kennenlernten.

Unser Quartier lag in einer Seitenstraße des Wenzelsplatzes, um den sich fast alle größeren Hotels der Stadt konzentrieren. Nach der langen Anfahrt waren wir müde und hungrig, aber ich drängte zu einem ersten Spaziergang mit der Begründung, wir seien überhaupt noch nicht richtig da.

Jeder, der Prag besucht, sollte dies wissen, daß er zuerst die Reise abschließen, den Staub von den Schuhen schütteln und in die Stadt gehen muß, sich aufmachen, ihr zu begegnen – dann ist er erst wirklich angekommen. Man sollte alles stehen und liegen lassen, keine Verabredung treffen, keine Freunde anrufen, keine Karten für Oper und Theater vorbestellen – man sollte zuerst in die Stadt gehen!

DER ERSTE WEG

Dieser erste Weg – für den Wiederkehrenden die größte Freude – ist für den Neuling gleichsam eine Einweihung. Auf diesem ersten Weg fällt die Entscheidung über sein Verhältnis zu Prag.

Wir gehen natürlich zu Fuß, nur so erschließt sich die Vielfalt des Stadtgefüges, in das wir eindringen. Für das Auto, das man getrost stehenlassen kann, sind die schönsten Straßen und Gassen, ja sogar die Zufahrt zur Burg, zu Einbahnstraßen geworden, sie sind verkehrsreich und man muß so schnell hindurch, daß weder der Fahrer noch seine Begleiter etwas wahrnehmen können. Vom *Wenzelsplatz*, um den, wie gesagt, die meisten Hotels liegen, führt am unteren Ende der *Graben*, eine breite Straße, Teil des Ringes um die Altstadt (Nationalstraße, Graben, Revolutionsstraße), nach Nordosten. Am Graben liegt das große internationale Reisebüro ČEDOK. Vom Graben aus gehen wir durch den *Pulverturm* in die *Altstadt*. Wenn wir uns an einem Stadtplan orientieren, so wird deutlich, daß wir uns hier am östlichsten Rand des ältesten Stadtteiles befinden und jene uralte Straße betreten, die mehr als tausend Jahre ein Hauptweg zwischen Ost und West in Mitteleuropa war: von Kiew und Krakau führte dieser Weg über die befestigte Furt an der Moldau, Prag, nach Regensburg, Nürnberg und Frankfurt.

Die sehr aufgeputzte Gotik des Pulverturmes steht trotz aller Gegensätze nicht fremd neben einem riesigen Gebäude aus der Zeit der Sezession. Der Verkehr brandet an diesem Winkel wie rasend, ein Teil wird durch den Turm in die Zeltnergasse geleitet, so dem jahrhundertealten Hauptweg folgend, der trotz aller Verkehrsplanung nicht umgangen werden kann.

Noch stehen wir benommen von dem Nebeneinander und Durcheinander der Fußgänger, Trambahnen und Autos unter dem Turm, doch dann tauchen wir schnell in die *Zeltnergasse* ein – mit einem Schlag ist das Bild verändert. Wir sind in einer der wichtigsten Barockstraßen Prags; fast lückenlos ist die schöne Reihung der Fassaden, und doch ist dies nur die letzte

DER ERSTE WEG

Fassung eines Straßenzuges, dessen Häuser im Kern noch zum Teil romanisch sind. Welch eine köstliche Vielfalt und Einheit zugleich! Zwischen all den Balkonen, Giebeln und Fensterbekrönungen fällt uns ein sehr pragerisches Merkmal auf: die Hauszeichen, die wir noch oft finden werden. Die Namen der Häuser ›Zum weißen Löwen‹, ›Zum goldenen Engel‹, ›Zur schwarzen Sonne‹ üben einen geheimen Zauber aus. Es handelt sich nämlich keineswegs um Wirtshäuser mit weithin ragendem Schild, wie man das etwa in Schwaben und auch sonst in Deutschland vermuten könnte; hier trägt jedes Haus einen Namen, meist in Stein gemeißelt, über dem Portal. Er wird von den Bewohnern seit Jahrhunderten selbstverständlich benützt, und sie greifen nur in seltenen Fällen auf die Ziffern zurück, die irgendwo angebracht sind und die eigentlich nicht Hausnummern einer Gasse, sondern Hausnummern für ein ganzes Stadtviertel bedeuten.

Wir lesen im Weitergehen diese Hausnamen ›Zum böhmischen Löwen‹, ›Zur Stadt Paris‹ – doch plötzlich sind wir aus der anmutigen Gasse entlassen und betreten einen sehr großen viereckigen Platz an seiner Südostecke. Es ist der *Altstädter Ring*, der Hauptplatz der Bürger- und Kaufmannsstadt Prag, der Altstadt. Die beiden wichtigsten Gebäude des Gemeinwesens stehen sich hier seit dem frühen Mittelalter gegenüber: das *Rathaus* und die *Pfarrkirche Maria-Teyn*. Wir halten inne, um diesen Platz kennenzulernen, indem wir ihn umschreiten und seine vier so verschiedenen Seiten betrachten: er ist geschlossen und aufgebrochen zugleich. Zwar setzt am Altstädter Ring die Gotik die Maßstäbe, aber es wird uns plötzlich bewußt, daß die Häuser jener Epoche eigentlich schmal sind, auch jene in der Zeltnergasse, aus der wir eben kommen, waren es, denn wir messen sie jetzt an der ersten barocken Palastfassade. Das *Palais Kinsky* ist ein gewaltsamer Einbruch des 18. Jahrhunderts an der Ostseite des Platzes, in schroffem Gegensatz zu den benachbarten Laubenhäusern, hinter denen die Doppeltürme der Teynkirche aufragen. Das 19. und 20. Jahrhundert haben die Nordflanke des Platzes aufgerissen, eine schnurgerade, breite Straße, eine ›Avenue‹, zieht auf die Moldau zu, nichts ist mehr von älterem Baubestand zu sehen: die Pariser Straße führt durch das ehemalige, um 1900 sanierte Ghetto.

Neben den Bauten der neunziger Jahre tritt in der Nordwestecke des Platzes eine reichgegliederte Barockfassade etwas zurück, über der Türme und Kuppeln fast wuchern. Es ist die ursprünglich in einer schmalen Gasse ganz auf Nahsicht bezogene *St. Nikolaus-Kirche* in der Altstadt. Die Westseite des Platzes mit der eigenartigen kleinen Grünfläche neben dem Rathaus erinnert daran, daß hier in den letzten Kriegstagen 1945 ein ganzer Flügel dieses Gebäudes zerstört worden ist, den man nicht mehr aufbauen will. Unter dem spätgotischen Kapellenerker am *Rathausturm* ist eine Bronzetafel eingelassen, sie nennt die Namen jener siebenundzwanzig Männer, die nach der Schlacht am Weißen Berg 1621 hier hingerichtet worden sind; für jeden Bewohner der Stadt und des ganzen Landes ist und bleibt das ›Prager Blutgericht‹ das wichtigste Ereignis, das auf dem Altstädter Ring stattgefunden hat.

Mitten in den Platz, breit hingelagert wie ein Fels, stellte man 1915 ein Denkmal. Eine hagere Gestalt ragt empor, den Blick auf die Teynkirche gerichtet: Johannes Hus. Das bedeutendste seiner Denkmäler in Böhmen ist freilich in einer Zeit geformt, da es keine Religionskriege mehr gab und der große Sohn Böhmens vor allem als nationaler Held und Märtyrer gefeiert wurde. Vielleicht drehte sich aber das Schicksal dieses Platzes immer schon um ihn? Die Geschichte der Altstadt unterscheidet sich in sehr vielem von jener der Königsburg am anderen Moldauufer. Es ist die Geschichte einer gotischen Stadt, deren Bürger und Studenten den Predigern und Reformern lauschen. Der Altstädter Ring ist ein Zentralpunkt dieser bewegten Stadtgeschichte. Der Grundriß des Platzes ist fast ein Quadrat, aber der Aufriß, die ungleichen, gestaffelten Platzfronten zeigen uns, wie sehr die Geschichte eingegriffen hat. Von hier aus werden wir unsere Rundgänge durch die Alt-

DER ERSTE WEG

stadt beginnen, um ihre wichtigsten Elemente kennenzulernen: Kirchen und Klöster – die Universität – das Ghetto. Wir kehren wieder zur Südseite des Platzes zurück, von der aus wir unseren ersten Eindruck gewonnen haben, zu den gotischen Laubenhäusern mit ihrem barocken Fassadenputz.

In der Fortsetzung des historischen Straßenzuges Zeltnergasse–Karlsgasse kommen wir an der *Astronomischen Uhr* des Rathauses vorbei zum *Kleinen Ring*. Dieser stillere und ältere Platz hat zum Mittelpunkt einen Brunnen, wie jeder Dorfplatz, freilich ist er hier von einem kostbaren Renaissancegitter überdacht. – Hier wurde in den letzten Jahren, wie überall im Stadtzentrum, viel restauriert, zudem hat man für die Touristen Antiquitäten- und Souvenir-Läden eingerichtet.

Hinter dem Kleinen Ring führt die Straße, jetzt *Karlsgasse* geheißen, in einem scharfen Knick mitten in das Gewinkel ältester Siedlungskerne. Gehen wir eigentlich schneller? Alle scheinen es auf einmal eiliger zu haben und in jener Richtung zu streben, die aus den hohen engen Schluchten alter Häuser hinausführt. Die Straße läuft nicht ganz gerade, von rechts mündet in spitzem Winkel die Seminargasse ein, und von da an erstreckt sich zu unserer Rechten ein riesenhafter Komplex mächtiger Gebäude, das *Clementinum*.

Unsere Aufmerksamkeit richtet sich kaum mehr auf Häuser und Kirchen, an denen wir entlanggehen, denn plötzlich tut sich vor uns ein Bild auf, das alle unsere Sinne gefangennimmt: der riesige wehrhafte *Altstädter Brückenturm*, unter dessen Torbogen von fern eine grüne Kuppel herleuchtet und daneben, in dem Ausschnitt zwischen Turm und nahegelegener *Kreuzherrenkirche*, die Silhouette des Hradschin. Noch haftet etwas von der dunklen Enge der Gasse, aus der wir treten, noch umgibt uns ein Platz mit bedeutenden Gebäuden, doch vor uns steigt der Weg leicht an, zur Brücke hinauf, die unter dem Turm ansetzt. So zwingend ist dieser Weg, dieses Weitergehen, daß wir kaum merken, wie wir die Altstadt durch einen Turm verlassen, der jenem gleicht, durch den wir sie betraten. Nur wenige Schritte, und wir sind über dem Strom, über der *Moldau!*

Ein einzigartiges Panorama rollt sich vor uns auf: der lange Rücken des bewaldeten *Laurenziberges*, an seinen Abhang geschmiegt *die Kleinseite*, deren Mittelpunkt jene grüne Kuppel und der danebenstehende Turm von *St. Niklas* ist. Am Ende des Waldrückens, gleichsam in einem Sattel, liegt das *Kloster Strahow*, dann dehnt sich majestätisch auf langem Felsrücken der *Hradschin*, die Krone der Stadt, ihre Akropolis.

Und wenn wir dieses Bild tausendmal gesehen hätten – jedesmal ist es neu, überwältigend und prägt sich immer tiefer ein: jetzt sind wir wirklich angekommen! Wir sind da, wir sehen Prag in seiner unvergleichlichen Schönheit und Hierarchie. Aus der Bürgerstadt, die sich auf uraltem Schwemmland im Moldauknie ausbreitet, ringförmig von der Neustadt und den Industrie-Vororten umschlossen, gehen wir über die Brücke durch die Stadt des Adels hinauf zur Burg der Könige.

Immer noch ist es die uralte Ost-Weststraße, der Königsweg; er führt über die Brücke, die man die schönste in Europa nennt. Die gotische *Karlsbrücke*, jene Steinerne Brücke, die in zwölf Bogen den Fluß überspannt, wäre an sich ein staunenswertes Kunstwerk, aber ihr eigentlicher Ruhm ist die Allee der Heiligen, die seit dem Barock auf den Pfeilern thronen. Sie haben sich um den Stillsten unter ihnen geschart, seine Glorie zu verkünden. Die Figur des hl. Johannes von Nepomuk wurde als erste nach dem Kreuz hier aufgestellt. Am 20. März 1383 war er von dieser Brücke gefesselt in die Moldau gestürzt worden; dreihundert Jahre später trat er von hier aus seinen Triumphzug auf unzählige Brücken in der katholischen Welt an. Wir halten ein wenig inne bei ihm und wenden den Blick zur Altstadt zurück.

Tief gestaffelt liegen Kuppeln und Türme, und wenn dieser Weg uns an einem Spätnachmittag geschenkt ist, können wir jetzt das Goldene Prag sehen! Die Sonne liegt auf all den Spitzen, den Turmknäufen, den Kreuzen, Strahlenkränzen und

Heiligenscheinen, und es hebt ein Gefunkel an, das die dunklen Baummassen der Altstadt überstrahlt und uns blendet.

Die Moldau gleitet breit und schimmernd unter der Brücke nordwärts und faßt in einer weitausholenden Gebärde die Altstadt ein. Der Burgberg zwingt sie in eine neue Richtung. Sie kommt von Süden, wo die grünen Uferhügel des Laurenziberges sich in einer großen Insel fortsetzen; weit und offen ist das Tal, frei und groß gibt sich die Stadt, aus deren schmalen Gassen wir kamen. Der Horizont ist weit, die Stadt ist eine offene Landschaft. Wir stehen in der Mitte, in der Mitte der Brücke und der Stadt, in einer räumlichen und geistigen Mitte.

Hier habe ich damals nach der Wiederkehr mein Prag, das ich den Freunden zeigen wollte, wiedergefunden. Sie waren hingerissen, und sie wurden zu Liebhabern der Stadt, wie Tausende vor ihnen. Möchte doch jedem Leser dieses Buches dieser Augenblick geschenkt und immer wieder geschenkt werden.

Magisch zieht uns der Burgberg an. Es gibt Abende, an denen die Sonne genau hinter dem *Veitsdom* untergeht und ihre letzten Strahlenbündel den Himmel wie hinter einer Gralsburg aufleuchten lassen. Es gibt Sommernachmittage, an denen sich gewaltige Gewitterwolken hinter der Burg zusammenziehen und mit Blitz und Donner entladen; ein ungeheures Schauspiel über einer einmaligen Kulisse.

Die Brücke senkt sich leicht, und zwischen zwei Türmen betritt man die Kleine Stadt Prag, die *Kleinseite*, deren Hauptplatz man rasch durch die *Brückengasse* erreicht. Die Mitte des Kleinseitner Ringes nimmt der imposanteste Kirchenbau des Prager Barock ein, die *Niklaskirche*, deren grünleuchtende Kuppel wir schon von weitem gesehen haben. Die asymmetrische Turmkuppelgruppe beherrscht das ganze Stadtviertel. Staunend umschreitet man ein Gebirge: Kirche und Kollegienbau. Die Jesuiten haben es aufführen lassen und in den beiden anderen Stadtteilen nicht minder anspruchsvoll gebaut, in der Altstadt das Clementinum, an dem wir entlanggingen, in der

Neustadt St. Ignatius, das wir von der Burgrampe aus sehen werden. Hier auf der Kleinseite sind die Akzente erst im Barock gesetzt, doch der Platz rund um St. Niklas ist eine mittelalterliche Anlage, die Laubengänge zum großen Teil erhalten – es wirkt alles ruhig, großzügig, keine gewaltsamen Einbrüche der Neuzeit stören hier in der Mitte des Gemeinwesens. Zu Füßen der Burg gibt es eigentlich keine eigene Stadtgeschichte, die große alte Straße zog hier nur durch, während in der Altstadt der Handel mit all den Waren begann, die hereinkamen. Der Straßenzug setzt steil an der Nordwestecke des Platzes an und heißt nunmehr *Spornergasse*, nach dem Sporen oder Sparren, den man abwärtsfahrenden Wagen als Bremsklotz einhängen mußte.

Wir sind dem Gipfel, dem Hradschin, nahe und halten nicht an, während wir emporsteigen. Manches in dieser Gasse erinnert an die Zeltnergasse drüben in der Altstadt, auch hier ein Hauszeichen neben dem anderen: ›Zu den drei Geigen‹, ›Zum goldenen Adler‹, ›Zum grünen Krebs‹; aber dazwischen sind die dreifenstrigen Fassaden plötzlich unterbrochen, und breite hohe Fronten von Palästen stehen in dieser Gasse: Czernin-Morzin, Thun-Hohenstein. Doch jetzt türmt sich über uns zur Rechten ein fremdartiges, über und über mit schwarz-weißem Sgraffito bedecktes Gebäude, ein Palast, doppelt so hoch wie die Häuser bisher und dazu noch auf einem Sockel, der über zwei Häuser hoch ist: das *Palais Schwarzenberg*. Unter dieser himmelhoch erscheinenden, von Gelände und Bauwerk bedingten Auftürmung teilt sich die Straße, und in einem scharfen Knick nach rechts setzt die *Auffahrtsrampe zur Burg* an. Es gilt einen letzten Anstieg, ganz rasch sind die Dächer zu unserer Rechten auf einmal unter uns, man ahnt, daß der vierstöckige Flügel der Burg, der vor uns aufsteigt, noch höher liegt als der Palast, der nun in unserem Rücken steht; wir kommen auf den höchsten Punkt, auf den *Hradschinplatz*, der sich zu unserer Linken weit öffnet. Welch eine herrliche Auffahrt einst für Roß und Wagen, die dann durch die großen Gittertore in den Ehrenhof der Burg hineintrabten.

Wir bleiben staunend stehen, festgehalten von dem Ausblick, der sich uns öffnet: unter und vor uns breitet sich die Stadt! Vom nahen Dächergewirr der Kleinseite mit den rauchenden Schornsteinen und Dachgärten bis weit hinüber zu den königlichen Weinbergen am Horizont, vom steilen Felsen des *Wischehrad* bis zum Altstädter Brückenturm liegt die Stadt zu Füßen der Burg, zu Füßen ihrer Könige und Heiligen, die hier oben am Hradschin begraben sind.

Niemand kann sagen, er kenne Prag, der diesen Weg zu diesem Ziel nicht gegangen ist, der diesen Blick nicht eingesogen hat. Es ist der Weg, den der erwählte König von Böhmen bei seinem Einzug nahm, wenn er zur Krönung in den Veitsdom zog.

Der Hradschin

Auf der Burg

Der *Hradschin* ist seit dem Eintritt Böhmens in die Geschichte der weltliche und geistliche Mittelpunkt des Landes und auch von Prag. Imperium und Sacerdotium – König und Bischof – haben diesen Berg gemeinsam besessen, von ihm aus regiert und gesegnet. Oft wurde um diesen Berg erbittert gekämpft; er beherrscht die Stadt, ihre Bauten und Menschen. Die klassische Silhouette, Dom und Kirchen am Hradschin, von den Palastgebäuden umschlossen, zugleich durch diese befestigt, gliedert sich klar in sakrale Gebäude mit ragenden Türmen und profane, die als einheitliche, langgestreckte Trakte über die ganze Länge des Burgberges streichen. Der weithin sichtbare, älteste erhaltene Bau auf der Burg, die Georgskirche mit den weißleuchtenden romanischen Doppeltürmen, gehört zu den frühesten Kirchenbauten Böhmens.

Die Königsburg von Prag gleicht in ihrem Grundriß einer Mandel. Die Wohn- und Verwaltungsgebäude umschließen wie eine Schale den Kern, den Veitsdom. Bis wir in das Innere des Gehäuses kommen, durchschreiten wir zwei Palast-Trakte und überqueren drei große Höfe. Wo der Kern spitz zuläuft, am Ostchor von St. Veit, auf dem kleinen *Platz vor der St. Georgskirche*, ist eigentlich der Ort, der uns Burg und Dom am deutlichsten innewerden läßt, da wir hier die Innenansicht dessen finden, was wir von der Moldau aufblickend sahen. Es ist der innerste Raum des Hradschin. Hier wollen wir unseren Besuch der Burg beginnen; zuerst wenden wir uns den Kirchen zu, dann den Palastgebäuden. Die Entfernungen sind, mit Ausnahme des Spazierganges im königlichen Garten, minimal, oft nur ein paar Schritte. Dennoch empfiehlt es sich, für eine ausführliche Besichtigung und den anschließenden Spaziergang zur Kleinseite reichlich Zeit zu nehmen, am besten einen ganzen Tag, der dann in den Gärten der Kleinseitner Palais ausklingt.

Zu allen Tages- und Jahreszeiten kann man von den Stufen der Klosterpforte von *St. Georg* aus das mächtige Gebirge des gotischen Chores von St. Veit betrachten, ohne sich daran satt sehen zu können. Hier scheint der Dom so hoch als breit, hingelagert mit all seinen Kapellen, die Strebepfeiler ausgefächert wie die Segel eines großen Schiffes, breit auch das Querschiff; von der Höhe bleibt nur noch das scheinbare Schweben des grünen Helms auf dem Südturm, dessen Mächtigkeit hier verdeckt ist.

Der fast störend nüchterne Verbindungsgang zwischen Dom und Palast führt zu dem Trakt, den König Wladislaw Jagello um 1500 ausbauen ließ und dessen festliche Mitte der *Wladislawsche Saal* ist, aufgeführt als ein künstlerisches und technisches Wunderwerk über Geschossen älterer Palastsäle. Die klar profilierten Fenster sind erste Zeugen der Renaissance; über dem östlichsten steht die monumentale Inschrift: »Wladislaus rex ungariae et bohemiae 1493«. Hier vom Georgsplatz aus zogen die Stände des Königreiches Böhmen zu großen Festlichkeiten in den Wladislawschen Saal und zu den Sitzungen des Landtages. Die um den Saal gelegenen Räume waren das Herz der Verwaltung und Regierung.

Aus der Front der Profan-Gebäude hebt sich die *Allerheiligen-Kapelle* ab, die ebenfalls vom Georgsplatz zugänglich ist. Die letzten Jahre, die hier Gottesdienste abgehalten wurden, war sie Kapelle des begüterten adeligen Damenstiftes; dieses entstand in der Mitte des 18. Jahrhunderts an Stelle des alten Kapitelgebäudes von Allerheiligen und des Rosenbergischen Palastes.

Der romanischen *Georgskirche* hat man eine frühbarocke Fassade vorgeblendet. Hoch oben im Giebel der Fassade sehen wir St. Georg, den Reiter, darunter den Gründer der Kirche, Wratislaw, und die erste Äbtissin, Milada. Ein besonders schönes Relief ist über dem Südportal der Kirche als Tympanon eingesetzt: der Kampf des hl. Georg mit dem Drachen. Die kleine barocke *Seitenkapelle zum hl. Johannes von Nepomuk* ist mit einer bezaubernden Sicherheit im 18. Jahrhundert an die Front von St. Georg angefügt.

Auch das 19. Jahrhundert hat an diesem Platz gebaut, die Domvikarshäuser wurden zum Teil erneuert, und so schiebt sich ein roter gotisierender Ziegelbau vor barocke Häuser, die die schmale Vikarsgasse an der Nordseite des Domes säumen. Dort sei jene kleine, dunkel verräucherte Weinstube, die ›Vikarka‹ nicht vergessen, die lange Zeit das einzige Lokal auf der Burg oben war; man hat sie modernisiert und noch andere Restaurants für die Besucher auf dem Hradschin eingerichtet.

St. Georg

In der Georgskirche umfängt uns eine klare Architektur, fast ist es, als stünde man gar nicht in Prag, so stark ist die Verwandtschaft zu mitteldeutschen Räumen jener Zeit, etwa zu St. Cyriakus in Gernrode; in Böhmen finden wir kaum Vergleiche.

Die dreischiffige Basilika mit erhöhtem Chor über einer Krypta ist großzügig gegliedert. Über den wechselnden Säulen und Pfeilern öffnen sich dreiteilige Arkaden zu den Emporen, die für die Nonnen bestimmt waren. Zum Chor führt eine leicht geschwungene, doppelläufige Treppe, von einem barocken Gitter eingefaßt, die den großen Eindruck von der romanischen Architektur um etwa 1000 noch bestärkt. Der Bau wurde nach einem Brand 1142 wieder aufgebaut und das südöstliche Seitenschiff dabei um eine eigene Kapelle vergrößert, die vom Chor aus zugänglich ist, hier ruhen die Gebeine der hl. Ludmila. Der Sohn dieser Fürstin, Wratislaw (gest. 925), hat die erste Kirche hier gestiftet, eine przemyslidische Prinzessin, Milada, gründet an dieser Georgskirche das erste Benediktinerinnenkloster des Landes und wird dessen erste Äbtissin. Das geschah 973, als Prag selbständiges Bistum wurde und die Diözese ganz Böhmen mit Ausnahme des Egerlandes umfaßte. Das Kloster hatte für die Christianisierung eine wichtige Aufgabe übernommen: hier wurden adelige junge Mädchen des Landes erzogen, die später das Christentum in ihren Familien vorleben und vertiefen sollten.

Die Lebensgeschichte der hl. Ludmila berichtet uns Ferdinand B. Mikowec in seinem Buch ›Alterthümer und Denkwürdigkeiten Böhmens‹:

Die heilige Ludmila war die Tochter des Fürsten Slavibor, der über den slavischen Stamm der Pschowanen herrschte, und in Pschow, dem heutigen Melnik ob der Elbe, seinen Sitz hatte. Sie brachte ihrem Gemahle, dem Böhmenherzog Bořivoj I., das Gebiet ihres Vaters, das sich von der Mittelelbe bis an die Landesgrenzen gegen die Lausitz erstreckte, zur Mitgift, so daß hiedurch die unmittelbare Herrschaft der Prager Herzöge bedeutend vergrößert wurde. Als sie mit ihrem Gemahle um das Jahr 874 zum Hofe des mächtigen Mährerfürsten Svatopluk sich begab, wo bereits durch die Bemühungen der Slavenapostel Cyrill und Method das Christentum feste Wurzeln geschlagen hatte, empfing sie in der Hauptkirche zu Welehrad sammt ihrem fürstlichen Gemahle und ihrem ganzen Gefolge die heilige Taufe von dem Erzbischofe Methodius, und kehrte als Christin auf ihren böhmischen Fürstenthron zurück. Bořivoj errichtete die ersten christlichen Kirchen in Böhmen, Ludmila wurde die eifrigste Pflegerin der neuen Religion und tat durch gutes Beispiel, fromme Werke und reine Nächstenliebe ihr Möglichstes zur Verbreitung der göttlichen Lehren Christi. Bořivoj, ihr Gemahl, starb um das Jahr 894, Ludmila überlebte ihn, und war durch lange Zeit die beste Ratgeberin ihrer beiden Söhne, die nach einander in der Regierung Böhmens folgten, Spytihněv's und Wratislav's. Spytihněv regierte bis etwa zum Jahre 905, und starb ohne Nachkommen. Sein Bruder und Nachfolger Wratislav heiratete eine Fürstentochter aus Stodor, einer Župa der noch heidnischen Luticen im heutigen Brandenburg, mit Namen Drahomira, welche, in die christliche Fürstenfamilie Böhmens eingeführt, zwar auch Christin wurde, aber sehr hochsinnig und herrschsüchtig war, und mit scheelen Augen ihre fromme Schwiegermutter zu betrachten anfing, als sie sah, daß Ludmila's weiser Rat den Herzog, Drahomira's Gemahl, leitete, und daß sie ihrer Tugenden und guten Werke wegen vom ganzen Volke hoch verehrt und allenthalben gepriesen wurde. Ludmila übernahm selbst die Erziehung der Kinder Wratislav's, und entzündete in ihrem Enkel, dem nachherigen Herzog Wenzel, das Feuer der göttlichen Liebe und des heiligen Glaubenseifers, wodurch dieser Fürst der erste Wohltäter seines Volkes, und später dessen erster Schutzheiliger wurde. Doch Herzog Wratislav regierte nicht lange und starb schon im Jahre 925, als sein ältester Sohn Wenzel noch minderjährig war. Dessen Mutter Drahomira wurde zur Regentschaft berufen. Bald sah Ludmila ein, daß sie bei der herzoglichen Familie auf der Prager Burg nicht mehr länger verbleiben könne, und zog sich auf ihren Witwensitz, die Burg Tetin ob der Mies, zurück, denn Drahomira konnte ihren Neid gegen Ludmila, die als die wahre Mutter der ganzen Nation allgemein geschätzt und geliebt war, nicht mehr länger verbergen, und dann fürchtete sie ihren bisherigen Einfluß auf die Regierung, die sie nun selbst mit Nachdruck zu führen gedachte. Ludmila lebte nun zurückgezogen auf Tetin, fuhr fort, ihre Umgebung, wo sie nur konnte, zu beglücken, und ihre Andacht zu pflegen. Doch in Drahomira's Herzen reifte ein gottloser Plan, durch dessen Ausführung sie ihr Andenken bei dem böhmischen Volke auf immer befleckte. Sie beschloß, sich ihrer Schwiegermutter durch Mord zu entledigen. Bald nach dem Tode ihres Gemahls, des Herzogs Wratislav, verabredete sie sich noch in demselben Jahre 925 mit zwei angesehenen Lechen, die von Jugend auf der Fürstin Ludmila für große Wohltaten zum größten Danke verpflichtet waren. Diese, Tuňa und Komoň mit Namen, kamen Abends am 15. September des benannten Jahres in Folge ihrer Verabredung mit Drahomira mit einem großen bewaffneten Haufen nach Tetin, drangen in die Burg ein, umzingelten im Stillen das Wohnhaus Ludmila's, und die Bewaffneten draußen zurücklassend brachen sie das Tor ein; nur von wenigen Dienern begleitet stürmten sie mit großem Geschrei in die inneren Gemächer. Die hl. Ludmila lag schon in ihrem Bette, und die Hast ihrer Mörder erblickend rief sie ihnen zu: »Wie kommt ihr hieher mit solcher Wut? Was beginnet ihr? Schämt ihr euch nicht, und erschrickt darob

                Burgstadt, Hradschin, Laurenziberg
                und die Kleinseite,
                nach dem Plan von Jos. Dan. Huber, 1769

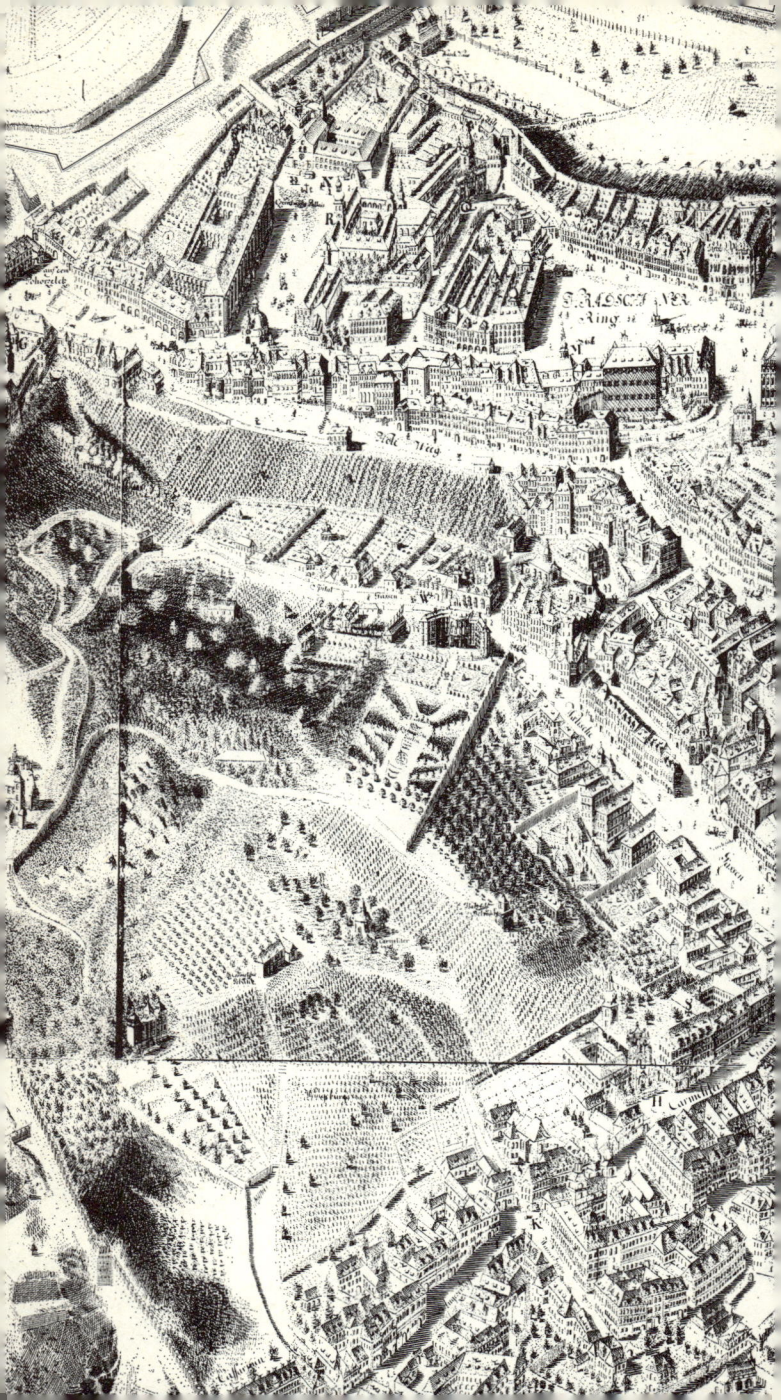

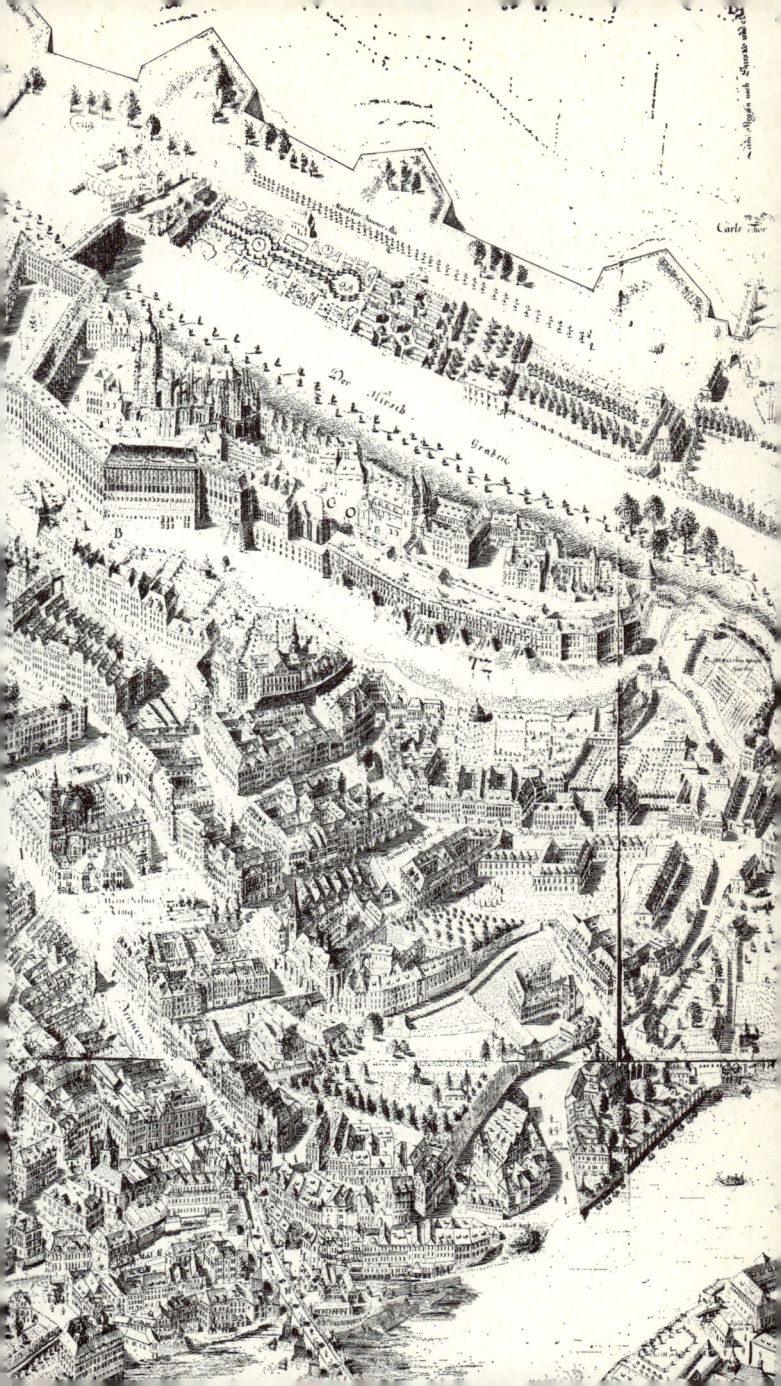

eure Seele nicht? Habt ihr es schon vergessen, daß ich euch wie meine eigenen Söhne aufergogen, mit Gold, Silber und reichen Gewändern beschenkt habe? Habt ihr gegen mich etwas im Sinne, nun so sprechet!« Die Mörder aber achteten auf ihre Worte nicht, faßten sie mit roher Hand und zerrten sie von ihrem Lager. *»So gönnt mir nur eine Weile zum Gebete«*, sprach die hl. Ludmila, und betete zu Gott mit ausgebreiteten Händen. Dann sagte sie nach einer Weile: *»Wenn ihr gekommen seid, um mich zu morden, so bitte ich, wollet mir lieber den Kopf abhauen.«* Aber die Männer mit hartem Herzen wollten nicht ihr Blut vergießen, sondern erfaßten ihren Schleier, wanden ihn zusammen wie einen Strick, legten ihn ihr um den Hals, und erwürgten sie. Das zahlreiche Burggesinde der Fürstin ergriff erschrocken die Flucht, die Mörder aber nahmen mit, was ihnen unter die Hände kam, und entfernten sich mit ihrer Begleitung aus der Burg, um der Fürstin Drahomira von der vollzogenen Tat Nachricht zu geben. Nachdem sie hinweggegangen waren, sammelten sich die Diener und Dienerinnen der hl. Ludmila um ihren Leichnam mit Weinen und Wehklagen, und alsbald erschallte das Wehgeschrei des ganzen Landes über dem Grabe der ersten Blutzeugin und Mutter des böhmischen Volkes, der hl. Ludmila.

Sie wurde nach christlichem Gebrauche von den Priestern in Tetin begraben, aber der Ruf ihres Martertodes verbreitete sich im ganzen Lande, von nah und fern kamen ihre Verehrer, um auf ihrem Grabe zu beten, und es sollen verschiedene Wunderzeichen kund gegeben haben, daß Ludmila's Seele eingezogen sei in das ewige Himmelreich.

Kaum hatte Drahomira erfahren, was beim Grabe Ludmila's vorgehe, ließ sie das Gebäude, wo Ludmila gewohnt hatte und wo sie begraben wurde, in eine Kirche umgestalten, und diese zu Ehren des Erzengels Michael einweihen, damit das Volk die Wunderzeichen, die Gott an dieser Stätte bewirkte, dem benannten Erzengel und nicht dem Verdienste der hl. Ludmila zuschreiben möchte. Doch das Volk ließ sich dadurch nicht irre führen, und Ludmila wurde alsobald im ganzen Lande als eine Heilige verehrt.

Als ihr Enkel, der hl. Wenzel, die Zügel der Regierung Böhmens allein in die Hand genommen hatte, ließ er den Leichnam seiner Großmutter Ludmila in Tetin heben und mit großer Feierlichkeit auf die Prager Burg übertragen, und in der von seinem Vater gegründeten St. Georgskirche bestatten.

Die Kollegiatskirche zu Allerheiligen

Die zweite große Kirche am Georgsplatz ist die *Kollegiatskirche zu Allerheiligen*. Diese eigentliche Burgkapelle ließ Kaiser Karl IV. von Peter Parler errichten, der auch den Dombau weiterführte. Es ist wahrscheinlich, daß der Kaiser etwas Ähnliches plante wie die Sainte-Chapelle in Paris. Nach dem Brand von 1541 wurde der gotische Bau etwa 1580 umgebaut.

In der Allerheiligenkapelle der Burg ruhen in einer barocken Tumba die Gebeine des heiligen Mönches Prokop, der zu den böhmischen Landespatronen zählt und immer große Verehrung genossen hat. Er stammte aus einfachen Verhältnissen, lebte als Einsiedler in den Wäldern an der Sazawa, wo ihn der Herzog Udalrich kennenlernte. Die beiden Männer schlossen Freundschaft, und Prokop übernahm die Leitung des neugegründeten Klosters Sazawa, das den slawischen Ritus in Böhmen pflegen sollte. 1032 bis zu seinem Tode 1053 war er dort Abt. Schon zu Lebzeiten waren Wunder von ihm berichtet worden, und 1204, am 4. Juli, wurde er von Papst Innozenz III. heiliggesprochen. Auf vielen böhmischen Heiligenbildern begegnen wir dem schwarzen Mönch mit dem Abtstab.

Bald nach der Wiederbesetzung des Prager Erzbischöflichen Stuhles, 1561, nach den Wirren der Hussitenzeit und dem Jahrhundert der Reformation, ließ Erzbischof Martin Medek 1584 aus dem zerstörten und verwahrlosten Kloster Sazawa die Gebeine des Heiligen nach Prag überführen.

Der Dom

Die eindrucksvollste *Außenfront* – trotz des herrlichen Ostchores mit seinem Kapellenkranz – ist die Südseite des Domes. Peter Parler hat sie bewußt auf die Stadt hin komponiert. Auf dem freien Platz, der vorgelagert ist, dem dritten Burghof, haben wir so weit Abstand, daß wir sie in ihrer großartigen Unregelmäßigkeit betrachten können. Hier finden wir das Bild vom St. Veitsdom wieder, das wir schon von der Moldau her aus der Ferne hatten: den mächtigen Turm in seiner beherrschenden Rolle, die ihm für die Fernsicht zugedacht ist. Er ist der ältere Bruder des Stephansturmes in Wien, an dem jüngere Verwandte Peter Parlers gebaut haben.

Eine in den Ausmaßen nicht eben große, aber doch monumentale Figur steht vor der Südfassade des Domes: *der Reiter St. Georg* im Kampf mit dem Drachen. Herkunft und ursprüngliche Aufstellung der Bronzeplastik sind nicht ganz geklärt, doch dürfte ein Zusammenhang mit der unter Karl IV. geplanten Ausgestaltung des Benediktinerinnenklosters St. Georg und seiner Kirche bestanden haben. 1373 haben die Brüder Martin und Georg aus Klausenburg in Siebenbürgen dieses Reiterstandbild geschaffen, so lautet die überlieferte lateinische Inschrift. Die lebhaft bewegte Gruppe, auf einem leider nicht sehr vorteilhaften, weil zu hohen Sockel aus den zwanziger Jahren unseres Jahrhunderts, fesselt unsere Aufmerksamkeit. Ein überschlanker, unbehelmter Ritter auf einem prachtvollen, breiten und starken Roß, das durch seine Kopfwendung ganz in den Kampf mit einbezogen ist, stößt seine Lanze tief in den Rachen des geschuppten Untiers, das auf einem stilisierten Felsboden liegt und den gefährlichen Zackenschwanz bereits um einen Vorderfuß des Pferdes ringelt. Jahrhunderte hindurch war die Figur mit einem Röhrenbrunnen verbunden, heute steht sie frei vor dem großartigen Hintergrund des Domes, und dieses Widerspiel gehört zu den überraschenden Eindrücken auf dem dritten Burghof.

In spannungsreiche Beziehung zu dem Turm, der sich für einen klassischen Kathedral-Grundriß an einer höchst ungewöhnlichen Stelle befindet, ist das Südquerschiff gesetzt. Dieses öffnet ein dreiteiliges Portal, die *Goldene Pforte*, gekrönt von einem leuchtenden Mosaik, das als kostbares Bild auf Goldgrund die große Mauerfläche überglänzt, hinter der sich die Kronkammer befindet. Dargestellt ist das Jüngste Gericht. Als Stifter erkennen wir Karl IV. und seine Gemahlin Elisabeth von Pommern. In einem schönen Halbkreis knien die Landespatrone, die Heiligen Prokop, Sigismund, Veit, Wenzel, Ludmila, Adalbert. Sind hier an den äußeren Flügeln die beiden Priester, in der Mitte die beiden jungen Märtyrer und zwischen ihnen der heilige König aus Burgund und die heilige Fürstin aus Böhmen, so werden wir diese sechs in ähnlicher Reihung auf dem Votivbild des Erzbischofs Jan Očko von Vlašim in der Nationalgalerie wiederfinden. Über ihre entscheidende Rolle für die Ausbreitung des Christentums in Böhmen hören wir jeweils durch die Legende. Veit und Sigismund sind kraft ihrer im frühen Mittelalter für Prag erworbenen Reliqien in diese Reihen aufgenommen. Alle Figuren sind dank umfangreicher Restaurierungsarbeiten nach dem zweiten Weltkrieg wieder klar zu erkennen, und dieses nördlich der Alpen wohl einzigartige Mosaik ist voll zur Geltung gebracht. Der Entwurf dürfte auf einen böhmischen Maler um 1370 zurückgehen, die Ausführung hatten Venezianer übernommen und sich dabei böhmischer Glassteine bedient.

Über einer kleinen eleganten Balustrade öffnet sich das riesige Maßwerkfenster, neben dem die bizarren, gegenläufigen Treppentürme hochsteigen, die einen Übergang zu dem lichten Wald der Strebepfeiler bilden. Neben dem Querhausfenster und seinem großartigen Abschluß ist im *Turm* ein kleines, überaus kunstreiches, vergoldetes Renaissancefenster aus dem Anfang des 17. Jahrhunderts gesetzt. Den Turm selbst haben Bonifaz Wolmut und Hans von Tirol 1560-1562 weitergebaut und an die Arkaden die vier kleinen Eckzwiebeltürmchen gesetzt. Ihre Dachkonstruktion wurde im wesentlichen beibehalten, als 1770 der Turm das letztemal gedeckt wurde. Über dem leuchtenden Grün der Kupferdächer dreht sich als Windfahne ein böhmischer Löwe, die Prager wissen sehr wohl, wie das Wetter wird, wenn ihnen der Löwe sein Haupt zuwendet.

Der heutige Dom und seine Vorgänger – bis auf ein ungeklärtes frühes Patrozinium zum hl. Emmeram von Regensburg –

sind dem heiligen Märtyrer Veit geweiht, der sich im Mittelalter großer Verehrung erfreute und unter die vierzehn Nothelfer zählt. So sehr der Prager Dom überall als der ›Veitsdom‹ bekannt ist, werden wir den Titelheiligen nirgends besonders hervorgehoben finden, kein großes Bild, keine bedeutende Figur; erst zu Ende des 19. Jahrhunderts hat man ihm hinter dem Hochaltar im Umgang einen neuen Altar errichtet. Heute herrschen im Inneren des Domes und im Bewußtsein der Gläubigen jene Heiligen, die in Prag gewirkt haben und in ihrer Domkirche begraben sind: Wenzel, Adalbert, Johannes von Nepomuk.

Als die Kathedrale begonnen wurde, wollten die Luxemburger Könige, Johann und Karl, daß sie die Krone ihrer Haupt- und Residenzstadt werde. Karl hatte 1344 die Erhebung Prags zum Erzbistum erreicht, und er wollte den Bau neu und großartig aufführen, wie er es an vielen Beispielen in Frankreich gesehen hatte. Der Dom entstand an Stelle einer romanischen Basilika, der Ende des 11. Jahrhunderts die kleine Wenzels-Rotunde hatte Platz machen müssen.

Erster Baumeister des gotischen Domes ist der aus Avignon kommende Mathias von Arras, der den Grundriß im wesentlichen festlegt, um den dreischiffigen Chor einen Kapellenkranz anordnet und das untere Chorgeschoß noch fast fertig hochzieht. 1352 stirbt Mathias von Arras, und der Kaiser bestellt als neuen Dombaumeister den damals dreiundzwanzigjährigen Peter Parler aus Schwäbisch-Gmünd. Dieser geniale Künstler mit seiner Bauhütte arbeitete nicht nur an der Architektur des Domes und wölbte den Chor ein, er verwirklichte auch das bildhauerische Programm und erreichte in beiden Künsten Beispielhaftes für die europäische Entwicklung der Gotik überhaupt. Nach seinem Tode 1399 kam der Bau ins Stocken. Nur den Turm bauten seine Söhne noch weiter, denn die Hussitenkriege setzten bald aller Bautätigkeit ein Ende.

Bis tief ins 19. Jahrhundert stand der Dom unvollendet, der Turm frei, und von Westen her bildete eine große provisorische Wand auf der Höhe zwischen der Wenzels-Kapelle und der Sigismunds-Kapelle den Abschluß. Im 18. Jahrhundert ist sie mit Malereien geschmückt worden; vorgelagert war die kleine Adalberts-Kapelle. Vom Querschiff her ist der Bau seit 1873 weitergeführt worden, ähnlich wie der Kölner Dom als nationale Aufgabe gesehen, und erst vor der Tausendjahrfeier des hl. Wenzel, 1929, wurden die letzten Gerüste entfernt. Die beiden Architekten Josef Mocker und nach ihm Kamil Hilbert seien, auch wenn sie – zeitbedingt – schematisch gebaut haben, dankbar erwähnt.

Im Inneren des Domes

Den Dom betritt man durch das *Westportal* zwischen den beiden neugotischen Türmen. Bis zum breiten Querschiff hin durchschreiten wir einen Bau des 19. und 20. Jahrhunderts, trocken und brav – aber stärker noch als dieser Eindruck drängt sich ein Gefühl der Leere auf. Die Menschen, die oft in größeren Gruppen durch die Kathedrale gehen, irren meist ein wenig ziellos umher, denn es fehlt vor allem der Bezug auf den Mittelpunkt eines Kirchenraumes: auf den Altar. Das war im Veitsdom wohl immer so, denn seine eigentliche sakrale Mitte blieb die Kapelle des hl. Wenzel. Wir wollen sie erst nach einem Rundgang besuchen und diesen bei den Ausgrabungen unter dem Dom beginnen.

Heute kann man aus der *Kreuz-Kapelle* in die freigelegten Grundmauern der älteren Kirchen hinuntersteigen, die einst Vorgänger des Domes waren: Teile der Wenzels-Rotunde, der Veits-Basilika und der Krypta Spytihněvs sind zugänglich. Bei jedem Hinabsteigen in solche Krypten und Katakomben stellen diese unterirdischen Räume den Bezug zu Vergangenem, zum langsamen Wachsen der Geschichte her und stärken unser Gefühl dafür, daß wir uns von diesem Urgrund nicht lösen dürfen, wenn der Oberbau nicht einstürzen soll.

Direkt unter dem *Grabmal der Habsburger*, von dem noch

gleich zu reden sein wird, wölbt sich die *Königskrypta*, in der Karl IV. (gest. 1378) mit seinen vier Gemahlinnen und seinem Sohn Wenzel IV. (gest. 1419), ferner die Könige Georg von Podiebrad (gest. 1471) und Ladislaus Postumus (gest. 1457), ruhen. Im Hintergrund dieser Gruft, die 1933 restauriert wurde, steht ein schlichter Zinnsarg, dort liegt Rudolf II. (gest. 1612), der geheimnisvolle Herrscher, der die Neuzeit aufgehen sah. Auf wieviel baulichen Schichten ruht der gegenwärtige Dom, in den wir nun wieder hinaufsteigen, und auf wieviel historischen Schichten fußt doch unsere Gegenwart!

Prag war bis zu Rudolf II. die bevorzugte Residenz der Habsburger, ihr unauffälliges Grabmal – obwohl in der Mitte zwischen Vierung und Altar – legt heute und hier davon Zeugnis ab. Es ist von einem herrlichen Eisengitter umgeben, das ein Prager Handwerker, Georg Schmidthammer, 1589, also schon zur Zeit Rudolfs II., schuf. Dieses Gitter umschließt einen dreiteiligen Marmorsarkophag, das Werk des flämischen Bildhauers Alexander Collin, das 1589 nach über zwanzigjähriger Arbeit fertiggestellt war. Deutlich wird nur die kleine aufrechte Figur des Christus Salvator um Fußende, die das Gitter überragt; undeutlich dagegen bleibt dem Besucher, daß an dieser bevorzugten Stelle zwei Männer und eine Frau begraben sind. Selbst wenn wir alles klarer wahrnehmen könnten, ist uns kaum bewußt, daß hier die ersten Habsburger der österreichischen Linie liegen: Ferdinand I., der Gegenreformator (gest. 1564), der Bruder Karls V., neben ihm seine Gemahlin Anna, die Jagellonin, die ihm Böhmen und Ungarn zubrachte (gest. 1547), und ihr Sohn Maximilian II. (gest. 1576). Diese Habsburger haben Prag als Residenz betrachtet, und am längsten hat hier der dritte habsburgische König und Kaiser, Maximilians Sohn, Rudolf II., residiert. Seinen einfachen Sarg sahen wir in der Königskrypta. Sonst findet sich keine Spur von ihm in der Domkirche.

Wenn wir nun einen Augenblick in Gedanken nach Wien in die Kapuzinergruft eilen, in diese schmucklose unterirdische

Taufe Christi aus dem Krönungsevangeliar (Wyschehrader Codex), geschrieben für den ersten böhmischen König, Wratislaw, 1085.

Ruhestätte der Habsburger, von denen vierzehn Römische Kaiser waren, dann finden wir hier in Prag eine recht verwandte Form des Umgehens mit dem Tode: als armer Sünder geht der Imperator aus dieser Welt und gibt sich nurmehr der Barmherzigkeit Gottes anheim. Um wieviel aufwendiger ist dagegen etwa das Grabmal des Marschalls Leopold Graf Schlick (gest. 1733), das fast auf gleicher Höhe mit dem Kaisergrab am ersten südlichen Chorpfeiler lehnt.

Die böhmischen Könige haben aus einer eigenen Loge, dem *Wladislawschen Oratorium*, das direkt vom Palast aus zugänglich ist, den feierlichen Gottesdiensten im Dom beigewohnt. Dieses Meisterstück der Steinmetzkunst mit seinem Ast- und Wurzelwerk war gleichsam das Schaustück, das Benedikt Ried, der Erbauer, dem König Wladislaw lieferte. Die beiden hängenden Schluß-Steine, technische Meisterleistungen, tragen das Monogramm des Königs, der kleine vorspringende Erker die Wappen der beiden Königreiche, über die Wladislaw von 1471, beziehungsweise 1490, bis 1516 regierte: Böhmen und Ungarn.

Nun beginnt der Kranz der *Chorkapellen*. In der ersten südlichen, der Maria-Magdalenen- oder *Waldstein-Kapelle*, stehen die Grabsteine der beiden Dombaumeister, Mathias von Arras und Peter Parler.

Bevor wir in das eigentliche Chorhaupt kommen, türmt sich vor uns ein silberner Berg, aufragende Pracht unter flimmernden Ampeln: das *Grabmal des heiligen Johannes von Nepomuk*, Generalvikars der Erzdiözese Prag und also erster Stellvertreter des Erzbischofs.

Dieses Meisterwerk der Goldschmiedekunst, das den Hochaltar des Domes bilden könnte, steht an dieser für barocke Perspektiven nicht eben vorteilhaften Stelle, weil sich hier seit dem 14. Jahrhundert das einfache, immer verehrte Grab des Johannes befand. Anläßlich der Heiligsprechung des Märtyrers, 1729, gab Kaiser Karl VI. den Auftrag zur Errichtung

HL. JOHANNES VON NEPOMUK

eines monumentalen Reliqienaltars an der Stelle des umgitterten Grabsteins. Den Entwurf lieferte Joseph Emanuel Fischer von Erlach, die Holzmodelle der Figuren schuf Antonio Corradini, der Wiener Gold- und Silberschmied Joseph Johann Würth arbeitete sechs Jahre an diesem großen Auftrag. 1736 wurde das Monumentum aufgestellt, 1746 die Marmorbalustrade dazugefügt, 1771 der große Baldachin, von vier silbernen Engeln getragen, darüber gespannt.

Zwei große Engel knien auf einem Marmorsockel, dessen beide Schmalseiten als Altartische für den Gottesdienst abgestuft sind. Ein Sarkophag schwebt, nur leicht von den Engeln gestützt. Er ist nicht nur Grablege, sondern Sockel für das Bildnis des Heiligen, der kniend, in Andacht versunken, zu entschweben scheint. Der Blick ist fest auf das Kreuz in seinen Händen gerichtet – eine abgründige Meditation über Leid und Tod mitten in der aufrauschenden silbernen Pracht, deren Vertikale durch den Baldachin und mehr noch durch die hohe gotische Architektur des Domes betont wird.

Vor dem silbernen Sarg mit den sterblichen Überresten des Johannes von Nepomuk, mit der Reliquie seiner unversehrten heiligen Zunge, fehlen die großen Gottesdienste, das Beten und Singen, der Weihrauch und die Kerzen, die Blumen, Fahnen und Bilder, die jubelnde Musik, die Litaneien und Predigten. Um Johannes von Nepomuk ist heute hier ein großes Schweigen. Er selbst wird zwar als der große Schweiger verehrt, und dieses Schweigen ist Sinnbild für sein Martyrium, aber die weitverbreitete und volkstümliche Verehrung hatte beredtere Formen gefunden. Schönstes Zeugnis davon gaben das Heiligsprechungsfest 1729 und die jährlichen Wallfahrten und Andachten im Mai. Doch fanden diese frommen Bräuche hauptsächlich an der Karlsbrücke statt, vor dem ersten Bildnis des Heiligen. Dort soll davon Näheres erzählt werden.

Die Legende berichtet, daß der König, der auch den Domdechanten Bohuslaus und den Domkapitular Nicolaus Puchwik hatte foltern lassen, Johannes eigenhändig in grausamer

Weise mit Fackeln brannte und dann seinen Tod befahl; der tiefere Grund sei sein unbändiger Zorn darüber gewesen, daß Johannes der Beichtvater der Königin war und das Beichtgeheimnis auch dem König und Gatten gegenüber nicht preisgab.

Die Geschichte weiß es anders: Johannes de Pomuk war seit 1373 Protokollführer beim Erzbischöflichen Gericht in Prag, 1382 ging er nach Padua und widmete sich dem Studium des Kirchenrechtes. Er promovierte am 17. Oktober 1387 zum ›doctor decretorium‹ in Padua und kehrte dann in die Heimat zurück. Vom 20. September 1389 bis zum 14. März 1393 sind fast alle Verhandlungsprotokolle der Erzbischöflichen Kanzlei von seiner Hand gezeichnet. Er führte bis dahin, also sechs Tage vor seinem gewaltsamen Tod, die Verhandlungen und Sitzungen als Vorsitzender. Montag, den 24. März 1393, finden wir die Eintragung: »Johannes beschloß am 20. März sein Leben. Er ist auf Geheiß des Königs Wenzel in der Moldau ertränkt worden.«

In einem kirchenrechtlichen Streit vertrat er den Standpunkt seines Erzbischofs gegen den König, der in seinem Jähzorn den Generalvikar foltern und dann nachts gefesselt in der Moldau ertränken ließ. Erzbischof Johannes von Jentzenstein hat darüber einen Bericht in Rom vorgelegt.

Dieser Märtyrer des Schweigens, in die Betrachtung des Kreuzes vertieft, ist ja nicht nur der Patron gegen Wassernot, der Patron der Beichtväter, der Patron aller Domkapitel – ist er nicht auch in besonderer Weise Patron der schweigenden Kirche, aller jener Priester, die ihr Amt trotz aller Behinderungen ausüben, die das Wort Gottes predigen und die Sakramente spenden »sei es gelegen oder ungelegen«?

Eine Predigt aus dem Jahre 1730, ein Jahr nach der Heiligsprechung, endet mit dieser Anrufung:

ST. ADALBERT

Tod und Leben in Hand der Zung!
Mors et vita in manu linguae!
Oh, daß auch unser Leben und unser Tod deinen
heiligen Händen, ja deiner Zung anbefohlen sei,
heiliger Johannes Nepomucene! Deine Zunge sei unser
Fürsprecherin bei dem Thron des Allerhöchsten.
Rede, ach rede, wann wir unsere Sprach verlieren –
rede, wann wir uns vor dem Richter nicht werden
können verantworten,
rede, wann uns unser Leben und Sünden-Gräuel vor
dem ganzen Himmel wird wollen beschämen.
Rede, daß wir fromm leben und selig sterben.
Mors et vita in manu linguae,
Dir sei anbefohlen unser Leben und unser Tod. Amen.

In der Kapelle gegenüber, ebenfalls von Silber und Gold funkelnd, stehen die Büsten der Heiligen Veit, Wenzel, Adalbert und Cyrill, und in einem Schrein ruhen die Gebeine des hl. Adalbert, Bischofs dieser Diözese Prag.

Adalbert, tschechisch Vojtěch, war Sproß einer edlen Familie, die im Gebiet von Pardubitz an der Elbe regierte. Seine Eltern weihten ihn dem geistlichen Stand und er studierte in Magdeburg, jener damals jüngsten und östlichsten Bischofsstadt, die Kaiser Otto der Große so förderte. Der junge, gebildete Priester wurde zum Nachfolger des ersten Bischofs von Prag, des Benediktiners Thietmar aus Magdeburg, der 973–982 die riesengroße Diözese geführt hatte. Im Juni 983 erhielt Adalbert Ring und Stab zu Verona aus der Hand Ottos II., darauf in Mainz von Erzbischof Willigis die Bischofsweihe. Prag gehörte zum Metropolitanverband der Erzdiözese Mainz, nachdem Regensburg 973 unter dem hl. Wolfgang Böhmen, bisher Teil seiner Diözese, abgetreten hatte.

Adalbert zog wie sein Vorgänger predigend durch das Land, aber all sein Eifer zeitigte geringen Erfolg. Er gab sich selbst die Schuld, bat in Rom den Heiligen Vater um Enthebung von seinem hohen Amt und nahm in Monte Cassino das Kleid des hl. Benedikt. Bald jedoch riefen ihn die Böhmen reumütig zurück und versprachen fromme Unterwerfung. Adalbert wurde vom Papst gemahnt, dem Ruf zu folgen; so nahm er zwölf Ordensbrüder mit und zog über Ungarn nach Böhmen zurück. Dem nachmaligen heiligen König Stephan von Ungarn spendete er auf dieser Reise die Taufe. In Prag wurde er unter Tränen begrüßt. Draußen vor der Stadt gründete er für seine Mitbrüder das Kloster Břevnov, stattete es aus dem Vermögen seiner Familie reich aus und setzte so ein erstes Reis, das kräftig weiterblühte. Viele Neugründungen in Böhmen und Mähren gingen von da aus.

Zwei Jahre nach Adalberts Rückkehr kam es zu einer Verletzung des Asylrechtes an der St. Georgskirche, der Bischof fühlte sich vor der heidnischen Partei im Lande nicht sicher und zog abermals nach Rom. Dort trat er in das Kloster des hl. Alexius ein, aber noch einmal rief man ihn zurück. Diesmal ließ er sich vom Papst die ausdrückliche Erlaubnis geben, daß er bei den Heiden missionieren dürfe, wenn er in Böhmen wieder auf unüberwindliche Schwierigkeiten stoßen würde: es galt nicht nur, die neue christliche Religion zu lehren, sondern es waren die Machtverhältnisse zwischen den einzelnen großen Sippen noch keineswegs im Gleichgewicht, und Adalbert, selbst Sohn einer dieser Familien, stand zwischen den Lagern. Wie recht er mit seinen Befürchtungen hatte, zeigte die grausige Nachricht, die ihn bei seinem Erzbischof in Mainz erreichte: alle seine Brüder mitsamt ihren Frauen und Kindern waren in Libic umgebracht worden, die edle Familie der Slawniken ausgerottet.

So zog Adalbert nach Polen und von dort an die Ostsee, um bei den Pruzzen zu missionieren, wo er am 23. April 997 den Martertod erlitt. Die Polen lösten seinen Leichnam aus, und Gnesen, wo der heilige Bischof begraben wurde, war bald ein vielbesuchter Wallfahrtsort. Im Jahre 1000 pilgerte Kaiser Otto III. dorthin, der schon zu Lebzeiten Adalberts diesem in Freundschaft verbunden war. Er stiftete auch neue Kirchen zu Ehren Adalberts, der als Missionsheiliger des Römischen

DIE FÜRSTENGRÄBER

Reiches Deutscher Nation verehrt wurde. In Böhmen mußte dies alles die einsichtigen Christen wie ein großer Vorwurf beschäftigen.

1039 zog Herzog Bretislaw nach Polen und holte die Gebeine Adalberts, freilich gegen den Willen der Polen, nach Prag. Bischof Severus, der den Feldzug begleitete, ließ das böhmische Heer nach dreitägigem Fasten im Angesicht der Gebeine des Heiligen die neuen Gesetze beschwören, die nunmehr die christliche Lebensordnung garantieren sollten. »Wir sind bereit, alles gutzumachen, was unsere Väter oder wir gegen den Heiligen Gottes (Adalbert) verschuldet haben und von jedem bösen Werk abzulassen«, und der Herzog schloß das Gelöbnis mit den Worten, »daß wir es nicht wieder tun werden, bekräftigen wir durch euren und unseren Eid«.

In der Adalbert-Kapelle liegt auch Jan Očko von Vlašim (gest. 1380) begraben. Das Marmor-Epitaph stammt aus der Parler-Hütte, die Figur des Erzbischofs zeigt porträtähnliche Züge, die wir an einem Bild in der Nationalgalerie wiedererkennen werden, welches Jan als Votivtafel stiftete: es spiegelt so recht die große Hierarchie der Zeit Karls IV. wider, als auch der Dom gebaut wurde. Neben den großen Baumeistern und Bildhauern waren auch bedeutende Maler am Werk.

Von Peter Parler teils eigenhändig, teils aus seiner Hütte, stammen die sechs *Tumben der Przemysliden-Herzöge und -Könige*, die zu den großartigsten Bildhauer-Schöpfungen des 14. Jahrhunderts gehören und in der deutschen Plastik des Mittelalters neben den Figuren von Bamberg und Naumburg genannt werden. In der *Sternberg-Kapelle*: Ottokar I. (gest. 1230) und Ottokar II. (gest. 1278), in der *Marien- oder Dreifaltigkeits-Kapelle*: Bretislaw I. (gest. 1055) und Spytihněv II. (gest. 1061), in der *Kapelle Johannes des Täufers*: Bretislaw II. (gest. 1100) und Boriwoj II. (gest. 1124).

Groß und massig sind die Blöcke, sparsam jeweils mit dem Wappen des Przemysliden-Hauses, dem Adler, und den Wappen der Länder Böhmen oder Mähren, einem Löwen oder einem geschachten Adler, geziert. Schwere Körper in einer Fülle von Gewand oder in der starren Rüstung, streng und ernst die edlen Häupter. Vierhundert Jahre hat diese eine Fürstenfamilie die Geschicke des Landes geleitet. Sie trägt ihren Namen nach dem sagenhaften Ahnherrn, dem Bauern Przemysl, den die Fürstin Libussa sich zum Manne nahm. Tschechen waren sie, ihre Geschichte reicht zurück in mythische Zeiten, und wenn auch vielfach mit den Fürstenfamilien der benachbarten Länder versippt und verschwägert, waren sie doch zuerst Söhne ihres Volkes und Landes. Einer von ihnen, in der langen Reihe der letzten einer, der mächtige Ottokar II., dessen Reich »vom Belt bis fern zum Adriat'schen Golf, vom Inn bis zu der Weichsel kalten Strand« sich dehnte, war auf dem besten Weg zur deutschen Königswürde und damit zur Krone des Heiligen Römischen Reiches, doch verlor er 1278 Schlacht und Leben am Marchfeld gegen Rudolf von Habsburg. Von da an blieb dieses alemannische Geschlecht sechshundert Jahre mit der Geschichte Europas verbunden, davon vierhundert Jahre mit der Geschichte Böhmens.

In der Kapelle Johannes des Täufers steht auch der ›Jerusalemer Leuchter‹, eine hervorragende romanische Bronzearbeit, wahrscheinlich aus dem Maasgebiet. Wladislaw II. hat ihn 1162 aus Mailand mitgebracht; er war ein Stück aus der Beute, die das deutsche Heer unter Führung Barbarossas in den Städten Italiens gemacht hat.

Im Umgang stehen wir auf einmal vor einer überlebensgroßen, knienden Figur auf hohem Sockel. Es ist das Bildnis des Kardinalerzbischofs Friedrich von Schwarzenberg (1809–1885), eine berühmte Arbeit des tschechischen Bildhauers J. V. Myslbek (1892–1897). Im Schatten dieser Bronzefigur hängt das bekannteste der vier Holzreliefs von Georg Bendl. ›Die Flucht des Winterkönigs Friedrich von der Pfalz, 1620 nach der Schlacht am Weißen Berge‹. Zugleich gibt das Relief ein gedrängtes Bild von der Stadt Prag mit der Burg, der Kleinseite – die dem Fliehenden ihre Tore nicht öffnete, so daß er außen um die

DAS TRIFORIUM

Mauern herum mußte –, der Karlsbrücke und der imposant großen Altstadt. Dieser flüchtende König war einst hier in der Kathedrale gekrönt worden. Auf seine Anordnung und die seiner englischen Gemahlin hin fand der zweite Bildersturm statt. Die strengen Calvinisten zerstörten 1619 noch vieles von den Kostbarkeiten der Domkirche, was die Hussiten, die 1421 plündernd eingedrungen waren, noch verschont hatten.

An die Anna- oder *Nostitz-Kapelle* mit der schönen silbernen Reliquientafel in der Predella des Altares schließt sich die alte *Sakristei* und dann die Sigismund- oder *Czernin-Kapelle* an. Bis hierher war der Parlersche Bau des Mittelalters geführt worden. An der hohen Westwand, die den Bau hier einmal abschloß, befand sich eine Orgelempore. An dieser Stelle beginnt, deutlich sichtbar, der Bau des 19. und 20. Jahrhunderts. Die Westfassade leuchtet mit einer bunten Fensterrose, an den wuchtigen Pfeilern der Vierung stehen massig und schwer vergoldete, barocke Holzfiguren der Landespatrone, die Franz Preiss 1696 schnitzte: Wenzel, Adalbert, Veit, Ludmila, Sigismund und Prokop, sowie die seit der Gegenreformation verehrten Johannes von Nepomuk und Norbert von Prémontré, der Stifter des Prämonstratenser Ordens, der unweit der Prager Burg in der Kirche des Klosters Strahow ruht.

Zwischen die Jahrhunderte der Przemysliden und die Zeit der Habsburger fällt das eine Jahrhundert der Luxemburger. Prag wird eine glänzende Residenz, die gleichberechtigt neben Paris, Dijon, Brüssel und Wien steht, der Dom eine Krönungskirche. Oben, unter dem *Triforium*, das die berühmten Bildnisbüsten der Luxemburger schmücken, sind die Wappen der Reichsländer angebracht, die um 1600 der Römische Kaiser regierte. Schon Karl IV., der hier seinen mütterlichen, den przemyslidischen Vorfahren würdige Grabstätten schuf, hatte sich und die Seinen, aber auch seine Mitarbeiter, Bischöfe und Domherren, Baumeister und Baurektoren in einer Folge von einundzwanzig Porträtbüsten am Triforium abkonterfeien lassen. So schwer es ist, eine Erlaubnis zur Besichtigung zu bekommen, so reich wird diese Mühe gelohnt, wenn wir dann in der Sockelzone der oberen Fenster die umlaufende Galerie erreichen und im Chor den lebendigen, frischen und natürlichen Büsten der Luxemburger und ihrer Zeitgenossen gegenüberstehen.

In der Mitte, an der vornehmsten Stelle, ist Karl IV. abgebildet, ihm gegenüber seine vierte Gemahlin, Elisabeth von Pommern, nach Norden zu die verstorbenen Frauen: Anna von Schweidnitz, die schöne Mutter König Wenzels IV., Anna von der Pfalz und Blanca von Valois. Es folgen die Brüder des Kaisers, der ihm sehr ähnliche Markgraf Johann Heinrich von Mähren und Wenzel von Luxemburg.

Im Süden neben dem Kaiser sind seine Eltern dargestellt: Johann von Luxemburg, der blinde König, der an der Spitze von fünfhundert böhmischen Rittern 1346 bei Crécy mit dem Ruf ›Praha‹ in die Schlacht ritt, und der nicht wich, denn: »Mit Gottes Wille soll es nimmer geschehen, daß ein Böhmenkönig vom Schlachtfeld flieht!«. So fiel er, der fahrende Ritter, fern von dem Land, das ihn gewählt hatte. Seine Gemahlin Elisabeth war die letzte Przemyslidin, sie hatte ihm ihre Länder als Erbe zugebracht. Ein strenger Schleier rahmt das ebenmäßige Gesicht, Elisabeth ist als reife Frau dargestellt. Gleich neben ihr treffen wir auf den lebhaftesten und ansprechendsten Kopf in dieser Reihe – ein Jüngling blickt uns an, als hätten wir ihn gerufen. Es ist der junge Wenzel, Karls Sohn und Nachfolger, als etwa Achtzehnjähriger dargestellt, jener leidenschaftliche, jähzornige Mann, der als deutscher König ein so unrühmliches Ende nahm, denn die Fürsten setzten ihn zu Rhense am Rhein ab. Ihm gegenüber Johanna von Bayern, seine Gemahlin, die sich Johannes von Nepomuk zum Beichtvater erwählt hatte. Von Wenzels Untat gegen den Heiligen war schon die Rede. Links und rechts neben den Fürstenhäuptern sind die Wappen ihrer Länder gereiht und in klassischer Einfachheit kehrt der doppelt geschwänzte böhmische Löwe immer wieder.

Die ersten drei Erzbischöfe, die das große Erzbistum regierten, sind ebenfalls hier oben abgebildet: Ernst von Pardubitz, Johann von Vlašim, Johann von Jentzenstein. An der Südseite sind noch zwei Baurektoren, Busko und Holubetz, zu sehen. Im Norden gegenüber Benesch von Weitmühl, Kotlik und Radecz. Ein bildhauerischer Höhepunkt der Reihe ist wohl das Selbstbildnis Peter Parlers, gegen das jenes seines Vorgängers Mathias von Arras etwas abfällt. Die beiden Baumeister tragen ihre Wappen auf der Brust, Peter Parler das Winkelmaß, das verbindliche Zeichen für die ganze große Baumeisterfamilie, Mathias von Arras einen Zirkel. »Eine unerhörte Spannung zwischen großgesehener Grundform und einer unendlich feinen Einzelbehandlung der Oberfläche gibt diesen Köpfen eine künstlerische Daseinskraft, wie sie in der Malerei erst in den großen Frühleistungen der Alt-Niederländer, in der Bildhauerei erst in den Werken der italienischen Früh-Renaissance wiederkehrt.« (Karl M. Swoboda.)

Die Wenzels-Kapelle und der Kronschatz

Herzkammer des Domes, heiligster Ort, und staunend betrachtete Kostbarkeit ist die *Wenzels-Kapelle* – ehrfürchtig erschauernd betritt man sie vom Innern des Domes durch eine eisenbeschlagene Tür an der Nordseite; an eben dieser Tür hängt der Türgriff von Altbunzlau, ein Löwenkopf mit einem Ring im Rachen, an dem sich Herzog Wenzel festhielt, als sein Bruder Boleslaw ihn ermordete. Dreifach schändlich war der Mord: am eigenen Bruder, am Fürsten, und im Schatten der Kirche, in jenem Raum also, der jederzeit als Asyl geachtet wurde.

Die Kapelle ist über quadratischem Grundriß hochgewölbt, über und über mit Malereien bedeckt, die den zweifenstrigen Raum dunkler erscheinen lassen, gleichzeitig aber durch all die Farben und das viele Gold kostbar und geheimnisvoll. Dieser Eindruck wird noch dadurch verstärkt, daß der Sockel übermannshoch mit riesigen Halbedelsteinen bedeckt ist, faust- und kopfgroße Stücke, in der Schnittfläche poliert, aber sonst in ihrer unregelmäßigen Form als gewachsener Stein belassen. Alle diese Karneole, Achate, Amethyste und Chrysoprase stammen aus der Erde Böhmens. Violett in immer neuen Schattierungen herrscht vor, von Bräunlichrot bis Hellrosa, dazwischen aufleuchtendes Hellgrün, als Zeichen des Sieges und der Freude, so beim Kreuz des auferstehenden Christus. Verfugt sind diese Steine mit Gold, in zarter Punzierung auf einen Gipsgrund gehämmert. Innerhalb dieser Edelsteinzone und mit ihr verbunden sind Wandmalereien, Szenen aus der Passion Jesu. Der Leidensweg ist Vorbild für jenes heilige Fürstenleben, dessen Geschichte in einzelnen Bildern in den beiden oberen Geschossen abrollt. Wenn auch die Wandgemälde, vor allem in der Sockelzone, wiederholt übermalt wurden, haben sie nichts von ihrer ergreifenden Eindringlichkeit verloren: so die Kreuzigung über dem Altar oder die Auferstehung Jesu, wo der Heiland segnend aus einem Sarkophag steigt, dessen Vorderwand große Amethyste bilden; in der Linken hält er die Osterfahne, die oben von einem leuchtend grünen Kreuz gekrönt ist; bei der Darstellung des Pfingstfestes thront Maria in der Mitte eines Halbkreises, den die Apostel bilden, und dieser wird mit goldumrandeten großen Edelsteinen in die Architektur eingezeichnet.

Von diesen Kostbarkeiten gefangen, hebt man erst spät den Blick zum Titelheiligen, den jene berühmte, nicht ganz lebensgroße Steinfigur aus der Hand Heinrich Parlers darstellt: *St. Wenzel* als Ritter in höfischer Gewandung. Ein Mantel umschließt die graziöse Gestalt, die Rechte hält die Lanze, die Linke den Schild, in einem reichen Wehrgehänge steckt das Schwert. Leicht geneigt ist das jugendliche Haupt, Bart und Haupthaar rahmen ein edles Angesicht. Zeichen der Würde ist der Herzogshut. An der Figur sind noch Spuren farbiger Fassung zu sehen; sie gehört zu den großen Werken der Parler, deren Meisterschild wie ein Votivzeichen den Sockel ziert. Aus den Rechnungsbüchern der Dombauhütte wissen wir, daß sie 1373 fertiggestellt war.

Die Geschichte des jugendlichen Fürsten und Märtyrers wird in zwei Reihen von *Wandgemälden*, die bis ins Gewölbe hinaufreichen, in einzelnen Bildern dargestellt. Am eindrucksvollsten ist das große Bild an der Westwand: die Legende von den beiden Engeln, die Herzog Wenzel geleiten. In einem großen Saal warten die Kurfürsten, deren Schilde an einer Balustrade hängen; der Böhme hat sich verspätet und sie bemerken dies unwillig. Der Thron des Kaisers in der Mitte ist leer, er ist dem verspätet erscheinenden Wenzel entgegengegangen und begrüßt ihn mit staunendem, ehrfurchtsvollem Blick, denn Engel begleiten den heiligen Mann, der dies freilich selbst nicht weiß. Er kommt von der Frühmesse, deshalb hat er sich verspätet. An diese Legende erinnern nochmals die beiden Engel, welche links und rechts von der Parlerschen Wenzels-Figur über dem Altar gemalt sind. Es würde zu weit führen, alle die Bilder zu beschreiben, etwa, wie Wenzel gräbt, den Weizen sät, ihn erntet, ausdrischt, mahlt und schließlich aus dem weißen Mehl Hostien bäckt; wie er den Wein keltert und so für das heilige Opfer die Gaben selbst vorbereitet; wie er die Werke der Barmherzigkeit übt und auch den gefangenen Feind schont, was in jener Zeit durchaus ungewöhnlich war. Die Bilder sind leicht zu lesen, sie stammen aus dem frühen 16. Jahrhundert und tragen die Wappen der Stifter. Die untere Zone ist zugleich mit dem Bau und seiner Ausschmückung unter Peter Parler erstmals bemalt worden. Die Gebeine des Heiligen ruhen in einem Schrein, der an der Südseite der Kapelle steht und gleichsam den Weg zur Kronkammer bewacht.

Wer war nun dieser junge Fürst, dessen legendenumranktes Bild seinem Volk und Land so teuer ist? Zu Beginn des 10. Jahrhunderts als ältester Sohn des böhmischen Herzogs Wratislaw I. und seiner Gemahlin Drahomira geboren, ist er in einer noch weitgehend heidnischen Umwelt bestrebt, das Ideal frommen christlichen Lebens zu verwirklichen. Seine Großmutter Ludmila, die für ihren Glauben sterben sollte, hatte ihn im Geiste des Christentums erzogen. Die heidnische Partei am Hofe fand Unterstützung bei Wenzels Mutter, die nach dem frühen Tode ihres Gemahls an den Regierungsgeschäften teilnahm, und an ihrem jüngeren Sohn Boleslaw.

Herzog Wenzel pflegte die Städte seines Landes, bei Gelegenheit ihrer Kirchweihfeste, jährlich zu besuchen. So kam er am Cosmas- und Damianstage (27. September) im Jahre 935 (929) auch nach Altbunzlau, der Residenz seines Bruders Boleslaw, um dem Gottesdienste in der dortigen zu Ehren jener Heiligen erbauten Kirche beizuwohnen. Nach beendigter Liturgie wollte er sogleich wieder nach Prag zurückkehren: doch ließ er sich durch Boleslaws Bitten bewegen, über Nacht dort zu bleiben und das für ihn bereitete Mahl einzunehmen. Während er sich aber in der Burg mit einigen Getreuen am Waffenspiel zu Pferde ergötzte, wurde er vergebens vor den meuchlerischen Anschlägen seines Bruders gewarnt; er aber wollte daran nicht glauben. Boleslaw verabredete indes mit den Seinigen heimlich, im Hause Gnewsas, Zeit und Art der bösen That.

Am folgenden Morgen, den 28. September 935 (929) begab sich Wenzel, wie gewöhnlich, auf das Morgengeläute hin in die Kirche. Im Thore begegnete er Boleslaw, und lobte freundlich den guten Wirth von gestern. Da zog Boleslaw sein Schwert und versetzte ihm einen Streich nach dem Kopfe mit den Worten: »So will ich Dich heute noch besser bewirthen.« Der stärkere Wenzel aber ergriff den Mörder, entwand ihm das Schwert und warf ihn selbst zu Boden: »Das verzeihe Dir Gott, Bruder!« rief er ihm zu. Auf Boleslaws Geschrei, als wäre er der Angegriffene, liefen seine Diener Cesta, Tyra und Gnewsa herbei, und fielen wütend über den Herzog her, der, nachdem er schon verwundet, sich bis zur Kirchenthüre geflüchtet, dort endlich von Gnewsa durchbohrt zu Boden sank. Dann wurden die Getreuesten im Gefolge des Herzogs, die sich nicht durch schnelle Flucht gerettet hatten, umgebracht, und die Priester geplündert und verscheucht, während Boleslaw eilte, sich der Regierung zu bemächtigen.

Wohl bereute Boleslaw bald die That, obgleich er ihren Früchten nicht entsagte. Er ließ den Leichnam ehrenvoll begraben und nach drei Jahren von Bunzlau in die bereits vollendete St. Veitkirche auf der Prager Burg überführen.

Der Mann, der so rein und fromm gelebt und für seinen Religionseifer auch gelitten hatte, wurde nach dem Tode gleich und allgemein vom Volke für einen heiligen Märtyrer erklärt. Ehe ein Menschenalter verging, und noch während der Brudermörder am Throne saß, verbreitete sich der Ruf von den an seinem Grabe geschehenen Wundern bis in ferne Länder. In Böhmen selbst aber wurde sein Andenken am heiligsten gehalten; seine Verehrung stieg hier mehrere Jahrhunderte lang; er wurde der Schutzpatron des Landes; die Fürsten Böhmens setzten sein Bildniß auf ihre Münzen, Siegel und Fahnen; eine Menge Kirchen und Altäre erhoben sich in seinem Namen, zu seiner Ehre. Und so wirkte er auch nach seinem Tode Jahrhunderte lang wohlthätig auf die religiösen Gefühle und Gesinnungen der Böhmen. (Franz Palacky.)

Aus dem Blut ihrer Märtyrer wächst die Kirche. Der junge, unschuldige, reine Fürst, St. Wenzel, entspricht ganz dem Urbild des Heiligen, der in der Nachfolge Christi den Tod erleidet. Durch ihn trat Böhmen in den Reigen der christlichen Völker, er wurde der eigentliche Landespatron, wie Stephan in Ungarn und Ludwig in Frankreich.

In der Südwestecke der Wenzels-Kapelle hinter dem Reliquienschrein ist eine kleine, siebenfach verriegelte Tür. Sieben verschiedene Schlüssel müssen erst geholt werden, um den Zugang zu einer Treppe zu öffnen, die in den Raum oberhalb der Goldenen Pforte führt, wo Böhmens Krone und die Insignien ruhen. Bis 1918 hatten die höchsten Würdenträger des Königreiches, der Kirche und der Hauptstadt diese sieben Schlüssel: der Statthalter, der Erzbischof, der Oberstlandmarschall, der Oberstburggraf, der Landesgerichtspräsident, der Stadtkommandant und der Primator – so hieß der oberste Bürgermeister von Prag. Auch nach Ausrufung der Tschechoslowakischen Republik 1918 hat man die Kronkleinodien ehrfürchtig geachtet. Sie sind nur selten und zu besonderen Anlässen gezeigt worden. In den letzten zwanzig Jahren dreimal. Ihre eigentliche Funktion werden wir bei der Schilderung der Krönung Maria Theresias erfahren. So ist trotz aller Bilderstürme und Zerstörungen, Revolutionen und Plünderungen durch die Jahrhunderte die Wenzels-Kapelle unberührt geblieben. Die Heiligkeit dieses Ortes war und ist zu stark – nicht ein Edelstein fehlt, nicht ein Kleinod ist entweiht.

Die *Wenzelskrone* gehört dem Heiligen; sie ruht in der Nacht vor der Krönung auf dem Kopfreliquiar und wird gegen 200 Mark Silber an das Domkapitel ausgeliehen. So verfügte es jedenfalls Karl IV. Die Krone selbst stammt bereits von König Przemysl Ottokar I., 1197–1230, der diese Würde vererbte und für seinen Sohn Wenzel das Kleinod anfertigen ließ. Unter Karl IV. wurde die Krone umgeformt und reicher geschmückt. Vier goldene Lilien, gekrönt von je einer großen Perle, wachsen aus einem viergliedrigen goldenen Reif. Auf jeder Lilie sitzen in Kreuzesform fünf Steine, am Reif jeweils rechts und links von der Lilie ein Stein – Saphire und Spinelle, blaue und rote Steine, mugelig in kleinen aufgesetzten goldenen Schüsselchen gefaßt. Die Lilie über der Stirn des Königs trägt einen besonders schönen Saphir und den einzigen Rubin an dieser Krone. Im Kreuz auf dem Bügel ist ein Dorn aus der Krone Jesu Christi aufbewahrt, Karl IV. stiftete diese kostbare Reliquie. Lange Zeit war die Wenzelskrone mit den übrigen Insignien und den Reichskleinodien in der Burg Karlstein aufbewahrt. Eigene Burggrafen für den Karlstein wurden berufen, um die Kronschätze zu bewachen. Später kamen die böhmischen Insignien für einige Zeit nach Wien, heute ruhen sie in der Kronkammer über der Goldenen Pforte. Zu den Insignien zählen das Zepter, der Reichsapfel und das Staatsschwert, letzteres mit einem kreuzförmigen Reliquiar des hl. Wenzel in der Klinge, und der königliche Ornat. Zu den Ländern der Wenzelskrone gehörten Böhmen, Mähren, Schlesien und die Lausitz.

Die letzte Königskrönung fand am 7. September 1836 statt, als Ferdinand V., Kaiser von Österreich, sich zum König von Böhmen krönen ließ.

Büstenreliquiar der hl. Ludmila.
Die erste getaufte Przemyslidenfürstin
wurde 921 auf ihrer Burg Tetin
erdrosselt und von ihrem Enkel,
dem hl. Wenzel, in das Georgskloster
auf dem Hradschin überführt.
Das feuervergoldete Silberreliquiar
aus der Mitte des 14. Jahrhunderts
war bis zur Aufhebung des Benedikti-
nerinnenkonvents in St. Georg
und kam 1782 in den Domschatz
von St. Veit.

Der Domschatz

Der reiche *Domschatz* von St. Veit wird seit 1961 *in der Burgkapelle zum Heiligen Kreuz* im zweiten Burghof gezeigt. Dieser einschiffige spätbarocke Kirchenraum ist wiederholt umgestaltet worden, Wände und Gewölbe sind von Bildern Wilhelm Kandlers und Josef Navratils aus der Zeit um 1850 bedeckt. Etwas viel Gold prunkt an den Wänden, und doch ist die Aufstellung der kostbarsten Stücke aus dem Domschatz vorbildlich gelungen und die Kunstwerke behalten inmitten des sehr lebhaften Raumes ihre eigene Aura. Man muß diese Kleinodien und Heiligtümer, diese Kirchengeräte und Paramente als sakrale Gegenstände begreifen. Dies gilt vor allem von den zahlreichen spätgotischen Reliquiaren, den Büsten der Heiligen Ludmila, Adalbert und Veit, dem berühmten Kreuz Karls IV. und dem Krönungskreuz mit den eingesetzten antiken Kameen.

Aus ursprünglich Rosenbergschem Besitz stammt das sogenannte ›Zawisch-Kreuz‹. Viele der Kelche und Monstranzen sind Stiftungen böhmischer Adeliger, ebenso die liturgischen Gewänder, Leuchter und Rauchfässer. Immer als Reliquien verehrt wurden die Erinnerungsstücke an den hl. Wenzel, sein Helm und sein Panzerhemd, sowie Mitra, Handschuhe und Casel des hl. Adalbert.

Etwas von dem Glanz, der einst an hohen Festtagen den Veitsdom füllte, schimmert hier auf. Wir sollten uns ausreichend Zeit für diese geistliche Schatzkammer nehmen.

Die Prager Bischöfe

Die Bischöfe und Erzbischöfe von Prag wohnten lange Zeit auf der Kleinseite, nahe der Karlsbrücke. Erst 1561 wird auf dem heutigen Platz vor der Burg ein Palais errichtet, das, wiederholt umgebaut, 1765 seine endgültige Gestalt findet. Für das kirchliche Leben von Prag und Böhmen ist das Jahr 1561 von großer Bedeutung. Hundertvierzig Jahre (!) war der Erzbischöfliche Stuhl vakant gewesen – mehr als fünf Generationen hatte kein Landesbischof Priester geweiht. Seit 1421 waren nur Administratoren für die Verwaltung eingesetzt. Schon die beiden letzten Erzbischöfe standen im Zwielicht der politischen und religiösen Kämpfe unter Wenzel IV. und Sigismund. Ihre Verantwortung für all die Reformer und Prediger im Lande war schwer genug, dazu das Konzil von Konstanz und das von Basel, die Unsicherheit der Gesamtkirche, der Tod des Johannes Hus und des Hieronymus von Prag in den Flammen der Scheiterhaufen, erbitterte religiöse Diskussionen, die auf die Gasse getragen wurden, schließlich Aufruhr und Krieg, Utraquisten und Taboriten, Papst und Gegenpapst. Am 14. Mai 1421 berief der Erzbischof Konrad von Vechta eine Synode in seine feste Burg Raudnitz an der Elbe, um kundzutun, daß er am 21. April zu den Hussiten übergetreten war. Es kamen nur utraquistische Geistliche, das Prager Domkapitel war nach Zittau und Olmütz geflohen und hatte sich mit einem Brief am 28. April 1421 von dem abtrünnigen Erzbischof losgesagt. Ein weiterer Brief ging nach Rom, und der Exkommunikationsprozeß gegen Konrad von Vechta wurde eingeleitet. Die Utraquisten setzten den ehemaligen Erzbischof bald genug ab, und ein jahrzehntelanger Streit entbrannte um die Einsetzung des Johannes Rokycana, eines Freundes des späteren Königs Georg von Podiebrad.

Die Domherren wählten nach 1421 immer wieder neue Mitglieder zu, doch konnte unter den obwaltenden Umständen kein Bischof geweiht werden, ein Residieren in Prag für einen Katholiken war unmöglich, auch die Domherren lebten im Exil. Anton Brus aus Müglitz in Mähren, ein ausgezeichneter Prediger, Bischof von Wien, wurde am 5. September 1561 auch Bischof von Prag. Nach all den Wirren, den Reformen und Gegenreformen, sollte die verschwindende katholische Minderheit wieder kirchliches Leben aufbauen. Das Domkapitel erhielt einen besonderen Ehrennamen: »das allezeit getreue

Domkapitel von St. Veit«. In der Kirchengeschichte, die 1873 zur Neunhundertjahrfeier des Bistums erschien, heißt es:

Das Domcapitel schied von der eben so langen Administration mit dem Lobe, daß in jenen traurigen Zeiten nicht eines seiner Mitglieder die katholische Lehre und die wahre Kirche verlassen, daß es allein in Mitten der heftigsten Stürme als Hort der Wahrheit wie ein Fels im Meere Stand gehalten, daß es allein dem Böhmenlande den katholischen Glauben gerettet, daß es unter den größten Hindernissen die Verwaltung des Erzbistums mit gewissenhaftester Treue geführt hatte. Es hat sich als das allezeit getreue Domcapitel bewährt.

Die Nationalgalerie

Neben dem Erzbischöflichen Palais führt ein steil abfallender Weg zu dem tiefer gelegenen *Palais Sternberg*, das bereits 1796 die Galerie der Gesellschaft patriotischer Kunstfreunde beherbergte und von 1821 bis 1847 auch das Nationalmuseum. Heute sind in den Räumen die Hauptstücke der *Nationalgalerie* und Meisterwerke aus ehemaligen Privatsammlungen zu sehen. Die bedeutendste Abteilung ist sicherlich die der böhmischen Tafelmalerei der Gotik mit dem Hohenfurther und dem Wittingauer Altar und der in der europäischen Kunst einzig dastehenden Gruppe von Marienbildern um 1400.

Besondere Erwähnung verdient ein Saal mit ausgewählten Beispielen der böhmischen Barockmalerei, obwohl sicher eine größere Zahl von Werken diese glänzende Epoche eindrucksvoller repräsentieren könnte (Skreta, Brandl, Reiner, Kupetzky, Grund).

Die bekanntesten Bilder der Prager Nationalgalerie sind ›Das Rosenkranzfest‹ von Dürer, das Rudolf II. erworben hat, und die ›Marter des hl. Thomas‹ von Rubens aus der Augustinerkirche St. Thomas auf der Kleinseite.

Unser Besuch gilt im Zusammenhang mit der Besichtigung der Sakralarchitektur auf der Burg zuerst der gotischen Tafelmalerei und hier einem Bild, das nach 1370 entstanden ist: dem *Votivbild des Jan Očko von Vlašim*.

1344 war das Bistum Prag von Papst Clemens VI. zum Erzbistum erhoben worden, 1364 wird der damalige Bischof von Olmütz, Jan Očko von Vlašim als Nachfolger des Erzbischofs Ernst von Pardubitz gewählt. Er war ein vertrauter Freund Karls IV. und ein hervorragender Hirt seiner Herde, dem natürlich der kürzlich begonnene Dombau sehr am Herzen lag. Johannes (Jan) erhielt für sich und seine Nachfolger die Würde des ständigen päpstlichen Legaten – legatus natus – und damit verbunden die Aufsichtspflicht nicht nur über die böhmischen, sondern auch die angrenzenden deutschen Bistümer Bamberg, Meißen und Regensburg. Wir kennen verschiedene zeitgenössische Darstellungen des Erzbischofs, der in seinem letzten Lebensjahr auch Kardinal wurde, aber das Bild, welches uns am klarsten die Ordnung seiner Zeit widerspiegelt, ehe im 15. Jahrhundert die geistliche und weltliche Hierarchie auseinanderbricht, ist ein von ihm in Auftrag gegebenes Votivbild. Auf einer Lindenholztafel von 181 cm Höhe und 96 cm Breite sind in zwei gleichhohen Teilen Heilige und damals lebende Menschen in gleicher Größe dargestellt. In der oberen Mitte sitzt die Madonna mit dem Kind, links kniet Kaiser Karl IV. betend, rechts sein Sohn Wenzel, von den Landespatronen, die auch einst regierende Fürsten waren, mit einer gleichsam behütenden Geste vorgestellt: Karl vom hl. Sigismund, dem Burgunderkönig der Völkerwanderungszeit, dessen Reliquien in Prag verehrt werden; der junge Wenzel von seinem Namenspatron und Vorfahren, dem heiligen Böhmenherzog.

In der unteren Bildmitte kniet betend der Erzbischof Očko, dem hl. Adalbert, seinem Vorgänger im Amt, zugewandt. Dieser hält seine Hände. Auf die Schulter des Knienden, der in vollem Ornat dargestellt wird, legt der hl. Veit, der Patron der Kathedrale, Märtyrer in Sizilien, seine schützende Hand. Neben ihm steht die hl. Ludmila, den Schleier, das Werkzeug ihres Martyriums, in Händen. Neben Adalbert erscheint sein Ordensbruder, der stille Mönch Prokop von Sazawa.

Das Bild gehört zu den schönsten Zeugnissen böhmischer

Malerei der Gotik und es ist gleichzeitig eine wundervolle Darstellung des himmlischen und des irdischen Königreiches Böhmen in jener Zeit. Die Landespatrone sind versammelt, die Muttergottes, die hier immer besonders verehrt wurde thront in ihrer Mitte, vor den Heiligen knien die weltlichen und geistlichen Fürsten, angetan mit den Zeichen ihrer Würde und doch lebendige Porträts. Fast könnte man sagen, dies sei ein sakrales Familienbild. Es ist eine Zusammenfassung all dessen, was wir über das christliche Böhmen des Mittelalters sagen können, als es seine höchste Blüte erreichte. Man war stolz, so nah verwandte Fürsprecher bei Gott zu wissen, heilige Männer und Frauen, die aus dem eigenen Volk stammten. In der heutigen Zeit können wir uns nur mehr sehr vage vorstellen, welche geistige Macht solche Patrone einst für ein Land bedeuteten. Wir ahnen es, wenn wir an die Rolle des hl. Stephan für Ungarn, des hl. Ludwig und später der hl. Johanna von Orleans für Frankreich denken.

In den anschließenden Räumen der Galerie kann man leicht die Behauptung überprüfen, daß die Muttergottes in diesem Lande besonders verehrt wurde: wo gibt es sonst um 1400 eine solche Fülle von Gnadenbildern, von solcher Reinheit und Grazie? Da ist die *Madonna aus dem Veitsdom*, mit dem gotischen Rahmen, der in kleinen Medaillons wieder die Landespatrone zeigt.

Der hieratisch ernste Gesichtsausdruck von Mutter und Kind ist der letzte Rest des alten Ikonen-Typus, die Vermenschlichung der Figuren jedoch, die Anmut der Mutter und die entzückende Kindlichkeit in Kopf und Körperchen des Jesusknaben, entstammen einer Zeit, die die neuen realistischen Details der idealisierenden Tendenz des ›schönen Stils‹ aufs glücklichste einzufügen verstand. Daß der Maler unter der unmittelbaren Einwirkung der gleichzeitigen Bildschnitzerei stand, beweist das realistische Detail, wie sich Marias Finger in das blühende Fleisch des Kindes eindrücken, ein Motiv, das die plastischen ›schönen Madonnen‹ aufweisen und das einzig auf dem Gebiet der Skulptur entstehen konnte. (Antonín Matějček-Jaroslav Pešina.)

Neben diesem Bild aus der Kathedrale hängen die vielen gleichzeitigen, sogenannten ›böhmischen Gnadenbilder‹ aus Goldenkron, aus Schlüsselburg, aus Raudnitz, aus Budweis – um nur die berühmtesten zu nennen. Dazwischen stehen die Figuren aus Holz oder Steinguß, die das Thema plastisch behandeln. Die berühmteste unter diesen, die in Böhmens Kirchen und Klöstern verehrt wurden, ist die schöne Madonna aus Krummau in Böhmerwald, die heute in Wien steht. Südböhmen hat in der Zeit der Gotik eine Sonderstellung eingenommen. Die kunstsinnigen Herren des Gebietes waren die Rosenberg. Sie haben es auch verstanden, all die Kunstwerke, die in ihrem Auftrag entstanden waren, während der Hussitenkriege zu schützen. Aus Rosenbergischen Patronatsklöstern stammen die beiden Altäre, welche den Ruhm der Prager Nationalgalerie ausmachen: aus dem Zisterzienserkloster *Hohenfurth* und dem Augustinerstift *Wittingau*. Wir kennen die Künstler nicht mit Namen.

Einer aber tritt mit Namen vor uns hin: *Meister Theoderich*, der mit seiner großen Galerie von Heiligenbildern auf der Burg Karlstein ein einzigartiges Werk hinterlassen hat. Einige dieser Bilder können wir hier in Prag bereits sehen. In der Burg Karlstein, die Karl IV. für die Heiltümer, die Reichskleinodien, die Kleinodien des Königreiches Böhmen und die Reliquien, die er gesammelt hatte, erbauen ließ, finden wir den gesamten Zyklus an seinem ursprünglichen Ort. Dort werden wir in die mittelalterliche Welt jenes Kaisers treten, der in Prag eine so großartige Residenz geschaffen hat; unter seiner Regierung stand Böhmen in den Schönen Künsten eine Generation lang ebenbürtig neben Burgund, Österreich und Frankreich. Die erhaltenen Werke dieser Epoche um 1400 bilden den kostbarsten und eigenständigsten Teil der Prager Nationalgalerie.

Bedeutend sind auch die Bestände an moderner Malerei, darunter besonders die Franzosen. Prag rühmt sich einiger der schönsten frühen Picassos.

Die Residenz und der Wladislawsche Saal

Es ist eigenartig, aber auf dem Hradschin, der Burg von Prag, hat der Besucher nie das Gefühl, sie sei bewohnt, belebt. Das ist nicht so gemeint, als wohne in Wirklichkeit gar niemand darin, ist hier doch der Amtssitz des Präsidenten der Tschechoslowakischen Republik, aber es gibt nicht einmal eine Flucht von historischen Schauräumen, und jene wenigen profanen Räume, die gezeigt werden, haben keine Funktion mehr. Die Burg ist leer; seit Rudolf II. hat hier kein Herrscher länger Aufenthalt genommen, und als Ferdinand der Gütige nach seiner Abdankung 1848 dann hier lebte, war es ein zurückgezogenes, fast bürgerliches Dasein, dessen Spuren längst ausgelöscht sind. Die Burg war nicht mehr glänzender Mittelpunkt des Lebens dieser Stadt, für die Prager gab es da oben nichts mehr zu sehen. So kommt es auch, daß selbst der Dom leer und zu groß erscheint, kalt und ohne jene durch Generationen lebendig überlieferten Beziehungen zu den Einwohnern der Stadt. In den letzten Jahren hat ein großzügiges Restaurierungsprogramm die Burg in den Mittelpunkt wissenschaftlicher Forschung gerückt. Die Besucher sind für die instruktiven Pläne, Modelle und Beschriftungen dankbar.

Seit dem 9. Jahrhundert sind Befestigungen auf dem Burgberg nachweisbar, seit dem 11. Jahrhundert ist in etwa der heutige Umfang der Anlage abgegrenzt.

Die königliche Burg der Przemysliden tritt in die Reihe der großen europäischen Residenzen unter König Ottokar II.; Karl IV., der Luxemburger, regiert von hier in einer Person als Böhmischer König und Römischer Kaiser.

Von den frühen Profanbauten können wir heute wenig sehen. Spätere Zeiten haben sie umgebaut und Neues aufgeschichtet. Nur der Palas hat seit den ersten Fürsten seinen Platz am Südosthang behalten. Über dem Saal der Romanik wurde in der Gotik ein neuer gewölbt, und zu Beginn der Renaissance, nachdem die Burg jahrzehntelang infolge der Hussitenkriege

WLADISLAWSAAL

verödet gelegen war, wurde als erstes wieder ein Festraum gebaut: der *Wladislawsche Saal*.

Er ist die großartigste Profanarchitektur auf der Burg. Es wäre schön, wenn wir ihn, so wie früher die böhmischen Stände, über die prachtvolle Reiterstiege betreten könnten! Man erreicht ihn jetzt durch einen Vorraum vom dritten Burghof aus und steht unvermittelt an der Schmalseite eines lichtdurchfluteten Raumes von zweiundsechzig Meter Länge, sechzehn Meter Breite und dreizehn Meter Höhe. Dieser größte Saalraum der deutschen Spätgotik ist von einer einheitlichen Wölbung überspannt, die unser Raumgefühl sogleich beherrscht. An den Längsseiten öffnen sich je drei fast quadratische Fenster, über fünf Meter hoch, die Stirnseite des Saales gliedert eine dreiteilige Fensterwand in zwei Geschosse. Ein Eindruck von Größe entsteht, der unvergleichlich ist, auch schon deshalb, weil alle vergleichbaren Gebilde, wie etwa die hundert Jahre jüngere Michaelskirche in München, keine leeren Räume sind. Gelegentlich finden hier im Wladislawsaal zwar Ausstellungen oder Festlichkeiten statt, aber zumeist sehen wir dieses architektonische Meisterwerk so, wie es sein Baumeister, Benedikt Ried, verlassen hat. Der stützenlose einheitliche Raum wirkt spielend leicht überwölbt.

Die kurvig gebogenen Gewölberippen scheinen schwerelos im Raume zu schweben; von den Strebepfeilern aus mit elastischem Schwung aufsteigend, vereinigen sie sich im Scheitel der Kuppeljoche zu sechsteiligen Schlingensternen und verschwinden im Niederziehen entweder mit abgekappten Enden im Raume oder durchstoßen materielos die Pfeilerprofile. Niemals zuvor war mit dem Mittel des behauenen Steines solch ein Eindruck allseitiger Bewegtheit des Raumes erzielt worden ... Diese Bogenrippengewölbe mußten den Zeitgenossen wie eine Absage an alle hergebrachten Regeln der Wölbekunst erscheinen, als architektonische Zauberei, die von völlig neuen Methoden des Bauens kündete. (Götz Fehr.)

Seit 1493, also mehr als hundert Jahre nach dem Dombaubeginn, wird an diesem Saal gebaut, für einen König, der 1471 als Sechzehnjähriger das Erbe des Georg von Podiebrad, des Volkskönigs, antritt, der, aus Polen kommend, den größten Teil seiner Kronländer in der Hand des feindlichen Ungarnkönigs Mathias Corvinus vorfindet. Ohnmächtig, religiös gespalten, wirtschaftlich zerrüttet ist Böhmen. Der Hradschin, die Burg von Prag, liegt verödet. Der König Wladislaw läßt sie neu befestigen und so ausbauen, daß er von hier aus wieder regieren kann. Als er 1490 nach dem Tode seines Rivalen auch zum König von Ungarn gewählt wurde, zog er in die Residenz Ofen (Budapest), und er verließ die gastliche ungarische Hauptstadt nur mehr selten, um in Prag Hof zu halten. Dennoch wurde der von ihm in Auftrag gegebene Palastsaal in diesen gewaltigen Dimensionen weitergebaut, unter seiner Regierung – wohl 1502 – vollendet, und so trägt er zu Recht den Namen dieses Königs.

Der ehemalige Palas, wie er Hauptteil jeder Burg ist, befindet sich direkt unter diesem Saal, so daß wir uns gleichsam im dritten Stockwerk befinden: zuerst der tonnengewölbte Saal, 1182 unter Sobieslaw II. fertiggestellt, darüber der Bau Karls IV., ein gotischer Saal, an ein westlicher Querflügel anstößt. Diese Räume sind vom Burggarten aus zugänglich, und von dort erfaßt man auch die Höhe, in der nunmehr der dritte Saal errichtet wurde.

Wir durchschreiten den gewaltigen Raum und fragen uns, welche Aufgaben er einst übernommen hat, denn heute steht er wie ohne Zusammenhang mit den vom Präsidenten der Republik bewohnten Teilen der Burg. Aus der Geschichte können wir erfahren, was sich hier und in den anschließenden Räumen alles abspielte.

Der ursprüngliche Eingang über die Reiterstiege mit ihrem kunstvollen Gewölbe sagt ja bereits aus, daß oft Roß und Reiter hier einzogen; außer den Turnieren und Stechen soll einmal in diesem Saal ein großes Karussell, ein Pferdeballett mit hundert Rossen, stattgefunden haben. Von der Pracht dieser Aufzüge abgesehen, muß ein Bau fest verankert sein, um solche

WLADISLAWSAAL

Belastungen auszuhalten. Und dem ist auch so. Die Fundamente reichen bis in den Felsen des Burgberges hinab.

Der Saal sah die wichtigsten großen Versammlungen in Böhmen seit dem 16. Jahrhundert, hier wurden auch die feierlichen Krönungsmähler abgehalten, bei denen die Wände zwischen den Fenstern mit kostbaren Teppichen ausgekleidet wurden; eine Zeit befanden sich hier auch Verkaufsstände und wir kennen einen Kupferstich von Ägidius Sadeler, 1607 datiert, auf dem der Saal eine ›Antiquitätenmesse‹ beherbergt. Bilder und Kupferstiche sind ausgebreitet, Zinn-, Silber- und auch Gold-Gegenstände werden zum Verkauf angeboten, eifrig begutachten und diskutieren wählerische Kenner in modischer Kleidung die Kunstwerke. Ab und zu hat auch Kaiser Rudolf II. sich hier so manches Stück besehen. Hier verkauften seine Hofkünstler ihre Arbeiten an ausländische Agenten. Vom Gewölbe hingen riesige bronzene Lüster, die von der Stadt Nürnberg an Kaiser Ferdinand I. geschenkt worden waren.

In der Zeit vor dem Dreißigjährigen Krieg, als Prag unter den Habsburgern, vor allem aber unter Rudolf II., wieder eine mächtige Residenz war, herrschte auch in den Nebenräumen des Wladislawschen Saales eifriges Kommen und Gehen hoher und höchster Würdenträger Böhmens und Deutschlands, trugen ausländische Gesandte und manche andere Boten die wichtigsten Nachrichten aus aller Welt zu.

Da geht es zum Archiv der Landtafeln, zum alten Landtagssaal, an der Stirnseite zur Allerheiligen-Kapelle, der eigentlichen Burgkapelle, die freilich erst nach einem Brand mit dem Saal unter ein Dach kam, so daß die hohe Fensterwand dort heute nicht mehr ins Freie blicken läßt.

Zum Dom führt durch die Gemächer des Königs ein Gang in das Königs-Oratorium und schließlich springt an der Südseite kühn der *Ludwigstrakt* vor; ursprünglich für Wohnzwecke gedacht, enthielt er die wichtigsten Verwaltungszentren. Benedikt Ried baute ihn für König Ludwig, den Sohn und Nachfolger Wladislaws, der als Dreijähriger 1509 in Prag gekrönt worden war und 1526 in der Schlacht bei Mohács fiel. Hoch über der Stadt, beherrschend mit der weiten Sicht nach Osten, Süden und Westen, gehört er zu den schönsten und repräsentativsten Gebäuden der Burg. Im obersten Geschoß befand sich die Reichskanzlei, darunter die böhmische Kanzlei. Von hier wurden 1618 die Statthalter und ihr Schreiber zum Fenster hinausgestürzt. Mit diesem Prager Fenstersturz begann der Dreißigjährige Krieg. Eines der Opfer, der Graf Slawata, schildert die Schreckens-Szene ausführlich:

Der Prager Fenstersturz

Es will sich gebühren, daß ich hier etwas weitläufiger beschreibe, wie die Auswerfung aus dem Fenster geschehen und wie Gott der Allmächtige diese zwei Grafen wunderbarer Weis beschützet hat. Im ganzen römischen Reich, in allen Königreichen und Fürstentümern der Christen ist es für übel und strafwürdig gehalten worden, daß Personen böhmischen Herkommens und aus den zwei höheren Ständen eine so schändliche, in keiner Chronik der Welt erzählte Untat vorgenommen und zwei Statthalter Ihrer Majestät und oberste Landoffiziere von Böhmen aus dem Fenster in ein tiefes Tal ohne Erbarmen gestürzt haben. Obwohl ihnen die zwei Grafen in allem Glimpf auf alles, was ihnen boshafter Weis zugerechnet worden, geantwortet, auch wider den barbarischen Prozeß genugsam protestiert haben, wollten jene in ihrer grimmigen Bosheit von Ordnung, Wahrheit und Gerechtigkeit nichts hören, sondern haben auf die zwei Grafen einen gewaltigen Anlauf genommen und sie unverschämt angegriffen. Erstlich haben vier vom Herrenstand und eine Rittersperson, nämlich Wilhelm von Lobkowitz, Albrecht Smiřicky, Ulrich Kinsky, Litwin von Řičan und Paul Kapliř, den Grafen von Martinitz mit Gewalt ergriffen, ihn bei den Händen stark gehalten und ihn zu den schon offenen Fenstern geführt, indem sie schrien: »Nun wollen wir uns wider unsere Religionsfeinde rechtschaffen verhalten.« Die beiden Grafen meinten, man werde sie aus der Kanzlei in einen Arrest führen; als jedoch Martinitz die Weise seines bevorstehenden Todes erkannte, rief er mit lauter Stimme: »Weil ich nun für Gott, seinen heiligen katholischen Glauben und I. K. Maj. sterben muß, so will ich alles gerne dulden, nur vergönnt mir bald meinen Beichtvater, damit ich meine Sünden beichten kann.«

Allein die anwesenden Herren gaben ihm Bescheid: »Jetzt werden wir dir noch einen schelmischen Jesuiten zuführen!«

Indem sich Graf Martinitz darüber höchst betrübet und, seine Sünden herzlich bereuend, zu beten anfing: »Jesu, du Sohn des lebendigen Gottes, erbarme dich meiner, Mutter Gottes, gedenke mein«, hoben ihn die genannten Personen von der Erde und stürzten ihn samt Rapier und Dolch, doch ohne Hut, welchen ihm einer aus der Hand gerissen, mit dem Kopf voraus aus dem Fenster in die Tiefe des Schloßgrabens. Aber er ist, nachdem er im Herabfliegen unaufhörlich die Namen »Jesus, Maria« gerufen, so leise auf die Erde gesunken, als wenn er sich setzen täte, so daß ihm durch die Fürbitte der Jungfrau Maria und den Schutz Gottes der schreckliche Fall an seiner Gesundheit trotz seines schweren Leibes nichts geschadet hat. Etliche fromme glaubwürdige Leute haben auch ausgesagt, daß sie damals, während sie über die große Brücke mit der Prozession auf die Kleinseite gingen, die allerseligste Jungfau Maria gesehen, wie sie den Herrn mit ihrem Mantel in den Lüften erhalten und auf die Erde getragen hat. Graf Martinitz hat dies nicht selbst gesehen, aber es kam ihm während des Falles vor die Augen, als wenn sich der Himmel öffnete und ihn Gott zu ewigen Freuden aufnehmen wollte. Ein Ritter, nämlich Ulrich Kinsky, hatte ihm beim Herauswerfen die Spottworte gesagt: »Wir wollen sehen, ob ihm seine Maria helfen wird«; und dann, wie er aus dem Fenster den Grafen frisch und gesund auf der Erde sitzen sah, ausgerufen: »Ich schwöre zu Gott, daß ihm seine Maria geholfen hat.«

Als nun der Graf Slavata gesehen, wie man mit dem Grafen Martinitz, seinem getreuen Freund und lieben Gespann, verfahren ist, hat er leicht schließen können, daß ihm das gleiche begegnen wird. Mit zum Himmel erhobenen Händen, um Gott und seiner Barmherzigkeit willen, hat er gebeten, ihn vorher seine Sünden beichten zu lassen; hernach mögen sie ihm einen Tod antun, welchen sie wollen; aber viele schrien: »Wir wollen jetzt nicht den Schelm Jesuiter herführen, hast ihnen schon genug gebeichtet.« Und als ihnen der Graf Thurn die Worte in deutscher Sprache gesagt: »Edle Herren, da habt ihr den anderen«, haben sie den Grafen Slavata ergriffen, von der Erde emporgehoben und ihn samt Mantel und Rapier den

Kopf zuvor aus demselben Fenster herabgestürzt. Noch in dem Fenster hat er das Zeichen des heiligen Kreuzes auf die Brust geschlagen und mit zerknirschtem Herzen gesagt: »*Deus propitius esto mihi peccatori – Herr sei mir Sünder gnädig.*« *Als er mit der rechten Hand das Fenster ergriffen und sich ein wenig angehalten, hat noch einer mit dem Knopf des Dolches auf den Finger geschlagen, so daß er dennoch hinabgestürzt worden. Sein Hut, an welchem eine schöne mit goldenen Rosen und Diamanten besetzte Schnur war, blieb in der Kanzlei. Die goldene Kette mit dem Kreuz und schwarzem Schmelz haben sie ihm bei dem Auswerfen zerrissen und so in ihren Händen behalten. Graf Slavata hat sich an dem steinernen Gesims des untersten Fensters angestoßen und ist auf der Erde mit dem Kopf noch auf einen Stein gefallen, aber er hat sich dennoch bis in die Tiefe des Grabens herunter gekaulet; und weil ihm das Blut in den Mund geronnen, hat er wie ein Erstickender zu rasseln angefangen und ist halb tot gelegen. Graf Martinitz hat sich entschlossen, ihm auf alle mögliche Weise zu Hilfe zu kommen, und weil er fürchten mußte, daß die Leute vom Fenster auf ihn schießen möchten, hat er sich schwächer gestellt, als er gewesen, und sich zu Graf Slavata herunter gewälzt. Obwohl er sich dabei mit Rapier und Dolch auf der linken Seite verletzt, hat er seinem alten Herrn Oheim und Schwager das Haupt aus dem Mantel gewickelt und ihm mit seinem Tüchel das Blut, das aus den Wunden in den Mund geflossen, fleißig abgewischt. Aus einem kleinen silbernen Büchsel, das an das Tüchel gebunden war, hat er stracks den Schlagbalsam herausgenommen, den in Ohnmacht liegenden Herrn unter der Nase und auf den Schläfen eingeschmiert und ihn also mit Gottes Hilfe wieder zurecht gebracht. Dabei ermahnte er ihn, die zugefügte Pein mit Geduld zu ertragen, und betete mit ihm; Slavata wiederholte andächtig sein früheres Gebet:* »*Gott, sei mir Sünder gnädig.*«

Indessen sind etliche Diener und, wie die Nachricht ergangen, Jäger und Haiducken des Grafen Thurn von dem großen Saal hinab auf den Wall gelaufen, und da ihnen die aus den Fenstern schauenden Herren zugerufen: »*Schießet auf ihre Haut und tötet sie vollends*«, *sind noch etliche Schüsse auf die zwei armseligen Herren im Graben geschehen. Der eine ging dem Grafen Martinitz nahe dem Haupt durch den Halskragen, ein zweiter durch den schwarzcamelottenen Mantel und das schwarz samtene Röckel, haben aber dem Leib nit* im geringsten geschadet. Graf Martinitz hat auch die beiden Schüsse nit empfunden und erst nach Wochen die Löcher in den Kleidern gesehen. Wie er aber im Graben sitzend mit Slavata gebetet, kam wieder ein Schuß aus einer langen Büchse. Die Kugel hat ihm den linken Ärmel aufgerissen, aber den Arm nur gering verletzt, so daß nur wenig Tropfen Blut gangen und die Wunde bald geheilt worden; aber ein weißes Mal trägt er noch heutigen Tages. Wie er damals den Arm frei rühren konnte, war er selbst über das Wunderwerk verwundert, daß er durch den Fall und durch die Schüss nit verletzt worden, und hat mit inbrünstigem Gemüt zu Gott dem Herrn gerufen: »O pie Deus, ita me inoccisibilem et quasi immortalem! – O gütiger Gott, also machst du mich unverwundbar und gleichsam unsterblich!« Als dann etliche getreue Diener durch das untere Schloßtor, so unter dem Oberstburggrafenamt gelegen, zu den beiden Herren in den Graben gangen, haben die Widersacher auf sie Feuer gegeben und einige wieder zurückgetrieben. Die Herren, die aus den Fenstern schauten, haben auch ihren Dienern auf dem Wall zugerufen: »Lauft doch in den Graben hinunter und tut sie einmal ertöten.« Worauf einer der Jäger mit großem Geschrei antwortete: »Der Teufel weiß, wo der Weg hinunter geht, bei Gott, ich weiß nit, wie ich zu ihnen hinunter kommen soll.«

Während diesem Geschrei und Schießen machte sich H. Secretarius Philipp Fabritius, welcher gleich nach den zwei Grafen aus dem Fenster hinabgeworfen worden, in der Stille auf und ist ohne Hut und Mantel aus dem Graben geraden Wegs auf die Überfuhr zugelaufen. Unterwegs nahe dem hinteren Schloßtor hat ihm ein gewisser guter Freund Mantel und Hut dargeliehen, dann ließ er sich über die Moldau führen und eilete in sein Haus in der Prager Altstadt. Hier hat er nur ein wenig verweilet, hat stracks einen Landkutscher gedungen, ist aber nit aufgesessen, sondern zu Fuß bis in das Dorf N. eine halbe Meile von Prag gegangen und dem Kutscher nachzufahren befohlen. Hernach ist er geschwind aufgesessen, gerad auf Wien zugefahren und ist nach vielen Ungelegenheiten und Gefahren glücklich angelangt, wo er S. Maj. und anderen Herren von den Prager Begebenheiten Bericht abgestattet.

Zum Goldmachergäßchen

Folgen wir den flüchtenden Statthaltern bis zum östlichsten Teil der Befestigung, durch die Georgsgasse, an der Georgskirche vorbei, zum ehemaligen Palais Lobkowitz! Dort sperrt der romanische *Schwarze Turm* den Ausgang zur alten Schloßstiege. Vor dem Turm, von der kleinen Aussichtsterrasse, folgt unser Blick weithin dem Lauf der Moldau bis zur großen Schleife bei Holeschowitz; eigentlich setzt sich der Burgrücken geologisch fort und zwingt den Fluß noch fast vier Kilometer in östliche Richtung.

Dem Schwarzen Turm entsprechen im Norden, wo die Burgmauer über dem Hirschgraben noch fast vollständig erhalten ist, die *Daliborka*, der *Weiße Turm* und die *Mihulka*. Der bekannteste Turm ist der erste, der seinen Namen nach dem dort einst gefangenen Ritter Dalibor erhielt. Die romantische Sage, welche Friedrich Smetana zum Libretto seiner Oper ›Dalibor‹ nahm, geht an der grausamen Wirklichkeit vorbei. Kein gefangener »böhmischer Musikant« saß hier mit seiner Geige und spielte so schön, daß alt und jung, von diesen Weisen gerührt, um Gnade für ihn bat. Vielmehr wurde der aufrührerische Ritter auf einem Gerät gefoltert, das ›Die Geige‹ hieß und ihm die Glieder streckte und ausrenkte; seine Schreie verhallten, nach der Folter wurde er hingerichtet.

Zur Daliborka kommt man durch das weithin bekannte *Goldmachergäßchen*. Am Burggrafenamt vorbei erreicht man es von der Ostseite des Georgsklosters aus oder über die kleine Stiege aus der Georgsgasse.

Was wurde über diese Goldmachergasse nicht alles erzählt! Hier hätten die Alchimisten Rudolfs II. in den kleinen Häuschen gesessen und in ihren Laboratorien und Küchen das Lebenselexier gebraut, den Stein der Weisen gefunden, Gold gemacht und was der Geheimnisse sonst noch mehr waren. In Wirklichkeit saßen seit 1597 die Schützen der Burgwache und einige Goldschmiede in den kleinen, meist eingeschossigen Häuschen.

GOLDMACHERGÄSSCHEN

Über den malerischen, vielfarbigen Fassaden und den schmalen Dächern mit den übergroßen Schornsteinen führt ein gedeckter Wehrgang bis zur Daliborka, und eben auf diesem Wege wurden die Verurteilten in den Turm gebracht.

Heute kann man die Häuschen besichtigen, die bis zum zweiten Weltkrieg noch bewohnt waren, und zwar von einigen Wahrsagerinnen, unter denen Madame de Thèbes die unbestrittene Autorität besaß. Eine geheimnisschwangere Atmosphäre von Alchimie und Astrologie war freilich dem etwas routinierten Betrieb mit Kartenlegen und Handlesen gewichen, aber die uralte Sehnsucht, mehr zu wissen, den Schleier der Zukunft zu lüften, war geblieben.

Auch die Schriftsteller der zwanziger Jahre haben den Reiz dieses Gäßchens, seine Geheimnisse, seine merkwürdige Arme Leute-Stimmung mitten unter den Palästen der Burg geliebt; Franz Kafka hat hier sogar einige Zeit gewohnt, und Gustav Meyrink schreibt im ›Golem‹ eine der Geschichten nieder, die sich an diese winzigen Häuschen knüpft:

Es geht nämlich eine alte Sage, daß dort oben in der Alchimistengasse ein Haus steht, das nur bei Nebel sichtbar wird, und auch bloß ›Sonntagskindern‹. Man nennt es die ›Mauer zur letzten Laterne‹. Wer bei Tag hinaufgeht, sieht dort nur einen großen, grauen Stein – dahinter stürzt es jäh ab in die Tiefe, in den Hirschgraben, und Sie können von Glück sagen, Pernath, daß Sie keinen Schritt weiter gemacht haben: Sie wären unfehlbar hinuntergefallen und hätten sämtliche Knochen gebrochen. Unter dem Stein, heißt es, ruht ein riesiger Schatz, und er soll von dem Orden der ›Asiatischen Brüder‹, die angeblich Prag gegründet haben, als Grundstein für ein Haus gelegt worden sein, das dereinst am Ende der Tage ein Mensch bewohnen wird – besser gesagt ein Hermaphrodit –, ein Geschöpf, das sich aus Mann und Weib zusammensetzt. Und der wird das Bild eines Hasen im Wappen tragen – nebenbei: der Hase war das Symbol des Osiris, und daher stammt wohl die Sitte mit dem Osterhasen.

Bis die Zeit gekommen ist, heißt es, hält Methusalem in eigener Person Wache an dem Ort, damit Satan nicht den Stein beflattert und einen Sohn mit ihm zeugt: den sogenannten Armilos. – Haben

Sie noch nie von diesem Armilos erzählen hören? Sogar wie er aussehen würde, weiß man – das heißt, die alten Rabbiner wissen es –, wenn er auf die Welt käme: Haare aus Gold würde er haben, rückwärts zum Schopf gebunden, dann: zwei Scheitel, sichelförmige Augen und Arme bis herunter zu den Füßen.

Das Belvedere und der königliche Garten

Der schönste Bau, den der erste Habsburger, der in Prag residierte, in Auftrag gab, befindet sich außerhalb der befestigten Burg. Vom zweiten Burghof gehen wir über die Staubbrücke, die den tiefen Hirschgraben überquert, und wir befinden uns auf dem Gelände der königlichen Gärten.

Ferdinand I., 1526–1564, gab den Auftrag, die ehemaligen Weingärten umzugestalten, denn in der Renaissance spielte der Garten neuerdings eine wichtige Rolle, sowohl als Architektur als auch als botanische Sehenswürdigkeit. Zunächst kamen die Italiener, um die ersten Arbeiten der Planierung und Adaptierung durchzuführen, dann legte der gelehrte Doktor Hugo Vennio aus Courtraix einen botanischen und einen Kräutergarten an. Doch der Kaiser war immer noch nicht zufrieden und holte die Brüder Reinhart aus dem Elsaß, die jenen ›Giardinetto‹ pflanzten, den der Kaiser so liebte.

Am Ende einer Allee, die zu langem Gehen und angenehmer Konversation verlockt, geschmückt mit mancherlei Lauben, Statuen und Brunnen, steht ein Garten- oder Lusthaus. Wenn auch heute der königliche Garten längst nicht mehr die strengen Formen der Renaissance zeigt und immer wieder nach der Mode der Zeit umgestaltet wurde, wir ihn auch umschreiten müssen, so lohnt das Ziel: das *Lustschloß Belvedere*. Es heißt, Ferdinand I. habe diesen Bau seiner Gemahlin Anna geschenkt. So oft wir als Kinder dort spazieren gingen, wurde uns erklärt, wie deutlich man an einem solchen Geschenk sehen könne, daß dieser Kaiser seine Frau innig geliebt habe. Alle Eigenschaften eines gelungenen Geschenkes seien im Belvedere vereinigt. Der Kaiser hätte die Wünsche seiner Gemahlin erraten, er hätte sie in einer besonderen Form verwirklicht und er hätte die Überraschung bis zur Fertigstellung geheim gehalten.

Ob Anna von Böhmen nun in Wirklichkeit erst vor den fertigen Bau des ersten Geschosses geführt wurde – die eigentliche Fertigstellung hat sie jedenfalls nicht erlebt –, das wissen wir nicht, aber das Belvedere wirkt, als sei es, wie einst das Haus der Mutter Gottes übers Meer nach Loreto, aus Italien über die Alpen getragen worden und, heimlich in den Prager Burggarten gesetzt, eines Morgens fertig dagestanden. Es blieb ein schöner Fremdling in der Stadtarchitektur – auch auf den alten Ansichten von Prag spürt man, wie isoliert es empfunden wurde. Es ist diesseits der Alpen wohl der schönste Renaissance-Bau. Weithin sichtbar mit dem grünleuchtenden Kupferdach in seinem eleganten geschwungenen Profil, bleibt es doch auch ganz versteckt in seinem Garten.

1538 war der Bau nach einem Modell des Paolo della Stella begonnen, 1560 erst vollendet worden. Nach Stellas Tod übernahm Bonifaz Wolmut die Bauführung; die Steinmetzarbeiten und vor allem der zarte Reliefschmuck wurden ausschließlich von italienischen Bauleuten ausgeführt.

Im Erdgeschoß, das von dem Arkadengang umgeben ist, welcher den Eindruck so wesentlich bestimmt, waren ursprünglich reich eingerichtete Wohnräume, die von den Schweden 1648 gänzlich ausgeplündert wurden. Im Obergeschoß war eine Galerie und zugleich ein Tanzsaal, man trat auf den breiten, umlaufenden Balkon und hatte von dort die ›schöne Aussicht‹. Diese Aussicht ist immer wieder überraschend, denn uns ist der Blick auf den Hradschin von der Moldau herauf so eingeprägt, daß wir uns die Nordseite der Burg eigentlich nie dazu vorstellen und erst recht nicht einen Blick von den Schmalseiten her, von Ost oder West. Höchst ungewöhnlich ist deshalb der Ausblick, der sich vom Belvedere bietet, auf die Befestigungswerke der Burg, Mauer und Türme, auf St. Georg, auf den Domchor und den steilen baumbestandenen Hirschgraben. Das Belvedere ist heute zugänglich und wird für Ausstellungen benutzt.

In dem gepflegten Parterre vor dem Lustschloß, das die geometrischen Spielereien eines Labyrinths zeigt, steht der berühmte *Singende Brunnen*, ein Bronzeguß, an dem italienische Bildhauer zusammen mit böhmischen Erzgießern gearbeitet haben. 1573 aufgestellt, bekam er seinen Namen von dem schwingenden Ton, den die Bronzeschalen beim Aufprall des Wassers von sich geben.

Während wir durch die Anlagen zurückgehen, sollten wir bedenken, welch eine vollständige Neuordnung, ja fast Revolution in den Gärten der Renaissance und des Frühbarock sich ereignete, als die neuen herrlichen Blumen aus allen Teilen der Erde auf einmal Eingang in Europa fanden. Da kamen die unglaublichen Nachrichten aus den neuentdeckten Ländern im Westen, Indien war näher gerückt, und trotz harter kriegerischer Auseinandersetzungen wurden die Beziehungen zum Orient lebendiger. Eine Wunderwelt von Pflanzen und Tieren beschrieben die Reisenden, ganz zu schweigen von den andersfarbigen und fremden Völkern, denen sie begegnet waren. Diese aufregenden Berichte kamen natürlich zuerst an den Habsburgischen Höfen zusammen, in Madrid, Brüssel, Prag und Wien.

Kaiser Ferdinand schickte einen Niederländer, Busbecq, als Gesandten nach Konstantinopel. Dieser sah als erster blühende Tulpen und er brachte Zwiebeln und Saat mit. Natürlich war der königliche Garten zu Prag einer der ersten, in denen diese Wunderblume aufging. Bilden nicht auch heute in jedem Frühjahr die Zwiebelgewächse unser Entzücken und pflegen wir sie nicht auch im Winter im Haus: Tulpen und Hyazinthen, Narzissen und Tazetten, Amaryllis und Kaiserkronen? In immer neuen Zusammenstellungen wurden sie nicht nur angepflanzt, sondern auch in herrlichen Farben mit wissenschaftlicher Genauigkeit gemalt. Jan Breughel der Ältere, der besonders viel für Rudolf II. arbeitete, ist durch diese Blumenstücke berühmt geworden.

Der Garten war seit der Renaissance ein Ort der Feste, Maskeraden, nächtlichen Theateraufführungen, Feuerwerke, des Tanzes und der Spiele. Für diese Zwecke baute Bonifaz Wolmut ein weiteres Gartengebäude, *das große Ballhaus*, 1569, freilich ungleich massiger als das Belvedere, in seinen Formen ganz dem großen Palladio verpflichtet.

Zu diesen Bauten fügte Rudolf II. seine Käfige für exotische und wilde Tiere, künstliche Höhlen mit Wasserspielen und Zauberspiegeln, in denen unsichtbare Musik ertönte. Dem 17. Jahrhundert blieb es vorbehalten, diese Künste noch zu steigern, und der Barock machte den Garten vollends zu einem Mittelpunkt des Lebens. Damals wurden in dem königlichen Garten einige Plastiken aufgestellt, die wir heute noch bewundern: darunter vor dem Ballhaus die berühmte Figur ›Die Nacht‹ aus der Werkstatt des Matthias Braun, »eine Zweier-Gruppe, die zu den schönsten Erfindungen der deutschen Plastik jener Zeit gehört. Von den beiden Figuren, die in zwei parallelen Spiralen einander umkreisen, schwingt sich die obere vollkommen schwerelos und mit traumhafter Leichtigkeit auf. Verkörperte Bewegtheit, die sich nach oben ins Grenzenlose verliert«. (Erich Bachmann.)

Jenseits der Zufahrt zur Burg, als Pendant zum Ballhaus, baute 1699 Jean Baptiste Mathey eine große *Reitschule*, die jetzt sehr vorteilhaft für Ausstellungszwecke eingerichtet ist. Von den Stallungen, in denen Rudolf II. seine herrlichen Pferde hielt, sind nurmehr jene in der Burg selbst erhalten. Hier in den Gärten wurden dem Kaiser die erlesenen Tiere täglich vorgeführt.

Westlich zieht sich der königliche Garten innerhalb der Befestigungsanlagen noch ein großes Stück weiter, mit einem Obstgarten, einer Fasanerie aus der Zeit Rudolfs II. und zwei Fischteichen. Lange Zeit wurden hier Tiere in Gehegen gehalten – in unseren Kindertagen spielten, wie eine letzte Erinnerung an all das wilde und zahme Getier der Kaiser und Könige, unten im Graben die beiden Bären des Präsidenten Masaryk.

Die Kunstkammer Europas

Der nördliche Trakt der Burg, der den zweiten Hof gegen den Hirschgraben zu abschließt, beherbergte die berühmten Rudolfinischen Sammlungen. Kaiser Ferdinand I. hatte diesen Flügel angelegt, Rudolf II. stattete ihn prachtvoll aus. Von der Vikarsgasse aus sind die beiden Haupträume zugänglich: *der Spanische Saal* und der Neue oder *Deutsche Saal*, die ehemalige Galerie. Leider sind 1868 die Säle allzusehr in Neo-Renaissance und Neo-Barock restauriert worden. Diese Arbeiten gehörten zu den Vorbereitungen der Krönung Franz Josephs I. zum König von Böhmen, die dann doch nicht stattfand. Die Säle sind leer; aus der ›Kunstkammer Europas‹, wie Prag sich stolz nennen durfte, sind einzelne Stücke in fast allen Museen Europas zu finden: Gemälde, Figuren, Edelsteine, Kuriositäten, Gold- und Silbergefäße, alles leicht bewegliche Dinge, die im Dreißigjährigen Krieg vor allem von den Schweden nach genauen Plänen abtransportiert wurden. Vieles, was gerettet werden konnte, kam als Habsburgischer Besitz selbstverständlich in die Residenz nach Wien, vieles wurde verkauft oder versteigert. Seit 1964 ist die aus den verbliebenen Beständen eingerichtete Burggalerie zugänglich (s. S. 353).

In Nürnberg befindet sich ein riesengroßes Bild, das ›Die Gemäldegalerie im Spanischen Saal der Prager Burg 1702‹ zeigt, freilich erst hundert Jahre nach Rudolf II. Aber wir müssen uns seine Galerie ähnlich aufgebaut vorstellen, die Wände vollständig mit Bildern bedeckt, die meistens in symmetrischen Gruppen je zwei und zwei um große Mittelstücke geordnet waren. Aus verschiedenen Inventaren wissen wir, was der Kaiser im Laufe seiner langen Regierung gesammelt hatte. Es sind fast alle berühmten Künstler vertreten, deren Werke auch heute den Ruhm vieler Galerien von Rang ausmachen: Leonardo, Raffael, Tizian, Veronese, Tintoretto, Cranach, Holbein, Breughel, Correggio und von den zeitgenössischen Hofmalern, die in Prag arbeiteten, Hans von Aachen, Bartholomäus Spranger, Roeland Savery und Georg Hoefnagel, Josef Heintz, um nur die wichtigsten zu nennen.

Eine besondere Vorliebe hatte Rudolf II. für Albrecht Dürer, und er versuchte überall, Werke des Meisters zu erwerben. Es ist bekannt, daß das ›Rosenkranzfest‹, vorsorglich zwischen Stangen gehängt, aus Venedig über die Alpen nach Prag getragen wurde. Es befindet sich heute in der Nationalgalerie. Eine seltsame Erscheinung ist der wieder neu entdeckte Hofmaler Giuseppe Arcimboldo, der den Kaiser einmal als Gott ›Vertumnus‹ porträtierte, wobei er das Gesicht aus allerlei Früchten zusammensetzte, das Haar aus Weintrauben, Ähren und Äpfeln bildete, aus Lauch und Weißkraut die Schultern und aus einem Kürbis die Brust. Surrealistisch, wie man heute sagt, ist dies nicht gemeint. Eine andere und uns heute nur mehr schwer verständliche Symbolik steckt hinter solchen Bildern. Der Hofmaler Bartholomäus Spranger läßt einmal, 1584, einen reisenden Kaufmann, Hans Ulrich Krafft, einen Blick in die Kunstkammer werfen:

... er schließt mit einem Schlüssel viele Türen auf, bis wir in das rechte Zimmer kommen. Da hab ich mit Verwunderung etliche, ziemlich große Kunststücke von seiner Hand gemacht gesehen, wie wenn alles nach dem Leben gemalt wäre, so Ihro Majestät große weiße englische Dogge. Dann führte er mich in ein anderes Zimmer. Darin waren auch wunderschöne Kunststücke, in Spanien verfertigt, meistens nackte Weibsbilder nach dem Leben, auch sonst romanische und andere wälsche der besten Stücke. Als es an der Zeit war, uns aus dem Staub zu machen, gingen wir in Sprangers Behausung. Bei Tisch sagte er: Ihr werdet erfahren, Ihro Majestät werden bald nach mir schicken, denn so bald sie Ihre Malzeit eingenommen hat, gehen Sie dem ersten Zimmer zu, zu sehen was er gearbeitet, und wenn Ihro Majestät etwas nicht gefalle, so müsse er, wenn es sein kann, emendieren.

Der Kaiser besaß bedeutende antike Figuren, darunter den später ›Ilioneus‹ benannten Torso, den Hans von Aachen auf einer seiner Fahrten mit vielen anderen Kunstwerken erworben hat. Die Schweden ließen diese Figur stehen. Im 18. Jahrhundert wurde sie für einige Kreuzer versteigert, und nach vielen Irrfahrten kam sie in die Antikensammlung nach München, zu deren wertvollsten Stücken sie heute zählt.

Der Leibarzt Rudolfs, Anselmus Boethius de Bodt, widmete seinem Herrn 1609 das Buch ›Gemmarum et lapidum historiae‹. Edle Steine, an deren besondere Kräfte die Menschen seit je glauben, hatte der Kaiser ständig bei sich. Sie wurden zu herrlichen Gefäßen oder reinen Schaustücken montiert. Ähnlich behandelte man auch den geheimnisvollen Bezoar, einen tierischen Magenstein, dem man Heilkräfte von besonderer Art zuschrieb. Die Kaiserin-Witwe hatte vom Vizekönig aus Portugiesisch-Indien einen solchen Stein als Geschenk bekommen, und da sie um die Beschwerden und Melancholien ihres Sohnes in Prag wußte, schenkte sie diese Kostbarkeit weiter. Aus Peru oder Kolumbien, aus den neuen Ländern, kam ›der Smaragd‹, ein Stein von 2680 Karat, ein Kubus von fast 10 cm, der in der Mitte des 17. Jahrhunderts in den von Rudolf begründeten Hofwerkstätten bearbeitet wurde.

Große Aufmerksamkeit schenkte man auch den Bergkristallen und ihrer kunstvollen Bearbeitung. Rudolf II. erteilte Caspar Lehmann, der seit 1601 festbesoldeter Kammeredelsteinschneider war und seine Künste vom Bergkristall auf das Glas übertrug, 1609 ein besonderes Privileg für die Erfindung des Glasschnittes. Damit setzte die Entwicklung eines der edelsten Kunstgewerbe in Böhmen ein, und der Ruhm des böhmischen Glases nahm seinen Anfang.

Nicht nur als Förderer der Künste, sondern ebenso als Förderer der Wissenschaften ist der Kaiser unvergessen. Um 1600 beginnt jene Entwicklung der modernen Naturwissenschaften, die zu ihren heutigen Erfolgen führt. Die Umkreisung der Erde, der Flug zum Mond fußen mit ihren Berechnungen

RUDOLF II.

letzten Endes auf den genauen Beobachtungen, die Rudolfs Hofastronomen Tycho de Brahe und Johannes Kepler anstellten. 1627, lange nach dem Tode des Kaisers, in tiefer Dankbarkeit nach ihm benannt, erscheinen die ›Rudolfinischen Tafeln‹ die für über hundert Jahre die Grundlage für alle Berechnungen im Sonnensystem bilden.

Natürlich stellten die Hofastronomen dem Kaiser auch Horoskope. Rudolf hatte eine tiefe Neigung zu Symbolen, die in magischer Weise Kräfte beschwören sollten, und er ließ sich von seinen Künstlern immer neue Embleme entwerfen, in denen der fischgeschwänzte Steinbock, den schon Kaiser Augustus zu seinem Zeichen gemacht hatte, oder der Löwe mit der Sonne, sowie der Adler mit dem Pfeil vorkommen. Der Historiograph Jacobus Typotius legte solche Entwürfe dichterisch aus.

Und sollen wir noch von den Alchimisten reden? Da sind Gelehrte wie die beiden Ärzte Ruland, Vater und Sohn; Martin, der Ältere, verfaßte das berühmte Lexikon der Alchimie – da kommen aber auch all die Scharlatane wie John Dee, Edward Kelley oder Michael Sendivoj. Darüber sind viele Geschichten im Umlauf, auch wird erzählt, daß der hohe Rabbi Löw mit dem Kaiser über die Geheimnisse des Alls geredet habe. Rudolf blieb zuletzt zwischen all diesen Menschen einsam – er hatte keine eigene Familie, jahrelange Verlöbnisse waren nicht eingelöst worden, die Brüder waren um die Nachfolgefrage besorgt. Die schöne Katharina Strada, die Tochter des Hofantiquars Jacopo da Strada, den Tizian malte, konnte der Kaiser nicht ehelichen, obwohl sie ihm sechs Kinder geboren hatte. Er blieb ohne legitime Nachfolger, und die Erzherzöge bedrängten ihn, diese und andere Fragen, denen Rudolf aus dem Wege ging, zu lösen. In der Reichspolitik wurde aus dem ›lieblichen‹ Frieden immer mehr ein ›fauler‹ Friede.

›Ein Bruderzwist in Habsburg‹! 1608 verliert Rudolf an seinen Bruder Matthias Ungarn, Österreich und Mähren, 1609 läßt er sich von den böhmischen Ständen den Majestätsbrief abtrotzen, der volle Religionsfreiheit verspricht, 1610 ruft er das Passauer Kriegsvolk zu Hilfe und verliert nun auch noch Böhmen. Fast zwei Jahre lebt er eingesperrt auf der Prager Burg zwischen all den aufgehäuften Schätzen, die kein letzter Trost sind.

Ist es nicht ein seltsamer Weg der Geschichte, daß Rudolfs kostbare, für seine Person angefertigte Krone einstmals die Krone des Kaisertums Österreich sein wird, nachdem das Römische Reich zu Ende gegangen ist? 1602 ist dieses Kunstwerk datiert, das heute in der Schatzkammer zu Wien aufbewahrt wird. Die besten Künstler seiner Prager Werkstätten schufen dem Kaiser eine Mitrakrone, die in feinstem Relief vier Szenen aus dem Leben Rudolfs zeigt, Bilder seiner Person als Imperator: die Kronaufsetzung im Frankfurter Dom bei der Krönung zum Römischen Kaiser; der Ritt auf den Preßburger Krönungshügel bei der Krönung zum Ungarischen König; der festliche Zug auf den Hradschin zur Krönung zum Böhmischen König; der Kaiser und König als siegreicher Feldherr über die Türken. Immer ist Rudolf porträtgetreu dargestellt. Gold, Email, Tafelsteine, Rubine, Perlen und ein großer Saphir schmücken dieses Zeichen seiner Würde.

Am 20. Januar 1612 stirbt der Kaiser. Der gelehrte Melchior Goldast beschreibt in seinem Tagebuch die Vorbereitungen zum Begräbnis, er darf den aufgebahrten und einbalsamierten Leichnam sehen. Das Gesicht war unbedeckt, auf dem Haupte ein seidenes Barett, um den Hals ein Kragen und das Goldene Vlies, um die Brust eine Atlasschleife. Man hatte dem Leichnam gläserne Augen eingesetzt. Die Schilderung endet mit dem lapidaren Satz: »Also bin ich die letzte Person gewest, die das größte Haupt der Christenheit in dieser Gestalt gesehen.«

Sein Bruder Matthias übernimmt ein schweres Erbe, noch kann er eine Weile Frieden halten, aber unter seiner Regierung bricht in Böhmen dann der Sturm los. Prag bleibt weiter Residenz und es wird auch einiges gebaut: Matthias läßt 1614 das schöne *Neue Tor* in die Burgmauer setzen, das heute zum zweiten Burghof führt, erstes Zeugnis des Barock, von Vincenzo Scamozzi aufgeführt. Ferdinand III. läßt mitten im Dreißigjährigen Krieg die Nord- und Südflügel des Rudolfinischen Palastes durch einen Trakt verbinden, der gegen den dritten Burghof abschließt, aber dann ruht über hundert Jahre jede größere Bautätigkeit.

Die Habsburger residieren fortan in Wien. Erst Maria Theresia ordnet den *Ausbau der Burg* an, und dieser wird nach Plänen von Nikolaus Pacassi ausgeführt. Aus der Südfront, die bis dahin noch ihren mittelalterlichen Charakter mit den Vertikalen der zahlreichen Türme behalten hatte, wird eine Fassade, die eindeutig die Horizontale betont. Sie reicht bis zum alten Palast der Przemysliden, Luxemburger und Jagellonen, aus dem der Ludwigstrakt nach Süden vorspringt. Ein Ehrenhof wird von zwei neuen Flügeln eingerahmt, ein riesiges Gitter schließt ihn ab. So sehen wir den Hradschin heute:

Die Gliederung ist nobel, aber nüchtern und von unpersönlicher, beamtenmäßiger Korrektheit. Indessen ist der kahle, wenn auch in sich differenzierte Raster von Lisenen, der den Trakten auferlegt ist, ohnehin nur in der Nahsicht wirksam. Die städtebauliche Wirkung der langhinstreichenden, monotonen Trakte ist nichtsdestoweniger außerordentlich. (Erich Bachmann.)

Die Krönung Maria Theresias

›Tandem imposita!‹ Der festlichen Krönung Maria Theresiens in Prag zur Königin von Böhmen waren kriegerische Zeiten vorausgegangen, und erst vor wenigen Monaten war der Gegenkönig, Karl Albrecht von Wittelsbach, verjagt worden. Es ist der zweite Wittelsbacher, dem der böhmische Löwe kein Glück brachte. Friedrich von der Pfalz war nur einen Winter Herr in Prag, Karl Albrecht von Bayern vom November 1741 bis Januar 1743. Maria Theresia hatte um die Erfüllung der von ihrem Vater, Karl VI., unter so vielen Opfern erreichten

›Pragmatischen Sanktion‹, um ihre Erbfolgerechte, schon kämpfen müssen – doch nun zog sie umjubelt in Böhmen ein. Sie war bereits gekrönte Königin von Ungarn und sollte jetzt die Huldigung der böhmischen Stände entgegennehmen.

Man war in Wien kurz nach dem Osterfest 1743 aufgebrochen und in drei Tagen bis an das kaiserliche Schloß Brandeis an der Elbe, nördlich von Prag, gereist. Dort wurde ein Rasttag eingeschoben, und am 29. April mittags speiste die Königin in ›Hlaupitin‹, dem heutigen Großprager Stadtteil Hloubětin, und zog von dort bis vor das Roßtor. Dieses Tor in der Stadtmauer, welche die Neustadt umschloß, stand an der Stelle des heutigen Nationalmuseums am oberen Ende des Roßmarktes, des jetzigen Wenzelsplatzes. Ein großes Zelt war für die Königin vor dem Stadttor aufgeschlagen, wo sie sich für eine kurze Zeit zurückziehen konnte. Inzwischen formierte sich der Zug, der aus zweiundzwanzig Gruppen bestand.

Wir finden dies »von Herrn Johann Heinrich Ramhoffsky, Königlichen Böhmischen Landtaglichen Registrator, ausführlich und gründlich beschrieben«. Alles war zu Pferd, Sattelzeug und Geschirr blank geputzt, farbenprächtig die Uniformen, schmetternde Musikkapellen, die Damen in Karossen. Die Erwartung der Menge steigerte sich, je näher die Königin kam.

Und immediate vor dem Königlichen Leib-Wagen folgete allein unbedeckter der Hoch- und Wohl-gebohrne Herr, Herr Johann Joseph Graf Khevenhüller zu Aychelberg, Graf zu Hohen-Osterwitz, Freyherr zu Lands-Cron und Weinberg, Ihro Königlichen Majestät Würklich-Geheimer Rath, Cammerer, und Oberster Hof-Marschall mit dem blossen Staats-Schwerdt.

Ihro Königliche Majestät nebst Dero zur Linken sitzenden Herrn Ehe-Gemahls Königlichen Hoheit in Dero kostbaren mit dem Königlichen Leib-Zug von sechs schwarz-braunen Neapolitanern bespannten Wagen, dessen Ihro Königliche Majestät – weilen Höchst-Dieselbe der völlig zuruck gelegten mit Gold gestückten grün-Sammetenen Chaise wegen des eingefallenen rauhen und windigen Wetters sich nicht bedienen kunten – sich zu gebrauchen beliebeten. Zu beyden

Seiten dieses Königlichen Leib-Wagens aber giengen in Abwesenheit der Königlichen Trabanten-Garde die Königlichen Laufer, Heyducken, Sessel-Träger, und Leib-Laquayen, ebenfalls in der neuen Liverey.

Da wurde die erste »aller erfreulichste Salve« abgefeuert, und die Glocken fingen zu läuten an und wurden »mit sothanem Geläut bis Ihro Königliche Majestät in Dero königlichen Burg gewesen, continuieret«.

Die Prager Städte – Altstadt, Neustadt, Kleine Stadt Prag – übergaben die Schlüssel, und nach einer kurzen deutschen Ansprache führte der Zug vom Roßtor über den Viehmarkt, den heutigen Karlsplatz, zum Neustädter Rathaus, durch die Wassergasse, über den Roßmarkt, den heutigen Wenzelsplatz – bog in den Graben ein und betrat durch den Pulverturm die Altstadt.

Man sahe die Fenster aller Häuser und die Gassen, durch welche der Einzug gehalten worden, zu beiden Seiten mit vielen tausend Leuten beyderley Geschlechts, alles in vollen Freuden angefüllet, welche mit continuirlicher Ausruffung: ›Vivat Maria Theresia, Unsere Allergnädigste Königin!‹ ihre Freude bezeigten.

Durch die Zeltnergasse erreicht der Zug den Altstädter Ring. Vor der Teynkirche machen die vier Fakultäten der Prager Universität Carolo-Ferdinandea ihre Aufwartung. Die Ansprache hält in lateinisch der wohlehrwürdige und hochgelehrte Pater Joseph Gihl, Doktor der Theologie, Mitglied der Gesellschaft Jesu und Professor an dieser Universität. Die junge Fürstin antwortet kurz, ebenfalls in lateinischer Sprache »mit aller mildester Neigung Dero Haubts«.

Dann geht es weiter durch die Jesuitergasse, die heutige Karlsgasse, über die Karlsbrücke zum Kleinseitner Ring, selbstverständlich unter jeweils abwechselnder Begleitung der verschiedenen Bürgerkompanien: so die Kleinseitner unter dem Kommando des Stadthauptmanns, Ritter Ernst Mallowetz von Cheynow und Winterberg. Durch die Spornergasse zieht man den neuen Burgweg hinauf auf den Hradschin-Platz, wo der Bürgermeister der Burgstadt die Königin begrüßt. Schließlich warten im innersten Burghof die Obersten Landesoffiziere in »gespitzten schwarzen Mantelkleidern, geführt von dem Hoch- und Wohl-gebohrnen Herrn, Herr Johann Ernest Antoni Graf Schafgotsch, Freyherr von Kynast und Greifenstein, der Königlichen Majestät Würklich-Geheimer Rath, Cammerer, Ritter des Goldenen Vlieses, und Obrister Burggraf von Prag«.

Nach alter Sitte erfolgt die Begrüßung in tschechischer Sprache. Die Königin antwortet deutsch, steigt dann aus dem Wagen und begibt sich zur Adalberts-Kapelle am Dom, wo die hohe Geistlichkeit sie erwartet. Der Erzbischof von Prag ist freilich nicht anwesend – Moritz Gustav Graf von Manderscheid hatte sich genötigt gesehen, im Dezember 1741 den bayerischen Kurfürsten zum König von Böhmen zu krönen, da ihm ja auch die anwesenden Vertreter der böhmischen Stände bereits gehuldigt hatten. So war er verständlicherweise zu den jetzigen Feierlichkeiten nicht zugelassen. Die lateinische Begrüßung spricht der Bischof von Leitmeritz, Moritz Adolph Herzog von Sachsen, der zusammen mit dem Bischof von Königgrätz, Johann Joseph Grafen Wratislaw von Mitrowitz, bei der Krönung assistieren wird. Nach einem feierlichen ›Te Deum Laudamus‹, Gebet und Segen im Dom, zieht die Königin direkt in den Palast. Um 7 Uhr abends war der feierliche Einzug zu Ende, drunten in der Stadt wurde während des Nachtmahls, das auf der Burg im kleinsten Kreis eingenommen wurde, trefflich geböllert und ein großes Feuerwerk abgebrannt.

Die Huldigung der Stände, ein wesentlicher Akt, der jeder Krönung vorausging, fand am 11. Mai statt und wurde feierlichst vollzogen. Um 6 Uhr morgens begann die größte Glocke Prags, der Sigismund, zu läuten. Um halb 10 Uhr erscheint die Königin in reicher Hofkleidung im königlichen Oratorium des Domes und wohnt der heiligen Messe bei. Dann begibt sie sich in den Landtagssaal und nimmt dort auf dem Thronsessel, der heute noch zu sehen ist, Platz. Ihr Gemahl, Franz von Lothringen, und die Erzherzogin Maria-Anna, schauen »all incognito« zu. Sie werden auch an der Krönung nicht offiziell teilnehmen und ebenso nur von einer versteckten Stelle zuschauen dürfen, weil es das Protokoll so vorschreibt. Der nachmalige Deutsche König und Römische Kaiser ist in den Erbländern seiner Gemahlin nur Prinzgemahl.

Die böhmischen Stände hatten seit frühester Zeit den König frei gewählt. Jetzt geben sie in der Form der Erbhuldigung ihre Zustimmung und erwarten von dem neuen Herrscher die Bestätigung und Respektierung ihrer alten Rechte. Für die Anwesenden spricht der Oberst-Burggraf Johann Ernst Graf Schafgotsch, und er tut dies in tschechischer Sprache, Maria Theresia antwortet deutsch. Es wird in deutlicher Form auf die vorangegangenen Kämpfe in Böhmen Bezug genommen und der Freude darüber Ausdruck gegeben, daß nunmehr die rechtmäßige Erbin in ihr bedrängtes Land gekommen sei. Die Königin verspricht die Bestätigung aller Privilegien und Freiheiten für alle vier Stände, deren Vertreter so zahlreich versammelt sind. Diese antworten mit dem Schwur, ihr und ihren Nachkommen getreu zu dienen. Die weltlichen Herren schwören mit drei aufgehobenen Fingern, die geistlichen legen die Finger auf die Brust. Dann treten sie einzeln vor, »zu Allerhöchst-gedachten Handkuß allermildest zugelassen«. Es waren ihrer achthundert. Um 11 Uhr ist die Zeremonie zu Ende, um 12 Uhr speist Maria Theresia mit ihrem Gemahl im Spanischen Saal »bey einer schönen und Virtuosen Tafel-Music«. Am folgenden Tag findet dann die Krönung statt.

Seit den frühen Morgenstunden des 12. Mai läuten in Prag die Glocken von allen Kirchen. Es sammeln sich die Festgäste, und im Hohen Dom sowie im Wladislawschen Saal werden die letzten Vorbereitungen getroffen. Überall leuchten die Farben Rot und Weiß, die böhmischen Landesfarben. Boden und Wände sind »ausspalliert«, die Kammerherren sehen auf Ordnung, und dies alles geschieht unter der Oberaufsicht des Oberst-Landhofmeisters und Oberst-Landkämmerers, Stephan Wilhelm Grafen Kinsky. Im Dom sind Tribünen eingebaut, um die Gäste unterzubringen, jeder Platz ist auf das genaueste bezeichnet und nach strengstem Protokoll vergeben worden. Unten im Chor sind je zwei Bankreihen, für die Ritter des Goldenen Vlieses auf der Evangelien-, für die »Wirklichen Geheimen und anderen Räte« auf der Epistelseite. Ein eigenes Bänkchen wird für den Päpstlichen Nuntius und den Botschafter der Republik Venedig vorbereitet, hinter diesen beiden nehmen die anwesenden Fürsten Joseph Johann Nepomucenus Schwarzenberg, Johann Wenzel Liechtenstein, Emanuel Liechtenstein und Johann Carl Dietrichstein Platz. Für die Hofdamen sind die Bänke unter der Orgelempore vorgesehen.

Inzwischen wurden auf rotgoldenen Kissen die Krönungs-Insignien in feierlichem Zug in die Wenzels-Kapelle getragen. Die Krone vom Oberst-Burggrafen, der Reichsapfel vom Vertreter des Oberst-Landrichters, das Zepter vom Oberst-Landschreiber. Die Kleinodien werden während der Zeremonien vom Oberst-Erbtürhüter, dem Ritter Josef Mladota von Solopisk, bewacht.

Der Beginn der Feierlichkeiten verzögerte sich etwas durch die erfreuliche Nachricht »eines bey Braunau erfolgten herrlichen Siegs« über die Bayern, und so ordnete Maria Theresia an, daß erst ein Te Deum gesungen werden sollte. Im Chor von St. Veit hatte die Geistlichkeit bereits Aufstellung genommen, zahlreiche Äbte, Pröpste und Prälaten der altehrwürdigen Klöster Böhmens, unter anderem die Kanoniker von Alt-Bunzlau, die Äbte von Břevnov und Braunau, von Emaus, von Karlshof, Hohenfurth, Seelau, Kladrau, Doxan, Goldenkron usw.

Nach dem Dankgebet für den Sieg kleidet sich die Königin in der Wenzels-Kapelle in den Königlichen Ornat und Thronhabit,

welcher in einem mit goldenen Spitzen verbramten, enge und gegen die Hände zugespitzte Ermeln habenden langen, bis auf die Füß gehenden Rock von Carmesin-Atlas, welcher wegen der Salbung hinten auf dem Rucken etwas offen, und mit Bändern zusammengebunden, desgleichen auch der rechte Ermel bis unter den Ellbogen offen, und mit Knöpfeln zugemacht gewesen, so dann einer über diesen Rock vorwärts Creuzweis über einander hangenden, von Carmesin-goldenen Griset verfertigten, und mit Gold- und Carmesin-Seidenen Franzeln gezierten großen und breiten Stola, und ferners einer über den Rock und Stolam um den Leib herum gegangenen Gürtel von gleichem Carmesinen Gold-Stuck, und weiters einem darüber nehmenden, mit einem ziemlichen Schlepp versehenen, um und um auf denen Ecken etwas weniges, oben beym Hals aber stark und tief, in Gestalt eines abhangenden Mantel-Kragens mit Harmelin geziert und ausgeschlagenen Königlichen Mantel von mehr-erwehnten Carmesin Gold-Stuck, letztlichen aber in einem von Carmesin-Atlass gemachten, und mit goldenen Spitzen verbramten paar Schuhen bestehet.

Dann ordnete sich der Krönungszug, die Königin schritt unter einem Baldachin, den die Bürgermeister der drei Prager Städte und der des Hradschiner Magistrates trugen. Voran gehen die vier ältesten Stadtpfarrer und tragen silberne Reliquienbüsten zum Zeichen, daß die Heiligen die Königin mit ihrem Segen begleiten sollen. Auch werden die vorgeschriebenen Opfergaben in diesem Zug mitgetragen, je ein goldener und ein silberner Brotlaib und ein goldenes und ein silbernes Weinfäßchen. Während die Königin zum Altar zieht, singt der Chor »Ecce mitto Angelum meum, qui praecedat te«.

Die Königin beschwört zuerst die Verfassung des Königreiches, dann wird sie unter Gebet gesalbt, und zwar zwischen den Schultern und am rechten Arm. Dies ist die eigentliche Königsweihe ›regalis unctionis sacramentum‹. Sie erinnert an das Sakrament der Taufe oder das der Priesterweihe; so wurde sie auch noch in unseren Tagen bei der Krönung der englischen Königin Elisabeth II. vollzogen.

Jetzt erhält die Königin das St. Wenzels-Schwert, sie zieht es aus der Scheide, dann wird es auf den Altar gelegt. Ein Ring wird angesteckt, Zepter und Reichsapfel übergeben – dann nimmt der Konsecrator, in diesem Fall der Bischof von Olmütz, Jakob Ernst Graf Liechtenstein, die Krone aus der Hand des Oberst-Burggrafen entgegen, und gemeinsam mit diesem und den beiden assistierenden Bischöfen von Leitmeritz und Königgrätz setzt er sie unter einem Segensgebet Maria Theresien aufs Haupt.

Nach also aufgesetzter Königlichen Cron, und in so weit vollbrachter Benediction seynd Ihro Königliche Majestät, welche bishero allzeit gekniet, wiederum aufgestanden, und von dannen in den ad Cornu Evangelii aufgerichteten Thron – vor welchem zwey auch in Mantel-Kleidern angelegte Königliche Cammer-Fouriers den Beth-Stuhl, so oft es vonnöthen ware, ab- und zugerucket –, die Königliche Cron auf dem Haubt, dann den Königlichen Szepter in der rechten und den Reichs-Apfel in der linken Hand tragend, von dem zur rechten Hand gegangenen Herr Consecratore, und zur linken gegangenen Königlichen Assistenten ersten Herrn Bischof, unter Begleitung und respektive Gefolge Dero zweyten Königlichen Herrn Assistenten, wie auch des übrigen beym Altar ministrierenden Cleri, wie nicht weniger deren darzu gehörigen Hof-Ministrorum, Herren Obristen Landes-Officiers, und Königlicher Erb-Aemtern – von welchen der Herr Obriste Land-Hofmeister mit dem Staab, und der Herr Obriste Land-Marschall mit dem S. Wenceslai-Schwerdt, nebst denen Obristen Erb-Pannieren, und dem Königlichen Böhmischen Herold vorgetreten – geführt worden.

Da nun die Königin angetan mit den Zeichen ihrer Würde vor ihrem Volke steht, ruft der Oberst-Burggraf die anwesenden Stände als Vertreter des Volkes zum Kron-Bekenntnis mit den Worten auf: »Kommet und lasset uns zu unserer gekrönten Königin und Erb-Frauen bekennen!« Einem uralten Brauch folgend, der seit den Przemysliden geübt wurde, tut er dies in tschechischer Sprache, und es erschallt das dreimalige Vivat, »ingleiche auch auf allen Chören in der Kirchen Trompeten und Pauken sich hören liessen«.

Darauf der Herr Obriste Burggraf gleich selbst den Anfang gemachet, vor Ihro Majestät auf die Knie sich nieder gelassen, die Cron auf dem Königlichen Haupt vornen über der Stirn, wo der schöne grosse und pretiose Saphir eingesetzte ist, mit zwey Fingern angerühret, alsdann wieder aufgestanden, und nach gemachter abermaliger Knie-biegender Reverenz wiederum zur rechten Seiten auf seine vorherige Stelle getreten.

Es folgen nun alle bei diesem Treuebekenntnis anwesenden Vertreter der Stände, und wir erkennen deutlich, daß eigentlich die Krone selbst gemeint ist, der sich das Land untertan weiß, und erst nachgeordnet der jeweilige Träger. Ähnlich wie in Ungarn die Stephanskrone, wird in Böhmen die Wenzelskrone als eigene Rechtspersönlichkeit angesehen.

Jetzt kann der eigentliche Gottesdienst beginnen, und das Evangelium wird verlesen. Seit der Krönung des ersten böhmischen Königs am 15. Juni 1085, dem Tag des Patrons der Domkirche, des hl. Veit, wird das Gleichnis vom Zinsgroschen gewählt. »Gebt also dem Kaiser, was des Kaisers ist, und Gott, was Gottes ist.« König Wratislaw hat für diese erste Krönung ein prachtvolles Evangeliar schreiben lassen, das einst am Wischehrad aufgehoben wurde und das ›Krönungs-Evangeliar‹ heißt. Heute zählt es zu den kostbarsten Handschriften der Prager Nationalbibliothek.

Während des Glaubensbekenntnisses wurde noch einmal innegehalten, und Maria Theresia erteilte mit dem Schwert des hl. Wenzel einundzwanzig jungen Herren den Ritterschlag. Es sind Söhne des Landes aus alten, aber auch aus erst kürzlich ansässig gewordenen Familien. Zur Opferung werden dann die schon erwähnten Gold- und Silbergaben gebracht. Die Kommunion empfängt die Königin unter einer Gestalt, da dies seit der Hussitenzeit aus einsichtigen Gründen vorgezogen wurde; bis dahin hatten die Könige ›sub utraque‹ die Eucharistie empfangen.

Nach dem Gottesdienst ziehen alle, die Königin geschmückt mit den Insignien, zum Krönungsmahl. Auf dem Wege werden Gold- und Silbermünzen, eigens für diesen Tag geprägt, unter das Volk geworfen. Der Wladislawsche Saal ist prächtig hergerichtet und erwartet die hohen Gäste:

Obgedachter großer und kunstreich gewölbter, mit keinen Pfeilern unterstützter, ein und zwanzig Prager-Ellen hoher, zwey und zwanzig Ellen breiter, und ein hundert sechs Ellen langer Saal ware mit denen kostbaren, nach der hierzu von dem berühmten Mahler Titian kunstreich entworfenen Delineation in Nieder-Land von dem großen Künstler de Vos gewürkten, und bey dem Crönungs-Aktu Wayland Ihro Kaiser- und Königlichen Majestät Caroli VI. glorreichsten Andenkens das erstemal, ansonsten nirgends gebrauchten, zu dieser Crönungs-Solennität aber auf Ihro Königlichen Majestät allerhöchsten Befehl hinwiederum mit Fleiß anhero gebrachten, einen Theil von der Histori Kaysers Caroli V. vorstellenden Tapeten, und mit über denen großen Fenstern aufgebundenen langen roth-Damastenen Fürhangen auf das herrlichste ausspalliret, auch sonsten mit schön gemahlter Architectur ausgezieret.

Die königliche Tafel hatte der Oberst-Erbsilber-Kämmerer, Corfix Graf Ullfeld, gedeckt, er trug auch die Speisen auf, und der Oberst-Erb-Kuchel-Meister, Franz Carl Graf Wratislaw von Mitrowitz, wartete auf und hielt die Speisenliste in Händen, sowie den Plan, was wohin gestellt werden sollte. Alle Speisen wurden vom Schloßplatz durch einen gedeckten Gang herbeigetragen, Edelknaben waren mit dieser Aufgabe betraut, und der Oberst-Erbtruchseß, Rudolf Joseph Graf Colloredo, sorgte für eine reibungslose Bedienung der Gäste. Auch die anderen Erb-Ämter und ihre Träger hatten jetzt Aufgaben zu erfüllen, wie dies bei einer Kaiserkrönung den Kurfürsten oblag, unter denen in alter Zeit der böhmische Kurfürst, der einzige König in diesem erlauchten Gremium, als Erb-Mundschenk aufwartete.

Unter den Gästen waren zahlreiche Gesandte fremder Herrscherhäuser, obgleich auch wichtige Namen fehlten, da man ja an vielen Orten immer noch nicht gewillt war, die Pragmatische Sanktion de facto anzuerkennen. Wenn auch im 18. Jahrhundert ein strenges Protokoll herrschte und eigentlich jeder wissen konnte, welchen Rang an welcher Stelle er bekleidet, so dürften sich die Verantwortlichen für die Sitzordnung beim Krönungsmahl gewiß wochenlang die Köpfe darüber zerbrochen haben. Damen nahmen an diesen Tafeln nicht teil, sie saßen in einem der Nebenräume.

Die Königin legte ihre Insignien ab, auch die Krone, ein kleines Tischchen mit rot-goldenen Kissen war dafür vorbereitet. An ihrer Tafel nahm ihr Gemahl Franz von Lothringen neben ihr Platz, an der Schmalseite der Bischof von Olmütz, welcher die Krönung vollzogen hatte. Nach genauer Reihenfolge wurde zugetrunken, und die Königin ließ durch den Oberst-Erbmundschenk an den Oberst-Burggrafen eines der herrlichen Bergkristall-Gefäße mit köstlichem Wein gefüllt schicken und brachte ihm die Gesundheit aus. Darauf ließ er, nach Allergnädigster Erlaubnis, auch die Königin, den Erbprinzen, die durchläuchtigsten jungen Herrschaften leben, wünschte eine glorreiche, lange und glückselige Regierung, brachte zum anderen »Ihro Königlicher Hoheit Dero Herzgeliebtesten Gemahl« und zum dritten »Ihrer Königlichen Majestät durchläuchtigsten Hansl im Keller« die Gesundheit aus. Mit dem Letzten war das Kind gemeint, das Maria Theresia damals erwartete.

Wir erfahren zwar, daß nur Tokayer-Wein getrunken wurde, aber so genau auch jede Handbewegung beschrieben wird, – was die Herrschaften gegessen haben, erfahren wir nicht. Nach dem Mahl spricht der Bischof von Olmütz das ›Gratias‹, und dann zieht die Königin, nachdem sie Krone und Insignien wieder angelegt hat, nach 2 Uhr aus dem Saal in ihre Zimmer.

Die Krönung ist zur »unaussprechlichen Consulation und Vergnügen aller treu-gehorsamsten Stände, wie auch des ganzen Erb-Königreich Böhmen vollzogen worden«.

Die Burgstadt

An die Burg von Prag, eine Welt für sich, schließt sich die *Burgstadt* an. Diese beiden getrennten Gebilde faßt die Bezeichnung Hradschin zusammen. Wenn also der Prager sagt, er gehe auf den Hradschin, kann er sowohl die Burg im eigentlichen Sinn, als auch jenes Viertel meinen, in das wir uns jetzt begeben.

In der Nähe des Königs haben sich frühzeitig die böhmischen Herren angesiedelt. Anders als die Adeligen in den benachbarten Ländern, haben die Böhmen nur zwei Rangstufen unterschieden: die Herren und die Ritter. Das waren zwei Standesgruppen, zu denen zwei weitere, die Geistlichkeit und die Bürger, in der Vertretung des Landes kamen. Die Herren und die Ritter nahmen zwar neue Mitglieder auf, aber innerhalb Böhmens spielten Ränge und Titel, die eine Person vorher oder nachher in einem anderen Lande zu tragen berechtigt war, keine Rolle. Umgekehrt gehören zum Beispiel auch die ältesten böhmischen Familien nicht zu den Standesherren. Um das sogenannte ›Incolat‹, das ist das Einwohnerrecht oder Zugehörigkeitsrecht zu den Ständen eines anderen Landes, mußte man sich wechselweise bemühen.

Die böhmischer Stände wählten nach dem Aussterben des eingeborenen Fürstenhauses der Przemysliden ihre Könige frei. Eine eindeutige Erbmonarchie schuf erst Ferdinand II. durch die ›Vernewerte Landesordnung‹ von 1627. Diese Maßnahme entsprach zwar der allgemeinen Entwicklung zum Absolutismus hin, doch wird sie bis zu unseren Tagen von der böhmischen Geschichtsschreibung als Eingriff in uralte Rechte beurteilt.

Die ältesten böhmischen Familien hatten untereinander eine interne Rangordnung: die in Südböhmen ansässigen Rosenberge waren das mächtigste und ranghöchste Geschlecht des Landes. Sie starben 1611 aus, und ihr Erbe trat nach einem kurzen Zwischenspiel der Eggenberge die Familie Schwarzenberg an, die aus der Oberpfalz stammt.

Wer nicht wie die Rosenberg, die Lobkowitz, die Czernin, die Martinitz, die Dietrichstein unmittelbar auf dem Hradschin Baugelände bekam, siedelte sich auf der Kleinseite an. Die Häuser haben oft den Besitzer gewechselt, durch Erbgang oder Verkauf, im 17. Jahrhundert dann vor allem durch die großen Konfiskationen.

Der Hradschinplatz

Das *Palais Schwarzenberg*, 1563 von Italienern für den Burggrafen Johann von Lobkowitz gebaut, türmt sich über der Zufahrt zur Burg auf, durch seine Lage und auch als einziger großer Renaissancebau mit dem schönen Sgraffito, weithin auffallend. Zusammen mit dem Nachbargebäude, einem Empirebau, den 1800-1810 der damalige Fürsterzbischof Wilhelm Florentin Fürst von Salm-Salm erbaute und den die Schwarzenberg dann später dazukauften, ist es eine Dominante des *Hradschinplatzes* und ein starkes Gegenüber des *Erzbischöflichen Palais*. Das ehemalige Barnabiterkloster mit der alten Pfarrkirche des Viertels, *St. Benedikt*, schließt an. Die Südseite des Platzes bietet so ein langgestrecktes Konglomerat von Gebäuden. Die Schmalseite gegenüber dem Ehrenhof der Burg mit dem Mathiastor bildet das frühbarocke *Palais Toskana* (1689), eine zweieinhalbgeschossige Front von zwanzig Fensterachsen mit zwei turmartigen Risaliten, die im Erdgeschoß die Portale enthalten. Die noble Fassade kommt eigentlich viel zu wenig zur Geltung, weil der langgestreckte Platz in der Mitte einem verwilderten Garten gleicht. 1736 wurde hier die schöne *Mariensäule* Brokoffs aufgestellt, mit all den Landespatronen zu Füßen einer Immaculata – »eine Riesin mit dem Gesicht und den derben Unterarmen mehr einer Magd als einer Himmelskönigin – eine der elementarsten Manifestationen böhmischer Vitalität, wahrhaft eine ›Patrona Bohemiae‹« (Erich Bachmann). Die Säule ist von hohen Bäumen und dichten Sträuchern, darunter herrlichen Fliederbüschen, umgeben. Der ganze Platz hat trotz seiner Ausdehnung etwas Beschauliches, man bekommt das Gefühl, weit weg von der Stadt und ihrer Betriebsamkeit, aber auch fern von der Burg und ihrem Gepränge zu sein.

Die Nordseite mit den vielen schönen Kanonikerhäusern unterstreicht die gewisse Intimität des Platzes, die er trotz der mächtigen Paläste besitzt. Freilich gehört der des Erzbischofs mit der hell strahlenden Fassade und in einer gewissen Weise auch der Schwarzenbergsche bereits in den Bannkreis der Burg – wie Eckpfeiler stehen sie da, Nachbarn und gleichzeitig die ranghöchsten Untertanen des Königs.

Durch die kleine, nach den geistlichen Herren benannte *Kanonikergasse* führt der Weg zu einer der fünf Kirchen in Prag, die dem hl. Johannes von Nepomuk geweiht sind. Diese hier entstand bereits vor seiner Heiligsprechung. Es ist der erste Sakralbau des jungen Kilian Ignaz Dientzenhofer, der ihn 1720 bis 1728 im Auftrag der Ursulinen schuf. Im Innenraum schildert das Fresko Wenzel Lorenz Reiners Szenen aus dem Leben des Titelheiligen.

Hinter der Kirche verbirgt sich ein reizvoller kleiner Straßenzug, den die alten Prager besonders lieben, die *Neue Welt*. Dieses Gäßchen ist der letzte Zeuge einer Burgvorstadt, in der seit dem Mittelalter, auch als sie nach 1360 in die Befestigungsmauern mit eingeschlossen wurde, nur einfache Leute wohnten. Trotz zahlreicher Brände sind die Häuschen immer wieder aufgebaut worden. In einem von ihnen lebte Johannes Kepler als kaiserlicher Hofmathematikus. Welch eine malerische Welt! Es stimmt nachdenklich, daß die einst ärmsten Bewohner der Burgstadt ihren Häusern Namen gaben, denen fast ausschließlich die Beifügung ›golden‹ vorangestellt wurde. Von fünfzehn Hausnamen heißen neun so: ›Zur goldenen Birne‹ – ein entzückendes kleines Restaurant – , ›Zum goldenen Baum‹, ›Zum goldenen Strauch‹, ›Zum goldenen Storch‹, ›Zum goldenen Lämmchen‹, ›Zur goldenen Sonne‹, ›Zum goldenen Pflug‹, ›Zum goldenen Stern‹, ›Zum goldenen Greif‹.

Hinter barocken Bastionen liegt diese ›Neue Welt‹. Es ist gleichzeitig der tiefste Punkt des Geländes, am Ende des königlichen Gartens. Nach Süden zu steigt es wieder an und gipfelt im mächtigsten Palast der Burgstadt, dem Palais Czernin.

Das Palais Czernin

Kolossal, dröhnend, donnernd, maßlos – so wird die Front des *Czernin-Palais* beschrieben. Neunundzwanzig Halbsäulen verbinden die beiden Hauptgeschosse und bestimmen den Eindruck. Diese Anordnung von plastischer Eindringlichkeit ruht auf einem hohen, aus sogenannten Diamantquadern geschichteten Sockelgeschoß, in das drei Portale führen. Ein eigenes Halbgeschoß mit stark gegliedertem Gesims trägt das Dach, welches ungegliedert in der ganzen Länge von über hundertfünfzig Metern aufsitzt. Von der Moldau aus sieht man über der Silhouette der Burg diese Firstlinie wie einen schmalen Grat.

Der nie zu Ende gebaute Palast erhebt sich auf erhöhtem Terrain am Ende der Burgstadt, und sein Garten grenzte an die nördlichen Befestigungsanlagen. Durch das Reichstor, über die *Brandstätte* zog die alte West-Ost-Straße an dem Kloster Strahow und dem Palais Czernin vorbei. Der Erwerb des Geländes ging für den Bauherrn, Humprecht Johann von Czernin-Chudenitz, nicht ohne Schwierigkeiten vor sich. An der Ostseite des unebenen Platzes hatte der Bau des Loretoheiligtums seine erste Gestalt gefunden, im Norden stand das bescheidene Kapuzinerkloster, im Westen lagen die großen Befestigungsanlagen. Das Terrain mußte auf jeden Fall erst einmal ausgeglichen werden. Heute stört eine Stützmauer an der Auffahrt vor dem Palais, mitten durch den Platz, das eigenartige Widerspiel der Front eines riesigen weltlichen Palastes und der eines Marianischen Wallfahrtsheiligtums von graziöser Eleganz.

1666 war das Areal für 21.750 Gulden gekauft worden, und in den ersten Jahren waren oft mehr als hundert Mann zugleich an der Baustelle tätig. So etwa im März 1671: achtundsechzig Maurer, sechzig Handlanger, neun Steinbrecher, sechzehn Sandgrubenarbeiter und zwölf Fuhrknechte. Die Bauleitung hatte Francesco Caratti, und es ist interessant zu erfahren, welchen Jahreslohn ein solcher Baumeister auf Grund seines Vertrages bekam:

Neben freier Wohnung im Hradschiner Haus sollte er eine jährliche Vergütung von 300 Gulden erhalten. Außerdem sollte ihm das Czerninsche Amt Petersburg alljährlich an Viktualien zwei Eimer Melniker Rotweines, 120 Pfund Butter, 120 Pfund Käse, zwei dreijährige Schweine, 12 Strich Kornmehl, 3 Strich Weizenmehl, 3 Strich Erbsen, 3 Strich Gerste, sowie 12 Faß Bier liefern. Rechnet man dazu die Douceurs, die er für die vielen Pläne noch gesondert erhielt, so durfte er mit dieser für die damaligen Verhältnisse außerordentlich guten Bezahlung durchaus zufrieden sein. (J. J. Morper.)

Bis 1692 führte Caratti den Bau. Mit ihm arbeiteten ferner de Capaoli, Abraham Leuthner und Giovanni Battista Pozzo. Die genaue Geschichte des gewaltigen Baues kennen wir dank der gründlichen Archivforschung Johann Josef Morpers. Leider blieb sein Buch über das Czernin-Palais die einzige Monographie eines Prager Palastes. Wir kennen die Verträge mit den verschiedenen Meistern und können daraus ablesen, daß diese und ähnliche Bauten keineswegs in ›Fronarbeit‹ aufgeführt wurden, sondern von zum Teil sehr gut bezahlten Fachleuten, um die sich die hohen Herren ja oft genug gestritten haben, denn der ›Bauwurm‹ hatte ganz Mitteleuropa erfaßt.

1673 steigerte sich das Bautempo, denn Kaiser Leopold I. hatte den Wunsch geäußert, anläßlich eines Besuches von Prag diesen Bau zu besichtigen, dessen grandiose Pläne in Wien bekannt waren und den Kaiser sehr beeindruckt hatten. In der Familientradition heißt es, daß Humprecht Johann Czernin zeigen wollte, was ein böhmischer Graf sei, auch wenn er nicht wie andere – die Lobkowitz oder Liechtenstein – in den Reichsfürstenstand aufgenommen wurde. Der Bau sollte seine Stellung repräsentieren. Über den Besuch des Kaisers wird folgendes geschrieben:

Eine Sage berichtet, nach beendetem Bau habe Leopold I. seinen treuen Diener besucht und dieser habe dem gnädigen Gebieter das vollführte Werk gezeigt, doch der Kaiser wurde schlecht gelaunt, da er besorgte, der Wohnsitz seines Untertanen dürfte an Pracht die königliche Burg übertreffen. Da sagte der reiche Erbauer, auf das Gebäude weisend, das im Innern noch nicht ganz eingerichtet war:

PALAIS CZERNIN

»Euer Majestät, es ist ja nur eine große Scheuer.« Im weiteren Verlaufe des Gespräches bemerkte Humprecht, die häßlichen hölzernen Thore würden noch durch Thore von Erz ersetzet werden. Da rief der Kaiser: *»Für eine Scheuer sind diese von Holz gut genug«*, und wandte Humprechten unwillig den Rücken.

Der Rohbau, eine ungeheure Mauermasse, dürfte also 1673 im wesentlichen fertig gewesen sein. Das ›Monumentum Czerninianum‹, eine in ihren Dimensionen hervorragende Bauleistung eines privaten Bauherrn, wurde für die Familie aus altem böhmischem Adel durch hundertachtzig Jahre mehr eine Belastung als eine Freude. Das Schicksal war dem Bau nicht hold, und der Versuch, der in jeder Generation unternommen wurde, ihn dennoch fertigzustellen, führte zu einem ständigen finanziellen Desastre. Die Familie Czernin hat nie wirklich in diesem Palais gewohnt, der Innenausbau wurde nie fertig, also konnte man auch nicht so repräsentieren wie Humprecht Johann es sich für sich und seine Nachkommen gewünscht hat. Der Bau ruhte lange auch deshalb, weil binnen eines Jahres, 1667–68, die leitenden Kräfte, Caratti, Pozzo und de Capaoli, vom Tode dahingerafft wurden. Der Bauherr verlor die Lust daran, aber er verpflichtete vor seinem Hinscheiden, 1682, den Sohn Hermann Jakob, dieses Werk zu Ende zu führen. Der junge Graf hatte auf seiner ›Kavalierstour‹ bereits Unterricht in der Architektur nehmen müssen, aber sein Interesse galt der großen Bilder-Galerie seines Vaters, die er aufzustellen und zu vermehren wünschte. So wurde zunächst der Galerietrakt, der, durch einen Hof getrennt, parallel zum Hauptgebäude läuft, 1684 eingerichtet und nach der damaligen Hängeweise die Wände mit zweihundertachtundachtzig Bildern bedeckt. Die Czerninsche Galerie war und blieb eine der kostbarsten Privatsammlungen der alten Donau-Monarchie. Ihre letzten Bestände können wir heute als Leihgabe eines Nachfahren Humprecht Johanns im Residenzmuseum zu Salzburg bewundern, wohin die Bilder nach vielerlei Irrfahrten gelangten, darunter auch ein Rubens und ein Rembrandt.

Graf Hermann Jakob fing auch in Wien einen Bau an, so daß natürlich in Prag alles etwas langsamer weiterging; vor allem fiel keine Entscheidung über den großen Saal, der der schönste Festsaal Prags hätte werden sollen. Die Bauführer wechselten: Giovanni Battista Maderna, dann Franz Maximilian Kaňka, der schließlich unter dem Enkel des Erbauers, Franz Josef Czernin, letzte Hand an den Bau legte. Das Treppenhaus wird umgestaltet, große Künstler für die Ausschmückung gewonnen, darunter der Freskant Wenzel Lorenz Reiner und der Bildhauer Matthias Braun. Einen Augenblick scheint es, als sollte der prachtliebende Enkel das Werk zu Ende führen. 1723 kommt es aber zu einer finanziellen Katastrophe und es muß eine ›große Diät‹ eingeführt werden. Wie viele andere reiche Adelige, hatten auch die Grafen Czernin regelmäßig dem Kaiser große Kredite zu gewähren, so daß private Unternehmen dann zurückgestellt werden mußten.

Nach dem Tode Franz Josefs, 1733, wird ein Inventar angefertigt, das auf zweihundertzweiundachtzig Seiten die Herrlichkeiten aufzählt, die er in diesem immer noch unfertigen Haus aufgehäuft hatte. Allein an Gemälden aller europäischen Meister werden jetzt elfhundert gezählt, und das Mobiliar, Spiegel, Lüster, Silber, Porzellan, Teppiche, Gobelins stellten das Czerninsche Palais an die Seite der bedeutendsten europäischen Residenzen.

1742 drohte dem Palast während der bayerischen Besetzung die Sprengung, da er an hervorragender Stelle der Fortifikationen lag. Drei Monate lang hausten französische Kontingente der Bayern in greulicher Weise. Die Zerstörungen durch das Bombardement waren ebenso trostlos wie die Verwüstung im Innern. Dennoch begab man sich 1744 an Ausbesserungsarbeiten. Da kamen die preußischen Truppen und belagerten Prag, und für das Palais fürchtete man eine Explosion der dort noch gelagerten tausend Zentner Pulver. 1757 belagert Friedrich II. Prag noch einmal, und wieder treffen große Kanonenkugeln gerade diesen Bau sehr empfindlich.

PALAIS CZERNIN

Der nächste Besitzer, Prokop Adalbert Czernin, wohnte nur selten in dem verwüsteten Bau, dessen Ausbesserung und Instandhaltung enorme Summen verschlang. Sein Interesse galt dem berühmten Garten. 1779 bietet der Vormund des minderjährigen Erben Johann Rudolf, Fürst Rudolf Joseph Colloredo, dem Kaiser den Palast zum Kaufe an. Joseph II. besichtigt ihn, lehnt aber einen Kauf des einerseits unfertigen, andererseits wieder im Verfall befindlichen Komplexes ab. Nur ein einziges Mal erlebte dieser Architekturtorso königlichen Glanz: anläßlich der kurz aufeinander folgenden Krönungen Leopolds II. und Franz II. 1791, und 1792, zu böhmischen Königen fanden große Festlichkeiten in den dafür drapierten Räumen statt, und man hoffte insgeheim, daß vielleicht doch ein Verkauf möglich würde. Während der Napoleonischen Kriege war ein Teil des Palais Lazarett, später wurden Räume an Privatleute und Militär vermietet. 1851 kaufte schließlich der Fiskus das Gebäude, und es wurde zu einer Kaserne umgebaut. Der Zustand muß damals bereits so gewesen sein, daß den Besitzern keine andere Wahl blieb, da eine Erhaltung das Vermögen der Familie Czernin aufgezehrt hätte. Der Zustand, der nun eintrat, braucht wohl nicht geschildert zu werden, glücklicherweise blieb die Außenfront unangetastet.

Die erste Tschechoslowakische Republik faßte unter ihrem Präsidenten T. G. Masaryk den Entschluß, das ehemalige Palais wieder repräsentativen Aufgaben zuzuführen, und nach einer gründlichen und kostspieligen Restaurierung unter der Leitung von Professor Pavel Janák (1929–1934) zog das Außenministerium des jungen Staates unter Dr. Eduard Benesch, dem späteren Nachfolger Masaryks, dort ein. Auch heute dient es dieser Behörde, nach einem kurzen Zwischenspiel, als es 1939–1944 Sitz des ›Reichsprotektors‹ war. Jan Masaryk, der Sohn des ersten Präsidenten der Republik, Diplomat und Grandseigneur, für viele die Personifikation einer demokratischen Tradition, wurde nach dem kommunistischen Umsturz in Prag im März 1948 unter einem der Fenster dieses Palastes tot aufgefunden. Mord? Selbstmord? Das Volk nennt es den ›Dritten Prager Fenstersturz‹. Die Tragik des Unvollendeten, der überzogenen Maßstäbe, liegt wie eine dunkle Wolke über dem Bau, den heute wie eh nur wenige betreten dürfen.

Loreto

Welch ein vollendeter Gegensatz zum Palais Czernin und seiner ungeheuerlichen Fassade ist die heiter anmutige Front von Loreto! Der Komplex, zu dem die Bauten dieses Heiligtums zusammenwuchsen, liegt an der tiefsten Stelle des *Loreto-Platzes;* eine Treppe, an der steinerne Putten spielen, führt hinunter. Das Portal bildet die Mitte der reich geschmückten Fassade und wird von einem Turm bekrönt. Zwei mansardenartige Aufbauten sind von einer großartigen Verkündigungsgruppe überhöht. Es ist wohl in der bildenden Kunst die größte räumliche Entfernung, die der Engel zu Maria hin mit seiner Botschaft überbrückt, und dennoch bleiben beide, hoch gegen den Himmel hin sichtbar, ganz aufeinander bezogen. Die Figuren tragen ebenso wie die übrigen Heiligen hier besonders köstliche Heiligenscheine, die wie goldene Radscheiben aufgesteckt sind. Es ist Kilian Ignaz Dientzenhofer zu danken, daß verschiedene sakrale Bauten, die bereits standen, zusammengefaßt wurden, eine Gliederung erhielten, nicht nur durch die schöne Fassade, sondern im Innern durch die beiden doppelgeschossigen Arkadenhöfe; diese umfangen das eigentliche Loreto-Haus, eine Nachbildung der Wohnung Mariens, die Engel nach Loreto in Italien getragen haben sollen. Die sogenannte *Casa Santa*, meist als Kapelle eingerichtet, finden wir an vielen Orten, hier in Prag ist sie eine Stiftung der Benigna Katharina Lobkowitz. 1626–1631 hat Giovanni Orsi das kleine heilige Haus gebaut, das 1664 mit etwas schwerfälligem Figuralstuck geschmückt wurde. Bald war es eine vielbesuchte Wallfahrtsstätte auf sonst noch unbebautem Gelände, erst 1666 begann gegenüber Humprecht Johann Czernin seinen Palast. Damals standen schon die ›Ambiten‹, Umgänge für die Wallfahrer, mit ihren Kapellen. 1734 wurde eine von diesen zur Hauptkirche ausgebaut. Sie liegt in der Achse der Casa Santa und ihr Patrozinium wird zu Weihnachten gefeiert: Christi Geburt. Großzügige Stiftungen des böhmischen Adels ermöglichten eine reiche Ausstattung. Hervorragend sind die Fresken in der Kirche, so ›Die Darstellung im Tempel‹ von Wenzel Lorenz Reiner, ›Die Anbetung der Hirten‹ und ›Die Anbetung der drei Könige‹ von Johann Adam Schöpf. In den Umgängen malte Felix Anton Scheffler. Das Loreto-Haus wirkt im Innnern wie eine kleine dunkle Höhle; die Christgeburtskirche, kürzlich restauriert, ist ein hell glänzender, goldstrahlender Raum von erlesener Qualität. Am stimmungsvollsten aber sind die grasbewachsenen Höfe, in deren Mitte je ein figurengeschmückter Brunnen steht: hier ›Die Auferstehung Christi‹, dort die ›Himmelfahrt Mariae‹, Werke des Johann Michael Biederle, 1740.

Im Sommer finden hier manchmal Kammerkonzerte statt, und die zauberhafte Verbindung von fast ländlichem Wallfahrtsort und höfischem Oratorium läßt uns dann fast die Zeit vergessen. Und doch wird sie gemessen: zarte Melodien von Marienliedern läuten jede Stunde von dem berühmten Glockenspiel herunter. Aus seiner Legende können wir ahnen, wieviel Not und Leid an einen solchen Ort der Gnade getragen wurde und sicher auch heute noch getragen wird:

Vor vielen Jahren verkündeten die Glocken nur die Stunde. Damals lebte in der Nachbarschaft der Kirche eine arme Witwe, die soviele Kinder hatte wie der Turm Glocken, und sie nannte sie deshalb »meine loretanischen Glocken«. In der Zeit der großen Pest erkrankte ihr ältestes Kind und starb. Einzige Habe, die die Mutter besaß, war eine Schnur von Silbermünzen, die Taufgeschenke ihrer Kinder. Die Witwe opferte eine Münze, und kurz darauf ertönte die große Glocke von Loreto als Sterbeglocke. Als die Mutter vom Begräbnis nach Hause kam, lag das zweite Kind im Sterben. Das zweite Geldstück ließ die zweite Glocke von Loreto erklingen, und so ging es Tag für Tag. Einen Taler nach dem anderen opferte die Witwe, und eine

Glocke nach der anderen ertönte vom Kirchturm und geleitete ein Kind zur letzten Ruhe. Als sie ihr letztes Kind verloren hatte, erkrankte sie selbst. Es war ihr wie ein Trost, daß sie ihre Kinder nicht lange überleben würde. Nach dem Tode der Mutter fand sich niemand, der das Totenglöckchen für sie bezahlte. Da erklangen auf einmal alle Glocken und spielten das Marienlied »Dich grüßen wir vieltausendmal«. Seit diesem Tag erklingen jede Stunde alle Glocken von Loreto.

Dieses Heiligtum besitzt die berühmteste *Schatzkammer* Prags. Es wäre ein großes Versäumnis, die kostbaren Weihegaben, edelste Werke der Goldschmiedekunst, nicht gesehen zu haben. Herrliche Mitte ist die berühmte *Diamantenmonstranz*, eine funkelnde Sonne, deren goldene Strahlen mit 6666 Diamanten besetzt sind. Der Fuß der Monstranz stellt die Erde dar, die der Böse in Gestalt eines Drachen beherrscht, darüber schwebt, von Wolken aus Gold und einer diamantengeschmückten Mondsichel getragen, die Maria Immaculata. Sie blickt auf zur göttlichen Dreifaltigkeit, zu Gott Vater, zu Gott Sohn in der Gestalt des Brotes und zu Gott dem Heiligen Geist.

Das Meisterwerk der Wiener Goldschmiede Johann Baptist Känischbauer und Mathias Stegner, 1699 vollendet, ist eine Stiftung der Gräfin Ludmila Kolowrat. Ebenso schenkten auch andere Adelige, wie die Lobkowitz und Waldstein, kostbares Kirchengerät, Monstranzen, Kelche, Kaseln. Es ist ein Wunder, daß dieses Heiligtum, sein Friede, aber auch seine Schätze erhalten geblieben sind, besonders, wenn wir an das Schicksal des Baues gegenüber, an das Palais Czernin, denken.

Hohler Weg und Spornergasse

Vom Loretoplatz zur Kleinseite hinab kommt man über die *Brandstätte*, vorbei an einer liebenswerten Johannes-Nepomuk-Figur, wieder auf die alte Hauptstraße, die von Nürnberg über Pilsen nach Prag führte. Die hübschen Häuser der Südseite grenzen an den *Strahower Klosterbezirk*, dann neigt sich die Straße, die platzartige Brandstätte verlassend, und heißt

2 Der heilige Michael von Ottavio Mosto, Palais Toscana

4 Veitsdom, Südquerschiff mit der Goldenen Pforte

Veitsdom, Silberaltar des heiligen Johannes von Nepomuk 5

7 Die Reitertreppe zum Wladislawsaal

6 Der heilige Georg, Bronzefigur auf dem dritten Burghof

9 Neue Schloß-Stiege

St. Niklas auf der Kleinseite 10
→

8 Die Georgskirche und der Ostteil des Hradschin, über der Moldau
←

11–12 Im Fürstenberggarten

Zum Malteserplatz auf der Kleinseite   13
→
Haus zum Goldenen Hirschen in der Waldsteingasse   14

15 Hauszeichen ›Zu den drei Geigen‹
und ›Zu den zwei Sonnen‹ in der Spornergasse

HOHLER WEG

Hohler Weg, nunmehr nur auf der Bergseite, also zur Linken, bebaut. Zur Rechten öffnet sich der Talkessel wie ein großer Garten zwischen Burg und Laurenziberg. Im Frühjahr weißschäumend, ziehen lange Reihen von Obstbäumen bis hinunter an die Grenze der Kleinseite, die mit ihren Häusern und ihren kleinen Gärten dann Natur und Bauwerk vermählt.

In jenen Jahren, als es unmöglich war, nach Prag zu reisen, verging kein Frühjahr, in dem das Heimweh nicht zu einem fast körperlichen Schmerz wurde. Jede Akazie rief mit ihrem berauschenden Geruch die Erinnerung wach. Aus dem Strahower Klostergarten hängen im Mai und Juni weiße Blütentrauben über die Mauer, und ihr köstlicher Duft sinkt zwischen die Häuser und Gassen hinab zur Moldau, wo am Ufer und in den versteckten Gärten neu und stark Akazien sich verschwenden. Oft sind wir im Hohlen Weg unter den blühenden Bäumen stehengeblieben und haben dabei das Lesen der Hausnamen so recht gelernt. Von der kleinen Stiege an, die zur Loretogasse führt, kannten wir sie alle auswendig: ›Zur grünen Traube‹, ›Zu den drei Bauern‹, ›Zur steinernen Säule‹, ein besonders auffallendes Haus, das heute eine kleine Gedenkstätte für den Dichter Jaroslav Vrchlický birgt. Auf der ›steinernen Säule‹ steht eine Madonnenfigur, links und rechts prangen Sonne und Mond zur Erinnerung an einen der Besitzer, den Maler Christoph Luna.

Dann folgen andere Häuser: ›Zum Spiegel‹, ›Zu den drei Engeln‹, ›Zur weißen Kinnlade‹, ›Zu den drei roten Herzen‹, ›Zum weißen Lamm‹, ›Zum goldenen Pferdchen‹, ›Zu den drei goldenen Beilen‹, ›Zu den drei goldenen Rosen‹, ›Zu den drei Königen‹. Offenbar spielt hier die Drei eine ebenso wichtige Rolle, wie oben in der ›Neuen Welt‹ das Gold!

In der *Spornergasse*, die wieder an beiden Seiten bebaut ist, werden die meist dreifenstrigen Häuser von großen Palästen unterbrochen. Aber gerade hier in ihrem oberen Teil wollen wir die Hausnamen nochmals hören, denn wir werden sie in den bezaubernden ›Kleinseitner Geschichten‹ des Jan Neruda, nach dem die Gasse heute zu Recht heißt, wiederfinden: ›Zu den drei Geigen‹, ›Zum Heiligen Johannes von Nepomuk‹, ›Zum Esel bei der Krippe‹ – in diesem Haus spielt die berühmte Geschichte ›Eine Woche in einem stillen Hause‹ –, ›Zum goldenen Schlüssel‹, ›Zum goldenen Hufeisen‹ – hier steht die älteste Apotheke der Kleinseite –, ›Zum weißen Engel‹, ›Zur schwarzen Muttergottes‹ und nicht zu vergessen das Haus ›Zu den zwei Sonnen‹, wo eine der köstlichsten Szenen aus Nerudas Geschichten spielt – eigentlich nicht im Haus, sondern auf dem Dach:

Abendplaudereien: Es war eine herrliche, warme Juninacht. Die Sterne flimmerten, der Mond schien so fröhlich, und die Luft glänzte wie reines Silber. Am fröhlichsten aber schien der Mond wohl auf die Dächer der Häuser in der Spornergasse, und da besonders auf die Dächer der beiden stillen Nachbarhäuser ›Zu den zwei Sonnen‹ und ›Zum tiefen Keller‹.

Sonderbare Dächer sind das! Spielend gelangt man von einem zum anderen, und es sind lauter Winkel, lauter Rinnen, lauter Übergänge.

Besonders reich gegliedert ist das Dach des Hauses ›Zu den zwei Sonnen‹, ein sogenanntes Satteldach mit einem Doppelgiebel zur Straße und einem Doppelgiebel zum Hof. Zwischen den beiden Firsten zieht sich eine breite Rinne hin, in der Mitte durch einen quer verlaufenden Verbindungsgang zwischen den Böden unterbrochen. Aber auch dieser Gang ist wieder überdacht, und das Dächlein ist wie alles übrige mit runden Firstziegeln gedeckt, die auf dem Dach Hunderte von Ablaufrinnen bilden. Von dem Verbindungsgang führen zwei große Bodenfenster auf jene breite Mittelrinne, die über das ganze Dach läuft und dem gutgezogenen Mittelscheitel eines Prager Stutzers nicht unähnlich sieht.

Plötzlich war es, als habe an den Bodenfenstern eine Maus gepiepst. Und noch einmal.

Gleichzeitig erschienen jetzt in dem zum Hof gehenden Bodenfenster Kopf und Brust eines Mannes. Leicht schwang sich der Mann hinaus und stand nun in der Mittelrinne. Es war ein etwa zwanzigjähriger junger Mann mit schmalen, dunklen Wangen, schwarzen Locken und einem leichten Flaum über den Lippen; auf dem Kopf trug er einen Fes, und in der Hand hielt er ein langes, schwarzes

Pfeifenrohr mit einem Gipskopf. Ein grauer Rock, eine graue Weste, eine graue Hose – Jan Hovora, Student der Philosophie, bitte sehr.

Jan Hovora ist der erste einer Gruppe von Studenten, die hier oben regelmäßig zusammenkommen und ihre Erlebnisse austauschen, aber:

»Die Mädchen aus dem Haus belauschen uns – ich höre sie kichern«, flüsterte Novomlýnský plötzlich. Und schon war er aufgesprungen und mit einer Geschwindigkeit, die man ihm gar nicht zugetraut hätte, im Fenster verschwunden. Und hinter ihm hopp, hopp, Kupka und Hovora.

Der Mond am Himmel machte einen langen Hals und spitzte die Ohren – ihm war, als vernehme er unter dem Dach leises Quieken von Mädchen und hernach ein Schmatzen.

Es schien uns immer, als hätte sich seit Nerudas Zeiten, also seit hundert Jahren, nicht viel auf der Kleinseite geändert. Noch immer sind die Häuser überfüllt, gibt es Originale, fühlen sich die Leute weit weg von der ›Stadt‹, die jenseits der Moldau liegt. Die hölzernen Pawlatschen (balkonartige Umgänge) in den Innenhöfen, die verschachtelten Dächer, die dunklen Treppenhäuser hüten die Geheimnisse der Bewohner, deren Leiden und Freuden eine zusätzliche poetische Note haben, seit sie Jan Neruda geschildert hat.

Aus einem dieser Häuser kam lange vor dem zweiten Weltkrieg einmal ein kleiner Junge zu uns, um Deutsch zu lernen, ›Na handl‹ nannte man das, so wie aus deutschen Familien Kinder ›ins Tschechische‹ geschickt wurden. Der untersetzte, lustige Knabe hieß mit Vornamen Napoleon, jawohl Napoleon! Sein Vater hatte eine kleine Weinstube, die bis zur Decke hinauf mit Bildern und Andenken an den großen Korsen gespickt war. Nichtsdestoweniger war der kleine Prager ein leidenschaftlicher Sokol – Falke heißt das, und Sokol hieß der nationale Turnverein der Tschechen, den die zweite Republik aufgelöst hat. Napoleon sang daher mit glühender Inbrunst alle Lieder des Sokol und, was uns besonders beeindruckte, er konnte immer alle Strophen.

Die Mitte der Neruda-Gasse, dort, wo ursprünglich die Grenze der Kleinseite verlief, beherrschen zwei Paläste. Es sind Bauten des Johann Santin-Aichel, der zu den interessantesten Architekten des böhmischen Spätbarock gehört, eingedeutschter Enkel eines im 17. Jahrhundert eingewanderten ›wällischen‹ Steinmetzen. In Prag schuf er nur Profanbauten, in der Provinz großartige Klosterarchitekturen. Zunächst entstand 1713 das *Palais Czernin-Morzin*, 1716 schräg gegenüber das *Palais Kolowrat (Thun-Hohenstein)* »ein Wurf von weltmännischer Eleganz«. Santin-Aichel hat für den figuralen Schmuck die zwei damals berühmtesten, in ihrem Temperament ganz gegensätzlichen Bildhauer verpflichtet. Ferdinand Maximilian Brokoff schuf die mächtigen Negersklaven, die den Balkon tragen und auf das Wappen der Grafen Morzin anspielen; Matthias Braun meißelte die Wappenadler am Portal des Palais Kolowrat, das seit den zwanziger Jahren italienische Botschaft ist. Es sind großartige und höchst volkstümliche Barockplastiken, und weder der Kunsthistoriker noch der ungelehrte Betrachter kann sich entscheiden, welcher Gruppe er den Vorzug geben soll.

Das barocke Palais Kolowrat ist mit dem Renaissancebau der Slawata verbunden, dessen schöne Front der *Neuen Schloß-Stiege* zugewandt ist. Seit dem 16. Jahrhundert besteht parallel zu dem uralten Weg der Spornergasse eine breite Treppe zur Burg hinauf, die Neue Schloß-Stiege. ›Neu‹ heißt sie im Gegensatz zur *Alten Schloß-Stiege* am Ende des Burgberges, die vom Schwarzen Turm hinunter zum Klárov führt. Der Fußgänger, der vom Hradschin herunter zur Kleinseite geht, kann also auch diesen Weg über die Stiegen nehmen. Von der Neuen Schloß-Stiege hat er ein wenig länger den herrlichen Rundblick, der sich von der Burgrampe aus bietet. In immer neuen Perspektiven bleibt er beim Hinabsteigen erhalten – bis man zwischen die Häuser der Kleinseite eintaucht.

Mittelpunkt dieses Stadtteils ist der Kleinseitner Ring, in den die Spornergasse mündet.

Die Kleinseite

Vom Kleinseitner Ring zur Moldau

Ehe wir uns in den Seitengassen, in die Höfe und Parks der Paläste verlieren, halten wir auf dem *Kleinseitner Ring* inne. In seiner Mitte steht das großartigste Barockbauwerk Prags: die ehemalige Jesuitenkirche *St. Niklas*. Der schöne mittelalterliche Platz mit den Laubengängen besitzt zu Füßen der Niklaskirche auch eines der ältesten und renommiertesten Kaffeehäuser Prags: das ›Malok‹ – dies ist eine Abkürzung aus dem tschechischen Malostranská Kavárna, das heißt Kleinseitner Café. Im Sommer kann man hier gemütlich im Freien sitzen. Immer noch halten Tische und Stühle respektvoll Abstand von der Stelle, wo einst das Denkmal des Feldmarschalls Radetzky stand, das 1918 gestürzt wurde. An seine Stelle setzte man Herrn Ernest Denis auf einen harten Stuhl – aber auch diesen mitsamt dem einst bekannten französischen Historiker setzte, beziehungsweise trug man ab und schmolz ihn ein.

Über den Sturz des Radetzky-Denkmals haben sich viele alte Kleinseitner – schließlich war der große Feldherr ein Sohn des Landes – lange nicht getröstet. Ich bekam das als Kind oft zu hören. Tiefer beeindruckte mich freilich die Bemerkung, die jeweils bei der Überquerung des Platzes in Richtung auf die Thomaskirche fiel: »Schau, da drüben in dem Haus, mit dem Stern über dem Tor, hätte Goethe gewohnt, wenn er nach Prag gekommen wäre!« Es schwang immer eine gewisse fast bittere Enttäuschung mit. Goethe kam ja nie, weder nach Prag noch nach Wien. Was hielt ihn von der Begegnung mit einer alten Königs- und mit der Kaiserstadt zurück? Warum hat der Frankfurter Bürgerssohn, der als Kind die Krönung

Josephs II. miterlebte, die Begegnung mit dessen Residenzen gescheut? Wir wissen es nicht. Sein gelehrter Freund, Kaspar Graf Sternberg, der da drüben wohnte, hatte ihn immer wieder eingeladen – umsonst! Im Nebenhaus, bergan gelegen, wohnte die Familie Smiřicky, deren einer, Albrecht, 1618 unter den dreißig Direktoren der aufständischen böhmischen Herren war. Von seinem Haus aus zogen sie hinauf zur Burg und warfen die Statthalter des Kaisers aus den Fenstern der böhmischen Kanzlei. Eine Smiřicky, Margarete, war mit Wilhelm von Waldstein vermählt. Dieser Ehe entsproß Albrecht, der Friedländer. Wir werden von ihm noch hören, wenn wir seinen Palast besuchen. Jetzt soll uns erst ein kleiner Spaziergang rund um den Platz zu berühmten Bier- und Weinlokalen führen und dann wollen wir zur Moldau hinunter.

In der Nordostecke des Kleinseitner Ringes, fast unter dem spitzen Turm von St. Thomas, ist das berühmte Bierrestaurant ›Beim Schnell‹, auf Tschechisch ›U Schnellů‹. Hier konnte man einst getrost ein Fünfkronenstück, das unserem Fünfmarkstück entspricht, auf den Bierschaum legen, der so fest war, daß das Geldstück liegenblieb. Auch heute noch treffen sich die Kleinseitner Bürger und bierdurstige Fremde gerne in diesem Lokal. Zum eigentlichen Klosterkomplex von St. Thomas gehört die berühmte Brauerei ›Bei Sankt Thomas‹ – ›U svatého Tomáše‹, in der bis 1948 die Augustinermönche das nach alten Rezepten selbstgebraute Bier ausschenkten. Hinter der Kirche kann man in einem schönen baumbestandenen Hof im Freien trinken, und Kenner bestellen vor allem dunkles Bier. Dazu gibt es ›Topinky‹, geröstete Brote mit Gänsefett und Knoblauch eingerieben, eine Köstlichkeit besonderer Art! An der Südseite des Ringes, unter den Lauben, kann man ›Beim Glaubitz‹ einkehren. In der Brückengasse ›Bei den drei Straußen‹, wobei dieses Lokal sich rühmen kann, daß hier 1724 der Armenier Georg Hatalah el Damschi das zweite Kaffeehaus in Prag eingerichtet hat. Das erste lag drüben in der Altstadt, in der Karlsgasse.

GOLDENES BRÜNNL

Es würde zu weit führen, alle die kleinen versteckten Weinstuben aufzuzählen, aber auf zwei muß doch hingewiesen werden, jene beim Palais Waldstein und die andere neben dem Palais Lobkowitz, in denen besonders guter, im Lande gewachsener Wein ausgeschenkt wird. Die Krönung aller Kleinseitner Lokale, und auch im topographischen Sinn ein Höhepunkt, ist und bleibt *das Goldene Brünnl*. Auch wenn der Weg noch so genau beschrieben würde, müßte der Fremde wiederholt fragen, bis er durch den Hof eines kleinen Hauses am Ende der Landtagsgasse, die vom Kleinseitner Ring im Norden abgeht, den Aufstieg zu diesem berühmten Aussichtspunkt findet.

»Wenn ich bei den Prüfungen durchfalle, dann werde ich Wirtin im ›Goldenen Brünnl‹«, das sagte ich mir während des Studiums manchmal zum Trost. Ich konnte mir nichts Schöneres vorstellen, als Tag und Nacht dort oben zwischen Burg und Kleinseite auf die Stadt hinunterzuschauen und verliebten Paaren Wein zu kredenzen. Ich kannte die Situation freilich nur als Gast. Oft stiegen wir die sechsundneunzig Stufen empor und überlegten scherzend, ob wir wieder heil hinunter kommen würden. Auf der Höhe der unteren Burgmauer, hoch über den Dächern der Kleinseite, tritt man auf eine Art von langem Balkon. Ein Panorama von einzigartiger Schönheit entrollt sich: Prag. Frei schweift der Blick nach Osten und Süden. Abends geht der Mond hinter der Stadt über ihren hundert Türmen auf. Wenn wir frühzeitig kamen, leuchtete die Abendsonne noch auf all den Fassaden der Kirchen mit ihrem funkelnden Gold, und wir begannen immer wieder, die Türme zu zählen. Einer fing am linken, der andere am rechten Rand des Horizontes an. Bei der Sternwarte des Clementinums wollten wir uns treffen. Aber noch jedesmal endete das Zählen irgendwo im Gewirr der Türme und Dächer, der Spitzen und Zacken. Prag war ja viel zu schön als Ganzes, und letzten Endes war es auch gleich, ob es hundert oder tausend Türme hatte!

Während sich das Violettrot des letzten Tageslichtes mit dem Grauschwarz des Nebels und des Rauches aus den Kaminen mischte und einen leichten Schleier über die Stadt unten legte, rollte hinter dem Veitsberg der Mond herauf. Plötzlich tanzte er auf der Spitze eines Turmes, löste sich, wurde im Steigen kleiner und heller und goß sein Licht von oben auf die Stadt, die wieder neue schwarz-silberne Konturen annahm. Jetzt leuchtete auch die Moldau auf. Silbern, lebendig, »und die Wellen sind des Mondes Silber-Hobelspäne«. Da zog es uns, unten am Ufer zu flanieren. Ohne zu zählen, gingen wir die vielen Stufen leichten Fußes hinab.

Der Weg zur Moldau ist voll von Überraschungen, man entdeckt immer neue Winkel und Gäßchen. Einst war das Ufergelände zwei großen Klöstern zugeteilt: im Norden den Augustiner-Eremiten von *St. Thomas*, im Süden den Johannitern bei *St. Maria unter der Kette*. Dazwischen lag am Kleinseitner Brückenkopf der Steinernen Brücke der befestigte Hof des Prager Bischofs. Von den Hussiten zerstört, wurde er nicht mehr aufgebaut – die Erzbischöfe residierten später oben auf der Burg. Reste des mittelalterlichen Bauwerks finden sich auf der Nordseite der Brückengasse.

Wenn auch die grüne Barockkuppel von St. Niklas die Kleinseite gleichsam überwölbt, so behauptet sich doch neben ihr als markantes Zeichen der nadelspitze rötliche Turm von *St. Thomas*. Kirche und Kloster, von König Wenzel II. 1285 gegründet, zählen zu den großartigsten frühgotischen Anlagen in Prag. Trotz verheerender Brände wurde St. Thomas immer wieder aufgebaut, und es blieb im 15. und 16. Jahrhundert, als Dom und Teynkirche den Hussiten gehörten, eine Zuflucht der Katholiken. Um 1600 wurde manches erneuert und verschönert. 1637 bestellte der Prior Svitavsky bei Peter Paul Rubens zwei Bilder für den Hochaltar: ›Die Marter des hl. Thomas‹ und ›Der hl. Augustinus‹. Die Originale befinden sich heute in der Nationalgalerie. Das Kloster war reich und und berühmt, und so nimmt es nicht wunder, daß 1648, als

ST. THOMAS

sich die Schweden noch einmal der Kleinen Stadt Prag bemächtigt hatten, auch hier geplündert werden sollte. Man hatte bereits

... den kaiserlichen Schatzmeister herrn Misseron bei Bedrohung der Folter genötigt, alles, was im Schatze sei, anzuzeigen, und solle der Cardinal 50 mille, Burggraf von Martinitz 40 mille und andere Herren zu 30 mille bis 20 mille Reichstaler nach Advenant zur Ranzion bezahlen; die Klöster sind zwar auch visitiert, aber noch nicht angelegt worden. So hat bemeldeter Königsmarck unterschiedliche Beute an barem Geld und Kleinodien bekommen. Herr Colloredo soll 12 Tonnen Golds, der Herr Postmeister 18 mille Dukaten, der Graf von Tschernin ein Kisten von Rosinobl (Goldmünzen) verloren haben. Die Kleinodien sind um schlechtes Geld hinweggegeben worden.

Darnach schickte der General Königsmarck seinen Hof- und Feldprediger M. Johann Klee, der schon fast alle Bücher aus den übrigen Klöstern geraubt hatte, mit einem schriftlichen Befehle auch in dieses Stift ab, damit er alle Bücher von dannen wegnehme. Er kam diesem Befehl pünktlich nach, und plünderte die ganze Bibliothek in wenigen Stunden ganz rein aus, ohngeachtet sich die Mitglieder dieses Stiftes alle Mühe gaben, ihn mittels ihres Flehen und Bitten davon abzuhalten. Allein was die dringenden Vorstellungen nicht vermochten, brachten endlich sechs silberne Löffel, und ein stark vergoldeter Becher, den der Prior dieses Klosters demselben verehrte, zuwege. Der allzu große Eifer des guten M. Klee, die auferlegten Befehle genau zu erfüllen, wurde durch diese Geschenke plötzlich gestillt, und er stellte die sämmtlichen Bücher, einige wenige ausgenommen, dem Stifte wieder zurück.

Die Ausstattung der Thomaskirche durch bedeutende Maler und Bildhauer wurde schließlich mit der Barockisierung des Innenraums 1725–1731 unter der Leitung von Kilian Ignaz Dientzenhofer beendet. Er hatte die Fassade im Westen und Süden umgebaut, aber so, daß trotz aller überquellenden Pracht der gotische Grundcharakter erhalten blieb. Erst 1948 haben die Mönche – Deutsche und Tschechen – das Kloster verlassen, das heute als Altersheim dient.

Von der Südseite der Thomaskirche blicken wir durch die schmale und kurze *Josephsgasse* auf die Rokokofassade des *Palais Kaunitz*, das 1773 als einer der letzten Palastbauten in diesem Viertel aufgeführt wurde. Es steht bereits in der Brückengasse. Während wir auf dieses schöne Haus zugehen, entdecken wir zu unserer Linken, tief zurückgenommen zwischen zwei großen Häusern – dem ehemaligen *Karmeliterinnenkloster* und dem *Palais Öttingen* –, eine reich gegliederte Kirchenfassade. Den Grundstein zu *St. Joseph* hatte 1673 Kaiser Leopold I. gelegt, den Bau führte nach Plänen J. B. Matheys der Karmeliterfrater Ignatius a Jesu auf. Es handelt sich um einen hochbarocken Zentralbau, dessen Fassade an gleichzeitige Bauten in Flandern erinnert. Den reichen Figurenschmuck schuf Matthäus Wenzel Jäckel, das Hochaltarbild Peter Brandl.

In der *Brückengasse* biegen wir kurz vor der Karlsbrücke nach links ab und kommen auf den kleinen reizvollen *Dražic-Platz*, der nach einem Prager Bischof des hohen Mittelalters benannt ist, und wir erfahren, daß in dem Hof des Hauses ›Zu den drei goldenen Glocken‹ noch ein gotischer Turm des ehemaligen Bischofshofes steht.

Zwei kleine Gassen ziehen moldauwärts, die Meissener und die ›Am Lausitzer Seminar‹. Sie stoßen eben an jenem Gebäude rechtwinklig aneinander, das für die Theologen aus der Oberlausitz bestimmt war, denn Jahrhunderte hindurch gehörte dieses Land zum Königreich Böhmen. Hier gibt es wieder besonders hübsche Hausnamen zu entdecken: ›Zu den drei Monden‹, ›Zu den drei Karpfen‹, ›Zu den drei grünen Kreuzeln‹, ›Zu den drei Rosen‹, aber auch ›Zum weißen Hemd‹, oder ›Zur Bienenkönigin‹, ›Zum blauen Hufeisen‹, ›Im grünen Feld‹ und ›Zum weißen Kegel‹.

Noch sind wir nicht an der Moldau, aber wir überschreiten fast unterhalb der Karlsbrücke einen rasch strömenden Wasserlauf, den ›Teufelsbach‹ oder die Čertovka – dieser trennt eine Insel von der Kleinseite ab, die aber ganz zu dieser gehört, durch vier unauffällige Brücken verbunden. Es ist die *Kampa*.

Man kann diese Insel auch von der Karlsbrücke aus erreichen: eine doppelläufige Treppe führt auf den straßenartigen Platz herunter, der früher Töpfermarkt war. Uns schien es immer jener zu sein, in den einst König Drosselbart hineingeritten war. Hübsche kleine Häuser säumen den baumbestandenen Platz, der auf ein kastenförmiges Palais direkt an der Moldau zuführt, es gehörte den Liechtenstein. Nur dieser Platz und eine kleine Parallelstraße sind bebaut, der übrige Teil der Insel, mehr als die Hälfte ihrer Fläche, besteht aus schön gepflegten und beliebten Anlagen, die sich flußaufwärts bis zur nächsten Moldaubrücke ziehen. Hier war auch die mittelalterliche Stadt Prag einst durch Befestigungen abgeschlossen, flußaufwärts war unbebautes Land.

Überall am flachen Moldauufer der Kampa liegen in langen Reihen kleine Ruderboote, die man für wenig Geld mieten kann. Eine Bootsfahrt auf der Moldau sollte man nicht versäumen. Die Uferlinien vom Wasser aus, die hohen Brückenbogen, der sanfte Strom, das langsame Treibenlassen, dies alles vertieft unseren Eindruck von Prag, dessen lebendige, natürliche Mitte die Moldau ist.

Von der Moldau zum Malteserplatz

Eine der kleinen Straßenbrücken, die von der Kampa auf die Kleinseite zurückführt, geht an der letzten alten Mühle der Stadt vorbei. Das riesige bemooste Rad dreht sich manchmal noch für die Fremden. Vor hundert Jahren gab es an beiden Moldauufern eine große Anzahl von Mühlen, an die heute nurmehr die Namen der Ufergassen erinnern. Die Mühle hier an der Čertovka gehörte den Maltesern, deren Groß-Priorat und Kirche eine der ältesten und schönsten Baugruppen der Kleinseite bildet. Die Mühle ist bereits 1597 errichtet worden, zur selben Zeit, als ihr gegenüber das *Palais Hrzanovsky*, ursprünglich Mettych, ein mächtiger dreiflügeliger Renaissancebau, entstand. Meist bleiben aber beide Bauten unbeachtet, wenn man erst auf dem *Großprioratsplatz* steht, denn hier beherrschen zwei besonders prächtige Barock-Palais, die sich auf dem kleinen stillen Platz gegenüberliegen, den Eindruck: *das Malteserpalais* und das *Palais Buquoy*.

Auf dem alten Grund des Malteser-Ritterordens baute 1726 bis 1738 Bartholomäus Scotti für den damaligen Großprior Gundakar Poppo von Dietrichstein ein neues Palais, dessen Innenräume erlesen ausgestattet wurden, allen voran der Kapitelsaal. Man kann durch das reich geschmückte Portal, das vom Wappen des Erbauers bekrönt ist, den Palast betreten, denn er birgt heute die Musikinstrumentensammlung des Nationalmuseums und ein umfangreiches Musikarchiv. Der kleine *Maltesergarten* ist einer der typischen Prager Sommerkonzerträume, so wie der Waldsteingarten oder jener des Palais Ledebur. Freilichtaufführungen finden hier während des ›Prager Frühling‹ statt.

Während die Malteser ihren Bau aufführten, wurde auch das gegenüberliegende *Palais Buquoy* umgebaut. 1748 kam es in den Besitz der Nachkommen des berühmten Karl Bonaventura von Buquoy, General des ligistischen Heeres, der in der Schlacht am Weißen Berge zusammen mit dem bayerischen Kurfürsten Maximilian die kaiserlichen Truppen zum Siege geführt hatte. Auch das angrenzende kleine Haus gehörte dazu. Heute dienen beide Gebäude der Gesandtschaft der Republik Frankreich.

An den kleinen, fast ländlichen Platz mit den großen Palästen schließt rechtwinklig ein weiterer an, der vor der *Malteserkirche* einen schönen Raum schafft.

Zwei stumpfe weiße Türme aus schön geschichtetem Quaderwerk, breit gestellt, durch eine kleine Vorhalle verbunden, muten in der barocken Umgebung ungewöhnlich an. Türme und Vorhalle sind Teile eines nicht zu Ende geführten Ausbaues, den die Malteser im 14. Jahrhundert begonnen haben. König Wladislaw I. hatte ihnen 1166 reichlich Land oberhalb der Steinernen Brücke geschenkt, und sie bauten Kirche und

Spital. Von dem Bau des 12. Jahrhunderts ist nichts mehr übrig, doch können wir seine Ausmaße genau abschreiten, da wir aus der Vorhalle auf einen kleinen Wiesenplan treten, auf dem die erste Kirche stand. Die heutige barockisierte Kirche ist der ursprünglich frühgotische Chor des geplanten größeren Baues. Aus diesem Torso ist zusammen mit dem eleganten Palais des Groß-Priors eine eigenartige, spannungsreiche Baugruppe entstanden.

Der kleine Platz vor der Kirche hat durch die Badgasse eine Verbindung zur Brückengasse. Die Ecke bildet das schöne *Palais Wolkenstein*, an dem eine Tafel an Beethovens Aufenthalt in diesem Hause 1796 erinnert. Der kleine Platz geht wiederum in einen nächsten über, den *Malteserplatz*. Von dem Brunnen, der seinen Schwerpunkt einst bildete, ist nurmehr die schöne Statue des hl. Johannes des Täufers erhalten. Hervorragende Beispiele bürgerlicher Barockhäuser umgeben den Platz. Das Eckhaus an der Prokopigasse ist die berühmte ›Alte Post‹, Einkehrhaus und Poststation seit der Zeit Ferdinands I., 1527 eingerichtet. 1785 wurde es mit dem angrenzenden Palais Thun-Hohenstein in der Karmelitergasse verbunden und zum Hotel ›Erzherzog Karl‹ umgebaut, das viele bedeutende Gäste beherbergte.

Der große Bau, auf den der Platz wie eine Straße zuläuft, ein vierflügeliger Block mit Innenhof, ist das um 1660 erbaute *Palais Nostitz*; Bildergalerie und Bibliothek waren zu Recht berühmt, ebenso die schöne Ausstattung der Räume. Seit dem 17. Jahrhundert gehörte auch ein großer Garten mit einer Reitschule zu der Anlage. Zwischen den großen Komplexen adeliger Stadthäuser stehen überall kleine Bürgerhäuser. Wenn auch nicht eigens Gedenktafeln angebracht sind, so wissen wir doch, daß hier bei der Reitschule Christoph Dientzenhofer und später in dessen Haus Anton Haffenecker wohnte, der das schöne Portal des Nostitzschen Palais schuf. Sein Nachbar war der Gelehrte Franz Martin Pelzel, dem wir die Lebensbeschreibungen vieler böhmischer Barockkünstler verdanken. Nach ihm bezog die bekannte Malerfamilie Mánes, mit der nachmals Carl Spitzweg so gut befreundet war, das Haus.

Das Prager Jesulein

Vom Malteserplatz führt die schmale *Harantgasse* zur Hauptader der Kleinseite, der parallel zur Moldau ziehenden *Karmelitergasse*. Ihren Namen hat sie nach dem Kloster der strengen Ordensmänner, die unmittelbar nach der Schlacht am Weißen Berge hierher nach Prag kamen. Ihre Kirche gehört für die Bewohner der Kleinseite unter dem Namen ›Zum Jesulein‹ zu den beliebtesten. Dort ging man regelmäßig hin, um dem göttlichen Kind gleichsam einen Besuch abzustatten und ihm Sorgen und Nöte vorzutragen. Es ist das Gotteshaus, in dem das weithin bekannte und verehrte Figürchen des Prager Jesulein steht.

Eigentlich trägt die Kirche einen anderen Namen, nämlich *Maria de Victoria*. Der Bau hatte ein seltsames Schicksal. Ursprünglich hatten ihn die deutschen Protestanten der ›Kleinen Stadt Prag‹ 1611–1613 als ›Dreieinigkeitskirche‹ erbaut. Nach der Schlacht am Weißen Berge 1621 wurde sie den Karmelitern übergeben, diese bauten sie um und weihten sie 1624 der Mutter Gottes vom Siege. 1628 schenkte Polyxena von Lobkowitz den Mönchen eine kleine Wachsfigur, etwa sechzig Zentimeter hoch, die ihre Mutter, eine geborene Prinzessin Manriquez de Lara, aus ihrer Heimat Spanien mitgebracht hatte. Das liebliche Jesukind wurde bald der ›kleine König‹ benannt; die Karmeliter schrieben ihm Wunderkraft zu; so soll es Prag vor der Pest und im Siebenjährigen Krieg vor der Zerstörung bewahrt haben. Berichte von Heilungen und wunderbaren Begebenheiten schrieb man auf, und schließlich wurden Bücher über dieses wunderbare Kind von Prag herausgegeben. In allen Niederlassungen des Karmel, auch in den Frauenklöstern, wurden Kopien des Prager Jesulein aufgestellt, und seine Verehrung verbreitete sich rasch. So kam es, daß etwa die Kaiserin Maria Theresia dem ›kleinen König‹ einen Besuch abstattete, um ihm ein selbstgefertigtes Kleidchen aus grünem Samt, reich mit Gold bestickt, zu schenken. Votivgaben hatten sich bereits in großer Menge angesammelt und immer neue kamen hinzu, besonders kostbarer Schmuck. Dies alles fiel der Säkularisation zum Opfer, nur die Sammlung der kostbaren Gewänder ist geblieben. Auch heute noch trägt das Jesukind seine weiten steifen Kleider, die an einen Chormantel erinnern. In der Linken hält es die vom Kreuz gekrönte Erdkugel, die Rechte segnet. Das Haupt ist von einer übergroßen Krone bedeckt.

1964 erschien ein kleines Büchlein einer Mailänder Karmeliterin in deutscher Übersetzung: ›Das gnadenreiche Prager Jesukind‹. Darin wird auf andere neue Bücher, die in Würzburg, New York, Madrid und Genua gedruckt sind, hingewiesen, und in allen wird neben der Geschichte der Verehrung auch von Gebetserhörungen aus unseren Tagen berichtet. Sicherlich ist die Verehrung des göttlichen Kindes an vielen Orten der Welt lebendiger, als dies heute in Prag möglich ist. Für viele Menschen ist dieses Jesulein das einzige, was sie von Prag wissen, was sie mit der Hauptstadt Böhmens verbindet. Anders als das Bambino von Ara Coeli in Rom, war es nicht nur Mittelpunkt der Andachten von Kindern. Die beiden letzten Erzbischöfe von Prag, die Kardinäle Kaspar und Beran, gehören zu der großen Schar der Verehrer, und sie haben die Andachten zum Prager Jesulein gefördert.

Eine der liebenswertesten Votivgaben aus unserem Jahrhundert stammt von einem französischen Diplomaten, der längere Zeit in Prag tätig war – es ist ein Gedicht und sein Verfasser Paul Claudel:

Es schneit. Sicher ist die weite Welt gestorben. Es ist Dezember.
Aber, lieber Gott, wie schön ist es in dem kleinen Zimmer!
Die rotglühenden Kohlen im Kamin
malen auf die Decke leuchtende Kringel –

nur das Wasser hört man leise sieden.
Da oben auf dem Wandbrett, über den beiden Betten,
thront und herrscht unter einem Glassturz,
die Krone auf dem Haupt, das Prager Jesukind.
In der einen Hand hält es die Weltkugel,
die andere ist schützend für all die Kleinen da,
die sich ihm anvertrauen.
Es ist so liebenswert in seinem großen, feierlichen Gewand
und so herrlich unter seinem riesigen gelben Hut.
Ganz allein steht es vor dem Feuer, angestrahlt
wie das Allerheiligste in der Tiefe des Tabernakels.
Bis zum Morgengrauen wacht das Jesukind über seinen kleinen
  Brüdern.
Unhörbar wie ein Atemzug
erfüllt das ewige Sein dieses Zimmer,
gegenwärtig in all diesen armseligen, unschuldigen und ein-
  fachen Dingen.
Wenn Er bei uns ist, kann uns kein Unheil treffen.
Wir können schlafen, Jesus unser Bruder ist da.
Er gehört uns und die schönen Sachen alle auch:
die wundervolle Puppe, und das Holzpferd
und das Schaf, alle drei sind sie in der Ecke da hinten.
Und wir schlafen, aber die schönen Sachen alle gehören uns.
Der Vorhang ist zugezogen ... Dort unten irgendwo
  im Schnee,
man weiß nicht genau wo, in der Nacht, schlägt es irgendeine
  Stunde.
Das Kind in seinem Bett begreift glückselig,
daß es schläft und daß jemand da ist, der es lieb hat.
Es bewegt sich ein bißchen, sagt undeutlich etwas,
streckt den Arm heraus, als versuchte es aufzuwachen,
aber es schläft weiter.

Die Stadt des Adels

Den Talkessel zwischen Laurenziberg und Hradschin füllt die Kleinseite, ursprünglich die ›Kleine Stadt Prag‹ genannt, die Stadt des Adels, der zu Füßen der Königsburg seit dem 16. Jahrhundert seine Stadtpaläste baut. Es war in der Renaissance Sitte geworden, in der Hauptstadt ein repräsentatives Haus zu besitzen; auch die alten Burgen wurden umgebaut und komfortabler eingerichtet, ja vielfach baute man auch auf dem Lande neu.

Manche der Palais haben ihre Namen nach Familien, die längst ausgestorben sind: Hrzansky, Kaiserstein, Michna, Smiřicky, Straka, Wrbna, Wrtba. Durch Erbgang oder Kauf waren andere Familien in den Besitz gekommen; im Dreißigjährigen Krieg kamen neue Familien aus allen Teilen des Römischen Reiches und bauten: die Buquoy, Gallas, Fürstenberg, Hartig, Ledebur, Schönborn, Sporck und Thun. Alteingesessene böhmische Familien, die kaisertreu geblieben waren und deren Stellung sich auch finanziell wieder konsolidiert hatte, wetteiferten: Czernin auf der Burg, im Tal Lobkowitz, Sternberg, Wratislaw, Nostitz, um nur die wichtigsten zu nennen – manche Familie, etwa die Lobkowitz, bestand aus mehreren Zweigen, so daß mehrere Palais diesen Namen tragen, gelegentlich auch noch eines in der Alt- oder Neustadt, am anderen Moldauufer.

Den ersten großen Palastbau des Barock ließ ein böhmischer Adeliger aus sehr alter, aber verarmter Familie bauen: Albrecht von Waldstein. Er hatte nämlich, wie manche seiner Zeitgenossen, aus den gewaltigen Umschichtungen während des Dreißigjährigen Krieges, hier in Böhmen bereits seit 1621, seinen Vorteil gezogen.

Nach der Schlacht am Weißen Berge wurden zahlreiche Familien des Landes verwiesen, ihr Besitz eingezogen und später wieder verkauft – dreihundert Jahre darnach brach ein gleiches Schicksal über unzählige Familien herein. Waren einst die Ausweisungen aus Glaubens- und politischen Gründen geschehen, so wurden 1945 alle deutschsprechenden Familien, 1948 alle nichtkommunistischen enteignet und vertrieben. Sie verließen Hab und Gut und die Häuser, die sie sich vor dreihundert Jahren gebaut hatten. In den Palästen der Kleinseite traf die Ausweisung durch den Tschechoslowakischen Staat Familien, deren Geschichte mit der des Landes seit Hunderten von Jahren verbunden ist. Manches von dieser Familien- und Landesgeschichte war in die Reichsgeschichte eingegangen.

Das Palais Waldstein und sein Bauherr

1959 feierten in Wien mehr als vierzig Mitglieder der Familie *Waldstein* im Kreise zahlreicher Verwandter einen Familientag. Insbesondere wurde jenes Ahnen Markward gedacht, der, 1159 urkundlich erwähnt, Stammvater eines nunmehr über achthundert Jahre blühenden Geschlechtes aus altem böhmischen Herrenstande wurde. In lückenloser Folge, über siebenundzwanzig Generationen, kennen die Waldstein ihre Vorfahren, wissen um viele gute und böse Taten derselben, wissen um die Verdienste und die immerwährende Verpflichtung für die Länder der Wenzelskrone – Böhmen, Mähren und Schlesien –, aus denen sie 1945 alle vertrieben wurden. Am Abend des Familientages, der mit einem feierlichen Gottesdienst begonnen hatte, begab man sich zu einem gemeinsamen Besuch ins Burgtheater, wo ›Wallensteins Lager‹ und die ›Piccolomini‹ aufgeführt wurden.

Gewiß ist Albrecht von Waldstein, Herzog von Friedland, seit Schillers Trilogie Wallenstein genannt, der Bedeutendste dieses Geschlechtes, und er ist in die Geschichte Europas eingegangen. Seine Vorfahren, deren ersten wir kennenlernen, als er eine Schenkungsurkunde des böhmischen Königs Wladislaw an das Kloster Waldsassen mitzeichnet, waren Kämmerer, Marschälle und Burggrafen in Böhmen, im Norden des Landes lagen ihre Besitzungen. Mit Albrecht von Waldstein, der in Eger 1634 ermordet wurde, starb ein Zweig der Familie aus. Die einzige Tochter wurde einem Grafen Kaunitz vermählt. Der Neffe, Maximilian Waldstein, wird Ahnherr mehrerer Linien. Berühmt sind jene Brüder, von denen Karl Josef den alternden Casanova in Schloß Dux als Bibliothekar aufnahm und Ferdinand, der die Übersiedlung Beethovens von Bonn nach Wien ermöglichte.

Bis 1945 blieb der Palast in Prag, den Albrecht gebaut und Maximilian aus der Masse der beschlagnahmten Besitzungen zurückgekauft hatte, im Besitz der Familie. Mit sieben Kindern, von denen das jüngste damals neun Jahre alt war, mußte Gräfin Marie Waldstein, geborene Kinsky, fliehen. Wer denkt da nicht an die Mordnacht in Eger, wo unter den letzten Getreuen ein Kinsky war!

Eine uralte Tante blieb auf ihren Wunsch allein im Haus zurück. Als sie 1952 einhundert Jahre alt wurde, verlieh ihr der Magistrat der Stadt Prag das Ehrenbürgerrecht, und sie durfte weiter in ihren drei Zimmern im Palais wohnen. Ein lebhafter Briefwechsel mit Verwandten und Bekannten jenseits der Landesgrenzen entspann sich. Ihr frischer Geist, ihre Ungebrochenheit trotz ihres hohen Alters nötigten allen den höchsten Respekt ab. Für viele war ihr Dasein ein großer Trost und eine lebendige Hoffnung. Als sie schließlich mit einhundertvier Jahren starb, erhielt sie ein Begräbnis auf Staatskosten, und ihrem Sarg folgten neben den wenigen im Lande verbliebenen Verwandten Funktionäre des Regimes.

Könnte man über das *Waldstein-Palais* schreiben, ohne der Familie und besonders dieser alten Dame, die im engsten Kreise zärtlich ›Teta Mařka‹ oder ›Tante Marinka‹ genannt wurde, zu gedenken? Das Palais Waldstein war nicht nur historische Architektur, sondern das Haus einer Familie, die darin wohnte.

Die einförmige, verschlossene Fassade des Palastes an der längsten Seite eines unregelmäßigen Platzes sagt nichts über das innere Gefüge, über die Höfe und Trakte, über die großartige Architektur der Gartenfront, über den riesigen Garten, über dessen Wasserkünste und Vogelhäuser. Bis 1621 standen, wo sich jetzt der Palast dehnt, kleinere Häuser an der heutigen Waldstein-Gasse entlang, einzelnen Privatleuten gehörend, dazwischen lagen Gärten, ein Teil des Grundes mit einigen

Häusern war Besitz des angrenzenden Thomasklosters. Die Gegend hieß ›am Sand‹, die Moldau ist nicht weit.

Nach den Strafgerichten und Konfiskationen 1621, als der böhmische Aufstand niedergeschlagen war und die Gegenreformation gesiegt hatte, tat sich ein junger Obrist aus alter böhmischer Familie durch besondere Tüchtigkeit hervor: Albrecht Wenzel Eusebius von Waldstein. Er bekam den Oberbefehl über die Stadt Prag und amtierte vom Hause der Familie seiner Mutter aus, in dem er sich rücksichtslos breitmachte. Dieses Palais Smiřicky liegt an der Nordseite des Kleinseitner Ringes, ein noch heute stattlicher Bau, doch dem Waldstein genügte er nicht. Er wollte bauen und kaufte sechsundzwanzig Häuser und Gärten. Zwar mußte er sich nach dem Lauf der Straßen richten, aber er bekam ein ausgedehntes, wenn auch völlig unregelmäßiges Grundstück zusammen, für dessen Bebauung Andrea Spezza den Plan entwarf. Neben diesem Norditaliener arbeiteten Nicolo Sebregondi, Giovanni Pieroni, als Freskant Baccio del Bianco. In sechs Jahren war der Bau fertig (1624–1630). Der Bauherr kommandierte seine Bauleute wie seine Truppen. Es mußte alles nach genauen Plänen und ohne Verzögerungen vor sich gehen, wollte man nicht die Ungnade und den Zorn Wallensteins auf sich ziehen. Die reiche Ausstattung von Haus und Garten wurde mit größter Umsicht und in schnellem Tempo vollendet. Die berühmtesten Künstler wurden engagiert. Dabei war dieser Palast in Prag nicht das einzige Projekt des Bauherrn. In Nordböhmen sollte in Gitschin eine eigene Residenzstadt für das Herzogtum Friedland errichtet werden. Teile dieser Planung sind gleichzeitig mit dem Bau in Prag verwirklicht worden.

Die *Repräsentationsräume*, vor allem der zwei Geschosse hohe Festsaal und die enge, schachtartige Kapelle, können heute nur mit besonderer Genehmigung besichtigt werden. Den *Garten* betritt man in seinem äußersten Winkel von der Waldsteingasse aus, in der Höhe der *Reitschule*, die den Abschluß des gesamten Komplexes bildet und neuerdings als Galerie Verwendung findet. Es sind dort in sehr bemerkenswerter Auswahl böhmische Meister des 19. Jahrhunderts zu sehen. Vor der Reitschule dehnt sich das große Bassin mit der Herkulesstatue, es schließen die streng geschnittenen Hecken und Laubengänge an, durch die man auf die Hauptachse des abgewinkelten Gartens kommt. Diese führt auf die großartige *Sala terrena*, die den Bau Wallensteins zu europäischer Bedeutung erhob. Nach einem Entwurf von Giovanni Pieroni öffnet sich der Palast zum Garten hin mit einer Loggia von drei Arkaden, die über die Höhe von drei Geschossen gehen und einen grandiosen Anblick bieten. Vor dieser Halle breitet sich der Garten mit seinen Parterres und den zahlreichen Götter-Figuren. Adriaen de Vries, der schon für Rudolf II. gearbeitet hatte, schuf diese edlen Bronzen. Es war das letzte große Werk des berühmten Bildhauers, der in der nahen Thomaskirche seine letzte Ruhestätte fand. Die Schweden haben 1648 noch einmal Prag belagert, um eine Reihe wichtiger Kunstwerke zu erbeuten. Auch die Originale dieser Gartenfiguren sind verschleppt worden und stehen heute in Drottningholm. Adolf Graf Waldstein, der Vater des letzten Besitzers, ließ sie dort mit Erlaubnis der schwedischen Regierung um die Jahrhundertwende abgießen und die Kopien im Garten wieder aufstellen. Die letzten Besitzer hatten die ›Sala terrena‹ im Sommer für Konzert und Theateraufführungen freigegeben. Dies wurde bis zum heutigen Tage beibehalten, wobei in den letzten Jahren Jazzkonzerte mit Kammermusik und Ballett abwechselten.

Neben der Sala terrena befinden sich zwei Räume, die sicher für die meisten Besucher zu den unvergeßlichsten in diesem Palast gehörten, da sie in besonderer Weise mit der geheimnisvollen Person des Bauherrn verbunden sind.

Die erste Einführung in die Geschichte bekamen wir als Kinder. Wir fuhren mit dem Vater nach Prag, um fotografiert zu werden. Das war damals eine recht umständliche Prozedur. Danach wurden wir zu einer uralten Tante geführt. Es war jene Gräfin Waldstein, die im Palais Waldstein wohnte und der wir höflich »Grüß Gott« sagen und die Hand küssen sollten.

Während die Erwachsenen sich unterhielten, durften wir Kinder in den Garten, der für einen Stadtgarten unglaublich groß war. Wir warfen mit Kastanien, die überall unter den Bäumen lagen, auf die bronzenen Figuren, und da sie hohl sind, klang jeder Treffer ganz wundervoll. Später rief man uns zu der großen Halle und sperrte eine Seitentür auf, dann standen wir plötzlich vor *Wallensteins Pferd:* in einem mittelgroßen Raum ein riesengroßes, ausgestopftes, braunes Pferd. Die starren Glasaugen schienen immer noch das Getümmel der Schlacht bei Lützen zu sehen, als Gustav Adolf von Schweden fiel und dem Generalissimus Waldstein eben dieses Pferd unter dem Leib weggeschossen wurde. Er mußte das Tier sehr geliebt haben, daß er es hat ausstopfen lassen; jedenfalls konnten wir Kinder uns das gar nicht anders erklären. Mein jüngerer Bruder, der damals etwa fünf Jahre alt war, wurde hinaufgesetzt, doch das war sehr unheimlich. Dann erzählte man uns, während wir in den anderen Nebenraum gingen, daß der große Feldherr trotz seiner Tapferkeit, mit der er für den Kaiser gekämpft hatte, in Eger ermordet worden war »wegen Verschwörerei«.

Der zweite Raum war, wie man uns erklärte, eine Badegrotte, eine winzige Wanne in einer Tropfsteinhöhle. Aus dieser führte eine Wendeltreppe in Wallensteins kreisrundes Arbeitszimmer, und dort standen wir schaudernd vor einem Glaskasten, in dem, geziert von einem übergroßen, vergilbten Spitzenkragen, das blutbefleckte Nachthemd von Eger hing. Darunter lagen über Kreuz Stiefel, die uns für den Feldherrn zu klein erschienen. Ein Rapier war auch noch angelehnt. Alles paßte seltsam zusammen und hinterließ einen tiefen Eindruck.

Zwischen den beiden Generalaten hat Wallenstein das Palais bewohnt. Wir haben einen Augenzeugenbericht aus dem Jahre 1631, als Friedrich Lebzelter, kurfürstlich sächsischer Agent, aus Prag nach Dresden berichtet:

PALAIS WALDSTEIN

Ihr fürstl. Gnaden, der Herzog von Friedland, befinden sich samt der Gemahlin und Fräulein Tochter zu Prag und logieren in ihrem neuen Palatium, so gleichwohl bei weitem noch nicht gar ausgebaut. Sie halten fast wie zuvor einen ziemlich starken und ansehnlichen Hof, haben noch etliche vornehme Grafen und Herren, so deroselben aufwarten, wie auch fünfzig Trabanten, und werden täglich vier Tafeln gespeist; halten auch bei 160 Pferd und zahlen das Hofgesind alle Quartal richtig aus. Ihr fürstl. Gnaden lassen sich gemeinlich gar böhmisch speisen; die Officiere aber werden gar wohl und ansehnlich traktiert. Sonst aber sind dieselben über all Maßen genau und sparsam. Es sollen auch die angefangenen ansehnlichen Gebäude beiderseits, zu Gitschin und Sagan, fast ganz eingestellt sein. Wie ich von denjenigen, die täglich bei Ihr fürstl. Gnaden sich aufhalten, verstehe, lassen sie sich oftmals vernehmen, sie möchten den Ausgang dieses jetzigen Krieges erleben und trügen die Beisorge, es würde bei jetzigem Procedere auf Ihr Kaiserl. Majestät Seite schlecht ablaufen. Sie ihrerseits hätten allezeit geraten, daß, gleichwie dieser Krieg mit Unordnung angefangen wäre worden, also müßte man auch denselben continuieren, wollten anders Ihr Kaiserl. Majestät zu dero Intent gelangen, ihr Regiment recht zu stabilisieren, die gefallene Reputation restaurieren und die Reichsstände zum schuldigen Respect und Gehorsam bringen.

Den König in Schweden halten Ihr fürstl. Gnaden für einen so mächtigen Feind, dergleichen Ihr Kaiserl. Majestät bisher niemals gehabt, und sind der Gedanke, da man denselben nicht mit großer Macht begegnen und dämpfen oder einen beständigen Frieden mit ihm treffen wird, er werde Ihr Kaiserl. Majestät noch viel zu schaffen machen; sonderlich wenn er herbeinahenden Winter über diesseits Elbe bleiben sollte, würde man erst recht erfahren, was man einen Feind an ihm hätte.

Sonst sollen oft hochgedachte Ihre Fürstliche Gnaden sich vielmals vernehmen lassen, sie wäre über alle Maßen erfreut, daß sie der großen Last mit dem Generalat entledigt und wollte sie lieber ihrer Seligkeit sich verziehen als dasselbe wiederum annehmen und bedienen.

Im Palast spielte damals der Astrologe Seni eine entscheidende Rolle. In einem Raum über dem Arbeitszimmer des Herzogs, verbunden durch eine Wendeltreppe, beobachtete er mit vielerlei Instrumenten die Sterne, um für seinen Herrn das Horoskop zu stellen. Nach den neuesten Forschungen wissen wir, daß Seni ein bezahlter Spitzel der Wallenstein übel gesinnten Kreise in Wien war und nun tatsächlich Horoskope so stellte, daß der Unglückliche – getäuscht – in sein Verderben gehen mußte. Hätte er doch jenen anderen Hofastronomen, der eine Zeit lang in seinem Dienste stand, noch bei sich gehabt, Johannes Kepler. Von 1628 bis zu seinem Tode, 1630, stand Kepler unter Wahrung seines Ranges als Kaiserlicher Hofmathematikus gleichzeitig im Dienste Wallensteins.

Es fehlt nicht an Deutungen des Baues im Bezug auf den Friedländer und sein Wesen. Trotzig nennt man den Bau, der hier so anspruchsvoll, wie sein Herr es war, zu Füßen der königlichen Burg liegt; geheime Auflehnung gegen den Kaiser sei darin sichtbar. Das Sich-Abschließen in einem großen Garten, von dem aus man wohl die Burg sah, in dem man selbst aber nicht gesehen werden konnte, ist ja auch wirklich eindrucksvoll. Auch einen der Geschichte Unkundigen müßte der Aufblick aus diesem Garten faszinieren: hoch über der ›Sala terrena‹ ragen der Veitsdom, die Allerheiligenkapelle, St. Georg, die Front des Damenstifts, alles fern und nah zugleich. Dieses Bild hat Albrecht von Waldstein oft gesehen. War er der ungekrönte, geheime König von Böhmen, der ein so grausames Ende fand? Sicher war er ein ebenbürtiger Mit- und Gegenspieler seiner Zeitgenossen, eines Richelieu, Mazarin, Oxenstierna und Cromwell; und sicher war er ein Diener seines Kaisers und wollte doch ein freier Mann bleiben.

Gärten und Paläste am Burghang

Die *Waldsteingasse* läuft in ihrer ganzen Länge an den Mauern des Waldsteinschen Palastes entlang. Niemand ahnt den großen Garten, bis plötzlich zwischen Palmenhaus und Reitschule ein kurzer Einblick gewährt ist, eben dort, wo man den Garten betreten kann – dafür sind auf der gegenüberliegenden Straßenseite die großen Gärten, die den Burghang hinaufsteigen, weithin sichtbar. Köstlichstes Kleinod pragerischer Gartenarchitektur ist der *Fürstenberg-Garten*. Seit 1747 im Besitz dieser Familie, ließ sich vor allem Karl Egon II. (gestorben 1854) die Pflege des Gartens angelegen sein. Leider ist er neuerdings verschlossen, und die Bevölkerung, die früher Zutritt hatte, bedauert dies sehr. Terrassenförmige Anlagen, Glorietten, Brunnen und Balkone, seltene Gewächse, dies alles wäre schon des Rühmens wert, doch ist das Schönste einfach die Nutzung der Lage: zwischen all den Pälasten, zu Füßen des Hradschin, der hier in seinen östlichsten Trakten noch viel von vertikaler Gliederung spüren läßt. Aus spitzem Winkel blickt man von unten zum Veitsdom auf, sieht die Steilheit des Chores, die Höhe des Turmes. Wie ein gewaltiges Schiff stößt die Burg hoch über uns in den Himmel, wie Wellen gleitet das Grün der Gärten herab. Jede Jahreszeit schenkt Überraschungen, sogar der Winter, wenn die Schneehauben die geschwungenen Dächer, die Balustraden, die Treppen all der Architekturen weich nachzeichnen. Das Schönste aber ist der Frühling! Niemand kann sich dem Zauber der Kaskaden goldgelber Forsythien entziehen, die vom Gloriett herunterstürzen. Wie ein leuchtendes Fahnentuch ist dieses strahlende Gelb! Flieder und Maiglöckchen breiten ihren köstlichen Duft aus, die exotischen dunklen Nadelbäume ihr bitteres Harz, die Magnolien öffnen weiß-rosa Tulpenblüten, doch der Blick kehrt immer wieder entzückt zu den Forsythien, den sieghaft leuchtenden, zurück.

Die Gärten am Burghang gehen ineinander über: Fürstenberg, Kolowrat, Palffy, Ledebur. Vorgelagert mit schönen Gassenfronten stehen die Palais. Das letzte, *Ledebur*, schon am Waldsteinplatz, hat eine kleine, fast ländliche ›Sala terrena‹, von Santin-Aichel 1716 genial entworfen. Die damalige Besitzerin, Marie Gräfin Trauttmansdorff, hatte den Auftrag gegeben, als sie den Garten neu anlegen ließ. Kürzlich ist die kleine Halle, die Wenzel Lorenz Reiner freskiert hat, restauriert worden und bezaubernder Rahmen für kammermusikalische Konzerte und kleine Theateraufführungen im Sommer.

Es gibt Augenblicke, da wirkt die ganze Stadt, nicht nur einzelne Plätze, Häuser und Gärten, wie eine riesige Kulisse. Mit ein wenig Phantasie kann man die großen Szenen der Geschichte Prags sich immer wieder vergegenwärtigen. Die Bewohner selbst spielten aber nicht nur aktiv oder passiv in der Geschichte mit – sie spielten und spielen immer gern Theater.

Ein paar Schritte vom Waldsteinplatz bergan steht in der Landtagsgasse das ehemalige *Palais Thun*, 1696–1720 für Maximilian Grafen Thun erbaut, seit 1801 Landtagsgebäude der Böhmischen Stände. Die Grafen Thun, aus Südtirol gebürtig, hatten bereits ein Palais in der nachmaligen Thungasse, das Quidobald, Fürstbischof von Salzburg, 1659 hatte errichten lassen. Aus Salzburg kam Johann Michael Rottmayr, der in dem neuen, ganz in der Nähe gelegenen Bau den Festsaal freskieren sollte: er schmückte ihn mit großen Bildern aus der Geschichte des Trojanischen Krieges. Die Thuns führten ein großes Haus, gelegentlich stellten sie den Saal für Theateraufführungen zur Verfügung, so der Truppe des Maestro Pasquale Bondini, bis dann das große Unglück geschah:

Im Jahre 1794 den 27. August wurde durch die Unvorsichtigkeit der Schauspieler, welche schon etliche Jahre hindurch in dem hier gleich erwähnten Saale verschiedene theatralische Stücke aufgeführt haben, nächtlicher weise ein großer Theil dieses Hauses eingeäschert, dergestalten, daß sich der Schaden gegen 20 000 fl. beloffen hatte. Der Entrepreneur dieses Theaters verpflichtet sich freylich laut seines geschlossenen Kontraktes für allen Schaden, der etwann durch seine Fahrlässigkeit entstehen mochte, zu haften; allein dieser gute Wille war nicht hinreichend diesen Schaden zu ersetzen, und an den reellen Mitteln fehlte es ihm. Der großmütige Besitzer dieses Hauses, gerührt von Mitleiden gegen diesen armen Mann, machte Verzicht auf alle seine billigen Forderungen, und ließ seinen Schuldner im Frieden von sich gehen.

Von der Theaterleidenschaft des Adels werden wir anläßlich der Errichtung und Unterhaltung des Ständetheaters hören –

es ging nicht nur um Repräsentation dabei. Einen interessanten Einblick gewährt die Schilderung des sonst so gesellschaftskritischen Charles Postl-Sealsfield aus dem 19. Jahrhundert:

Es war uns Gelegenheit geboten, das Haustheater des Grafen Clam-Gallas zu besuchen, der ob seiner patriotischen Gefühle und seiner steten Bemühungen dem despotischen Druck entgegenzuwirken, höchsten Lobes würdig ist. Wir sahen die ›Maria Stuart‹ von Schiller; die Darstellung der Königin Elisabeth durch Gräfin Schlick war ganz hervorragend. Selbst Mrs. Siddons hätte dieser Dilettantin ihren Beifall nicht versagen können, für die unvergleichliche Kunst, mit welcher sie diese egoistische, stolze aber große Frau spielte. Dieser Abend war aber nur ein schwaches Vorspiel für den ›Tasso‹ von Goethe, der eine Woche später zur Aufführung gelangte. Es ist nahezu unmöglich, die Grenzlinie zwischen Menschen schärfer zu ziehen, die Qualen einer Liebe, welche durch höfische Rücksichten und fürstliche Überhebung gekränkt wird, besser darzustellen, als dies dem Fürsten Thurn und Taxis und dem Grafen Thun gelang. Diese Herren bewegten sich sozusagen in ihrem eigenen Kreise, und ihre Leistung war voll Naturwahrheit.

Es mag befremden, Edelleute und Aristokratinnen die Bretter im Kothurn beschreiten zu sehen, sie sind aber dazu gezwungen. Obwohl das Prager Theater auf Kosten des Adels gebaut wurde, und auch von ihm gefördert wird, läßt die Regierung die Werke Schillers und Goethes in Prag nicht einmal in der sonst in Österreich üblichen, arg verstümmelten Form aufführen. Der Kaiser fürchtet offenbar, daß die Böhmen dadurch zu klug werden könnten. In Prag sind sogar Stücke, welche die Wiener Hofbühne geben darf, verboten, da die Böhmen weniger Vertrauen genießen als die Österreicher.

Gärten und Paläste am Laurenziberg

Aus der topographischen Situation der Kleinseite ist es ersichtlich, daß die schönsten Gärten zu jenen Häusern und Palästen gehören, die an den Hängen des Burg- oder des Laurenziberges liegen. Erstere haben wir bereits gesehen, die zweite große Gruppe liegt an der Südseite der sogenannten *Neumarktgasse* und ihrer Verlängerung, der *Wälschen Gasse*. Es handelt sich um eine Parallele zur Spornergasse, die an dem kleinen Johannesbergl als Sackstraße endet oder sich eigentlich für den Fußgänger in den Anlagen des Laurenziberges und des Strahower Gartens verliert. Sie beginnt, noch im Schatten der Niklaskirche, senkrecht zur Karmelitergasse.

In dem hangseitigen Eckhaus erwartet uns eine der schönsten Überraschungen der an versteckten Köstlichkeiten gewiß nicht armen Kleinseite. Wir betreten ein verhältnismäßig kleines, 1597 erbautes Stadthaus, das einst dem großen Komponisten und Kapellmeister am Hofe Rudolfs II., Herrn Christoph Harant von Polžic, gehörte. Er stand 1620 auf Seiten der protestantischen Stände und wurde 1621 am Altstädter Ring hingerichtet. 1631 kauften die Grafen Wrtba das Palais und ließen es erweitern. Nach dieser Familie heißt heute der *Wrtba-Garten*, der 1720 an der Nordostflanke des Laurenziberges angelegt wurde.

Von der Sala terrena steigt man zu Terrassen empor, große Sandsteinvasen und herrlich bewegte Figuren antiker Gottheiten schmücken Treppen und Balustraden. Die plastische Ausstattung stammt aus der Werkstatt des berühmten Matthias Braun. Wenn der höchste Altan erreicht ist, bietet sich eine herrliche Aussicht auf St. Niklas und die Burg. Mitten aus dem Gewirr der ineinander verschachtelten Häuser und Dächer steigen diese großen Architekturen beherrschend empor.

An den Garten der Wrtba schließen sich links und rechts größere Gärten an, die den Laurenziberg hinaufziehen, die Talmulde in halber Höhe ausfüllend. Mit dem Seminargarten, der zur ehemaligen Karmeliterkirche Maria de Victoria gehört, und jenem des Klosters Strahow bedecken sie eine Fläche, die fast genau so groß ist wie jene, die Häuser und Paläste, Straßen und Plätze einnehmen. Die Kleinseite ist eine Gartenstadt. Neben den Terrassengärten der Palais, in denen seltene Gewächse gezogen wurden und Blumen, Büsche und Bäume zur Steigerung der architektonischen Schönheit beitragen sollten, waren die beiden großen kircheneigenen Gärten Nutz-, in diesem Falle Obstgärten. Mächtig ausladende Apfelbäume leuchten jedes Frühjahr in weißrosa Blütenschaum.

Die Neumarktgasse steigt nun leicht an, vorbei an dem *Palais Wratislaw* und der langen prächtigen Front des *Palais Schönborn*, heute Gesandtschaft der Vereinigten Staaten von Amerika. Der große Garten mit dem weithin sichtbaren Gloriett kann nicht besucht werden. Die ausgedehnte Anlage entstand 1643–56 für den Grafen Rudolf Colloredo, die Grafen Schönborn besaßen diesen ihrem Ansehen und künstlerischem Geschmack konvenierenden Komplex erst seit dem Jahre 1794.

Der nächste an Größe und Eleganz vergleichbare Bau in diesem Straßenzug ist das *Palais Lobkowitz*, 1753 in den Besitz dieser alten böhmischen Familie gekommen. Erbaut hatte den schon im Grundriß höchst eigenwilligen Palast Giovanni Battista Alliprandi 1703–07 für die Grafen Přehořovsky. 1769 setzte für die neuen Besitzer I. Palliardi ein Stockwerk auf, krönte die prachtvolle Fassade mit einem mächtigen Giebel und erzielte so die außerordentliche Wirkung des Ganzen – stehen doch gegenüber kleine Bürgerhäuser und in seiner mäßigen Höhe ebenfalls bescheiden anmutend das Wälsche Spital.

Das Portal führt in einen ovalen, zum Garten hin offenen Saal. Man tritt in einen kleinen Hof, links und rechts staffeln sich die ausgebuchteten Seitenflügel. Ein Tor öffnet sich zu dem steil ansteigenden Garten, die Pfeiler sind mit mächtigen Figurengruppen geschmückt: hier der ›Raub der Proserpina‹, dort der der ›Nymphe Oreithya‹. Wenn man einige Serpentinen hinaufgestiegen ist und zurückblickt, scheint es, als seien die Seitentrakte des Palastes wie Arme ausgebreitet, den Garten aufzufangen. Zwar ist heute die ursprünglich terrassierte Anlage in einen Naturpark verwandelt, doch bieten sich auch zwischen den hohen Bäumen noch unerwartet schöne Ausblicke auf die Burg, auf die Kleinseite; je höher wir steigen, desto deutlicher heben sich die großen Anlagen aus dem Häusergewirr heraus.

Hier in diesem Viertel also spielte sich das gesellige Leben jener Familien ab, die mit einem entsprechend großen Troß an Dienerschaft diese Paläste bewohnten. Bis zum ersten Weltkrieg liefen die Tage in den überlieferten Formen der Etikette ab, die sich seit dem 18. Jahrhundert nur wenig verändert hatte und eigentlich in ganz Mitteleuropa galt. Der Sohn einer alten französischen Familie, die nach der großen Revolution ihr Land verlassen und sich in Böhmen angesiedelt hatte, schildert dieses Leben. Karl Anton Prinz Rohan war bei Ausbruch des ersten Weltkrieges ein zwölfjähriger Knabe, er bewohnte mit seinen Eltern und Geschwistern ein Empirepalais in der Karmelitergasse, das sein Urgroßvater 1838 hatte umbauen lassen. Er schreibt in seinen Erinnerungen:

Wenn ich heute an unsere Stadtaufenthalte zurückdenke, die Jahr für Jahr im gleichen Rhythmus verliefen, als ob sich die Welt überhaupt nicht bewegte, dann erscheint es mir schlechthin unfaßbar, daß nicht einmal fünfzig Jahre seit damals vergangen sind. Die Übersiedlung des ›Hauses‹ war ein Ereignis, das alle Bewohner tage-, ja wochenlang, wenn schon nicht in Aufregung, so doch in einen außerordentlichen Gemütszustand versetzte. Sie war ein Unternehmen von beachtlichem Umfang. Ein ganzer Pferdestall, später noch Automobile, ungezählte Koffer und Kisten, die Familienmitglieder, Erzieher und Erzieherinnen, Kutscher, Stallburschen, Diener, Zofen, Hausmädchen, Koch und Köchin, Küchenmädchen wurden in Bewegung gesetzt. Solange wir klein waren, fuhren wir meist in einem reservierten Waggon, der alle Menschen aufnahm, mit Ausnahme der Leute, die schon vorausgefahren waren, um zu putzen und sonst Quartier zu machen. Solche Schilderung erweckt den Eindruck, als ob wir damals in ›Saus und Braus‹ gelebt hätten. Gewiß ist uns nichts abgegangen, und sicher erscheint unserem heutigen Bewußtsein der Aufwand, besonders an Dienerschaft, groß. Dennoch war die Lebenshaltung deshalb nicht überdimensioniert, weil die Häuser, die wir bewohnten, verhältnismäßig primitiv eingerichtet waren. Kaum Bäder, wenig W.C., nirgends Zentralheizung, sehr kalte Gänge, keine Aufzüge. Allein das Heizen eines solchen Schlosses oder Palais verlangte mehrere Menschen in ganztägiger Arbeit, um Holz zu hacken, Kohlen zu tragen, Öfen zu reinigen, zu heizen. Man kann ruhig, und ohne sich einer Übertreibung schuldig zu machen, behaupten, daß das Leben in solchem Haus, auch mit zahlreicher Dienerschaft, nicht bequemer, ja in mancher Hinsicht sogar härter war als das Leben einer gehobenen Mittelstandsfamilie in einer modernen, technisch eingerichteten Wohnung mit einer Hausgehilfin.

In der Stadt angekommen, nahm mein Vater Fühlung mit seinen Freunden. Meine Mutter begann ihre Visiten-Tournee. Derartige Besuche spielten sich nach genauem Zeremoniell ab. Bevor es das Telefon und damit die Möglichkeit vorheriger Terminvereinbarung gab, fuhren die Damen vor den Palais ihrer Freundinnen vor, Kutscher und Diener in Livree, im Winter mit Dreispitz, im Frühjahr mit Zylinder. Vor dem Haus, in dem ›empfangen‹ wurde, stand der Portier in großer Parade, mit Dreispitz, das Wappenband über der Brust, im Winter mit Pelz, in der Hand den schön verzierten Stock. Seine Aufgabe war es unter anderem, den eingetroffenen Besuch durch Läuten einer Glocke anzumelden. Bei Damen wurde zweimal, bei Herren einmal, bei Erzherzögen, dem Kardinal und dem Statthalter als Vertreter des Kaisers dreimal geläutet. War das Tor nicht offen und der Portier nicht auf der Straße, so war das ein Zeichen dafür, daß die Dame des Hauses nicht zu Hause war oder nicht empfangen wollte. In diesem Fall wurde der Diener beauftragt, eine Visitenkarte abzugeben. Es wäre unvorstellbar gewesen, eine Karte zuzuschicken, ohne persönlich vorzusprechen; die alten Damen fragten bei ihren Portiers nach, ob der Besuch tatsächlich selbst am Tor gewesen sei. Selbstverständlich, daß genau geregelt war, wer wen zuerst zu besuchen hatte. In angemessener Zeit wurde die Höflichkeit dann zurückgegeben. Erst nach diesem zweimaligen Kugelwechsel vorschriftsmäßiger Freundlichkeit war der Boden für wechselseitige Einladungen geebnet. Bei den Herren hatte der zerstörerische Einbruch der allgemeinen Rationalisierung den Vorgang bereits vereinfacht. Nur besonders angesehene oder besonders alte Herren wurden von jüngeren persönlich aufgesucht. Obzwar diese Menschen sich nicht nur untereinander von Kindheit auf kannten, sondern häufig verwandt und meist aufs engste befreundet waren, spielten sich besonders die ersten Fühlungnahmen zu Beginn der Stadtsaison in geziemender Form ab. Eine richtige Visite hatte etwa zwanzig Minuten zu dauern. Sie kannte keinen Imbiß. So konnte an einem Nachmittag eine Dame in ihrer Equipage drei bis vier Besuche er-

Königswand in der Heilig-Kreuz-Kapelle
auf der Burg Karlstein.
Gemälde von Meister Theoderich, um 1360:
Heilige Könige, in der Mitte Karl der Große,
heilige Bischöfe und Mönche.

ledigen. Dies um so leichter, als die Palais in Prag nahe beieinander lagen. Wir Kinder gerieten in das Räderwerk der Etikette, wenn es galt, in Begleitung der Mutter Tanten zu besuchen, eine in der Regel tödlich langweilige Sache, die aber häufig durch besonders gute Näschereien versüßt wurde. Unsere Geselligkeit mit gleichaltrigen ›Standespersonen‹ vollzog sich beim gemeinsamen Spaziergang und sonntags bei wechselseitigem Jausenbesuch. Erst in vorgerücktem Alter kamen auch Mittagessen in den Familien der Freunde, Theaterabende oder dergleichen dazu. Der Spaziergang, im Winter auch der Besuch des Eislaufplatzes, erfolgte nach strengem Ritus, denn es galt als selbstverständlich, daß Kinder – bei Mädchen natürlich doppelt streng – nicht allein, unbeaufsichtigt, also ohne Begleitung auf der Straße gehen durften.

Bei großen Anlässen, die freilich selten waren, holte man die alten Galawagen hervor, wie man sie heute nur mehr in den Ausstellungsräumen ehemaliger Hofgebäude sieht. Die meisten stammten aus der maria-theresianischen Zeit. Ich entsinne mich zweier Gelegenheiten, bei denen mein Vater seinen Prunkwagen benützte. Das erste Mal anläßlich einer Anwesenheit Kaiser Franz Josephs in Prag. Die Auffahrt zum großen Hofdiner in der Burg am Hradschin erfolgte mit der ganzen Prachtentfaltung einer damals noch gültigen Welt. Ich war zehn Jahre alt und wollte mir ein solches Ereignis aus der Nähe ansehen. Oben am Platz vor dem Eingang der Burg stand ich in der Menge und sah einen herrlichen Wagen nach dem anderen vorbeifahren. Vor der wippenden Sänfte der Kutscher mit Dreispitz, im Frack mit glitzernden Knöpfen und Tressen, Samthosen, weißen Strümpfen, Lackschnallenschuhen. Neben ihm der Leibjäger in grüner Paradeuniform, mit viel schimmerndem Gold und einem prachtvollen Hirschfänger. Hinter der Sänfte, die auf hochgeschwungenen Federn ruhte und in der mein Vater saß, aufrecht stehend zwei Diener, in derselben Livree wie der Kutscher. Man mag über das Barock denken wie man will, die Menschen haben gewußt, was schön ist.

Nachdem mein Vater den Wagen verlassen hatte, fuhr dieser im Schritt nach Haus, an mir vorbei. Ich nicht faul, gab dem Kutscher ein Zeichen und sprang, mit dem unvermeidlichen Begleiter, hinein. Es fährt sich nicht angenehm in solch wippender Schaukel. Man konnte leicht seekrank werden. In kurzem Trab ging es die Sporner-

gasse herab, an manchen Nachzüglern vorbei, die sich die prachtvolle Auffahrt angeschaut hatten. Mit einer scharfen Wendung bog der Wagen auf den Platz ein, auf dem das Korpskommando stand. »Gewehr heraus!« brüllte der Posten, und die Wache trat unters Gewehr. Galawagen mit Dreispitz in voller Fahrt – das mußte mindestens ein Erzherzog sein. Die Ehrenbezeigung des Wachantretens gebührte nur Generalen und Mitgliedern des kaiserlichen Hauses. Was tun? Kurz entschlossen nahm ich meinen Hut ab, neigte mich zum Fenster und grüßte strahlend die angetretene Wache. Mochten die glauben was immer. Vielleicht kam auch dem Offizier das Lachen und er sah dem Posten seine Strafe für falschen Alarm nach. Mein Vater verstand aber in solchen Dingen keinen Spaß, besonders wenn es sich um Militärisches handelte. Bei dem Gedanken an den nun fällig gewordenen Bericht zu Hause fiel mir das Herz in die Hosen. Denn natürlich hatte ich vorher nicht um Erlaubnis gefragt, im Galawagen zurückfahren zu dürfen. Meine Mutter lachte indeß herzlich über die Schilderung, und mein Vater kam in bester Stimmung vom Hofdiner zurück. Die Sache hatte kein böses Nachspiel.

St. Niklas

Der großartigste Bau auf der Kleinseite ist zweifellos die ehemalige *Jesuitenkirche St. Niklas*. Bisher haben wir sie umkreist, von der Nähe und von der Ferne immer wieder bewundert. Drängt sich nicht der Vergleich auf, sie sei wie »die Henne, die unter ihren Flügeln die Küchlein birgt«? Die riesenhafte, grünleuchtende Kuppel ist nicht nur das bergende Dach der ganzen Kleinseite, sie ist auch ihre Mitte. Wie ein Spiegel all des Grüns in den Gärten ringsum erscheint die Patina auf dem kostbaren Kupfer. Mit dem schlanken Uhrturm bildet die Kuppel eine asymmetrische Baugruppe, die »nicht malerisch auf bestimmte Blickachsen hin konzipiert ist wie die gesuchte Symmetrie der Wiener Karlskirche, sondern organisch plastisch aus der Stadtlandschaft wächst. Turm und Kuppel umkreisen einander und bieten sich in immer neuen Aspekten dar. Auf halber Höhe zwischen Hradschin und Laurenziberg gelegen, ist die Niklaskirche zwar nicht die Krone des Stadtbildes wie der Veitsdom, aber doch die hyperbolisch-barocke Mitte, um die sich das grandiose Panorama der Stadtlandschaft pausenlos entrollt.« (Erich Bachmann.)

Vom Kleinseitner Ring schreitet man an der reichgegliederten Südfassade entlang und kommt auf den Oberen Ring – die Jesuiten haben Kolleg und Kirche zu St. Niklas eigentlich mitten auf dem Platz errichtet, der nunmehr geteilt ist. Erst spät erhielt die langgestreckte Front des Kollegiengebäudes, an das die Westfassade der Kirche anschließt, ein Gegenüber, das 1791 erbaute Palais Liechtenstein, seit 1848 Stadtkommandantur, ein trockener Bau, der aber ein gewisses Gleichgewicht herstellt. Den nach Nordwest ansteigenden langrechteckigen Platz verbindet in seinem oberen Drittel eine schlanke Dreifaltigkeitssäule, 1715 nach einem Entwurf Alliprandis errichtet, städtebaulich sehr schön mit dem im Hintergrund steil aufragenden Veitsdom.

Die Westfassade der Kirche ist über zwei Geschosse dreigeteilt – drei Portale öffnen sich über Treppenabsätzen, die, verschieden hoch, das sanft abfallende Terrain ausgleichen. Fast will uns die Gliederung sparsam erscheinen, auch der Figurenschmuck; doch ist es noble Zurückhaltung, die im plastischen Architekturgefüge Akzente setzt. Die Figur des Titelheiligen steht in der Nische des krönenden Giebels, ihr zugeordnet die Apostelfürsten Petrus und Paulus, sowie die ersten Heiligen des Jesuitenordens, Ignatius und Franz Xaver. In der Balkonzone stehen in Zweiergruppen die lateinischen Kirchenväter: St. Ambrosius und Gregor der Große, St. Hieronymus und St. Augustinus.

Die Fassade wurde 1710 fertiggestellt, der Bildhauer Johann Friedrich Kohl schuf die Figuren. Damals war St. Niklas fast schon ein Menschenalter Baustelle. 1673–90 wurde zuerst das Kollegienhaus nach Plänen von Domenico Orsi errichtet, dann folgte das Langhaus der Kirche an Stelle einer gotischen Pfarrkirche. Christoph Dientzenhofer hatte die Bauführung. Er gab eine beispielhafte Lösung für die Weiterentwicklung der Wandpfeilerkirche. Chor, Kuppel und Turm baute der geniale Sohn Kilian Ignaz Dientzenhofer 1737–52, den Turm vollendete Anselmo Lurago 1755.

An der Ausstattung wirkten mit: der Marmorierer und Stukkator Johann Hennevogel und der Freskant Lukas Kracker – 1760 schuf dieser das gewaltige Deckenfresko im Langhaus, die ›Apotheose des hl. Nikolaus‹; das Kuppelfresko in schwindelnder Höhe ist ein Werk Franz Xaver Palkos, ›Die Verherrlichung der Allerheiligsten Dreifaltigkeit‹, 1752–53. In den Seitenkapellen und auf den Emporen arbeiteten Josef Redelmeyer und Josef Kramolin zusammen. Die Kanzel ist ein Werk der Brüder Richard und Peter Prachner, 1765. Das Figurenprogramm wurde auf den ersten Prediger des Neuen Testaments bezogen, Johannes den Täufer – Predigt in der Wüste, Taufe Jesu, Enthauptung des Johannes. Die drei göttlichen Tugenden, Glaube, Hoffnung und Liebe, erscheinen am Kanzelkorb, am Schalldeckel tragen drei Engel die Attribute des hl. Johannes.

Die eindrucksvollsten Figuren im Inneren der Kirche, die vier östlichen Kirchenlehrer an den Vierungspfeilern – St. Basilius der Große, St. Gregor von Nazianz, St. Cyrillus von Alexandrien, St. Johannes Chrysostomos – sind Werke Ignaz Platzers, 1769.

Wenn Tages- oder gar Jahreszeit für den Besuch dieser Kirche gewählt werden könnten, sollte es ein sonniger Früh- oder Spätsommernachmittag sein. Dann trifft die sinkende Sonne die Westfassade, durch deren Fenster hindurch füllt sie den ganzen großen Raum mit flutendem Licht, schickt ihre Strahlen bis zum Hauptaltar, dessen goldene Pracht im dämmernden Dunkel aufleuchtet. Wenn das Mittelportal weit geöffnet ist, ahnen wir schon auf dem Platz das Schauspiel, das uns erwartet, denn die Tiefe des Raumes wird in eben jenem Aufleuchten von Gold, Silber und Weiß sichtbar – wie in die heilige Grotte oder den heiligen Schrein an einer Wallfahrtsstätte taucht der Blick. Wir treten ein – und wir halten nicht inne, bevor wir die Mitte, die Vierung, erreicht haben. Über uns kreist die Kuppel. Die Altäre leuchten in Gold und Weiß. Unvergeßlich ist der Blick zurück zur Orgel, die in einem Feuerwerk durchbrechender Sonnenstrahlen steht; man ist geblendet. Langsam findet der Blick die Farben und Figuren des Langhausfreskos, das über zwei ganze und je ein halbes Joch ausgebreitet ist. Im Gewölbescheitel, mitten in einem hellen Himmel, schwebt von Engeln getragen der heilige Bischof Nikolaus. Gewaltige gemalte Architekturen setzen die wirkliche Architektur fort und bilden einen riesigen, gleichwohl proportionierten Rahmen.

Die schräggestellten Pfeiler, welche das in ein Bild verwandelte Gewölbe tragen, sind unter den reichgestuften Kapitälen durch eine Empore verbunden, unter der wie lichte Nebenhöhlen die Seitenkapellen liegen. Wenn wir eine Weile an einem festen Standpunkt verharren, entdecken wir, wie das Licht im Weiterwandern die plastischen Formen verändert, das Gewölbe leicht wie ein Segel zu schwellen beginnt, die Farben aufleuchten, immer neue Akzente werden gesetzt, eine Symphonie von Licht, Farbe und Raum – wenn dann die Orgel einsetzt, und die Kirche ist leer – immer ist sie leer –, werden wir uns erst der Maße bewußt und unserer Verlorenheit in einem der prachtvollsten Räume, der für die Christenheit eines Landes errichtet wurde, das immer wieder von blutigen religiösen Kämpfen und Wirren heimgesucht ward.

Hier ist der Ort, an dem in Claudels weltumfassendem Theater ›Der seidene Schuh‹ Dona Musica um Frieden betet. Da der Dichter sich die Freiheit nahm, »Länder und Zeiten ineinander zu schieben«, befinden wir uns »einige Zeit nach der Schlacht am Weißen Berge« mitten unter den Schutzheiligen der Völker Europas, und die Frucht aller gegenreformatorischen Bemühungen, aller Bauten, aller Figuren und Bilder, aller Predigten wächst ganz innerlich – es ist ein Geschenk an das geplagte Volk in Böhmen: die Musik. So betet Dona Musica, die Gemahlin des Vizekönigs, die ein Kind erwartet:

ST. NIKLAS

Mein Gott, der du heute bist!
Mein Gott, der du morgen sein wirst, ich gebe dir mein Kind!
Was ist noch die gegenwärtige Zeit, wenn innen in mir mein Kind Gestalt gewann?
Das schmerzlich-Wirre von heute hat sein Gewicht verloren, weil mit ihm schon das Andere anhebt und weil es ein Morgen gibt, weil das Leben weitergeht, weil Gottes Hand sich immer weiter regt, und mit uns auf die Ewigkeit schreibt in kurzen und langen Zeilen, bis zum Beistrich, bis zum unmerklichsten Punkt,
das Buch, das seinen Sinn erhält, wenn es zu Ende sein wird.
Mach, mein Gott, daß dieses Kind in mir, das ich in diese Mitte Europas pflanze, ein Schöpfer von Musik sei und daß seine Freude allen lauschenden Seelen zum Ort der Begegnung werde.

Die große Leere des herrlichen Raumes, den Claudel in den Regieanweisungen mit der Fingalshöhle vergleicht, ist erfüllt, ausgefüllt durch das Gebet eines einzigen Menschen.

In dieser Kirche erklang am 14. Dezember 1791 feierliche Trauermusik. Ein Requiem für Wolfgang Amadeus Mozart wurde gehalten – die Menschen drängten sich auch noch vor der Kirche. Am 9. Dezember war die Nachricht aus Wien gekommen, daß Mozart am 5. Dezember gestorben war; hier in Prag, wo er so glücklich gewesen, wo er ausgerufen »Ja, meine Prager verstehen mich!«, wo die ruhmreiche Premiere des Don Giovanni stattgefunden, da versammelten sich zahlreiche Musiker und hundertzwanzig Sänger – hier in St. Niklas – und sangen ihm das erste Requiem »mit wehmütigem Eifer.«

Moldau, Wischehrad, südliche Stadtbefestigung
mit dem Karlshof,
nach dem Plan von Jos. Dan. Huber, 1769

→

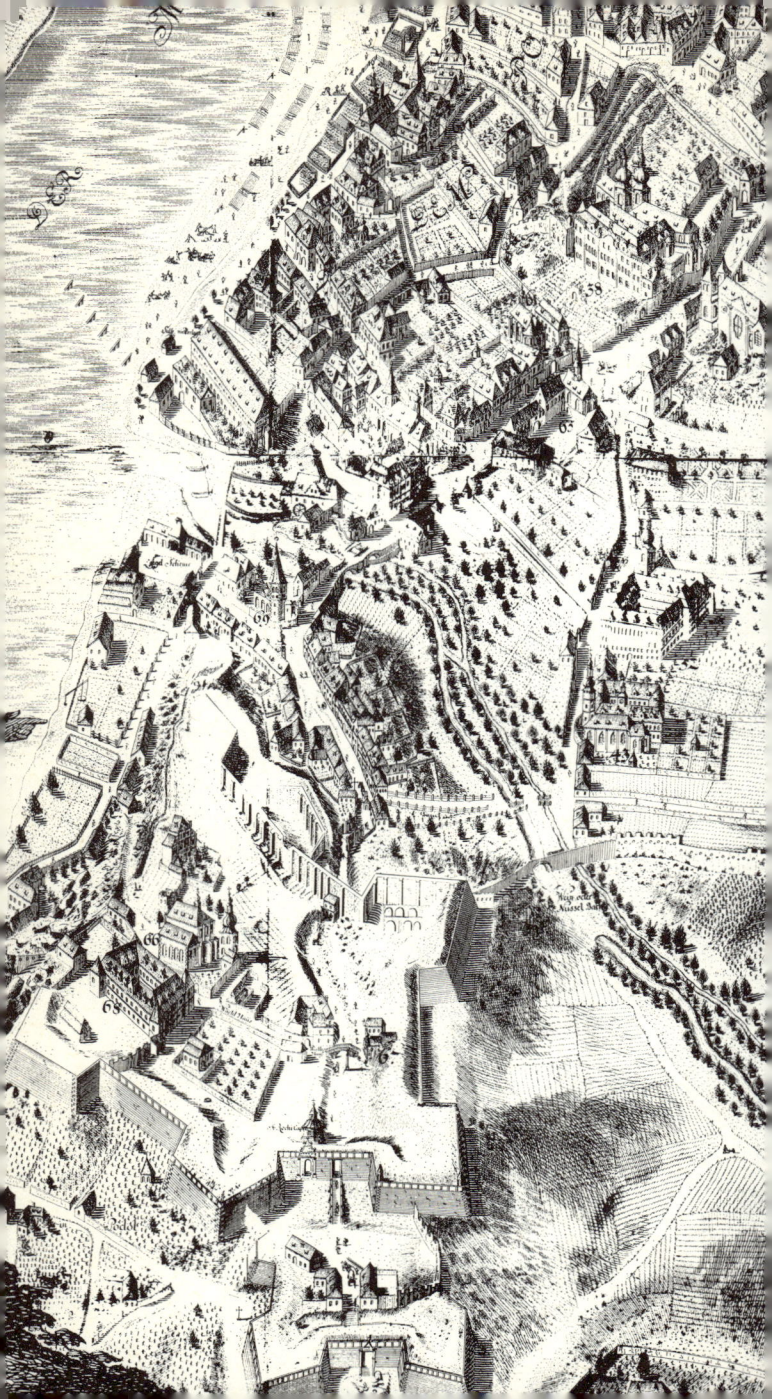

Auf dem Wischehrad

Die Moldau

Prag liegt an der *Moldau*. Nur einen Augenblick sich vorzustellen, diese breite, schimmernde, lebendige Ader gäbe es nicht, läßt uns ihre Bedeutung für das Stadtbild erkennen. Ähnlich wären auch Regensburg oder Würzburg betroffen, ohne die Donau, ohne den Main, während in München die Isar fast wie ein unterirdischer Fluß zwischen hohen Ufermauern fortgleitet.

Die Moldau ist ein ganz und gar böhmischer Fluß – sie entspringt im Lande und ergießt ihre Wasser, die sie vom Böhmerwald her sammelt und die ihr bis zur Landesmitte fächerförmig zufließen, bei Melnik in die Elbe. Ist sie also nur ein Nebenfluß? Ja und nein, sie ist die Hauptader des Landes, die, von Süden nach Norden strömend, auch die Elbe in diese entscheidende Richtung drängt, so daß diese eine natürliche Fortsetzung ihres wichtigsten Nebenflusses wird. Ganz am Anfang scheint es, daß die Moldau in ihrem Oberlauf einen Weg durch den Böhmerwald zur Donau hin sucht, aber dann stößt sie bei Hohenfurt nach Norden, und jedem von uns ist das Achsenkreuz in der Landkarte Böhmens bekannt, das sich aus den Flüssen Moldau-Elbe und Eger-Elbe zusammensetzt.

Welcher Nebenfluß eines kleinen Landes kann sich rühmen, daß er in aller Welt bekannt sei? Die Moldau ist es. Ein Sohn Böhmens, der tschechische Komponist Friedrich Smetana, hat seiner Heimat eine große symphonische Dichtung gewidmet: ›Mein Vaterland‹; der zweite Satz, ›Vltava‹, zu deutsch ›Die Moldau‹, gehört zu den beliebtesten Konzertstücken aus dem späten 19. Jahrhundert und wird in der ganzen Welt immer wieder aufgeführt. Nicht nur die folkloristischen, tänzerischen Partien dieser Musik machen sie so liebenswert, es ist das musikalische Bild des Flusses überhaupt, sein Strömen und Fließen. Was besagt dagegen ein Walzer über einen Strom von europäischer Bedeutung, wie es die Donau ist, oder was die vielen Lieder, die da allenthalben über den Rhein gesungen werden.

Der Name Moldau wird mit einer gewissen Zärtlichkeit genannt. Es ist kein Fluß, den man fürchtet oder haßt, der Geschichte gemacht hat, der umstrittene Grenze war, dessen Übergänge erzwungen werden mußten, der aus seinen Ufern tritt. Leicht wie einen Schmuck trägt die Moldau Burgen, Klöster und Städte an ihren Ufern, wie eine Krone die Hauptstadt des Landes, Prag. Alle, die an ihren Ufern wohnen, lieben sie. Die Böhmerwäldler – die Deutschen, die Tschechen. Immer noch lieben sie auch die Menschen, die nicht mehr an ihren Ufern wohnen dürfen, die ihre Heimat verlassen mußten. Oben im Wald, wo die Moldau entspringt, arbeiteten sie im Holz und stellten die Flöße zusammen, die moldau- und dann elbeabwärts schwammen und schließlich nach Hamburg kamen. Als Kinder dachten wir immer, daß diese herrlichen langen Stämme, die so wunderbar auf dem Wasser dahinglitten, alle zu stolzen Masten auf weißen Segelschiffen würden. Im Sommer schwammen wir zu den Flößen hin, legten uns auf die köstlich duftenden Hölzer, feuchter Wassergeruch und harziger Waldgeruch vermischten sich, wir sahen über uns den blauen Himmel und spürten den Fluß unter uns und glitten jenseits von Zeit und Raum dahin. Sehnsüchtig sahen wir den langen geschmeidigen Gebilden nach, wenn wir sie verlassen hatten und sie um die Krümmung des Flusses verschwanden.

Der Burgfelsen

An einem steilen Felsen des rechten Ufers erreicht der Fluß aus dem Böhmerwald das Gebiet der Landeshauptstadt Prag. Es ist der *Wischehrad*. Auf dem sagenumwobenen Felsen ist von den Bauten der ersten Siedlungsepoche nichts mehr zu sehen. Im 19. Jahrhundert erlebten die baufälligen Bastionen, die sakralen und profanen Gebäude, die noch erhalten waren, eine große Restaurierung. Hierher sind die frühesten Erzählungen aus der Geschichte des tschechischen Volkes lokalisiert. Mythos und Geschichte wurden in romantischer Weise verwoben. 1885-87 wurde die *Peter- und Paulskirche* neugotisch wieder aufgebaut, danach die schönen Anlagen innerhalb der mächtigen barocken Befestigungen angelegt.

In einem ergreifenden inneren Zusammenhang mit all den Bemühungen um eine Wiederbelebung der Vergangenheit des eigenen Volkes steht die Anlage eines *Ehrenfriedhofes* auf dem Wischehrad. In bescheidener und echter Form wurde das verwirklicht, was die Walhalla bei Regensburg für Deutschland nicht sein kann, und auch der Friedhof Père Lachaise in Paris hat für Frankreich diese zentrale Bedeutung niemals gehabt. Hier auf dem Felsen, der zwar immer zum Stadtgebiet Prags gehört hat und doch fast außerhalb des Stadtgebietes liegt, abseits und herausgehoben aus dem Alltäglichen, liegen die Großen des tschechischen Volkes seit der zweiten Hälfte des 19. Jahrhunderts begraben: Dichter und Musiker, Bildhauer und Maler, Sänger und Baumeister, Männer und Frauen. Von den großen Politikern des 20. Jahrhunderts ruht keiner hier. Ihnen hat man ein Mausoleum am alten Veitsberg, dem späteren Žižka-Berg, errichtet, aber seiner Ruhe ist dort niemand ganz sicher.

Das eigentliche Ehrengrab inmitten des Friedhofs, der den bescheidenen Umfang eines Dorffriedhofs hat, ist *der Slavín*, 1889 errichtet. Hier ruhen unter anderen der große Geiger Jan Kubelík gest. 1940, die Schriftstellerin Marie Pujmanová gest. 1958, der Maler Alfons Mucha gest. 1939 und viele verehrte Persönlichkeiten, die ihrem Volke lieb und teuer waren, auch wenn sie über die Grenzen des Landes hinaus nicht bekannt geworden sind. Immer sind frische Blumen auf den Gräbern, vor allem auch auf den älteren Einzelgräbern –

Bedřich Smetana gest. 1884, Antonín Dvořák gest. 1904, Karel Čapek gest. 1938, Karel Hynek Mácha gest. 1836, Jan Neruda gest. 1891, Božena Němcová gest. 1862 ...

Der Friedhof ist eine geistige Mitte für die Tschechen, für ein Volk, dessen tiefstes Wesen seine Künstler ausgedrückt haben. So ist der Wischerad in einer zeitgemäßen Form wieder ein Gegenüber zum Hradschin geworden, wo in ihren Gräbern die Könige und Heiligen des Landes ruhen.

Wir durchwandern die Anlagen, bis wir hoch über der Moldau stehen; man hat einen weiten Blick über das breite Tal hin zum Hradschin, und Schicht um Schicht kann man sehen, wie das romanische, das gotische, das barocke Prag zu dieser einmaligen Stadt zusammengewachsen ist, wenn man sich an den großen Marksteinen jeder Epoche orientiert. Erst vor hundert Jahren ist Prag aus dem Mauerring des 14. Jahrhunderts herausgewachsen, hat ehemalige kleine Dörfer umzingelt, Vororte weit ins Bauernland geschoben und wurde jenes Groß-Prag, das seit 1918 als Hauptstadt der Tschechoslowakischen Republik sich immer rascher ausbreitete und heute fast eine Million Einwohner zählt.

Sagen und Mythen

Auf dem Felsen des Wischehrad, zu deutsch, der Hoch- oder der höheren Burg, soll *Libussa*, die weise Tochter Kroks, des Fürsten der Tschechen, Gericht gehalten haben. Ihre Schwestern Teta und Kascha waren Priesterinnen und Seherinnen im Dienste der Kräfte und Mächte der Götter und Geister, die geheimnisvoll die Natur durchwalten. Libussa, die jüngste unter den Schwestern, war von den Böhmen einmütig zur Herzogin erwählt worden. Die Edlen im Lande legten der jungen Fürstin immer wieder nahe, einen aus ihrer Reihe zu wählen, der dann als ihr Gemahl das Land mitregieren sollte. Libussa aber konnte und wollte sich nicht entscheiden, vielmehr folgte sie einer Weissagung und schickte ihr weißes Roß aus, jenen Mann zu finden, der »auf einem eisernen Tische essend angetroffen würde«. Die ungeduldigen Fürsten zogen nun, geführt von dem klugen Tier, bis nach Staditz am Flüßchen Biela, kurz vor dessen Mündung in die Elbe. Das ist weit von Prag, nahe von der heutigen Stadt Aussig. Dort blieb das Roß an einem Feldrain stehen, der Platz heißt heute noch Königsfeld; neben seinem Haselstecken saß ein Bauer, der auf dem umgestürzten Pflug sein Mahl hielt. Dieser kluge und rechtschaffene Bauersmann war Przemysl. Er folgte dem Ruf der Fürstin, er wurde ihr Mann, die Tschechen beugten sich ihm, und aus seinem Stamme regierten Fürsten, Herzöge und Könige sechshundert Jahre lang das Land, und die Nachkommen der Przemyslidentöchter folgten ihnen bis 1918.

Zum Andenken an den Ahnherrn Przemysl, der ein Bauer war, wurden seine Bastschuhe im Krönungszug mitgetragen, man hatte sie hier auf dem Wischehrad aufgehoben, auf jener Burg, von der aus er der Sage nach zusammen mit Libussa Prag gegründet haben soll. Auch aßen die böhmischen Könige beim Krönungsmahl Haselnüsse von jenem Strauch, der aus dem Stecken Przemysls gewachsen war.

Die romantische Geschichtschreibung des 19. Jahrhunderts, die sich so sehr auf die Frühzeit der Völker besann, hat das Volk der Böhmen, ihre Sprache, ihre Geschichte geliebt und zum Inhalt gelehrter und dichterischer Darstellungen gemacht. Vor allem haben die deutschen Dichter, die während der Napoleonischen Kriege Böhmen kennenlernten und diese friedliche Insel länger besuchten, sich immer wieder mit den großen Gestalten seiner Frühzeit befaßt. Clemens Brentano schrieb das große Epos ›Die Gründung Prags‹, Goethe beschäftigte sich mit der Geschichte des Landes, das ihm so lieb und teuer war. Er übersetzte aus der Königinhofer Handschrift, die sich später als Fälschung entpuppte. Sie löste eine Welle patriotischer Begeisterung aus, ähnlich wie der Ossian von Macpherson, und es folgte diesen nachempfundenen pseudofrühmittelalterlichen Gedichten und Gesängen eine Fülle von

Gedichten. Libussa war die zentrale Figur, und ihre Burg, der Wischehrad, wurde immer wieder besungen.

Die bedeutendste Dichtung in deutscher Sprache ist das Drama ›Libussa‹ von Grillparzer, den die böhmische Geschichte immer wieder beschäftigt hat. Seine böhmische Fürstin, die den Schritt vom mythischen ins geschichtliche Zeitalter, von der Herrschaft der Priesterinnen und Seherinnen zur Herrschaft der rechtskundigen Männer gehen will und eine neue geschichtliche Zeit beginnen läßt, wird am Ende von den übernatürlichen Kräften, die ihre Schwestern symbolisieren, wieder heimgeholt.

Das tschechische Volk hört die Sagen aus seiner Geschichte, wie sie Alois Jirásek neu erzählt hat. Jedem Schulkind sind sie vertraut, so etwa ›Libussas Weissagungen‹:

Also geleitete Libussa Přemysl auf den Fürstenthron. Als die Hochzeit vorüber war, stieg sie mit ihm in eine Halle hinab, die tief in den Felsen gehauen und mit einer schweren, mächtig beschlagenen Falltür verschlossen war. In dem Gewölbe erglänzten die Wände und die groben Tische längs der Wand im Widerschein von Eisen und Bronze, Silber und Gold. Es glitzerten die Schwerter, die silberbeschlagenen Gürtel, die spitzen Helme, die köstlich geschmiedeten Schilde, die dort hingen, die Armbänder, Fibeln, Ringe und Stirnreife aus Silberdraht, die dort lagen, die Bernsteinketten, die Schmuckstücke aus Glas und Erz, Klumpen reinen Silbers und große Schalen voll puren Goldes. Den ganzen großen Hort des Tschechenfürsten zeigte sie ihm, denn er war nunmehr auch sein. Sie führte ihn auch in ihren Garten, an den heiligen Ort unter den alten Bäumen, wo das silberne Haupt des finstern Peruns glänzte. Dort pflegten sie im Frühling und im Sommer oft zusammen zu sitzen, in ernste Gespräche vertieft. Auch im Dunkel des heiligen Haines über dem Jezerkaquell verweilten sie oft, dort, wo Libussa als Jungfrau mit ihren Maiden einst lustwandelt war, wo sie gebadet hatte, wo sich ihre Maiden das herrliche Haar gekämmt und viele liebliche Lieder gesungen hatten.

Nun pflegte sie dort mit ihrem Gemahl über Ordnung und Recht nachzusinnen. Damals erließ Přemysl viele Gesetze, mit denen er das übermütige Volk zum Gehorsam brachte und nach denen seine Nachkommen viele Jahrhunderte regierten.

Damals kam über Libussa der Geist der Erleuchtung, und sie sprach zum Volke:

»Ich sehe vor mir eine große Stadt, deren Ruhm wird einst bis an die Sterne reichen.

Dort im Wald, zwei Meilen von hier, ist ein Ort, vom Moldaustrom umspült. Der wird gen Mitternacht vom tiefen Tal des Brusnica-Bachs begrenzt, gen Mittag dann von einem hohen Felsen beim Strahover-Wald. Dort werdet ihr inmitten des Waldes einen Menschen finden, der den ›Prah‹, die Schwelle seines Hauses, zimmert.

Und ihr sollt die Burg, die ihr erbauen werdet ›Prag‹ heißen. Und so wie Fürsten und Herzöge an der Schwelle ihre Häupter neigen, so neigen sie sich dereinst auch vor meiner Stadt. Denn sie wird Ehr' und Lob gewinnen und wird hochberühmt sein in der Welt.«

Eine andere Sage, ›Der böhmische Amazonenkrieg‹, spielt kurz nach Libussas Tod, wurde aber von den Historikern sehr kritisch betrachtet. Franz Palacky schreibt darüber:

Die wunderlichste Sage der böhmischen Vorzeit ist die von einem nach dem Tode Libussas ausgebrochenen angeblichen Kriege zwischen dem männlichen und weiblichen Geschlechte. Letzteres habe nämlich auch nach der Fürstin Tode sich die Herrschaft in Böhmen angemaßt und diese Ansprüche habe es, unter der Anführung der hochsinnigen Wlasta, einst Libussas Freundin, jahrelang mit Waffengewalt und mit List durchzusetzen sich bemüht, bis es den Männern gelungen sei, ihre dem Wischehrade gegenüber mit hohen Thürmen und Zinnen prangende feste Burg Děwin (Mädchenburg) einzunehmen und zu zerstören. Hat die Sage einen historischen Grund, so dürfte man diesen wohl nur in einer isolierten Empörung der Wlasta und ihrer Anhänger gegen den Herzog Přemysl, keineswegs aber in einem durch widernatürliche Triebe veranlaßten Aufstande des einen Geschlechts gegen das andere suchen. Wahrscheinlicher jedoch hat schon der bloße Name und Gedanke einer ›zerstörten Mädchenburg‹ der erfinderischen Phantasie unseres Volkes den ersten Stoff zu einer Sage geliefert, welche unser ältester Chronist nur mit wenigen unbestimmten Worten flüchtig berührte, die viel späteren aber, nach der Art der Romandichter, mit einer Menge breiter Details auszuschmücken beflissen waren.

Blick in die Geschichte und das Stadtbild

Der steile Felsen des Wischehrad über der Moldau war, wie die Archäologen festgestellt haben, nicht vor dem Ende des 9. Jahrhunderts besiedelt worden. Damals gab es bereits eine befestigte Anlage auf dem Hradschin, dem Sitz der Przemysliden. 965 schildert ein spanischer Jude, der von Cordoba aus mit einer Gesandtschaft zu Otto I. nach Magdeburg zog, diese Stadt an der Moldau, und ein arabischer Geograph hat die Berichte jenes Ibrahim ibn Jakub aufgeschrieben:

... und die Stadt Praga ist von Stein und Kalk erbaut und durch ihren Handel die reichste aller Städte. Von der Stadt Krakau kommen Russen und Slawen mit ihren Waren dahin und aus dem Land der Türken kommen Mohammedaner und Juden und desgleichen Türken, mit Waren und Münzen zu den Einwohnern Pragas, um dafür Sklaven, Zinn und mancherlei Pelzwerk einzutauschen.

Auf dem Hradschin standen bereits drei kleine steinerne Kirchen: eine *Marienkapelle*, eine *Georgskapelle* und die *Rundkirche*, welche der hl. Wenzel gestiftet hatte und in welcher er begraben wurde. Ursprünglich sollte sie dem hl. Emmeram von Regensburg geweiht werden, später trug sie den Namen des hl. Veit, dem seither die Hauptkirche auf der Prager Burg geweiht blieb. Am rechten Moldauufer gab es ein paar befestigte Adelshöfe, und dort, wo die beiden Straßen sich trafen – die eine vom Süden am Wischehrad vorbei und die andere vom Osten über das heutige Karolinental kommend –, bauten die Kaufleute am *Teynhof* und um den *Kleinen Ring* ihre Siedlungen.

Hundert Jahre später, 1070, gründet Wratislaw II. auf dem Wischehrad die Burg und eine Kirche zu Ehren der Apostelfürsten Petrus und Paulus, an die ein mit reichen Mitteln ausgestattetes Kapitel angeschlossen ist. Der Böhmenfürst residiert zeitweilig hier oben, aber auch auf dem Hradschin wurde die Burg weiter ausgebaut. Es entsteht ein großer Palas, der romanische *Veitsdom*, das Kloster der Benediktinerinnen von

St. Georg, so wie wir es heute sehen – und draußen vor der Stadt, an der großen Straße nach Nürnberg, ist damals das Benediktinerkloster *St. Margaret-Břevnov* vom hl. Adalbert gegründet worden.

1143 wird wieder ein wichtiger Platz im Stadtbild besetzt, die Prämonstratenser gründen ihr *Kloster zum Berge Sion – Strahow* – auf dem Sattel zwischen Hradschin und Laurenziberg. Seine Doppeltürme prägen heute die Silhouette der linken Moldauseite. Unten am Markt richten die Bürger die erste *Marienkirche am Teyn* auf, die deutschen Kaufleute bauen *St. Peter*, und 1167 wird die erste *Steinerne Brücke* über die Moldau geführt, etwas weiter stromabwärts als die heutige Karlsbrücke. Dieser Brückenschlag ist für das Wachstum der Altstadt mit ihren Handelsplätzen von ausschlaggebender Bedeutung. Das romanische Prag zählte bereits sechsunddreißig steinerne Gotteshäuser, von denen einige heute noch den Kern der später darüber aufgetürmten gotischen oder barocken Kirchen bilden. Die beiden großen Klöster, St. Georg und der Berg Sion, sind seit über achthundert Jahren im Stadtbild sichtbar. Hier auf dem Wischehrad hat sich aus jener Zeit die kleine Rundkirche St. Martin erhalten. Prag war damals eine reiche Stadt und Sitz der Fürstenfamilie, die Böhmen geeint hatte und dieses Land in ununterbrochener Erbfolge regierte. Freilich war bereits das letzte Jahrhundert der Przemysliden angebrochen. Das 13. Jahrhundert bringt eine Blüte höfischen Lebens und gleichzeitig eine Ausbreitung der neuen Orden, die von einem Mitglied des Herrscherhauses nach Prag gebracht werden: am rechten Ufer, an der Brücke, gründet die selige Agnes von Böhmen ein *Spital zum Heiligen Geist*. Hier wird sich der erste und einzige Orden, der in diesem Land entsteht, die Kreuzherren mit dem roten Stern, entwickeln. Moldauabwärts baut die Fürstentochter ein *Clarissinnenkloster*, in das sie selbst eintritt. Es wird als Doppelkloster angelegt und die ersten Franziskaner betreten Prager Boden. Dies alles geschieht noch zu Lebzeiten der hl. Clara, die von Asisси aus an der Gründung beteiligt ist. Die Minoriten, ref. Franziskaner, bauen in der Nähe der Kaufmannssiedlung am Teynhof *St. Jakob*, am linken Ufer entsteht an der Brücke ein weiteres Spital, das den *Johannitern*, den späteren *Maltesern*, übergeben wird. Ihnen gegenüber residiert in einem großen befestigten Hof der Prager Bischof, und stromabwärts dehnen sich die Klostergebäude der Augustiner-Eremiten bei *St. Thomas*. Das amphitheatralisch aufsteigende Gelände unter der Burg füllt sich nur langsam mit Bauten. Zunächst grenzt man einen großen Platz ab, den späteren Kleinseitner Ring, in dessen Mitte eine kleine romanische Wenzelskirche steht.

In der Altstadt wird bei der *St. Gallus-Kirche* ein riesiger neuer Marktplatz angelegt und dieses Galli-Viertel in die Stadtbefestigung einbezogen und auch im Nordosten die Bebauungsfläche bis zur Moldau hin arrondiert. Im inneren Moldauknie siedeln die Juden, die sich ein großes Bethaus errichten, das heute noch unverändert steht: *Die Alt-Neu-Synagoge*.

Nach dem tragischen Ende Přemysl Ottokars II., 1278, der die Burg hatte ausbauen lassen, hält sein Sohn Wenzel II. Hof. Sein Bild ist uns in der Manessischen Liederhandschrift überliefert.

Seit 1198 haben die böhmischen Herzöge die erbliche Königswürde. Der Sohn des Minnesängers, Wenzel III., wird 1306 in Olmütz meuchlings ermordet. Mit ihm stirbt das Geschlecht der Přemysliden im Mannesstamme aus. 1310 heiratet Johann von Luxemburg die Erbin Elisabeth von Böhmen, und ein Jahrhundert größter politischer und kultureller Entwicklung für Böhmen und seine Hauptstadt beginnt. Die große Stadterweiterung, einer Neugründung ähnlich, geschah unter König Johanns Sohn, Karl IV. Wie Dido Kartagos Ausdehnung vorherbestimmte, so legte dieser Kaiser und König einen Mauergürtel um seine *Burg*, die *Burgstadt*, die *Kleine Stadt Prag*, die *Altstadt*, die *Neustadt* und den *Wischehrad*, der bis vor rund hundert Jahren, also ein halbes Jahrtausend, die Stadt umgrenzte. Innerhalb dieser großräumigen Grenzen, die ein vorausblickender Mann gesteckt hatte, entwickelte sich Prag: rund um die Plätze, die der König abgemessen hatte, und um die von ihm gegründeten geistlichen Mittelpunkte, die Kirchen und Klöster. Die wichtigsten Neugründungen Karls lagen naturgemäß in der noch unbebauten Neustadt, und wir werden sie dort noch kennenlernen: *Maria Schnee* am Wenzelsplatz, den *Karlshof*, das *Kloster Emaus*. Die Mauer ist bis auf den heutigen Tag an manchen Stellen deutlich sichtbar, den Laurenziberg umzieht sie und unterhalb des Wischehrad führt sie bis zum Karlshof hinauf.

Wie ein moderner Städteplaner ist Karl IV. vorgegangen. Er legte den *Roßmarkt* und den *Viehmarkt* als langrechteckige Hauptplätze an, und die erstaunlich großzügigen Maße haben diesen Plätzen bis heute mitten im modernen Großstadtverkehr ihre Rolle als Hauptplätze der Neustadt gesichert: *Wenzelsplatz* und *Karlsplatz*. Die großen Tore nahmen breite Straßenzüge auf, die ins Land hinaus führten. Dieses Prag Karls IV. sehen wir auf den ersten Ansichten, die uns überliefert sind, auch wenn sie sehr viel später entstanden. In eindrucksvoller, künstlerischer und topographischer Form spiegeln sie die Neugliederung der Stadt wieder: um den alten Kern legt sich ein neuer, breiter Gürtel mit hohen Kirchen und weiten Plätzen, mit geraden Straßen, so wie es das Blatt von Ägidius Sadeler zeigt, 1606 wahrscheinlich auf Wunsch Kaiser Rudolfs II. gestochen.

Jetzt dominieren die hohen *gotischen Türme* und *Kirchenschiffe* mit steilen Dächern eingedeckt: der Neubau des Domes auf der Burg, die Türme der neuen steinernen Brücke, die Türme von Maria am Teyn, die hohen Dächer von Aegidien und Maria Schnee, der Rathausturm, der Pulverturm, St. Heinrich, um nur einige der wichtigsten, die auch heute noch über die Dächer herausragen, zu nennen. Dazwischen aber sind, nach den Hussitenkriegen, in denen die Bautätigkeit weitgehend unterbrochen war, im 16. Jahrhundert vor allem zahlreiche Profanbauten entstanden, die eine ganz neue Entwicklung im Stadtbild begründen. Es entstehen die ersten Paläste. Die Burg wird weiter ausgebaut, der prachtvolle Ludwigstrakt springt gegen die Stadt vor, der Wladislawsche Saal ist weithin sichtbar, neben der Burg stehen die Paläste der Lobkowitz und Rosenberg und im königlichen Garten hinter der Burg das zauberhaft schöne Lustschloß für die Königin, das *Belvedere*, noch heute mit seinem grünen Dach wie ein Juwel schimmernd. Im Kessel der Kleinseite bauen um den Ringplatz und an den Hängen zur Burg und zum Laurenziberg hinauf die großen Familien des Landes ihre Stadthäuser.

Freilich ist im 15. Jahrhundert auch viel zerstört worden. Hier auf dem Wischehrad sind die Verluste wohl am schmerzlichsten. Der Palast Wladislaws und die Kirche wurden von den Hussiten vernichtet. Nur das Haupttor, der ›špičák‹, fällt innerhalb der Befestigungsanlagen mit seiner lustigen Bekrönung auf alten Ansichten noch auf.

Wir können die Stadt von 1600 aus vielen Darstellungen kennenlernen und werden sie in dem Bild, wie es sich heute darbietet, unschwer wiederfinden. So großartig die Burg, die Paläste, die Kirchen und Klöster, die großen Straßenzüge und weiten Plätze um 1600 bereits waren, eine Generation später verwandelt sich Prag für hundert und mehr Jahre nochmals in eine riesige Baustelle. Es muß damals einem Ameisenhügel geglichen haben! Von weither wurden die Baumaterialien angefahren, Holz, Steine, Kalk, Marmor und dann Wagenladung über Wagenladung an kostbaren Stoffen, an Glas, an Möbeln und die im Umfang vielleicht kleineren, aber dafür um so kostbareren Lasten an Porzellan, Zinn, Silber, Gold, edlen Steinen zur Ausstaffierung der Räume in den Neubauten. Ein fast babylonisches Sprachgewirr herrschte.

Allen voran gaben auf den Bauplätzen die Italiener den Ton an. Ihre Baumeister und Architekten bekamen die Verträge sogar in italienischer Sprache ausgefertigt. Ganze Kolonien hatten die Wälschen eingerichtet. Dazwischen hörte man flämisch, französisch, spanisch, und die Deutschen und Tschechen bedienten sich jeweils ihrer Dialekte, am meisten hörte man die Bayern unter den Maurern und Polierern, den Stukkateuren und Bossierern heraus; und die Tiroler darf man freilich auch nicht vergessen. Dazwischen drängte sich all das neugierige Volk, die Reisenden und die Händler, die das erstaunliche Wachstum der Königsstadt bewunderten und ihre Geschäfte machten. Da wurde neugebaut und umgebaut, die steilen Türme der Gotik wurden gleichsam durch die vielen Kuppeln des Barock polarisiert; riesige Gebäudekomplexe, kirchliche und weltliche, die mehrere Höfe umschließen, füllten jetzt das Stadtbild und halten sich noch heute über die Moldau hin und her zwischen der Kleinseite einerseits und der Altstadt und der Neustadt andererseits das Gleichgewicht. Hinter der Burg entstand eine neue große Gruppe von Palästen, überragt von dem riesigen Bau der Familie Czernin. Wenn auch nicht alle Kirchen umgebaut werden können, so schmückt man sie doch wenigstens in ihrem Innern neu. Maler, Schnitzer, Stukkateure, Freskanten, Vergolder tummelten sich auf den Gerüsten und zwischen ihnen die Bauherren, die Äbte und adeligen Herren, die alle ihr Architekturstudium, und sei es nur als Kavalierarchitekten, hinter sich hatten.

Mögen auch schwedische Truppen im Dreißigjährigen Krieg geraubt und geplündert haben, mögen auch die Bayern ansehnliche Beute fortgeführt und sich mancher Emigrant nach der Schlacht am Weißen Berge Kostbarkeiten gerettet haben, die Stadt war eine der schönsten und reichsten in Europa und sie ist es seither geblieben. Wenn wir jetzt auch nur die wichtigsten Bauten, die dem Stadtbild ein neues Gepräge gaben, aufzählen wollten, so kämen wir lang an kein Ende. Der letzte große städtebauliche Eingriff, der für immer das Bild Prags bestimmt, war der Umbau des Hradschin, den Maria Theresia anordnete. Seither sind die Vertikalen der Gotik und die schwellenden Formen des Barock wie von einem großen Band zusammengehalten, und der Hradschin beherrscht mit einer abgeklärten Horizontale das Stadtbild.

Erst die Industrialisierung im 19. Jahrhundert, der zunehmende Verkehr durch die Erfindung der Eisenbahn, das Anwachsen der Bevölkerung, hat noch einmal ein Wachstum der Stadt zur Folge gehabt, das bis in unsere Tage anhält. Städtebaulich ist es kaum geplant und schon gar nicht gemeistert worden. Die Vororte sind zwar oft um ältere Dorfkerne entstanden, aber ohne Beziehung zur alten Stadtmitte. Entscheidend neu für das Bild der Stadtmitte sind nunmehr die zahlreichen Brücken und die schönen Anlagen, die 1826–1843 der Oberstburggraf Chotek anlegte. Er führte eine viel bewunderte Straße in großen Serpentinen zwischen dem Belvedere und dem Sommerberg hinauf auf das Plateau hinter dem Burggraben, und dort haben sich bald die Villenviertel von Bubentsch und Dejwitz entfaltet. In jene Zeit fiel die Errichtung der ersten Moldaubrücke nach der Karlsbrücke, die achthundert Jahre allen Verkehr über die Moldau allein getragen hatte. Freilich gab es neben ihr noch Fähren, aber Roß und Wagen mußten über die Steinerne Brücke. Jetzt führte man den Altstadtring vom Graben herunter zur Moldau, der Kai wurde als breite Promenade gestaltet. Sein Schwerpunkt ist seit 1846 das Franzens-Denkmal, eine liebenswerte Schöpfung der Neugotik.

Im Jahre 1840 ging zum letztenmal die Fähre vom altstädter Ufer zur Schützeninsel und von da weiter nach der Kleinseite. Tausende von Menschen waren auf den Beinen, langsam kamen vom kleinseitner Ufer die mit sechs Pferden bespannten Lastwägen über die neue Kettenbrücke herübergefahren, einer dicht hinter dem andern, bis die ganze Brücke mit schwerem Fuhrwerk belastet war. Der Fluß war mit Kähnen bedeckt, damit ja rasche Hilfe bei der hand wäre, wenn die Brücke die Belastungsprobe nicht aushalten sollte. Aber die Brücke bewährte sich, die Tausende brachen in Freudenrufe aus, die Ellenberger'schen Ziegelhütten spieen an der Stelle, wo heute das schöne Sparcassapalais eine Zierde der Gegend ist, lustig ihre Rauchmassen in die Luft – einer der bedeutungsvollsten Tage im Leben Prags war angebrochen. Smichow besonders hätte an diesem Tage illuminieren müssen, da die Stunde, an welchem die Kettenbrücke dem

Verkehr übergeben wurde, einen wichtigen Wendepunkt in seinem Leben bezeichnete.

Inzwischen führen insgesamt dreizehn Brücken über den Fluß, und ehe wir zu der einzigartigen und schönsten nicht nur Prags, sondern Europas gehen, soll hier ein kleines Gedicht Platz finden, ein liebenswertes Angebinde junger tschechischer Lyrik. Sein Verfasser ist Miroslav Florian, die Übersetzung stammt von Reiner Kunze:

> *Möven kreisen überm Wasser*
> *wie ein zerrissener Liebesbrief, der nicht abgehen darf,*
> *es zerreißt ihn ein Mädchen, am Geländer der Jirásekbrücke*
>   *lehnend.*
>
> *Auf jedem Flügel ein langer Kuß,*
> *unter jedem der kleinen Hälse Tränen und Beschwörungen.*
>
> *Auf der Brücke der Legionen*
> *steht ein einsamer Junge bis in die Dämmerung*
> *und legt ihn sich zusammen und liest versunken die Zeilen.*

Die Karlsbrücke

Der Bau

Die *Karlsbrücke* ist nicht nur ein großes Kunstwerk, sie ist seit ihrer Erbauung immer auch als technische Meisterleistung gewürdigt worden. Peter Parler, der den Veitsdom baute, war auch hier der leitende Architekt, ein Meister Johannes Ottl der Baumeister. 1357 hatte Kaiser Karl IV. angeordnet, daß die seit über einem Jahrzehnt baufällige Judithbrücke durch eine neue ersetzt werden müsse. Jene erste steinerne Brücke war nach der Gemahlin Wladislaws II. benannt worden und dürfte 1167 fertiggestellt gewesen sein. Sie lag wenige Meter flußabwärts von der heutigen Brücke. Bei niedrigem Wasserstand und günstiger Beleuchtung kann man den Standort ihrer Pfeiler im Flußbett noch erkennen. Die großen Brückenbauer des Altertums waren die Römer. Von ihnen hatten auch die Provinzen gelernt, und auf dieser Tradition fußten die Bauleute, welche die älteste und heute noch erhaltene große Brücke nördlich der Alpen bauten, die Steinerne Brücke von Regensburg, die über die Donau führt. Regensburger Bauleute haben im 12. Jahrhundert in Prag gearbeitet. In ganz Mitteleuropa waren die beiden Steinernen Brücken, hier über die Moldau, dort über die Donau, berühmt.

Die Moldau bei Prag wurde aber bereits vor der Jahrtausendwende von einer hölzernen – immer wieder erneuerten – Brücke überquert. Aus der Legende wissen wir, daß der Leichnam des hl. Wenzel von Alt-Bunzlau nach Prag und über die Brücke auf den Hradschin hinaufgefahren wurde.

Drei Brückentürme befestigen die Brückenköpfe. Auf der Altstadtseite der große Stadt- und Torturm, den Peter Parler

DIE KARLSBRÜCKE

erbaute, auf der Kleinseite zwei Türme, die in die Stadtbefestigung mit einbezogen wurden und von denen der kleinere und ältere bereits zur Judithbrücke gehört hatte. Der nördliche, größere ist hier erst 1474 nach dem Vorbild des Altstädter Turmes aufgerichtet worden. In dem mit Brücke und Turm zusammengewachsenen Zollhaus kann man im ersten Stock ein spätromanisches Relief von großer Einfachheit und Würde bewundern. Wir dürfen es wie eine Gründungsurkunde der ersten Steinernen Brücke deuten: vor einer Herrscherfigur kniet ein Mann, der etwas entgegennimmt.

Die Brücke des 14. Jahrhunderts, über die sich der gesamte Verkehr zwischen den Prager Städten bewegte, hieß bis ins 19. Jahrhundert ganz einfach die *Steinerne Brücke*. Erst nach dem Bau der vielen neuen, flußauf- und flußabwärts, erhielt sie zum Andenken an den großen König und Kaiser, der ihren Bau befahl, den Namen Karlsbrücke.

Zu allen Zeiten interessierten ihre technischen Daten, und in einer großen Stadtbeschreibung von 1795 spürt man noch die ganze Erregung über das große Unglück des Eisgangs, der zehn Jahre vorher dieses Wunderwerk fast zerstört hätte. Nun war sie wieder in Ordnung, und die Bevölkerung wollte erfahren, was dies alles an Arbeit und Mühe und auch an Geld gekostet haben mochte:

Diese Brücke enthält in der Länge von dem Altstädter Brückenamt bis an den Kleinseitner Brückenthurm 770 Schritte, oder 298 Klafter und 1 Ell., oder 1790 Schuh, in der Breite aber 5 Klafter 2$^1/_2$ Ell., oder 35 Schuh (das ist 520 m Länge und 10 m Breite), so, daß drey Wägen ganz gemächlich neben einander fahren können. Die sichtbare Höhe derselben, wann das Wasser mittelmäßig ist, steigt auf 20$^1/_2$ Ell. hoch; sie ist aus lauter Quatersteinen, welche mit dem besten, und wie einige wollen, mit Wein und Eyern, deren zu jenen Zeiten 12 auch 14 um einen silbernen Pfennig feil waren, gemischten Mörtel verbunden sind, erbauet, und besteht aus sechzehn Bögen, die mit einem doppelten Gewölbe versehen sind, und eine dergestalten große Oefnung haben, daß der Strom bey dieser Brücke allerdings mehr Raum zu seinem Fortgang gewinnt, und keineswegs so viel Gewalt hat, wie der Fall bey der zweyten Brücke war, das Gemäuer zu drücken. Die siebzehn Pfeiler, auf welchen die Brücke ruhet, stehen sämmtlich, so wie jene ehedem bey der zweyten Brücke, auf lauter Bürsten, die mit großen Mühlsteinen belegt sind, und sind überdieß noch von beyden Seiten mit Strebepfeilern, und gegen jene Seite, wo das Wasser drückt, auch mit starken Eisböcken versehen. Es wünschen einige, daß die ersten Balken bey diesen Eisböcken noch etwas schreger wären gelegt worden, so würde das Eis nicht so viel Gewalt haben, an sie anzuprellen, und selbe aus ihrer Verbindung zu bringen, wie man das Beyspiel an einigen dieser Eisböcke im Jahre 1789 und 1795 bey dem Eisstoße ganz deutlich gesehen hat. Durch die Länge der Zeit hat das Gemäuer dieser Brücke eine solche Feste erhalten, daß selbes einem Felsen gleich kömmt, und keineswegs abgetragen, sondern nur mit Pulver gesprengt werden kann, wie man solches aus dem 1650, und abermal 1744 bey dem ersten Bogen zwischen dem Brückenthurme und dem Brückenamte vergeblich unternommenen Versuche erfahren, und eben darum alles wieder im Jahre 1745, wie solches die eben daselbst linker Hand angebrachte Jahrzahl anzeiget, in den vorigen Stand hergestellet hat. Im Jahre 1784 hat diese Brücke durch einen starken Eisstoß einen sehr großen Schaden gelitten, dergestalten, daß man selbe während fünf Jahren mit einem großen Aufwand wie hier folgt, wieder herstellen mußte. In den nächsten Jahren beliefen sich die Unkosten auf:

1784	83415 fl. 7	kr.
1785	25 809 fl. 11³/₄	kr.
1786	30 413 fl. 21³/₄	kr.
1787	11 774 fl. 56	kr.
1788	912 fl. 42	kr.
Summe	152 325 fl. 18¹/₂	kr.

Weil aber nach dem geendigten Baue die Gerätschaften von Holz, und andre Requisiten wieder versteigerungsweise um 1453 fl. 49¹/₂ kr. verkauft wurden, so belief sich der sämmtliche Geldaufwand zur Herstellung dieser Brücke nur auf 150 871 fl. 29 kr. Bey dieser Gelegenheit hat man auch zwey neue Zutritte in dieser Brücke eröfnet, einen für die Fußgänger gegen die Insel Kampa, damit sich die Leute von dannen bey dergleichen Vorfällen nach der Brücke flüchten, und also ihr Leben retten könnten; den zweyten bey dem Kleinseitner

Thurme für die Fahrenden gegen dem Bruskathor, um den weiten Umweg, den man sonst nehmen mußte, zu ersparen. Der ehemalige an beyden Geländern angebrachte, und schon sehr stark ausgetretene steinerne Fußsteig, davon man noch einen Theil auf der Altstadt gleich bey dem Anfang dieser Brücke von beyden Seiten sieht, ist abgeschaft, und statt dessen ein viel breiterer, so daß izt zwey Personen einander ganz gemächlich ausweichen können, hergestellt, und hierbey solche Maßregel getroffen worden, daß alle Fußgänger, sie mögen von der Altstadt oder Kleinseiten herkommen, allemal auf dem Fußsteige rechter Hand bleiben sollen. Diese Brücke wird auch täglich, je nachdem die Nacht eher oder später einrückt, nebst jenen Lampen, welche auf die Veranlassung gewisser Stiftungen bey einigen Statuen unterhalten werden, mit neunundzwanzig Laternen beleuchtet. Die Anzahl dieser Laternen ist 1792 bey der Gelegenheit der königlichen Krönung neuerdings vermehret worden, nachdem man bey einer jeden Statue noch eine Laterne angebracht hatte. An beyden Enden dieser Brücke sind hohe und mit Schieferstein gedeckte Thürme nach gothischer Bauart angebracht, welche derselben zur Widerlage dienen.

Im Jahre 1965 hat man die Karlsbrücke für jeglichen Lastenverkehr gesperrt, sie wurde eine Fußgängerbrücke. Man hatte festgestellt, daß Sicherungsarbeiten unumgänglich geworden waren. Die großen Quader waren nicht zuletzt durch das Streuen von Viehsalz gegen Vereisung der Fahrbahn zersetzt worden. Inzwischen ist ein großes Restaurierungsprogramm im Gange.

Die Brückenheiligen

Viele Jahre bin ich täglich wenigstens zweimal über die Karlsbrücke gegangen. Sie ist die Mitte einer Rundbühne, deren unvergleichliche Kulissen in Vorder-, Mittel- und Hintergrund aus den herrlichsten Bauwerken der königlichen Residenzstadt Prag bestehen. Amphitheatralisch staffelt sich am linken Ufer die Kleinseite hinauf zum Laurenziberg und zur Burg. Das rechte Ufer ist gleichsam von der Moldau geglättet; eine sanft geschwungene Linie, trotz der dichten Bebauung in der Altstadt und der Neustadt.

DIE BRÜCKENHEILIGEN

So weit und frei die Brücke, so hoch der Himmel, so breit der Fluß – dennoch gehen wir durch einen Raum, der eine sehr nahe Begrenzung hat: die breite Mauerbrüstung auf beiden Seiten und die Sockel mit den überlebensgroßen Heiligenfiguren. Diese beugen sich über den, der zwischen ihnen hindurchgeht, machtvoll beschwörend. Ob man zu ihnen aufblickt oder nicht, ob man rasch in Gedanken über die Brücke geht oder ganz bewußt und betrachtend – niemals bleibt man unberührt von dieser außerordentlichen Umgebung. »Wenn man über die Karlsbrücke gegangen ist, kann man nicht mehr ganz traurig sein!« So schien es mir früher und so empfinde ich es heute noch immer. Ich habe auch nie gehört, es hätte sich einer von dieser Brücke ins Wasser gestürzt.

Frühmorgens, wenn die Nebel über dem Fluß liegen und jede Figurengruppe sich eben erst aus dem Blaugrau oder Milchweiß zusammenzuballen scheint und plötzlich da ist, um ebenso schnell wieder zu versinken; abends im Sommer, wenn die Schwalben hell schreiend hin- und herschießen; nachts, wenn alle Sterne schimmern und sich über jenen fünf des hl. Johannes von Nepomuk zu einem großen Reigen zusammenfinden, in dessen Mitte der Heilige schweigend steht – wann ist diese Brücke am schönsten? Für mich ist sie am schönsten an einem naßkalten Novembertag, wenn eine ganz feine Reifschicht über allem liegt und auf einmal jede Inschrift, jede Bewegung, jeder Schatten an jeder Figur in einem klaren Schwarz-Weiß zu sehen ist, ganz ohne Härte, als sei die erste, inzwischen von den vielen Sommern und Wintern zerstörte Oberfläche des frischbehauenen Steines wieder hergestellt. Diese Augenblicke, bevor die Sonne durch den Nebel bricht und alles verwandelt, sind die schönsten. Gestalt und Wort der Brückenheiligen fügten sich zusammen zu einem Programm von überwältigender Glaubenssicherheit. Die Brücke trägt die Heiligen und sie trägt uns, die wir staunend und fragend hinübergehen.

Altstädter Brückenturm

Die Madonna und der hl. Bernhard
Matthäus Wenzel Jäckel, 1709
Benedikt Littwerig, Abt von Ossegg

St. Ivo
Matthias Braun, 1711 (Kopie 1908)
Die juristische Fakultät der
Prager Karls-Universität

*Die Madonna mit den hll. Dominikus
und Thomas von Aquin*
Matthäus Wenzel Jäckel, 1708
(Kopie 1961) Die Dominikaner von
St. Aegidius in der Prager Altstadt

*Die hll. Barbara, Margarete
und Elisabeth*
Ferdinand M. Brokoff, 1707
Johann Wenzel Obytecky, kaiserlicher Rat

Das Kreuz
Bronzecorpus, 1629 gegossen von
Hans Hillger, vergoldete Inschrift
ca. 1696; die Figuren der Mutter-
gottes und des hl. Johannes von
Emanuel Max, 1861

Pieta
Emanuel Max, 1859
Die Stadt Prag

St. Anna Selbdritt
Matthäus Wenzel Jäckel, 1707
Rudolf Graf von Lissau

St. Josef
Josef Max, 1854
Josef Bergmann aus Prag

Die hll. Cyrillus und Methodius
Karel Dvořák, 1938
Das Unterrichtsministerium der
Tschechoslowakischen Republik

St. Franziskus Xaverius
Ferdinand Maximilian Brokoff, 1711
(Kopie 1913)
Die theologische und die
philosophische Fakultät der
Prager Karls-Universität

St. Johannes Baptista
Josef Max, 1857
Johann Norbert Gemerich von Neu-
berg

St. Christophorus
Emanuel Max, 1857
Bürgermeister Wenzel Wanka
von Prag

*Die hll. Wenzel,
Norbert und Sigismund*
Josef Max, 1853
Hieronymus Zeidler, Abt von
Strahow

St. Franziskus von Borgia
Ferdinand Maximilian Brokoff, 1710
Franz von Colleto,
kaiserlicher Burggraf

St. Johannes von Nepomuk
Johannes Brokoff und Matthias
Rauchmüller, Modell; Guß von
Wolfg. Hieronymus Heroldt, 1683
Mathias von Wunschwitz

Die hll. Ludmila und Wenzel
Werkstatt Matthias Braun um 1720
Wenzel Ernst Markwart von
Hradek

St. Antonius von Padua
Johann Mayer, 1707
Christoph Moritz Wirhauer

St. Franziskus Seraphikus
Emanuel Max, 1855
Franz Graf Kolowrat-Liebsteinsky

St. Judas Thaddäus
Johann Mayer, 1708
Franz Ritter Mitrowsky von
Nemischl

Die hll. Vinzenz Ferrer und Prokop
Ferdinand Maximilian Brokoff, 1712
Romedio Franz Graf Thun

Rolandsäule
Anfang 16. Jahrh. (Kopie 1884)

St. Augustinus
Johann Friedrich Kohl, 1708
Der Augustinerkonvent von
St. Thomas auf der Kleinseite

St. Nikolaus von Tolentino
Johann Friedrich Kohl, 1708
Der Augustinerkonvent von
St. Thomas auf der Kleinseite

St. Kajetan
Ferdinand Maximilian Brokoff, 1709
Konvent der Theatiner Prag-Kleinseite

St. Luitgard
Matthias Braun, 1710
Eugen Tittl, Abt von Plass

St. Philippus Benitius
Michael Bernhard Mandl
Konvent der Serviten in Prag-Neustadt

St. Adalbert
Josef Michael Brokoff (?), 1709
Markus Bernhard Joanelli

St. Veit
Ferdinand Maximilian Brokoff, 1714
Mathias Adalbert Macht von
Löwenmacht

*Die hll. Johannes von Matha,
Felix von Valois und Iwan*
Ferdinand Maximilian Brokoff, 1714
Franz Josef Graf Thun

Die hll. Cosmas und Damian
Johann Mayer, 1709
Die medizinische Fakultät der
Prager Karls-Universität

St. Wenzel
Josef Kamil Böhm, 1858
Die Klar'sche Blindenanstalt Prag

*Der große und der kleine
Kleinseitner Brückenturm*

Albrecht Dürer, Das Rosenkranzfest,
gemalt 1506 in Venedig für die
Kirche der deutschen Handelsherren,
auf Wunsch Kaiser Rudolfs II.
nach Prag gebracht.
Nationalgalerie, Sternbergpalais.

Schon die ältesten Abbildungen der Steinernen Brücke lassen nahe vom Altstädter Brückenturm, auf der Brüstung moldauabwärts ein Kreuz erkennen. 1361 hatte der Magistrat von Prag es aufrichten lassen, und im Laufe der Jahrhunderte wurde es immer wieder erneuert. Jetzt steht es auf einem barocken Felssockel, auf dem drei Kartuschen mit Aufschriften in lateinischer, deutscher und tschechischer Sprache angebracht sind. Sie erzählen die Geschichte der goldenen hebräischen Buchstaben, die in einem leuchtenden Halbkreis das Kreuz umgeben. Am 14. September 1696, dem Feste der Kreuzerhöhung, wurde ein Jude, der das Kreuz verspottet hatte, zu einer hohen Geldstrafe verurteilt. Mit der Summe wurden zur Sühne vergoldete Bronzeletttern bezahlt, die da besagen: Heiliger, Heiliger, Heiliger Gott!

Aus vergoldeter Bronze ist der ausdrucksvolle Corpus Christi, den die Stadtväter 1657 in Dresden gekauft haben. Karl Adam Löw von Řičan stiftete 1672 hier ein ›Ewiges Licht‹ und eine Messe in der Wenzelskapelle durch Schenkung seines Gutes Launiowitz. Auch dies ist getreulich aufgeschrieben. – Maria und Johannes unter dem Kreuz stammen in der heutigen Fassung von Emanuel Max (1816).

Zwar wird der große Eindruck der Brücke noch immer durch die barocken Statuen bestimmt, doch hat später das 19. Jahrhundert nicht wenige Gruppen, die beschädigt oder zerstört waren, ersetzt oder neue aufgerichtet. Hochwasser und Eisgang haben vor allem in den Jahren 1784 und 1890 erhebliche Zerstörungen zur Folge gehabt, und nach 1848 mußten Beschädigungen durch Schießereien beseitigt werden. Jedesmal kam es dabei zu Eingriffen in das große Figurenprogramm. Die letzte Gruppe ist zur Zwanzigjahrfeier der ersten Tschechoslowakischen Republik, 1938, aufgestellt worden. Es ist das Bildnis der *Slawenapostel Cyrill und Method.* Den Auftrag gab das damalige Staatsministerium für Unterricht an Professor Karel Dvořák. Gegenüber steht eine Kopie (1913) der Figur, welche 1711 von der theologischen und philosophischen Fakultät der Prager Karls-Universität gestiftet wurde: des hl. *Franziskus Xaverius*. Auf einem Podest, das Inder und Japaner tragen, malerisch gekleidete Vertreter jener Völker, die der Heilige bekehrte, kniet zu Füßen des Heiligen ein indischer Fürst, der sich zum Glauben bekennt. Das Gegenüber bildete einst eine Apotheose des hl. Ignatius von Loyola, der wie ein geistlicher Sieger mit allen Trophäen hoch über den allegorischen Figuren der vier Erdteile stand. Beide Gruppen hat Ferdinand Maximilian Brokoff 1711 geschaffen. Das herrliche, farbig gefaßte Holzmodell für den hl. Ignatius bewahrt heute das Museum der Stadt Prag. Allein wegen dieser Vorarbeit eines Bildhauers für die großen Brückenfiguren würde sich der Besuch dieser interessanten städtischen Sammlungen lohnen. Die 1890 bei dem Hochwasser in die Moldau gestürzte Steinfigur wird heute im ›Lapidarium‹ des Nationalmuseums aufbewahrt; gestiftet hatten sie die Jesuiten vom Ignatiuskolleg in der Neustadt.

Der Figurenschmuck der Brücke ist nicht nach einheitlichem Plan auf einmal entstanden. Die einzelnen Gruppen sind gleichsam wie Votivgaben an einem Wallfahrtsort zusammengekommen. Das Thema stellte der Auftraggeber und das erklärt die jeweilige Ikonographie. Einzelpersonen und Institute wetteiferten miteinander. An der Spitze standen die großen Orden. Zwei Geschenke der Jesuiten lernten wir schon kennen, die Universität schenkte durch die juristische und medizinische Fakultät zwei weitere Standbilder: das des *hl. Ivo*, Patrons der Rechtsgelehrten, und jenes der *hll. Brüder Cosmas und Damian*, der berühmten kleinasiatischen Ärzte, die immer gemeinsam, wie Zwillinge, auftreten. 1709 und 1711 wurden an den beiden äußersten Enden der Brücke diese Figuren aufgestellt.

Die böhmischen Klöster in der Provinz stifteten durch ihre Äbte: die Zisterzienser von Ossegg den *hl. Bernhard vor der Muttergottes* 1709, die von Plass 1710 die ergreifende Gruppe *Christus und die hl. Luitgard*. In beiden Fällen sind bedeutende Ordensheilige vorgestellt. Die Theatiner von Prag ließen 1709 die Figur ihres Ordensgründers, des *hl. Kajetan*, aufstellen, die Serviten den ihren 1714, den *hl. Philippus Benitius*. Die berühmtesten Ordensmänner der Dominikaner, der *hl. Dominikus* und der *hl. Thomas von Aquin*, sind durch die Stiftung der Dominikaner von St. Aegidius in der Altstadt vertreten. Die Augustiner von St. Thomas auf der Kleinseite brachten 1708 sogar das Geld für zwei einander gegenüberstehende Gruppen auf: die *hll. Augustinus* und *Nikolaus von Tolentino*. Die Prämonstratenser von Strahow haben dreimal ihr Geschenk gebracht: 1708 den hl. Norbert in Begleitung der hll. Adrian und Jakob. Diese Gruppe mußte 1765 durch eine neue, ähnliche, ersetzt werden, und 1853 hat der damalige Abt Hieronymus Zeidler an derselben Stelle die Gruppe erneuern lassen; wieder steht der *hl. Norbert* in der Mitte, diesmal von den Landespatronen *Wenzel und Sigismund* begleitet.

Wir finden hier übrigens auch Gaben einzelner Persönlichkeiten, Adeliger oder Bürger, alteingesessener Familien oder landfremder, die für kurze Zeit in Prag weilten. Viele Figuren tragen Aufschriften, die den Stifter nennen, manchmal ist auch Rühmendes über den dargestellten Heiligen vermerkt.

Franz Anton Graf Kolowrat-Liebsteinsky, Ritter des Goldenen Vlieses, stiftete zum Dank für die Errettung Kaiser Franz Josephs eine Figur des *hl. Franziskus*. Der Kaiser, auf den 1853 in Wien ein Attentat verübt worden war, ließ damals dort die Votivkirche errichten.

Mit barockem Pathos verkünden die Inschriften die Taten der *hll. Vinzenz Ferrer und Prokop* (1712 von Brokoff errichtet). Der dargestellte spanische Dominikaner war einer der bekanntesten Bußprediger des Mittelalters. »Hunderttausend Sünder hat er bekehrt!« – »Achttausend Sarazenen nahmen den katholischen Glauben an« – »Zweitausendfünfhundert Juden glauben nun an Christus« – »Vierzig erweckte er wieder zum Leben« – »Vierzig Dämonen bändigte er«. Romedio Franz Graf Thun hat diese Gruppe gestiftet.

Ein anderes Mitglied dieser Familie, Franz Josef, Herr auf

DIE BRÜCKENHEILIGEN

Klösterle, schenkte eine der volkstümlichsten Gruppen, *die hll. Johannes von Matha, Felix von Valois und Iwan*, anläßlich des Erlöschens der Pest und des Friedensschlusses zwischen Österreich und Frankreich 1714. Die beiden aus Frankreich stammenden Heiligen gründeten den Orden der Trinitarier, der sich die Befreiung und den Loskauf christlicher Gefangener aus der Gewalt der Ungläubigen zur Aufgabe machte. In den Türkenkriegen war dies von höchster Aktualität. Der gewaltige Sockel für die drei Heiligen ist ausgehöhlt, und hinter einem Gitter sehen wir in einem Felsengefängnis drei jammervolle, gefesselte Christen um ihre Befreiung flehen. Vor der Kerkertür lehnt ungerührt, das Krummschwert im Gürtel, die Peitsche hinter dem Rücken, ein dicker Türke. Schon als Kinder haben wir diese Figur mit ängstlichem Staunen betrachtet, und je größer wir wurden, desto drohender rückte die Gestalt näher. Darüber vergißt man fast, daß der hl. Felix gerade einem Gefangenen heraushilft und der hl. Johannes von Matha eine Kette, die einem Gefangenen abgenommen werden konnte, in der Hand hält. Auf dem höchsten Platz steht der hl. Iwan und schaut der Befreiungsaktion wohlwollend zu. Es ist der legendäre Einsiedler, der in einer Höhle nahe von Beraun gelebt haben soll. Mitte des 11. Jahrhunderts wurde unter Bretislaw dort ein Benediktinerkloster errichtet.

Wenn wir uns moldauaufwärts über die Brüstung beugen, sehen wir, daß unterhalb der Gruppe der hll. Vinzenz und Prokop auf dem Sporn des Pfeilers eine Bildnissäule steht. Es ist die 1884 erneuerte *Rolandsäule*. Der jugendliche Ritter in einer Renaissancerüstung steht mit dem blanken Schwert in der Rechten, die Linke auf ein großes Wappenschild der Stadt Prag gestützt. Es handelt sich um eine in deutschen Städten gebräuchliche Figur, welche symbolisch die geltenden Stadt- und Stapelrechte verteidigt. Den großartigsten Roland kennen wir in Bremen. Hier ist als Kuriosum anzumerken, daß die Prager Städte ihre Selbstverwaltungen nach verschiedenen Vorbildern aufgebaut haben: die Altstadt nach dem

Nürnberger Recht, die Kleinseite nach Magdeburger, die Neustadt hielt sich an die dann abgewandelte Rechtsordnung der Altstadt.

Der hl. Johannes von Nepomuk

Die weitaus berühmteste Figur aber ist jene, die als erste nach der Kreuzigungsgruppe aufgestellt wurde, die schlichte Bronzestatue des *Johannes von Nepomuk*, 1683.

Entscheidend für die innere Entwicklung Johann Brokoffs, 1652 bis 1718, war die Arbeit am Gußmodell der fast schon legendären Statue des hl. Johannes von Nepomuk auf der Prager Karlsbrücke, das er 1682 im Auftrag des Freiherrn von Wunschwitz ausführte. Über dieser Arbeit konvertierte der lutherische Künstler zum Katholizismus. Matthias Rauchmüller hatte 1681 in Wien den Tonbozzetto dazu geschaffen; der Nürnberger Wolf Hieronymus Herold besorgte 1683 den Guß (Gußmodell jetzt in St. Johann am Felsen, Prag, Tonbozzetto jetzt Nationalgalerie, Prag). Das Ergebnis dieser wahrhaft mitteleuropäischen Gemeinschaftsarbeit war ein Kunstwerk von weit mehr als nur lokaler Bedeutung, das freilich künstlerisch eher in Wien als in Prag beheimatet ist. Unter den pathetisch bewegten Steingruppen der Karlsbrücke steht diese Bronzestatue durch ihre nahezu klassische Einfachheit ganz vereinzelt. Sparsamer und zugleich eindringlicher ist das Martyrium eines Heiligen selten vergegenwärtigt worden. Johann von Nepomuk wurde der Überlieferung nach auf Befehl König Wenzels in der Moldau ertränkt, weil er das Beichtgeheimnis nicht preisgab. Durch die Figur, die in einer unbestimmten Schwebung verharrt, geht eine sanfte wellenförmige Bewegung, die jenseits des Körpers beginnt und endet. Die Schrägen des exzentrisch gelagerten Kruzifixes, das den Händen entgleitet, streichen die Körperachse durch und verlieren sich im Raum. Das feinsträhnige Gewand rieselt wie Wasser, der seelische Ausdruck verdämmert. Alles an der Statue ist Durchgang und lautloses Verströmen. Das gestirnte Haupt dieses legendären Heiligen der Gegenreformation streift wahrhaftig ans Übersinnliche. (Erich Bachmann.)

Die Aufstellung erfolgte dreihundert Jahre nach dem Martertod des Heiligen. Die fünf Sterne um sein Haupt: TACUI –

Ich habe geschwiegen – erglänzen heute wieder! In früheren Zeiten waren sie als Glücksbringer beliebt, nächtens oft von den Studenten gestohlen, da sie besonders als Talismane bei schweren Prüfungen hilfreich gewirkt haben sollen. Trotz langer Unterbrechung – viele Jahre fehlten die Sterne – scheint der Brauch wieder aufzuleben. Ich bewunderte die neuen Sterne – es waren aber nur vier! Einer fehlte schon wieder!

Ein paar Schritte von hier in Richtung Altstadt, und wir stehen vor einem kleinen Bronzekreuz, welches in die Mauerbrüstung an jener Stelle eingelassen ist, an der Johannes in die Moldau gestürzt wurde. Ein entzückendes schmiedeeisernes Gitter rahmt ein Bild des Wunders: der Leichnam des Ertränkten schwamm, von Sternen umgeben, auf der Moldau.

Auf der Brücke fanden hier und vor der Statue bis in unsere Zeiten am 15. und 16. Mai Andachten zu Ehren des Heiligen statt; Lichterprozessionen bewegten sich auf der Moldau, im 18. Jahrhundert hatte man eigene Wassermusiken dafür geschrieben. Das großartigste Fest zu seinen Ehren aber war die Heiligsprechung 1729. Sie dauerte acht Tage, und wir hören von den Augenzeugen, daß sie mit aller Pracht ausgerichtet worden war:

Kaum dämmerte der Abend des achten Octobers, so begann von mehr als hundert Thürmen das Geläut sämtlicher Glocken, da die Vigilien des Festes jetzt angebrochen waren, und mit dem folgenden Morgen die Octave ihren Anfang nehmen sollte, wie es auch in der That geschah; denn sehr früh am 9. October zog das Regiment Sikingen, neu gekleidet mit fliegenden Fahnen und klingendem Spiele auf den Hradschin in das Residenzschloß, und stellte sich in seinem innersten Hofraume auf. Ihm folgten eben so rauschend dreizehn Bürger-Compagnien, welche die Plätze in der Nähe der Staubbrücken, des erzbischöflichen Pallastes und des Rathhauses besetzten.

Das nahe, auf dem Berge Sion gelegene Prämonstratenserstift Strahow war zum Sammelpunkte der Hauptprozession bestimmt worden, damit sie die erforderliche Ausdehnung gewinnen könne. Um zugleich den Glanz der Feierlichkeiten zu erhöhen, und den Vereinigungsort der gesammten Geistlichkeit, des Adels, der Universität, der Magi-

strats- und Standespersonen entsprechend zu schmücken, hatte der Abt vor seinem Stifte eine Art Triumphpforte errichten lassen, vierzig Schuh hoch und zwanzig Schuh breit, woran man viele Inschriften und Embleme bemerkte, zum Beispiel das symbolisirte Böhmen, die Domkirche, das Prager Universitätsgebäude, und das Strahower Kloster selbst. Mit Palmen- und Lorbeerzweigen erblickte man alle Säulen bis zu den Capitälern hinauf umwunden; doch zeichneten sich das Bild des Heiligen und einzelne Darstellungen aus seiner Martyrgeschichte am meisten aus. Übrigens verdeckte einen Theil dieses Ehrengerüstes ein großer, aus der Höhe der Kirche herabschwebender Baldachin von grünem Damast, dessen Seitenvorhänge aus Goldstoff bestanden. Unter ihm prangte ein Altar, worüber vier krystallene Kronleuchter ihren Glanz verbreiteten und ein hohes Tabernakel bestrahlten, worin sich ein Abbild der Zunge des Heiligen befand. Aller Orten hatte man kostbare Steine, edle Metalle, Blumen, Sammet, Seidenstoffe, Spitzen und Bänder angebracht, insbesondere aber auf der Johannes-Bildsäule, die bald im feierlichen Zuge umher getragen wurde.

Man hatte an der Vorderseite der Metropolitane von dem Prof. Joh. Ferd. Schorr ein fünfundsiebzig Fuß hohes, auf die Heiligsprechung des Landes-Schutzpatrons sich beziehendes Frescogemälde verfertigen lassen, das nach der Belagerung Prags im Jahre 1757 von Joseph Bayer und 1772 von Wenzel Kramolin wieder hergestellt wurde, und noch gegenwärtig für eine beachtenswerthe Arbeit gilt. Vor der Kirche selbst aber war ein Sieg- und Ehrengerüst aufgeführt worden, aus mehreren hintereinander erbauten Triumphpforten bestehend. Hier sah der erstaunte Pilger einen hohen Vorbau und dann mehrere Schaubühnen mit Thürmen, deren Schilderung versucht werden soll. Vier allegorische Statuen schienen das Vorgerüst zu schützen, oder vielmehr die Hauptmomente aus dem Leben des Heiligen zu versinnlichen; es waren die Nächstenliebe, Verleumdung, Verschwiegenheit und Hingebung, umgeben mit historischen Malereien, aber auch mit personificirten Ideen und mit Inschriften in deutscher und lateinischer Sprache.

Dann gelangte man zur ersten Schaubühne, dem eigentlichen Mittelpunkt des Ehrengebäudes, mit einer achteckigen, dreiundsiebzig Schuh hohen Capelle, deren oberes Gesimse von vier, mit Attributen versehenen Seraphinen getragen wurde. An ihren Wänden hatte man Gemälde, Lampen und Kerzen angebracht, so wie auch Palmen und Lorbeerzweige, Lilien und Rosensträuße. Von der Decke hing hinter einem Krystallglase das Bild des Heiligen nieder, mit zahlreichen Edelsteinen besetzt, und es fehlte ebenfalls hier nicht an erläuternden Devisen. Über oder hinter diesem Monumente fiel der Blick auf einen aus großen Kragsteinen zusammengefügten Bau, der sich an die nahe stehende Capelle des hl. Adalbert lehnte, und dessen Spitze eine von Gold schimmernde Glorie schmückte, worin sich die Zunge des Heiligen in einem mit Edelsteinen verzierten Krystallgefäße befand. Zur Seite standen mancherlei Sinnbilder, zum Beispiel die vier, seit Johannes Geburt verflossenen Jahrhunderte und so weiter. Unter dieser Bühne aber führte eine Art Pforte hindurch mit einem Goldteppich und mit aus Blumen verfertigten Allegorien geschmückt, wodurch auf die Tugenden des Heiligen hingedeutet werden sollte, indem die Sonnenblume seine Treue bezeichnen sollte; die Lilie – vollkommene Reinheit; die roth und weiß gefärbte Tulpe und Nelke – Liebe und Unschuld; die Kaiserkrone – frommes Selbstgefühl; die Passionsblume – Ergebung in die Martyrpein; ein stachliger Rosenstrauß – Abwehrung unchristlicher Gesinnung; durch den Wind bewegte wohlriechende Blumen – Ausbreitung guter Lehren; die Amaranthe als Zeichen der Beständigkeit, und das Veilchen als bescheidenes, zuletzt dennoch anerkanntes Verdienst. – Über dem Ganzen schwebte ein Adler der Sonne zu.

Den dritten Thurm hatte der Architect mit der Bildsäule des hl. Wenzel und mit vielen Symbolen zu schmücken gesucht, denn hier erblickte man das Königreich Böhmen, die drei Prager Städte und die zwölf Kreise des Königreichs, jeder seine eigenthümlichen Erzeugnisse dem Heiligen überreichend. So brachte zum Beispiel der Altbunzlauer Granaten und Rubinen; der Königgrätzer Vögel, insbesondere Fasanen; der Chrudimer feine Krystalltafeln; der Čáslauer Silber; der Kauržimer stets grüne Bäume; der Bechiner Lachse; der Prachiner Perlen und Goldsand; der Pilsner ein weißes Lamm; der Saazer Reliquien, auf die in ihm einst zu Karlstein verwahrten Reliquien hiemit anspielend. Über dem Ganzen stieg der grüne Berg, die Heimath des Heiligen empor.

Auf dem vierten Thurme fand man dargestellt: den hl. Veit und die vier Welttheile, in welche Johannes Ruf bereits drang; das heißt Europa, dann Asien, insbesondere mit dem chinesischen Kaiserreiche;

Afrika mit dem Königreiche Congo; und Amerika mit Peru und dem neumexikanischen Gebiete. Alle huldigten ebenfalls und brachten Ambra, Gold, Papageien, Oele und so weiter dar. Sämmtliche Thürme hatten oben breite Luftgänge, mit Laub- und vergoldetem Schnitzwerk verziert, zu denen man auf breiten halbrund geschwungenen Treppen gelangte; auch waren diese Thürme und die ersteren Bühnen durch Seitenwände mit dem Haupteingange der Domkirche verbunden, die mit bunten Teppichen und anderem Decorationswerk prangten, das übergangen werden mag, um der Einförmigkeit doch einigermaßen vorzubeugen. Deshalb sey auch nur kurz angedeutet, daß die Wallfahrter noch durch ein anderes, dreiundachtzig Fuß hohes Prachtgerüste zu gehen hatten, bevor sie in das Gotteshaus traten, daß alle Zwischenräume mit lateinischen und deutschen Inschriften, Versen und Devisen ausgefüllt, und sämmtliche Bauwerke von dem Professor Schorr angegeben worden waren.

Über die, acht Werkschuh hohe, zwanzig Centner schwere Metallstatue des hl. Johannes, die auf Kosten des Freiherrn Mathias von Wunschwiz, nach dem hölzernen Modell Prokoffs, von dem Nürnberger Künstler Herold gegossen worden – über sie hatte man bei diesem Feste ein kostbares, mit Gemälden bedecktes Gerüst erbaut, worunter sich ein reich verzierter Altar befand. Die beiden Brückenthürme waren mit Symbolen geschmückt, sich auf das Herabstürzen des Heiligen beziehend; alle Häuser dicht in ihrer Nähe schienen mit diesen Thürmen an Decorationspracht zu wetteifern, und geschmückte Schiffe und Kähne durchschnitten, mit Überfahrenden belastet, fortwährend den Strom: weil das Volk auf der Brücke in der größten Gefahr stand erdrückt zu werden, indem sich hier doppelte Wagenreihen hin und her zu bewegen suchten, die aber von den wogenden, sich zwischen sie hineindrängenden Fußgängern so sehr zurückgehalten wurden, daß jeder Fahrende zufrieden war, konnte er den 298 Klafter langen Weg anfangs in einer Stunde zurücklegen.

Bald aber zeigte sich auch dies unmöglich, denn mehrere hundert glänzende Equipagen hatten sich schon nach kurzer Zeit in der Brückenstraße, auf dem Wälschen Platze und Kleinseitner Ringe so sehr in einander verfahren, daß Alles stockte, und Unglücksfälle kaum zu verhüten gewesen wären, hätte nicht so mancher Fußgänger am Ende durch die Seitenstraßen einen Vorsprung und Rettung vor dem Erdrücktwerden zu gewinnen gesucht.

Dieses Gewühl, dieser Andrang schien seinen Höhepunkt mit jedem einbrechenden Abend, beim Beginn der Illumination, zu finden; und war insbesondere am dritten Tage der Octave unbeschreiblich, wo bei dämmernder Dunkelheit mehr als dreihundert Musiker auf Flößen bis dicht an beiden Seiten der Brücke herangeschwommen waren und hier, nachdem acht Chöre, Trompeter und Paucker mit ihnen abwechselten, ihre vollen Harmonien ertönen ließen. Gleichzeitig standen auf der nahen Schützeninsel dreißig Kanonen, sehr viele Mörser und Doppelhacken, aus denen man unaufhörlich feuerte, bevor das große, durch allgemeine Salven eröffnete und geschlossene Feuerwerk begann.

Die Moldau schien bei dieser Gelegenheit mit bunten Schiffen, Gondeln, Kähnen und Flößen wie überdeckt, die sich dicht an einander preßten, und fast eben so langsam fortrückten, als die Karossen in den Straßen und auf der Brücke.

Die Festlichkeiten wurden jedes Jahr im Mai am Vorabend und am Tag Joannis Nepomuceni, am 15. und 16. Mai, und während der ganzen Oktav abgehalten. Wenn auch die Vorbereitungen nicht mehr so großartig waren, so hatte sich inzwischen eine Tradition herausgebildet, und das Volk nahm hier in Prag und im ganzen weiten Land an den Andachten zu Ehren dieses so beliebten Landespatrones teil. Etwa hundertfünfzig Jahre nach der Heiligsprechung wird das Fest in Prag so beschrieben:

Und es kamen diesmal zur Johannesfeier reichlich hunderttausend Menschen nach Prag. Mit wallenden Fahnen und unter Gesängen strömte es zu allen Thoren herein, voran weißgekleidete Jungfrauen, ein Miniaturbild des Heiligen auf den Schultern balancirend, dahinter die heiseren Vorbeter, die Paukenträger und Bläser, die Geistlichen endlich, von hundert müßigen Dirnen und alten Weibern und einigen Betbrüdern gefolgt. Am Abend war Prags größter Platz, der Roßmarkt, auf welchem sich eine glänzende decorirte und beleuchtete Johannesstatue befand, menschenbesäet. Paukenwirbel und Trompetengeschmetter ertönte, die tausend und tausend Fenster des riesigen Platzes erstrahlten im Lichte, eine Procession folgte der andern auf dem Fuße. Und all die hundert Processionen wandten sich dann in geschlossenem Zuge der Brücke zu, die in der Gegend der Johannesstatue von Menschen starrte, so daß kein Durchkommen war. Von der nahen Schützeninsel, die auch einen hl. Johannes aufzuweisen hatte, der wie jener auf der Brücke im Brillantfeuer strahlte, prasselten Raketen in die Höhe, Sonnen kreisten, Feuergarben sprühten, Namenszüge leuchteten auf. Und als der Feuerspuk vorüber und die Vorsänger bei den unterschiedlichen Johannesstatuen ihre letzte heisere Note verausgabt hatten, ertönten aus den Brauhäusern lustige Tanzweisen und die Pilger verliefen sich in die gastlichen Räume, wo übermüthige Volkssänger ihrer warteten. Da trat das weltliche Lied an die Stelle des geistlichen, schmucke Dirnen credenzten Bier und die Bratwürste, die in der weiten Vorhalle in riesigen Pfannen brodelten, fanden nimmersatte Abnehmer. Aber die hundert Brauhäuser in der Stadt hätten müssen zehnmal so weite Hallen haben, wenn sie dem Andrang hätten gewachsen sein sollen. Immer neues Volk fluthete heran, Männer, Weiber und Kinder, zehntausend wollten da essen, trinken und schlafen, wo nur für tausend Platz war. Mit dem Trinken konnte man sich am Ende stehend abfinden, aber als es Mitternacht wurde und die Volksorchester ihren letzten Geigenstrich ertönen ließen, da ging die rechte Noth erst an. Tausende mußten hinaus ins Freie, sich auf dem Straßenpflaster nach einem Nachtlager umzusehen, Tausende campirten auf der langen Strecke, die sich vom Altstädter Ring durch die beiden Jesuitengassen gegen die Brücke und von dieser wieder gegen die Hradschiner Burg hinzieht.

Die Fahnen lehnten an den Häusern, die Vorsänger schnarchten, aber mit dem ersten Hahnenschrei schon belebte sich das Bild, der Knäuel entwirrte sich und in hellen Haufen zog Alles nach der Domkirche, den Heiligen im silbernen Schrein zu schauen, der heute, sowie die ganze Octave hindurch, ausgestellt war.

Die Altstadt

Der Altstädter Ring

Die Altstadt – eine eigene Stadt Prag und nicht Altstadt im Sinn des ursprünglichen Zentrums – liegt, halbkreisförmig von der Moldau umflossen, an deren rechtem Ufer. Ihr Grundriß gleicht in etwa einem Ei. In die Befestigung teilten sich genau zur Hälfte die raschen Wasser des Moldauflusses und ein fester Mauerring, dessen Verlauf wir mühelos auf jedem Stadtplan ablesen können: Nationalstraße – Graben – Revolutionsstraße.

Den Mittelpunkt dieser Stadt bildet der *Altstädter Ring*, Hauptplatz mit Rathaus und Kirche. Seit der Aufhebung und Sanierung des *Ghetto*, das im Moldauknie, also im innersten Teil der Altstadt, gelegen war, und der einschneidenden Bauepoche um die Jahrhundertwende zerfällt die Altstadt ganz deutlich in einen südlichen Teil, in dem wesentlicher mittelalterlicher Baubestand nicht nur in der Sakral-, sondern auch in der Profanarchitektur erhalten ist, und einen nördlichen mit dem Gebiet des ehemaligen Ghetto, später Josefstadt genannt, in dem nur einige wenige historische Bauten geschont wurden.

Wo könnten wir unsere Wanderung besser beginnen, als vor der *astronomischen Uhr* am *Altstädter Rathaus*. Seit alters her ist dies ein beliebter Treffpunkt, dem Prager seit Kindertagen vertraut. An der Südseite des Rathausturmes ist diese Wunderuhr über drei Geschosse aufgebaut; die Tschechen nennen sie ›Orloj‹ – Horologium. Ein eigenes kleines Dach krönt die Anlage, die Meister Hanusch 1490 geschaffen hat. Ihre Inganghaltung mußte jeweils großen Mathematikern übertragen werden, die das komplizierte Räderwerk reparieren und die Berechnungen überprüfen konnten. Die Uhr zeigt nämlich gar vieles auf einmal an: Jahr, Monat, Tag, die Stellung der Planeten und der Fixsterne, den Lauf von Sonne und Mond und natürlich auch die Stunde. Dies alles spielt sich lautlos in den schönen sphärischen Kreisen des Mittelgeschosses ab. Darunter leuchtet eine feststehende große Scheibe mit allegorischen Darstellungen der zwölf Monate, Kopie einer 1865 von dem tschechischen Historienmaler Josef Mánes geschaffenen und im ganzen Lande wohlbekannten Bilderfolge. Durch Generationen hat man diese Bilder eines idealisierten bäuerlichen Lebens in den tschechischen Lesebüchern abgedruckt.

Das sichtbare und hörbare Wunder an dieser Wunderuhr, das alt und jung fasziniert, die Freude jedes Pragers, der um die volle Stunde hier vorbei kommt, und das Ziel der Fremden sind die beweglichen Figuren im Obergeschoß. Mit dem Glockenschlag der vollen Stunde öffnen sich zwei kleine Türchen, und würdevoll ziehen nicht nur zwölf, sondern dreizehn Apostel vorbei, jeweils kurz anhaltend und die Zuschauer stumm betrachtend: Petrus, Matthias, Johannes, Andreas, Philippus, Jakobus, Paulus, Thomas, Simon, Thaddäus, Bartholomäus, Barnabas, Judas – jeder mit seinem Attribut, und am Ende kommt Christus der Herr. Während die Apostel vorbeiziehen, läutet der Tod ein winziges Glöckchen, und der Greis, dem die Stunde schlägt, schüttelt ängstlich den Kopf, er will noch nicht sterben. Inzwischen treten oben die Apostel einmal beim linken und einmal beim rechten Türchen vor, so auch Christus. Dann schließen sich beide, aber noch ist das Schauspiel nicht zu Ende. Im Giebel öffnet sich ein Fensterchen, und wie bei einer Kuckucksuhr schnellt ein Hahn hervor und kräht laut, flügelschlagend. Hundertmale haben wir als Kinder dieses Schauspiel gesehen. Stunde um Stunde versammeln sich hier Menschen, wenn über dem stillen Gang der Planeten die Apostelschar mit dem Meister auftritt. Es ist nicht nur der Zauber dieses kleinen Marionettentheaters, wenn man die stummen Figuren so benennen darf, es ist die ernste Mahnung an die letzten Dinge, die uns tief berührt.

Neben dem Rathausturm treten aus einem schönen Portal vormittags oft Brautpaare, denn hier ist das Standesamt der Altstadt. Dieses *Rathaus* wuchs aus mehreren Bürgerhäusern zusammen, die man immer noch unterscheiden kann. Es wurde im 15. und 16. Jahrhundert zu einem repräsentativen Gebäude, würdig einer reichen und selbstbewußten Stadtgemeinde, ausgebaut. Stolz kündet die Aufschrift über dem prachtvollen Renaissancefenster ›Praga caput regni‹.

Der große Ratssaal ist mit einer Kapelle verbunden, deren *Chörlein* an der Ostseite des Turmes 1381 datiert ist. Darunter nennt eine dunkle Bronzetafel siebenundzwanzig Namen und gibt Kunde von dem Blutgericht des Jahres 1621, als die genannten Herren, Anführer des ständischen Aufstandes, am 21. Juni auf diesem Platz hingerichtet worden sind. Dieses Ereignis der böhmischen Geschichte blieb im Bewußtsein der Landeskinder ebenso lebendig wie der gewaltsame Tod des Johannes Hus 1415. Ein Flugblatt der Zeit schildert diese Hinrichtung wie folgt:

Auf dem Altan neben der aufgerichteten Bühne sind die kaiserlichen Richter samt der drei Prager Städte Ratsverwandte gesessen, die drei kaiserlichen Richter aber haben hernach einen nach dem andern zur Walstatt auf die Bühne begleitet, daselbst hin hat ein verkappter Herrendiener ein Crucifix gesteckt, dabei die Verurteilten auf ein schwarzes Tuch niedergekniet und ihre auferlegte Lebensstraf mit großer Geduld ausgestanden haben. Unter währender Execution aber hat man zu allernächst an der Walstatt bei dem Fußvolk, welches samt der Reiterei die Bühne in einer Ordnung umgeben und eingeschlossen hatten, auf etliche Trommeln dermaßen geschlagen, daß keiner seines eigenen Wortes hören noch vernehmen können.

Erstlich ist Herr Graf Schlick, in einem schwarz seidenen Rock und in der Hand ein Gebetbuch haltend, gar getrost und mit herzlichem Gebet – ganz frei und ungebunden, wie auch die andern alle, so an solchem Ort justificiert worden – auf die Bühne gegangen, allda hat ihn sein Diener oberhalb des Leibs abgezogen und entblößt, dar-

auf hat der Graf auf das Tuch niedergekniet und mit großer Geduld und wahrer Anrufung Gottes sein Haupt dargestreckt, nach dessen Abschlagung, so gar geschwind geschehen, hat des Grafen Diener dessen rechte Hand auf ein Stöcklein gelegt, welche die Nachrichter auch abgehauen und neben dem Haupt in seine Verwahrung genommen, der Leib aber ist ins Tuch, darauf er justificiert, gewickelt und von sechs schwarzen verkappten Personen, so Herrendiener gewesen sein sollen und in langen schwarzen Röcken, schwarzen Hüten bedeckt und im Angesicht mit Tuch verkappt gewesen, daß man sie nicht nennen können, vom Theatro hinweggetragen, also der decollierte Leichnam vom Henker nit angerührt, auch auf diese Manier mit allen vierundzwanzigen, so man mit dem Schwert gerichtet außer Doctor Jessenio gehalten und so oft einer hingerichtet, dem hernachfolgenden allwegen ein neues Tuch aufgebreitet worden.

Als nun Doctor Jessenius auf die Bühne kommen, hat ihm der Nachrichter alsobalden die Hände auf den Rücken gebunden, hernach, als er niedergekniet, die Zunge mit einem Zänglein herausgezogen, dieselbe abgeschnitten und darauf ihn enthauptet, welche seine auferlegte Lebensstrafe er mit gar großer Geduld und Beständigkeit mit vorhergehender herzlicher Anrufung Gottes erlitten und ausgestanden.

Hat also der Pragerische Nachrichter vierundzwanzig Personen enthauptet und solches mit vier Schwertern verrichtet, mit dem ersten hat er elf, mit dem andern fünf und mit den übrigen zweien Schwerten acht justificiert, auch nie einen Fehlstreich getan, sondern allwegen den Kopf geschwind abgehauen.

Auf solches hat er den übrigen drei Personen, so zu dem Strang verurteilt gewesen, auf dem Platz die Hände auf dem Rücken gebunden und die ersten zween an einem Balken zum Rathaus heraus, den dritten aber an die Justicia aufgehenkt und also mit seiner Hand in vier oder fünfhalben Stunden an einem Tag siebenundzwanzig Personen vom Leben zum Tod hingerichtet. Und ist solche Execution von männiglichen mit höchstem Erbarmen und christlichen Mitleiden angesehen worden, daß auch viel Leut mit Weinen und Heulen sich allenthalben stark hören lassen.

Blut, Tränen, standhafte Gläubigkeit – die Sieger schonten weder Deutsche noch Tschechen, weder Herren noch Bürger, so wie vorher diese Unterschiede auch nicht gemacht worden

16 Spätromanisches Relief im alten Zollhaus an der Karlsbrücke

17　Die Karlsbrücke mit dem Altstädter Brückenturm

Altstädter Brückenturm . Figuren aus der Parlerwerkstatt 18
Astronomische Uhr am Altstädter Rathaus 19

20 Karlsgasse an der Salvatorkirche

23 Die Teynkirche, Teynschule und das Haus zum Weißen Einhorn am Altstädter Ring

22 Das ›Haus zur Minute‹ und der Kleine Ring

24 Dächer und Türme der Altstadt (Palais Clam Gallas und Clementinum) gegen den Laurenziberg jenseits der Moldau

Der alte jüdische Friedhof 26
→

Die Alt-Neu-Synagoge und das jüdische Rathaus 27
Blick zum Hradschin 28
Die Moldau, St. Niklas und der Veitsdom 29
→

25 *In der Alt-Neu-Synagoge*

waren, als die Reformierten, und vor ihnen die Utraquisten, die Macht hatten. Das Land war zweihundert Jahre lang von erbitterten religiösen Kämpfen – Gewissensfragen für die einen, Macht und Geldfrage für die anderen – erschüttert worden. Es hatte den Namen ›Ketzerland‹ erhalten. Die Exekution 1621, durch Flugblätter in ganz Europa bekannt, stand wie ein Fanal zwischen zwei Epochen: jetzt wurde Böhmen mit seiner Hauptstadt Prag habsburgisch und katholisch, und so blieb es bis 1918. Damals, nach dem ersten Weltkrieg, brach die alte, vernarbte Wunde auf. Der Schauplatz der Exekution, die von einigen Historikern in eine nationale Niederlage umgedeutet worden war, sollte von allen Erinnerungen an die Sieger gereinigt werden: so wurde die Mariensäule gestürzt, die Doppeladler überall heruntergeschlagen. Ein Denkmal des Magisters Johannes Hus war bereits 1915 anläßlich der 500-Jahrfeier enthüllt worden. Es beherrscht, wenn ich mich so ausdrücken darf, mehr den Boden des Platzes als den Platz selbst, es geht in die Breite. Die großen, imposanten Bauten rund um den Platz überragen es.

Deutlich wird nur die Richtung, in der die Augen des Predigers Johannes Hus blicken: zur *Teynkirche*. Diese war ein Bollwerk der Hussiten hier in der Altstadt. Konrad Waldhauser und bedeutende böhmische Reformatoren hatten dort gepredigt, dort war König Georg von Podiebrad gekrönt worden, und lange Jahre war sein Standbild am hohen Giebel zu sehen gewesen, unter dem vergoldeten Kelch, dem Wahrzeichen der hussitischen Bewegung. Die Teynkirche war Bischofskirche der Anhänger des Kelches. 1626 hatte man an Stelle der ketzerischen Embleme eine Muttergottesstatue dort oben angebracht und ihren goldenen Strahlenkranz aus dem Metall des eingeschmolzenen Kelches gefertigt. Maria am Teyn, die Hauptkirche der Altstadt, spiegelte getreulich die jeweilige geistliche und geistige Situation wider.

Der Altstädter Ring ist lärmend und still zugleich; Verkehr durchpulst ihn, aber die Bänke am Husdenkmal und auf der

Grünfläche neben dem alten Rathaus laden zum Ausruhen ein. Sie bieten einen schönen Rundblick, und wir können uns die Gasse aussuchen, durch die wir nun in die Altstadt selbst hineingehen wollen.

Gang durch die südliche Altstadt

Eine merkwürdige Erfahrung sei dem Rundgang vorangestellt: eigentlich haben in unserem Jahrhundert nurmehr die Prager Juden etwas von der Prager Altstadt gewußt und darüber erzählt. Sie haben hier gelebt und ein Milieu geschildert, das uns unzugänglich blieb. Gewiß lagen inselartig Studentenquartiere in und um die Husgasse, gab es da und dort Leben in den Palais, die tagsüber aber nur Behörden waren. Wir gingen wie Fremde durch die Altstadt, obwohl wir ihre Sehenswürdigkeiten und Geschichten kannten, aber wir wußten nicht, wie die Menschen hier lebten. Drüben in der Neustadt, am Graben und am Wenzelsplatz, und in den großen Vororten ging es zu wie in jeder anderen Großstadt. Sprachliche Grenzen trennten uns nicht von den Einwohnern, und wir wußten, daß man in einem Zinshaus – ›Činžák‹ – in Paris oder New York auch so lebt. Auf der Kleinseite drüben kannten wir jeden Hof und verspürten eine gewisse Vertrautheit unter den Einwohnern, die, wenn sie über die Brücke gingen, sagten »Wir gehen in die Stadt«. Was war aber diese Altstadt? Für uns Studenten bestand sie aus der Festung des Clementinums, einem behüteten ›territorium sui generis‹, und diese Sondersituation galt auch für die verstreut, in verschiedenen Häusern untergebrachten Institute. Darin waren wir zwar zu Hause, aber rundum war vieles geheimnisvoll, gab es gruselige Geschichten, und wir kannten keinen, der hier wirklich lebte. Wir kannten auch keinen tschechischen Schriftsteller, der diesen Menschen Namen gegeben hätte, so wie Neruda den Käuzen und Einzelgängern auf der Kleinseite.

Die Prager Deutschen legten, so weit sie dem Bürgertum

angehörten, Wert auf eine Wohnung in besseren Vierteln oben hinter der Burg in Dejwitz oder Bubentsch, in Holeschowitz oder Smichow. Die Geschichten, die wir von der Altstadt wußten, waren nicht mehr mit unserem Leben oder dem unserer Eltern oder Großeltern verbunden. Es war Geschichte, und wir waren fremd in diesem Stadtteil.

Manchmal kam es uns vor, als sei der uralte Boden, das Schwemmland der Moldau, ausgehöhlt, alle die Keller und Gewölbe voll von Geheimnissen, und es gab niemanden, der sie uns erzählte.

Ein halber Tag könnte genügen, wenn wir ein etwas unregelmäßiges Viereck umschreiten, das etwa zwei Kilometer Umfang hat. Jedes Abweichen von dem vorgeschlagenen Weg bringt eigene Entdeckungen und sei deshalb dringend empfohlen, auch hat die Wiederholung dieses Spazierganges abends oder bei Nacht einen besonderen Reiz. Wir werden dann ein ganz neues Gesicht der Altstadt kennenlernen, sie scheint fast lebendiger noch als bei Tage und mehr sie selbst.

Maria am Teyn – am Zaun, am eingefriedeten Bezirk – ist die Hauptkirche des Viertels, 1365 an Stelle einer älteren Marienkirche erbaut. Sie bleibt der einzige bedeutende Sakralbau der Bürgerschaft, zu dem deutsche und tschechische Kaufleute großzügige Spenden gaben. 1420 wird die Bautätigkeit auf lange Zeit unterbrochen, 1511 erst kann man von einer Fertigstellung sprechen. Die Parlersche Dombauhütte von St. Veit auf der Burg hatte wesentlichen Anteil an der Planung und den ersten großen Bauabschnitten. Zwei spitzbehelmte Westtürme, ›Gotik im Harnisch‹, sind das Wahrzeichen der Altstadt geworden, die Kirche selbst ist so dicht von Häusern umstellt, daß man immer nur die Türme und zwischen ihnen den hohen Giebel sieht, aber keine Fassade. Auch dort, wo der Baukörper freisteht, sind die Abstände in den Gäßchen so eng, daß man keinen rechten Eindruck von seiner echten Größe gewinnt. Vom Altstädter Ring aus betritt man die Kirche durch die alte Teynschule, ein ursprünglich gotisches Haus mit Lauben und schönem Renaissancegiebel. Im Kellergeschoß sind romanische Gewölbe erhalten.

Der Eindruck vom *Innenraum der Teynkirche* ist durch die ungewöhnliche Höhe und die Helligkeit im Chor bestimmt. Reichtum und Bedeutung der Pfarrkirche ist an ihrer kostbaren Ausstattung abzulesen. Nach einem Brand wurde das Hauptschiff barock eingewölbt, die meisten Altäre mit ihren großen Bildern kamen im Barock zur Aufstellung. Karl Skreta, der erste große böhmische Barockmaler, Bürger der Altstadt, malte das Hauptaltarbild mit der Himmelfahrt Mariens und für die Seitenaltäre Mariä Verkündigung, St. Barbara, St. Josef, St. Adalbert. Neben ihm bekamen die Maler Heintsch und Halbwax, die Bildhauer Bendl, Preiß und Brokoff Aufträge. In seiner ganzen Schönheit ist der Johannes-Altar am dritten Pfeiler rechts erst durch die Freilegung anläßlich der Ausstellung ›Die Donauschule‹, 1965, erkennbar. Es ist eine Relief-Holzschnitzarbeit der Renaissance, die dem Meister I. P. – so hat er seine Werke signiert – zugeschrieben wird.

Gegenüber steht vor dem nördlichen dritten Pfeiler ein spätgotischer Baldachinaltar des Mathias Rejsek, in den 1852 ein neugotischer Lukas-Altar eingefügt wurde. Hier lag der italienische Bischof Augustinus Luzianus von Mirandola begraben, der gegen Geld utraquistische Geistliche in den Jahren 1483 bis 1493 geweiht hat, denn trotz aller Reformen und Ablehnungen Roms legten die Priester Wert auf eine ununterbrochene Weihetradition. Für die Kelchner, die verschiedenen Anhänger der Lehre des Johannes Hus und seiner Nachfolger, war die Teynkirche Bischofskirche von hohem Rang, und der erste langjährige, sehr umstrittene Bischof Rokycana war hier begraben.

Die Grabmäler in dieser Kirche haben ihre Geschichte, fast könnte man sagen ihre Geschichten! Wir wollen nur zwei näher betrachten. Am vierten rechten Pfeiler steht die kleine Rotmarmorplatte mit dem ganzfigurigen Bildnis Tycho de

Brahes. Dieser zu Lebzeiten hochberühmte Astronom war von Kaiser Rudolf II. aus Dänemark nach Prag gerufen worden. Er bekam hier alle Wünsche, die seine wissenschaftlichen Arbeiten betrafen, erfüllt und sogar einen Gehilfen, der nachmals noch weit berühmter wurde, Johannes Kepler. 1601 ist Tycho gestorben, und man erzählt, daß der kleine untersetzte Mann recht gerne getrunken hat und zwar nicht nur daheim, sondern auch im Wirtshaus, wo ihm bei einem Raufhandel das Nasenbein eingeschlagen worden war. Man sieht es an dem Konterfei, denn die Grabplatte steht im hellsten Licht.

Anders verhält es sich bei einer im nördlichen Seitenschiff unauffällig angebrachten Gedenktafel für einen zwölfjährigen Judenknaben, dessen eigentliches Grab unter der Orgelempore zu suchen sein soll. Die Inschrift lautet:

Simon Abeles, ein zwölfjähriges Jüdlein, folgte Gott und flüchtete in das Collegium Clementinum der Gesellschaft Jesu, der heiligen Taufe zuliebe, im September des Jahres 1693; nach wenigen Tagen aus der Gastfreundschaft verräterisch verschleppt, durch Schmeichelei, Drohungen, Mißhandlungen, Hunger und abscheuliche Haft zu Hause heimgesucht, erwies es sich stärker als dies alles und starb durch die Hand seines Vaters und dessen Freundes am 21. Februar 1694. Der heimlich beigesetzt gewesene Leichnam wurde am sechsten Tage exhumiert, behördlich untersucht und war bis zur Versiegelung des Sarges ohne jeden häßlichen Geruch, von natürlicher Farbe, gänzlich unerstarrt, angenehm anzusehen, und rosenfarbenes Blut entströmte ihm. Aus dem Altstädter Rathause wurde er mit wunderbarem Leichenprunk unter einzigartigem Zusammenlauf und gerührter Teilnahme des Volkes getragen und hier beigesetzt am letzten März 1694.

Ob diese Angaben den Tatsachen entsprechen, wurde schon verschiedentlich angezweifelt, zuletzt hat Egon Erwin Kisch den Fall untersucht und ist zu einem für die Jesuiten vernichtenden Urteil gekommen, die die angebliche Bekehrung und das Martyrium des Simon Abeles ungeheuer aufgebauscht haben. Jedenfalls beschäftigte diese Legende immer wieder die Gemüter.

Eine andere makabre Szene hat sich hier in der Teynkirche als Nachspiel zur Prager Exekution abgespielt: die geheime Bestattung von zwölf Köpfen der Hingerichteten.

Im J. 1631, da die Sachsen sich der Stadt Prag bemeistert haben, war Czechiades genöthiget, dem oben erwähnten Samuel Martini die Pfarrstelle wieder abzutretten. Den 30. Nov. darauf sind die zwölf Köpfe der im J. 1621 enthaupteten Rebellen von dem Bruckenthurme herabgenommen, in das alte Ungeld überbracht, daselbst ein jeder derselben in ein besonderes Kästchen gelegt, mit schwarzem Sammet bedeckt, von dannen um zwey Uhr nach Mittag unter der Begleitung sechzig protestantischer Prediger, und einer großen Anzahl ihrer Glaubensgenossen, bey Ertönung des Kirchengesanges: Křestianc prawdy Božy prawy Milowniczy... in die Kirche am Tein übertragen worden. Hier hielt Martini, als Vorsteher der sämmtlichen protestantischen Geistlichkeit, und Pfarrer am Tein, eine Leichenpredigt, und wählte zu dem Stoffe seiner Rede folgende Worte: Diese sind diejenigen, die aus großer Trübsal gekommen sind, und ihre Kleider in eigenem Blute gewaschen haben. Nach geendigtem solchen Ceremoniel ist das sämmtliche Volk entlassen, und die erwähnten zwölf Köpfe an einem verborgenen Orte ganz heimlich begraben worden. Im J. 1632 aber, den 24. May, wurden die Sachsen sammt allen ihren Predigern durch Albrechten von Waldstein wieder aus Prag vertrieben, worauf der ehemalige katholische Pfarrer Johann Czechiades die Pfarre am Tein zurück bekam, und von dieser Zeit an blieb auch diese Pfarrpfründe stets mit katholischen Vorstehern besetzt.

Welch eine Fülle von Geschichte und Geschichten! Wir haben sie als Kinder beizeiten und begierig immer wieder angehört. Das Unheimliche und Grausige der Kirche löste sich für uns aber in dem zarten Bild eines jungen Brautpaares auf, das vom nahegelegenen Palais Kinsky in die Teynkirche herüber kam, um hier getraut zu werden: im Bild unserer Großeltern.

Wir verlassen die Kirche wieder durch das Hauptportal und die Teynschule, wenden uns gleich nach rechts in das schmale *Teyngäßchen* an der Nordseite, bis wir vor dem leider immer verschlossenen Seitenportal mit dem schönen Tympanon stehen. Ein Meister der Parlerhütte hat hier eine Kreuzigungsszene von großer Eindringlichkeit aus dem Stein gehauen, vielfigurig erzählend und doch ganz auf den Mittelpunkt des Geschehens, das Kreuz Christi, bezogen. Ein Haus verstellt das kleine Gäßchen, an dem eine etwas aufwendige Tafel des 20. Jahrhunderts daran erinnert, daß hier der alte Wenzel von Budowetz lebte, der 1621 auf dem nahen Ringplatz hingerichtet worden ist. Im Nebenhaus lebte der damals siebenjährige Karl Skreta, der später als berühmter Maler nicht nur für seine Pfarrkirche, sondern für viele Prager Kirchen, aber auch für den Salzburger Dom große Altarbilder gemalt hat.

Eine Tordurchfahrt öffnet sich zu dem stillen alten Hof des *Ungelt*. Dies also ist einer der ersten Marktplätze der später so reichen Handelsstadt Prag. Ein Umschlagplatz für vielerlei Waren, die aus allen Himmelsrichtungen hierher gefrachtet wurden, um hier verkauft zu werden. Nord und Süd, Ost und West tauschten hier Bernstein und Pelze, Salz und Gewürze, Korn und Tuch, und in den frühen Zeiten blühte auch der Sklavenhandel. Die böhmischen Könige haben stets durch Privilegien die Kaufmannschaft geschützt und ermuntert, ihre Geschäfte weiterzuführen und zu entfalten. Die Rechte galten für alle Kaufleute, insonderheit aber für die Deutschen, wie es das berühmte Sobieslawsche Edikt von 1178 unterstreicht:

Ich Sobieslaus, Herzog der Böhmen, tue kund allen Gegenwärtigen und Zukünftigen, daß ich in meine Gnade und meinen Schutz aufnehme die Deutschen, die unter der Burg von Prag leben, und ich will, daß diese Deutschen als Volk (natione) geschieden bleiben von den Böhmen, wie sie auch von ihnen verschieden sind durch ihr Recht und ihre Gewohnheit. Ich gewähre daher diesen Deutschen, zu leben nach dem Gesetz und der Gerechtigkeit der Deutschen, die sie seit den Zeiten meines Großvaters, des Königs Wratislaw, gehabt haben ...

Unter den Häusern, die den heute stillen Ungelt umstehen, ist das arkadengeschmückte und bemalte ›Granovskysche Haus‹ hervorzuheben. Es bestimmt den Eindruck der ganzen Anlage. Hier erst in diesem Hof ist auch der nötige Abstand

Karlsbrücke, Moldau, Altstadt mit Ghetto nach dem Plan von Jos. Dan. Huber, 1769
→

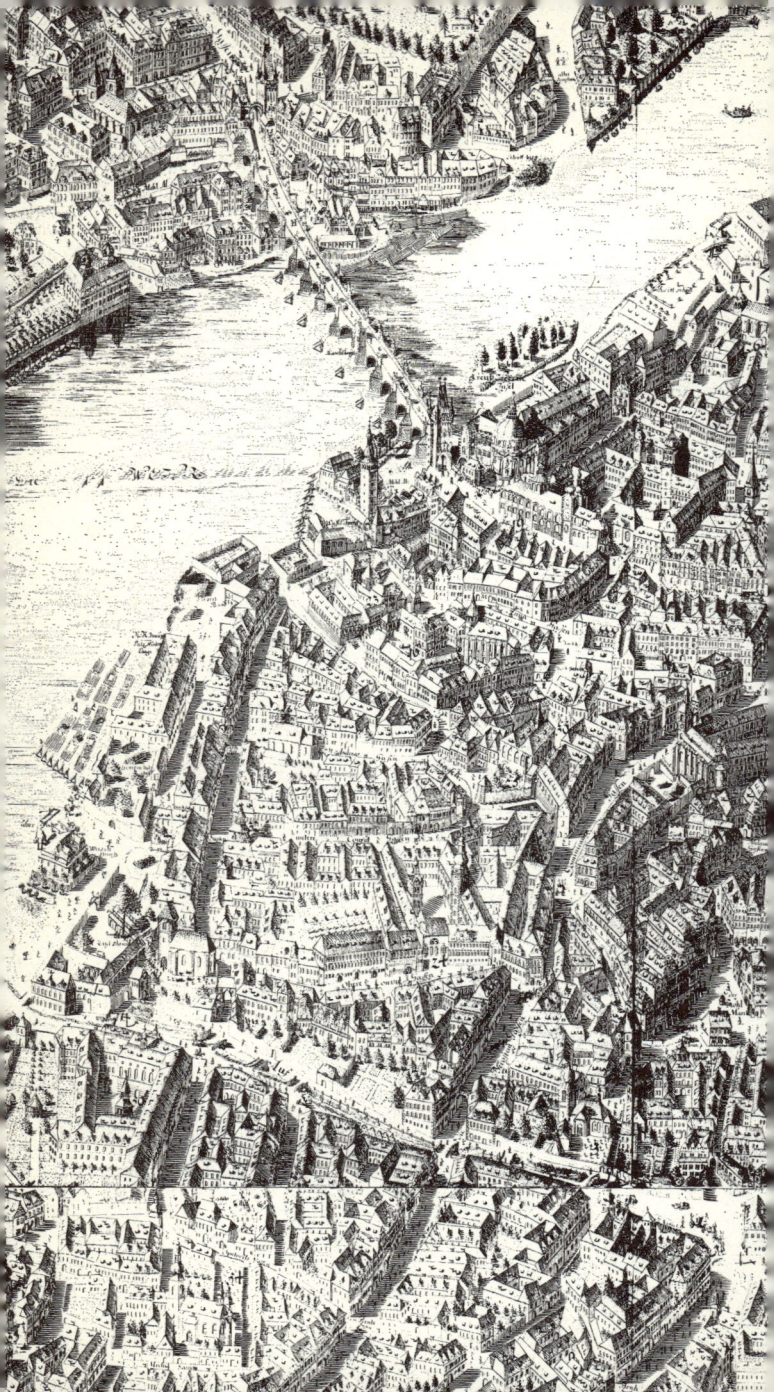

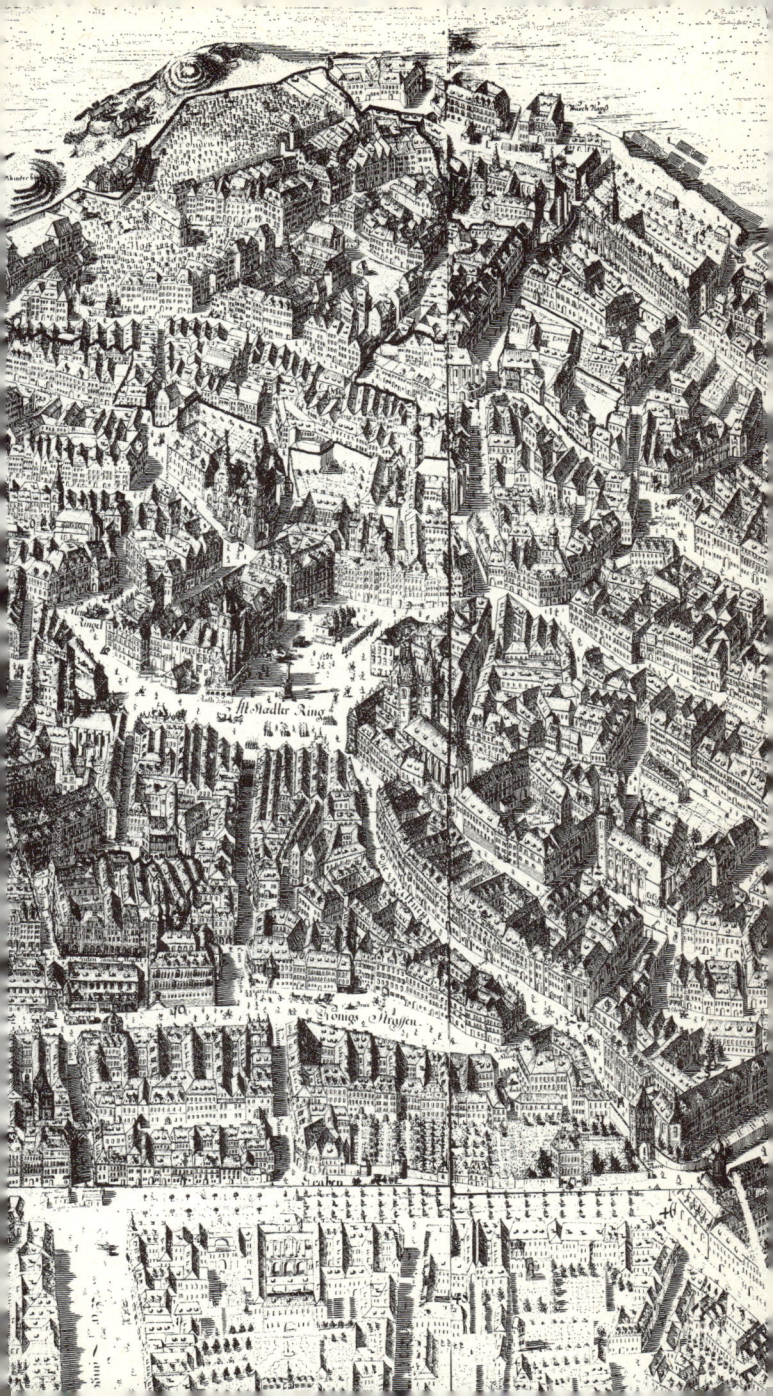

zur Teynkirche gewonnen, und man hat einen schönen Blick auf den steilen und hohen Chorabschluß. Jenseits des Hofes, der durch ein zweites Tor abgeschlossen werden konnte, steht eine an Größe und Pracht mit der Pfarrkirche Maria am Teyn wetteifernde Klosterkirche. 1232 kamen die reformierten Franziskaner, die Minoriten, von König Wenzel I. gerufen, hierher und legten *Kirche und Kloster St. Jakob* an. Die hohe dreiteilige Fassade trägt um die Fenster Stuckreliefs aus der Zeit des Frühbarock, Darstellungen der Ordenspatrone Franziskus und Antonius, in der Mitte die des Kirchenpatrons St. Jakob. Der hohe dreischiffige Raum mit dem langen, ganz leicht aus der Mitte versetzten Chor überwältigt durch eine prachtvolle Barockisierung, die zudem die gotischen Grundelemente in ihrer Wirkung unterstreicht. Eine Generation nach der Ausgestaltung der Teynkirche, in der Mitte des 17. Jahrhunderts, wurden die jüngeren Barockmaler hierher gerufen. Peter Brandl malte das Bild Allerheiligen, den hl. Wenzel, Mariä Himmelfahrt, den hl. Josef. Wenzel Lorenz Reiner, dem wir auch als Freskanten begegnen werden, malte für den Hochaltar die Marter des hl. Jakobus. Der großartig reichgeschnitzte, figurenbesetzte Rahmen für dieses Bild ist ein glänzendes Beispiel der sogenannten böhmischen Monstranzaltäre. Dieser hier ist 1739 von Matthias Schönherr geschnitzt.

Nach den einfachen, aber geschichtsträchtigen Grabmälern in der Bürgerkirche am Teyn finden wir hier bei den Bettelmönchen ein Kolossalgrab des obersten Kanzlers von Böhmen, Johann Wenzel Graf Wratislaw von Mitrowitz, 1714–16, nach einem Entwurf Fischer von Erlachs von Ferdinand Maximilian Brokoff ausgeführt. Es ist eines der großartigsten Barockgrabmäler Prags, eine dramatische Darstellung von Leben, Macht und Zeit, die alle zum Tode führen.

Die Jakobskirche sollte man an einem Sonntagvormittag zur Zeit des Hauptgottesdienstes besuchen. Auch heute noch werden hier große konzertante Messen aufgeführt, Chor, Orchester und Orgel ertönen in einem akustisch idealen Raum.

GALLI-VIERTEL

Gelegentlich finden hier auch Kirchenkonzerte statt, namentlich im Mai im Rahmen des ›Prager Frühling‹. Jedenfalls sollte man den ständigen Anschlag am Portal studieren, aus dem jeweils das Programm für den nächsten Sonntag zu ersehen ist.

St. Jakob war die Kirche der Fleischhauerzunft, die am nahen *Fleischmarkt* ihre Stände hatte. Sie galt als die erste Zunft und hatte besondere Privilegien, so durfte sie etwa bei feierlichen Aufzügen als erste vor den Mälzern – den doch so wichtigen Bierbrauern – gehen. Es war der Dank der Könige, denn die Fleischhauer hatten Johann dem Luxemburger mit ihren mächtigen Fleischerbeilen Eintritt in die widerspenstige Stadt verschafft, indem sie die Tore mit diesen ungewöhnlichen Waffen aufbrachen.

Ein kleines Haus im rechten Winkel zur Kirche trägt einen besonders hübschen Doppelnamen, einmal heißt es ›Zum Auge Gottes‹, ein andermal ›Zu den drei Bildern‹, denn auf der Fassade sind einträchtig nebeneinander der hl. Wenzel, Karl IV. und Georg von Podiebrad dargestellt.

Durch die *Jakobsgasse* führt der Weg nun zur *Fischgasse*, dann überquert man die *Zeltnergasse* und kommt auf den *Obstmarkt*. Der lange Platz mit seinen vielen schönen Barockhäusern wird von einem klassizistischen Gebäude abgeschlossen, dem *Ständetheater*. Bevor wir zu diesem hochberühmten Musentempel kommen, werfen wir einen Blick auf den Plan der Altstadt und ersehen, daß wir uns auf einem Gebiet befinden, das als Galli-Viertel mit eigener Pfarrkirche erst 1232 zur Altstadt kam. Große, jetzt verbaute Plätze mußten für den immer anwachsenden Marktbetrieb angelegt und in die Befestigung einbezogen werden. Noch heute heißt es an den beiden Enden hier Obstmarkt, dort Kohlenmarkt.

In der *Gallusstraße* wurde bis zur Zeit unserer Großeltern der berühmte *Tandelmarkt* von den Juden betrieben, auf dem vor allem gebrauchte Waren wiederverkauft wurden. Die sogenannten ›*Kotzen*‹, zwei lange Budenreihen, den heutigen Markthallen entsprechend, wurden erst im 19. Jahrhundert durch feste Häuser ersetzt, die heute aber nicht mehr Zwecken des Handels dienen.

Die *Rittergasse* zeigt an ihrer Südostseite, wie schön die erste Platzbegrenzung einst gewesen sein muß. Die *Galluskirche* stand ursprünglich frei, erst 1383 wird in ihrer Nähe für die neugegründete Universität das Collegium Carolinum in einem Bürgerhaus eingerichtet. 1627 entsteht an der Galluskirche ein Klostergebäude der Karmeliter, hundertfünfzig Jahre später wird das Ständetheater eröffnet, und so blieben von dem großen mittelalterlichen Platz nur mehr Bruchstücke. Dem gotischen Baukörper der Galluskirche, die nunmehr versteckt zwischen Häusern steht, wurde eine barocke Fassade vorgelegt. An dieser Kirche war Johannes von Nepomuk als Prediger tätig und nach ihm bekannte Prediger der Hussiten.

Uns interessiert freilich hier am meisten das historisch jüngste Gebäude, das *Ständetheater*. Es ist für den theaterfreudigen Prager zugleich voll von persönlichen Erinnerungen. Auf dem Giebel prangt in großen goldenen Lettern die Aufschrift ›Patriae et musis‹. Ein deutsches Nationaltheater, wie Lessing es forderte, sollte es werden. Ein einziger Mann hat diesen Plan gefaßt, Franz Anton Reichsgraf von Nostitz, doch hat er sich finanziell wohl übernommen, und die böhmischen Stände mußten das Theater zu Ende bauen und erhalten. Bis zum ersten Weltkrieg gab es hier für die Familien, die erhebliche Zuschüsse leisteten, erbliche Logen: wir kennen eine alte Sitzordnung, die uns diese Gönner und Förderer namentlich nennt. Hier wurde italienisch gesungen und deutsch gesprochen, ein buntes Programm, jeweils nach dem Geschmack des betreffenden Direktors gemischt, wurde geboten. Heute heißt das Theater, in dem Mozart seinen ›Don Giovanni‹ uraufführte, nach einem zwar liebenswerten, aber nur wenig bekannten tschechischen Schriftsteller, Tyl-Theater. Schade!

STÄNDETHEATER

In einer Parterreloge habe ich hier meinen ersten Theaterabend erlebt. Es war im Zuschauerraum schon dunkel, als wir in die Loge traten. Wir sahen in die Orchestervertiefung, in der die Musiker bereits Platz genommen hatten, und nach wenigen Augenblicken begann die Aufführung des ›Barbier von Sevilla‹. Ich war damals noch ein Kind, und ich kann mich nur an zwei Dinge genau erinnern: an die köstliche Szene, in der der alte Bartolo seine Schreibtischschublade ausräumt – und daran, daß ich vor lauter Aufregung den kostbaren Schal, den mir meine ältere Schwester großzügig geliehen hatte, gänzlich zerfranste.

Viele Jahre später, 1964, gelang es mir 177 Jahre nach der Uraufführung, im Ständetheater zum erstenmal Mozarts ›Don Giovanni‹ zu hören. Vielleicht waren meine Erwartungen zu hoch gespannt; gewiß sangen und spielten die Sänger in ihren etwas schwerfälligen, historisierenden Kostümen gut – aber die Inszenierung! Im letzten Akt erschien der Komtur nicht, sondern nur ein schwarzer Schatten, der den ganzen Hintergrund ausfüllte. Don Giovanni griff nach einer winzigen Hand, die sich plötzlich aus der schwarzen Fläche löste und stürzte dann schreiend auf ein Lotterbett. Kein Feuer, kein Schwefel, kein Blitz und kein Donner, kein Teufel und keine Hölle! Offensichtlich war das aus ›weltanschaulichen Gründen‹ nicht mehr ›tragbar‹. Dafür wurde das Bett an der Stelle, an der Don Giovanni eigentlich von der Hölle hätte verschlungen werden sollen, sanft auf Rollen hinausgefahren. Neben mir saß eine ältere Dame; sie schneuzte sich und sagte leise: »Na ja, da man an den Teufel ja nun nicht mehr glaubt, so werden sie ihn halt ins Krematorium fahren!«

In die schmale Seitengasse an der Nordseite des Theaters ragt fast unauffällig ein gotischer Erker herein. Es ist das einzige historische Baudenkmal der ›Alma mater Pragensis‹, der Kapellenerker des von Karl IV. reich dotierten *Collegium Carolinum*. Karls Sohn Wenzel hatte das Haus des Münzmeisters

Rotloew gekauft, ausbauen lassen und dem Collegium 1383 geschenkt. Die Magister und Studenten waren damals in Klöstern und verschiedenen Privathäusern untergebracht. An diesem einen Gebäude hier hielt die Tradition immer fest, und es blieb im Besitz der Universität. 1718 hat es Franz Maximilian Kanka umgebaut und barockisiert, 1882 wurde es durch den Dombaumeister Josef Mocker in das Regotisierungsprogramm einbezogen, und in den letzten Jahren haben die Archäologen und Denkmalpfleger dem Bau vieles von seiner ursprünglichen Gestalt wiedergegeben, wobei vor allem die Räume des Erdgeschosses mit ihren schönen Gewölben sehenswert sind. Akademische Festlichkeiten, darunter feierliche Promotionen, finden hier in Räumen statt, die seit über sechshundert Jahren der Universität gehören. Über die Gründung Karls IV. und ihre Entwicklung wollen wir beim Besuch des Clementinums, ihres späteren Hauptgebäudes, berichten.

Theater und Universität, Künste und Wissenschaften – hier an der Marktstraße bilden sie die lebendige Mitte der Stadt Prag! Unter den Lauben am Kohlenmarkt, auf dem vor dem zweiten Weltkrieg Blumen und Gemüse (nicht zu vergessen wundervolle Pilze) und die köstlichen Käse aus der Slowakei verkauft wurden, ist es kühl und gemütlich, besonders dann, wenn man in eines der alten Bierbeisel einkehrt. Kleine Bierstuben trifft man in den engen Gassen der Altstadt überall. Diese Schankwirtschaften haben fast einen ländlichen Charakter, klein, bescheiden, durchweg von Einheimischen besucht, bei Tag vielleicht ein bißchen schmuddelig; aber am Abend sieht man darüber hinweg, und man kann hier manch einen aus der Verwandtschaft des braven Soldaten Schwejk finden, sicherer jedenfalls als im Gasthaus ›Zum Kelch‹, in dem heute nurmehr Touristen sitzen.

Eigentlich möchte ich meinen Lesern einen kühnen Vorschlag machen: Zeichnen Sie beim Gang durch die Altstadt auf dem Stadtplan ein Kreuzchen ein, wenn Ihnen ein Lokal besonders gefallen hat, und versuchen Sie, es am Abend wieder zu finden. Sehr hilfreich ist es, wenn Sie sich dabei auch den Namen aufschreiben, auch wenn Sie ihn nur lesen und nicht aussprechen können. Jeder wird Sie in der Dunkelheit hinweisen, und Sie werden wirklich im alten Prag sein.

Am Ende des Kohlenmarktes, im Haus ›Zu den drei Löwen‹, wohnte 1787 Wolfgang Amadeus Mozart. Das Anwesen gehörte den Duscheks, bei denen er auch draußen in der Vorstadt in ihrer kleinen Villa ›Bertramka‹ oft zu Gast war. Dieses Künstlerehepaar, aber auch die Prager hier in der Altstadt, haben ihm die wenigen Triumphe seines Lebens bereitet, und hier haben die Gassenbuben die Melodien aus der eben aufgeführten Oper bereits am darauffolgenden Tag singen und pfeifen können.

Der nächste Häuserblock und die *Martinsgasse*, in die wir einbiegen, lagen bereits an der äußeren Befestigung. Die Kirche vor uns heißt *St. Martin in der Mauer*, im Kern romanisch, oft umgebaut und restauriert, das letztemal 1905. Dieses Gotteshaus gehört der böhmischen evangelischen Brüdergemeinde. Es hat für die Bewegung der Kelchner historische Bedeutung, weil hier 1414 das erste Mal an Laien das Abendmahl ›sub utraque‹, das heißt unter beiderlei Gestalt, gereicht wurde.

Bevor wir zu der berühmtesten Kirche der Hussiten, der Bethlehemskapelle, kommen, sei ein kleiner Umweg durch die *Bartholomäusgasse* in Richtung Moldau empfohlen, denn er führt zu der ältesten erhaltenen Kirche dieses Stadtteils, der romanischen *Rotunde zum heiligen Kreuz*. Sie dürfte um das Jahr 1100 erbaut worden sein, und wir müssen uns die ersten Steinkirchen in Prag alle so ähnlich vorstellen, Es waren die Mittelpunkte kleiner und kleinster Ansiedlungen, die erst später, zunächst an den Hauptstraßenzügen, zusammenwuchsen. Mit viel Liebe wurde dieses ehrwürdige Bauwerk, das damals schon zwischen hohe Häuser eingekeilt war, 1862 restauriert. Man hat fast den Eindruck, als sei dieser klare kleine Bau wie eine Versteinerung aus den umliegenden Häusermassen herausgeklopft worden oder als habe man ihn wie eine Perle in einer Muschel, als man sie aufbrach, gefunden.

An der alten Straße, die vom Wischehrad über den Bergstein in die Altstadt führte, die heutige *Husgasse*, kommen wir zu dem Platz, auf dem eine zweischiffige stützenlose Saalkirche 1950–52 nach alten Plänen wieder aufgebaut worden ist, die *Bethlehemskapelle*. Hier predigte der aus Südböhmen stammende Magister Johannes Hus, und er hatte großen Zulauf aus den Prager Städten. Ein Prager Kaufmann, Johann von Mühlheim, hatte die Bethlehemskapelle 1391 gestiftet und verfügt, daß hier nur tschechisch gepredigt werden dürfe. 1402 bekam der Universitätslehrer Johannes Hus die Predigerstelle und eine Wohnung neben der Kirche. Theologisch und philosophisch fundiert, trug er seine revolutionären Ideen so vor, daß ihn auch die einfachen Leute verstanden. Von dieser Kanzel zog er fort, um sich in Konstanz vor dem Konzil zu rechtfertigen. Er kam nicht wieder, und die Flammen des Scheiterhaufens, auf dem er verbrannt wurde, entfachten ein jahrzehntelanges Brennen und Sengen, Plündern und Morden. 1521 hat auf dieser berühmten Kanzel auch Thomas Münster gestanden. Dann wurde es still um die Kapelle, doch zeigte man sich durch die Jahrhunderte den Ort, an dem Hus gepredigt und das Haus, in dem er gewohnt hat, bis 1786 diese Gebäude abgetragen und das Gelände verbaut wurde. Die Rekonstruktion von 1950 ist eindrucksvoll, das kleine Museum sehenswert.

In unmittelbarer Nachbarschaft, in der Husgasse, steht die zweitürmige *Aegidienkirche*, eine dreischiffige gotische Halle von imponierenden Ausmaßen. Der Prager Bischof Johann von Draschitz und sein Nachfolger, der erste Erzbischof, Ernest von Pardubitz, hatten hier für ein bereits bestehendes Kollegiatsstift 1339–71 eine neue Kirche bauen lassen. Auch hier wurde später reformerisch gepredigt. Der berühmte Johann Militsch von Kremsier hatte bereits viele Zuhörer begeistert. Erst 1626 bekamen Dominikaner diese Kirche, um sie dem katholischen Gottesdienst wieder zuzuführen; sie erteilten Carlo Lurago den Auftrag, ein Kloster zu erbauen. Der noble frühbarocke Bau mit einem schönen Innenhof gehört heute zur Universität. Er war nach der Aufhebung des Klosters unter Joseph II. vom böhmischen Adel 1809 gemietet worden, der hier das *erste Musikkonservatorium Deutschlands* einrichtete:

In richtiger Erkenntnis der musikalischen Begabung des Volkes hat der böhmische Adel in Prag eine Schule geschaffen, welche nicht nur erstklassige Virtuosen für die Hausorchester der Aristokratie heranbildet, sondern so Vortreffliches leistet, daß ganz Europa dieser Anstalt seine Dankbarkeit zeigen sollte. Zwölf vom Adel bezahlte Lehrer unterrichteten hier sechzig Schüler, darunter zwanzig Mädchen, in der Musik. Unter den großen, diesem Konservatorium entsprossenen Künstlern sei nur Henriette Sontag genannt. (Charles Sealsfield.)

Die Aegidienkirche mit den beiden markanten, ungleich hohen Türmen ist 1734 weitgehend barockisiert worden. Die großzügige Freskierung ist ein Werk Wenzel Lorenz Reiners. Im Mittelschiff ist der Triumph des Dominikanerordens über die Ketzer dargestellt, im rechten Seitenschiff das Leben des Ordensgründers Dominikus, im linken das des bedeutendsten Gelehrten unter den Dominikanern, Thomas von Aquin. Obwohl die Malerei stark nachgedunkelt ist, bestimmt sie den Raum. Die reichen Altarrahmungen sind Werke bekannter Schnitzer wie Johann Anton Quittainer und Matthias Schönherr, am Hauptaltar Franz Ignaz Weiß, dem auch die Kanzel und das Orgelgehäuse zu verdanken sind. Hervorragend auch die Beichtstühle, die Richard Prachner 1765 gearbeitet hat.

Gegenüber der Aegidienkirche befand sich das St. Wenzelskolleg der Prager Universität, eine Stiftung des Johann von Lobkowitz für adelige Stipendiaten aus dem Jahre 1780. Hier haben die böhmischen Stände 1786 aus einer Ingenieurschule die *erste technische Hochschule Deutschlands* entwickelt.

DIE ALTSTADT

Die ›technische Akademie‹, ebenfalls eine adelige Stiftung, und ausschließlich vom böhmischen Adel unterhalten, steht unter der Leitung des Ritters von Gerstner, einer anerkannten wissenschaftlichen Größe. Gerstner hat in Böhmen mehrere bedeutende Eisenwerke erbaut; unter seiner Leitung werden hundertfünfzig Schüler von vier Professoren unterrichtet. (Charles Sealsfield.)

Bis auf den heutigen Tag arbeiten einzelne Institute in diesem historischen Gebäude. Welch ein Gegenüber: Musik und Technik, und beides gefördert von den patriotisch gesinnten, aufgeklärten und fortschrittlichen Landständen.

Die Husgasse, an frühen historischen Bauten so reich, wird an ihrem Ende von zwei mächtigen Barockpalästen begrenzt, die Eckpfeilern gleich Partner und Gegenüber der riesigen Anlage des Clementinums sind. Sie stehen aber noch in der engen Gasse, links das *Palais Trauttmansdorff* und rechts das *Palais Clam-Gallas*, ein Hauptwerk der Prager Palastarchitektur, das einzige in dieser Stadt nach einem Entwurf Johann Bernhard Fischer von Erlachs, der in Wien so viel gebaut hat.

Die Familie Gallas war durch den Generalfeldmarschall, den Gegenspieler Wallensteins in Böhmen, zu Reichtum gekommen. Mit dem Sohn des Erbauers starb die Familie aus, das große Vermögen ging an Johann Christof Freiherrn von Clam, dessen Nachkommen seither den Doppelnamen führten. Johann Wenzel Graf Gallas, 1696 geboren, war Gesandter des Wiener Hofes in England, Spanien und Rom und seit 1719 Vizekönig von Neapel; 1712 hatte er den Bau seines Prager Palais begonnen und eigentlich geplant, »sich eine freyere Aussicht aus seinem Hause zu verschaffen, die sämmtlichen Häuser, welche zwischen der Jesuitengasse, dann zwischen dem klementinischen Collegio und seinem Hause noch itz stehen, den Besitzern abzukaufen, und selbe rasiren zu lassen; allein der allzufrühe Tod hinderte ihn in der Ausführung dieses Vorhabens«.

Der Palast kommt dadurch um die Wirkung seiner großen Fassade, die, in Kupfer gestochen, in das berühmte Architek-

ST. NIKOLAUS

turwerk Fischer von Erlachs aufgenommen ist. Zwei mächtige Ecktürme öffnen sich im Erdgeschoß zu Einfahrtstoren, von Gigantenpaaren flankiert, die eine schwere Bekrönung mit Balkon und Vasen tragen. Dreifach ist die Fassade dazwischen gegliedert, sowohl in der Vertikalen als auch in der Horizontalen. Matthias Braun hat den plastischen Schmuck, die herkulischen Gestalten an den Toren, die Putten und Vasen des Treppenhauses geschaffen. Letzteres ist die einzige große Anlage dieser Art in Prag und hat keine Nachfolge gefunden. Über dem Treppenaufgang malte Carlo Carlone al fresco den Triumph Apolls. Im Clam-Gallas Palais wird das Archiv der Stadt Prag aufbewahrt, eine unerschöpfliche Quelle zur Geschichte dieses Gemeinwesens.

Wahrscheinlich zieht es uns jetzt zur Moldau. Wir könnten durch die Seminargasse in die Karlsgasse einbiegen auf jenen ersten Weg, der uns schon vertraut ist. Wenn wir aber den Rundgang beschließen und an die Astronomische Uhr zurückkehren wollen, dann führt der Weg um das Gebäude des neuen Rathauses herum durch die Plattnergasse zur *Nikolauskirche am Altstädter Ring*. Diese ist neuerdings wieder geöffnet. Sie gehört der 1918 gegründeten tschechoslowakischen Kirche. Vor der Erbauung der Teynkirche war St. Nikolaus als Pfarrkirche von großer Bedeutung. Im 15. Jahrhundert kam sie unter die Administration der Prämonstratenser von Strahow und 1645 an die Benediktiner von Emaus. 1732–35 schuf Kilian Ignaz Dientzenhofer den Neubau, einen großartigen Zentralraum, dessen Außenfassade bis zum Ende des 19. Jahrhunderts fast unsichtbar in einer kleinen engen Gasse stand. Anton Brauns Figuren der beiden Ordensgründer Benedikt und Norbert flankieren das Portal dieser reich gegliederten Südseite. Aus den Nischen beugen sich die beiden heiligen Ärzte Cosmas und Damian, Figurenschmuck tragen die Türme und Portalgiebel. Die reiche, fast bizarre Gliederung der Türme und des dazwischenliegenden Kuppeldaches deutet etwas von der höchst komplizierten Lösung im Innern an. Leider ist das kostbare Inventar gänzlich verloren gegangen, nur weniges ist in Kirchen außerhalb von Prag festgestellt worden. Als 1871 die russisch-orthodoxe Kirche St. Nikolaus übernahm, wurde ein großer Kristall-Lüster in Nordböhmen in Auftrag gegeben. Er ist heute der einzige, wirkungsvolle Schmuck des Innenraumes, der sonst merkwürdig kalt wirkt und infolge der schlechten Restaurierungen nur mehr den Architekturhistoriker anzuziehen vermag. Das Gruseln kommt einem, wenn man in einer Seitenkapelle beim Portal einen Urnenfriedhof der tschechoslowakischen Kirchengemeinde entdeckt, dessen Kästchen an die Schließfächer in einem Bahnhof erinnern.

Wir befinden uns, wenn wir aus der Nikolauskirche treten, an der Nordwestecke des Altstädter Ringes. Kilian Ignaz Dientzenhofer hat auch den zweiten großen Bau des 18. Jahrhunderts, der den Platz mitbestimmt, entworfen: das *Palais Kinsky* an der Ostseite des Platzes. Nach den Plänen des großen Architekten hat Anselmo Lurago den Bau 1755–65 für einen Grafen Goltz aufgeführt. Der anmutige Fassadenschmuck ist ein in Prag seltenes Zeugnis des Rokoko. Die Familie der alteingesessenen, später gefürsteten Familie der Grafen Kinsky erwarb das Palais 1768 und besaß es bis 1945. Neben verschiedenen Behörden ist heute hier die Staatliche Graphische Sammlung untergebracht, in der das 19. Jahrhundert und die Moderne ganz besonders gut vertreten sind.

Vielleicht schlägt jetzt gerade die volle Stunde, und so eilen wir schnell zur Aposteluhr, sehen die stillen, frommen Männer vorbeiziehen, hören den Hahn krähen. Gegenüber der Uhr, im Freien oder unter den schattigen Lauben, gibt es einige Restaurants, auch in der nahen Zeltnergasse kann man gute Lokale finden und wir sollten uns immer wieder einmal eine Ruhepause gönnen.

Gang durch die nördliche Altstadt

Der Rundgang durch den Nordteil der Altstadt gilt vor allem den historischen Gebäuden des Alten Ghetto. Man könnte auch noch zur Salvatorkirche, zum Spital der Barmherzigen Brüder, zu St. Kastulus gehen, doch steht eigentlich nur ein Monument in seinem geschichtlichen und künstlerischen Rang neben den Kunstwerken, die wir sehen werden: das *Agneskloster* an der Moldau.

Zu den leuchtenden Gestalten einer hl. Elisabeth von Thüringen, deren Beinamen ›gloria Teutoniae‹ ihr Ansehen im Mittelalter in etwa umschreibt, und einer hl. Hedwig, der Mutter Schlesiens, tritt in Böhmen die selige Agnes, Tochter König Ottokars I. Dem Vater war 1204 die erbliche Königswürde zuteil geworden. Agnes war die jüngste Tochter aus seiner Ehe mit Konstanze von Ungarn und mit den beiden vorgenannten heiligen Fürstinnen verwandt. Eine Königstochter war in jenen Zeiten ein ›politicum‹: früh wurden Verlöbnisse geschlossen, Erbverträge gemacht, und auch um Agnes begann das Spiel der großen Politik – erst sollte sie nach Schlesien verheiratet werden, dann warb Kaiser Friedrich II. für seinen Sohn Heinrich um die Hand der böhmischen Prinzessin. Die künftige Königin wurde daraufhin zur Erziehung an den Wiener Hof geschickt.

1225 kehrt sie, zwanzigjährig und nach Aufhebung des Verlöbnisses – die Babenberger hatten sich eingemischt –, wieder in die Heimat zurück. Da aber tritt der Kaiser selbst als Freier auf, und es ist verständlich, das König Ottokar und nach dessen Tod König Wenzel eine so enge Verbindung mit Friedrich II., dem mächtigsten Herrn der Christenheit, gerne gesehen hätten. Wenzel ließ seiner Schwester alle Freiheit und sie lehnte die Werbung ab. Die Legende erzählt, daß der kaiserliche Bote im Traum gesehen hätte, wie eine Krone sich vom Himmel herab auf Agnes senkte, doch nur für einen Augenblick, dann schwebte eine noch kostbarere herab und blieb. Sie bedeutete aber nicht die kaiserliche, sondern die Krone der Jungfrauschaft. Agnes wollte »dem himmlischen und nicht dem irdischen Bräutigam dienen«. Sie suchte in ihrer Frömmigkeit ebenso wie Elisabeth nach einem neuen Weg. Sie hatte von den Brüdern der Frau Armut gehört, von der neuen Gemeinschaft, die Franziskus von Assisi gegründet hatte. 1232 kommen die ersten Franziskaner nach Prag, Agnes stiftet am Moldauknie in der Altstadt ein Kloster. 1234 wird Elisabeth von Thüringen, zwei Jahre nach ihrem Tod, heiliggesprochen, Kaiser Friedrich II. geht im Büßergewand in dem feierlichen Zuge mit, der sich durch Marburg bewegt. Die Kunde von den Wundern dieser jungen Fürstin verbreitet sich im Abendland, ihr Beispiel ruft zur Nachfolge auf. Agnes hätte wohl in das Benediktinerinnenkloster auf der Burg bei St. Georg eintreten können, doch sie wollte die Nachfolge Christi als demütige Magd antreten und wandte sich an Clara, die geistliche Tochter und Schwester des hl. Franz. Die Briefe von Clara an Agnes sind uns erhalten, und es muß uns mit Staunen erfüllen, wie rasch in jenen Zeiten, da ein Bote von Assisi wohl viele Wochen bis Prag brauchte, sich die Kunde von wichtigen Ereignissen – hier von neuen Formen geistlichen Lebens – verbreitete.

Clara schreibt an Agnes:

Der ehrwürdigen und heiligen Jungfrau, der Herrin Agnes, des erhabenen und berühmten Königs von Böhmen Tochter, empfiehlt sich Clara, eine unwürdige Dienerin Jesu Christi und unnütze Magd der eingeschlossenen Frauen des Klosters San Damiano, ihre in allem unterwürfige Magd, auf jegliche Weise und mit besonders ehrfurchtsvollem Gruß und wünscht ihr, die Glorie der ewigen Seligkeit zu erwerben ...

Agnes gründet ein Frauenkloster nach dem Vorbild von San Damiano, und mit ihr treten sieben vornehme Mädchen ein. 1253 schreibt die todkranke Ordensmutter einen letzten Brief an Agnes; er ist ganz in der zarten und doch so bildmächtigen Sprache der Mystik geschrieben, und schon die Anrede läßt uns ahnen, wie dankbar Clara für eine Ordensschwester war, die an so weithin einflußreicher Stätte, wie in der königlichen Stadt Prag, den Weg der Armut erwählt hatte:

Der Hälfte ihrer Seele und dem Schrein ihrer einzigartigen und herzlichen Liebe, der erlauchten Königin, der Braut des Lammes des ewigen Königs, der Herrin Agnes, ihrer liebsten Mutter und vor allen bevorzugten Tochter, entbietet Clara, Christi unwürdige Dienerin und unnütze Magd seiner Mägde, die im Kloster San Damiano bei Assisi wohnen, ihren Gruß und wünscht ihr, daß sie mit den anderen heiligen Jungfrauen vor dem Throne Gottes und des Lammes das neue Lied singe und dem Lamm folge, wohin es geht!

O Mutter und Tochter, Braut des Königs aller Zeiten, wundere Dich nicht, daß ich Dir nicht so häufig geschrieben habe, wie Deine und meine Seele es gleichermaßen wünschen. Glaube ja nicht, daß die Glut der Liebe zu Dir weniger süß brenne im Herzen Deiner Mutter. Das Hindernis liegt im Mangel der Boten und in den bekannten Gefahren des Weges...«

Wenn Agnes auch streng die Regeln befolgte, so hatte sie doch weiter Verbindungen zur Burg und Einfluß auf ihren Bruder Wenzel und später auf ihren Neffen Ottokar II. Daß eine Königstochter, die der Kaiser zur Braut gewollt hatte, so in Armut und Jungfräulichkeit lebte, war ungewöhnlich. Schon zu Lebzeiten genoß Agnes den Ruf der Heiligkeit, und als sie mit siebenundsiebzig Jahren starb, hatte ihr Vorbild manche Nachahmung gefunden.

Ihr königlicher Bruder, Wenzel I., war in der Barbarakapelle des Klosters begraben worden, sie hatte gewünscht »in unserer Lieben Frauen Kapelle im innersten Winkel rechts in St. Salvator«. Die öffentliche Verehrung setzte vor allem auch in der Przemyslidenfamilie selbst ein – man bemühte sich 1328 um die Kanonisation; Königin Elisabeth, die Mutter Karls IV., die letzte Przemyslidin, war die treibende Kraft. Aus nicht genügend erforschten Gründen kam eine Kanonisation nicht zustande. Jedoch hatten die Kreuzherren das – später auch bestätigte – Privileg, am 2. März die selige Agnes als ›Doppelfest erster Klasse‹ zu feiern.

DIE ALTSTADT

Ein seltsames Schicksal haben die Bemühungen um die Heiligsprechung dieser franziskanischen Königstochter, über die so viel überliefert ist. Alles scheitert daran, daß nach den Zerstörungen der Hussitenzeit ihr Grab nicht gefunden werden konnte – jedenfalls nicht mit Sicherheit. Zwar gruben die Nonnen, die viele Jahrzehnte außerhalb von Prag in der Tochtergründung Teinitz gelebt hatten, 1636 nach und fanden Überreste einer im Ordenskleid bestatteten Frau. Der Erzbischof verfügte, daß alles in ein Kistchen zu legen und dieses zu versiegeln sei – und auch dieses Kistchen ist nicht Beweis genug gewesen und inzwischen nicht mehr aufzufinden. Nach den strengen Ordnungen für eine Kanonisation ist mit derselben für Agnes von Böhmen nicht mehr zu rechnen. 1797 wurde das Kloster aufgehoben und verkauft, »... anfangs zu einem Erziehungshaus für Soldatenkinder bestimmt, doch auch dieses gelangte bald zum Verkaufe an verschiedene Parteien, und so war das Vernichtungswerk zu Ende geführt, das altehrwürdige geistliche Institut zu einem schmutzigen Schlupfwinkel der Armut und gemeiner Spekulation umgewandelt«.

Trotz des trostlosen und schmutzigen Eindrucks des Viertels um das Agneskloster und der widerwärtigen Schlupfwinkel, zu denen die Kirchen, Kapellen und Wohngebäude des ehemaligen Klosters herabgesunken waren, ging von der Architektur selbst ein Zauber aus, der etwas von dem Geist früher und ganz reiner Gotik spüren ließ. Wie schön, daß jetzt diese edlen Räume wiederhergestellt werden und künftig einem Skulpturenmuseum der Gotik dienen sollen.

In welchem Zustand aber auch diese franziskanische Gründung sich befindet – über dem Bau, der zwischen 1234 und etwa 1280 entstand, schwebt eine Prophezeiung: »wenn einst der Leib der seligen Agnes zu Prag entdeckt werden wird, dann sollen alle Kriege und Unruhen in Böhmen aufhören und dem Lande ein Goldenes Zeitalter erblühen«! Wer möchte da nicht weiter forschen und suchen!

DAS GHETTO

Unmittelbar vom Altstädter Ring geht an St. Nikolaus vorbei eine gerade Verbindung zur Moldau, verkehrstechnisch die diagonale Fortsetzung der Zeltnergasse, die *Karpfengasse*. Sie hat neuerdings durch den Roman Ben Gavriels und die Verfilmung seines Buches unter demselben Titel: ›Das Haus in der Karpfengasse‹ traurige Berühmtheit erlangt. Es handelt sich um einen uralten Straßenzug, der am Rande des ehemaligen Ghettos entlang führt. Die *Judenstadt* ist seit 1895 nach langen vorbereitenden Sitzungen und Beschlüssen saniert worden. Man führte eine neue gerade Straße zur Moldau, die *Pariser Straße*. Heute sehen wir am jenseitigen Moldauufer als ›Point de vue‹ den gewaltigen, aber leeren Sockel des Stalindenkmals.

Die Gründe für die totale Sanierung der *Josephstadt*, von der nur ganz wenige historische Bauten verschont wurden, waren in den Amtsberichten also zusammengefaßt: große Sterblichkeit, häufige Erkrankungsfälle an Infektionskrankheiten, die eigentümlichen Bau- und Besitzverhältnisse, die große Zahl sanitärer und baulicher Hindernisse wie etwa blinde Kanäle, Übervölkerung infolge allzu großer Flächenverbauung, die große Zahl elender, überfüllter und unreiner, größtenteils nur aus einem Raum bestehender Wohnungen, Mangel an frischer Luft in dicht zusammengebauten Häusern sowie Mangel an gutem Trinkwasser und weiter der Umstand, daß dieser Bezirk im Überschwemmungsgebiet liege. Damals wohnten im Ghetto schon längst fast ebenso viele Christen wie Juden, da seit den Gesetzen unter Joseph II. eine Übersiedlung in andere Stadtteile für die Letzteren möglich geworden war. Seit dem Jahre 1850 war die Josephstadt nurmehr als Kultusgemeinde existent.

Das Ghetto füllte sich mit armem Christenvolk, das Labyrinth seiner düsteren Häuser und Häuschen, Gänge und Nischen, feuchter Kammern und dumpfiger Schlupfwinkel füllten und überfüllten die Ärmsten der Armen mit ihren Kindern, ihrer Armut und allerhand Krankheiten; die Trödlerkramstellen blieben dem Ghetto auch ferner-

hin, zu ihnen gesellten sich Schlafstellen, Höhlen des Lasters, Vergnügungslokale, in denen gescheiterte Existenzen zusammenkommen, wo heimlich um Geld gespielt wird, wo Branntwein und käufliche, geschminkte Frauen feilgeboten wurden. (Zikmunt Winter.)

Das Jahr 1900 sah das Ende einer tausendjährigen Siedlung aus sanitären und gewiß auch humanitären Gründen und im Einvernehmen mit seinen Ureinwohnern. Die ›Mutter in Israel‹, ›der Ruhm des in der Welt zerstreuten Israel‹, blieb nur in fünf Synagogen, dem jüdischen Rathaus und dem ehrwürdigen Friedhof sichtbar bestehen. Wie verloren finden sich diese Zeugnisse der Vergangenheit zwischen den unpersönlichen, meist häßlichen Mietshäusern der Jahrhundertwende. Und doch gehört ein Besuch der ›Alt-Neu-Synagoge‹ und des ›Alten Friedhofs‹ zu den bleibenden Eindrücken von Prag, nicht nur weil es sich um einzigartige Anlagen überhaupt handelt und weil die Judenschaft so wesentlich zu Prag gehörte, sondern weil wir alle, ob Jude oder Nichtjude, vor solchen Denkmälern in Europa nicht nur die Geschichte des Mittelalters, sondern auch die jüngste Geschichte des jüdischen Volkes bedenken.

In Prag ist durch die baulich so isolierte Situation der historischen Denkmäler, und auch weil die Gemeinde fast völlig aufgelöst ist, so etwas wie ein Museum entstanden, das nur noch von einigen Juden gehütet wird. Dazu kommt, daß im zweiten Weltkrieg von weither Kultgeräte und sonstige Kostbarkeiten aus jüdischem Besitz gesammelt worden waren, da die Nationalsozialisten hier das Museum einer »ausgestorbenen Rasse« errichten wollten.

Die *Alt-Neu-Synagoge* und der *Friedhof* liegen nahe beieinander. Sie sind Zeugnisse für das, was die uralte, hochberühmte Prager Gemeinde einst zusammenhielt: der Glaube, manifestiert in den Traditionen eines uralten Kultes, der hier, in der ältesten Synagoge Mitteleuropas, über siebenhundert Jahre vollzogen wurde. Dort, im alten Friedhof, finden wir dann die Menschen selbst, die Generation um Generation in Prag lebten, starben und begraben wurden: die zahlreichen Familien mit den hochberühmten Rabbis, die schönen und die treuen Frauen, die ehrwürdigen Greise, die zarten Kinder. Sie alle sind versammelt unter den aufgeschichteten Steinen des Friedhofs, der ›Beth-Chaim‹ – das ist ›Haus des Lebens‹ – heißt. Hier war der einzige Ort, an dem ein Jude vor Verfolgung sicher war. Seit dem 13. Jahrhundert haben Päpste und Könige die jüdischen Gräber in Schutz genommen. 1254 hat König Ottokar II. den Prager Friedhof ausdrücklich als einen Ort erwähnt, der Asyl bleibt, und wir wissen aus den Berichten über die wiederholten Verfolgungen, daß die Gräber der Vorfahren die letzte Zuflucht der Gehetzten waren, wenn die christlichen Prager Bürger plündernd und mordend durch das Ghetto zogen.

Bereits die erste Nachricht über Prag verdanken wir einem Juden, der als Sklavenhändler aus Spanien hierher gekommen war. 906 wurde der Reisebericht des Ibrahim, Sohn des Jakob, aufgeschrieben. Es ist anzunehmen, daß bereits damals einzelne Juden in Prag ansässig waren. Im 11. Jahrhundert wird eine jüdische Niederlassung unter dem Hradschin und eine andere am Wischehrad erwähnt. Das im Mittelalter übliche Siedeln nach Berufsgruppen und nach Nationen hatte für die Juden in noch strengerem Sinne Gültigkeit, und so kam es, daß sie um 1100 auf dem Gebiet des späteren Ghetto alle gemeinsam angesiedelt wurden, da hier vermutlich das erste größere Bethaus errichtet worden war. Die wachsende Gemeinde führte west- und osteuropäische Juden hier in Prag zusammen. Wir hören von ihrem großen Reichtum durch die Summen, die bei den immer wieder einsetzenden Verfolgungen, Vertreibungen und Bestrafungen als Lösegeld eine Rolle gespielt haben. Der bedeutende böhmische Historiker Franz Palacky hat dafür ein treffendes Bild gebraucht: man habe mit den Juden wie mit Bienen verfahren, denen der kluge Hauswirt von Zeit zu Zeit den überflüssigen Honig abzunehmen pflegt. Allerdings mußten die Bienen in Obhut gehalten werden, um aufs neue sammeln zu können. Der Prager Kulturhistoriker Zikmunt Winter schreibt:

Es ist bekannt, wie sie immer wieder neuen Honig anhäuften. Außer dem Handel bot der Wucher die bequemsten Mittel dazu. Teilweise der in unseren Tagen verurteilte, teilweise der harmlose Wucher, den wir Zinsdarlehen nennen. Schon Aristoteles galt es für unnatürlich und widerrechtlich, Zinsen zu nehmen; die Bedrängnis eines anderen und dessen Darlehensbewerbung mühelos auszunützen, erklärte er für unsittlich. Das Christentum adoptierte diese Anschauungsweise und untersagte, Zinsen oder Wucher zu nehmen. Aber Notwendigkeit ging über das Verbot. Die Leute bewarben sich um Zinsanleihen, und der Jude erwies sich immer bereitwillig. Das kirchliche Verbot erstreckte sich nicht auf ihn. Er hatte das Privilegium, zu wuchern und schämte sich nicht, Zinsen zu nehmen. Der heutige historisch juridische Begriff des Wuchers ist die Überschreitung des gesetzlichen Zinsmaximums, obgleich auch diese böse Abart des Wuchers bei den Juden, welche seit den ältesten Zeiten durch Überforderung am Zinsfuße sündigten, beliebt war.

In alten Zeiten, auf der niederen Stufe der sozialökonomischen Entwicklung, erwiesen sich die Juden als Kapitalisten der Armen ihres Geldes wegen unentbehrlich. Sie lebten von dem Wuchermonopol. In diesem sündhaften Monopol fanden die Regenten – ohne sich zur Mitschuld zu bekennen – Entschuldigung und Grund zur zeitweiligen Ausplünderung der sündhaften Juden.

Das Verhalten der Bevölkerung Böhmens zu den Juden unterscheidet sich nicht von dem anderer Völker in Mitteleuropa. Erst im 19. Jahrhundert wird durch den Nationalitätenstreit zwischen Deutschen und Tschechen die Situation für die Juden, die zwar frei und aller Bürgerrechte teilhaftig waren, zusätzlich kompliziert, weil nun zweisprachige Lager entstanden, die meist auch eine soziale Gruppierung bedeuten: hier arme tschechische Landjuden und dort reiche gebildetere deutsche Stadtjuden.

In diesem Zusammenhang ist es interessant, zu erfahren, daß nicht in erster Linie die alteingesessenen Prager Familien jene erstaunliche Fülle von Begabungen hervorbrachten, die in den zwanziger Jahren unseres Jahrhunderts das Prager deutsche Geistesleben prägten, sondern daß ebenso berühmte Männer wie Kafka, Werfel, Haas, Deutsch, Brod und andere meist der dritten Generation aus der böhmischen Provinz eingewanderter Familien entstammten. Der Journalist Willy Haas schreibt darüber:

Soziologisch gesehen hingen wir alle in der Luft. Unsere Großväter hatten in der Provinz etwas Geld verdient, als Bauern, als Kolonialwarenhändler oder das, was man in Norddeutschland einen Krämer nennt, nämlich einen Händler mit Kaffee, Tee, Erbsen, getrockneten Feigen und Bonbons, wie mein sehr ehrenwerter Großvater Zacharias Haas in dem Dorf Hroubowitze in Mähren. Dorthin war um 1680 mein Ahnherr Simon Haas mit seiner Frau Eleonore aus Holland eingewandert und hatte ein solides Haus gekauft, das ich als Knabe noch gut kannte. Oder mein anderer Großvater, Imanuel Bergmann in Schwarz-Kosteletz, der vom Bauern zum Getreidehändler oder altösterreichisch gesprochen zum ›Körndl-Juden‹ aufgestiegen war, dem die Bauern der Umgebung ihre Ernte zum Verkauf an der Prager ›Produktenbörse‹ überließen – offenbar, weil sie dabei gut verdienten.

Von daher kamen wir alle. Die Familien der Haas, Werfel, Kafka und Brod, der Kornfeld und Deutsch. Einige waren mehrfache Millionäre geworden, wie die Petscheks oder Gutmanns, die sich auf das Kohlengeschäft eingelassen hatten und Bergwerke besaßen. Der Vater Franz Werfels war ein eleganter Handschuhfabrikant geworden und hatte durch das Geschäft mit London viel Geld verdient. Kafkas Vater war ein ›All-round-Lieferant‹ en gros, mein eigener Vater ein Rechtsanwalt, nein, sogar ein Landesadvokat, wie die Advokaten damals in Prag hießen...

Von alldem erfahren wir nur noch aus der allerdings vielfältigen Literatur. Lebendig ist davon im heutigen Prag nichts mehr. Am schmerzlichsten und endgültigsten empfinden das die emigrierten Prager Juden selbst, und sie verleihen dem auch Ausdruck: »Ich möchte«, schreibt Willy Haas, »nicht für immer zurückkehren in diese Stadt, weil ihre Art, glücklich zu leben, nicht mehr die meine ist. Gern – sehr gern, möchte ich Prag noch einmal sehen. Etwa so wie der uralte Abraham wohl zuweilen den Wunsch verspürt haben mag, das Ur der

Chaldäer nochmals vor seinem Tode zu sehen. Es ist für mich nicht so schwierig, wie für ihn: ich kann eine Fahrkarte lösen und nach Prag fahren. Aber ich kann es nicht, wie er es nicht konnte: weil das alles hunderttausend Jahre zurückliegt. Und das ist doch zu fern!«

Etwa dreihundert Meter vom Altstädter Ring entfernt an der Pariser Straße steht ein Gebäude, das auf den ersten Blick einer hochgiebeligen alten Scheune gleicht. Es ist die *Alt-Neu-Synagoge*, die älteste erhaltene frühgotische in Europa, etwa 1270 erbaut. Da sie ein ganzes Stück tiefer liegt als das Straßenniveau, hat man das Gefühl, sie könnte gerade eben ausgegraben worden sein. Tatsächlich gibt es eine uralte Legende über ihre Erbauung, die etwas Ähnliches berichtet. Die Ältesten der Gemeinde konnten sich lange nicht einigen, wo die neue Schule zu bauen sei. Es wurde hin und her beraten, bis ein ehrwürdiger Greis ihnen verkündete, sie möchten einen Hügel aufgraben, der sich an der Stelle befand, wo heute die Synagoge steht. Kaum hatte man nur einige Ellen tief gegraben, so legte man den Bau bloß, wie man ihn heute sieht. Eine andere Legende sagt, Engel hätten die Synagoge aus dem gelobten Land nach Prag gebracht, und sie sei die älteste auf der Welt nach jener in Jerusalem. Die Engel hätten befohlen, den Bau nicht zu verändern, sondern ihn in seiner ursprünglichen Gestalt zu lassen. Deswegen verunglückten alle Baumeister, die etwas verändern wollten, und auch jene Gemeindeältesten, die solches zuließen. Als 1558 ein Brand im Ghetto wütete, blieb die Alt-Neu-Schule wunderbarerweise verschont. Inbrünstig hatte die Gemeinde mitten in ihrer Angst und Not darum gebetet, und plötzlich waren zwei Tauben auf das Dach geflogen, die dort solange verblieben, bis das Feuer ringsum erstickt war und keine Gefahr mehr drohte. – Aus diesen Zeugnissen spricht die Liebe und Verehrung, welche der Bau genoß, und die tiefe Verbundenheit, die der gläubige Jude mit seinem Gotteshaus empfindet.

An der südlichen Längsseite des rechteckigen Baus betritt

man ihn durch eine kleine Türöffnung und kommt zunächst in einen niedrigen Umgang, der sich in jenem Teil fortsetzte, der den Frauen während des Gottesdienstes vorbehalten war. Nur die Männer durften den hohen zweischiffigen Saal betreten, dessen Kreuzgewölbe zwei schlanke Pfeiler tragen. Um das Kreuz aber als Symbol auszuschließen, ist jeweils eine fünfte, gleichsam blinde Gewölberippe eingezogen. Der Raum ist sehr dunkel, geheimnisvoll schimmern die Kultgeräte aus Gold und Silber – eine unerhörte Stille herrscht in diesem Tempel Gottes. Der eigentliche Altarraum wird von einem schönen Eisengitter umschlossen; hier steht ein großer neunarmiger Leuchter, hier hängt ein rotsamtener, goldbestickter Thoravorhang, hier ist der erhöhte Sitz für den Oberrabbiner, den alle die berühmten Gelehrten eingenommen haben, unter denen der hohe Rabbi Löw wohl der berühmteste war. Er und alle seine Vorgänger und Nachfolger bis auf den heutigen Tag mußten aus einer auswärtigen Gemeinde nach Prag berufen werden, damit innerhalb der Gemeinde nicht Streit um die Nachfolge entstehe. In diesem Gotteshaus kann man sich eines frommen Schauers nicht erwehren – in Prag ist dieser Eindruck nur mit jenem der Wenzelskapelle vergleichbar.

Heute sind alle Synagogen, die Jüdischen Museen und der Friedhof an Samstagen für eine Besichtigung geschlossen. Wie wir erfahren, versammelt sich nur noch eine ganz kleine orthodoxe Gemeinde in diesem ehrwürdigen Tempel, die übrigen Gottesdienste finden in der modernen Jerusalemer Synagoge in der Nähe des Wenzelsplatzes statt.

Neben der Alt-Neu-Synagoge steht das hübsche *Rathaus* mit dem kleinen hölzernen Turm und den zwei Uhren, von denen eine als gewöhnliche Turmuhr die Stunde zeigt, die andere mit jüdischen Schriftzeichen bedeckt ist und einen Zeiger hat, der entgegen aller Regel von rechts nach links läuft. Der interessante Bau mit diesem Kuriosum ist immer noch Verwaltungsmittelpunkt für die jüdische Gemeinde, so wie er es seit 1765 gewesen ist. An dieses Rathaus lehnt sich der Renaissancebau der

DIE ALTSTADT

Hohen oder *Rathaussynagoge*, die freilich nur im Inneren etwas von dem schönen Stuck ihrer Erbauungszeit erhalten hat. Hier und in der benachbarten *Klaussynagoge* sind Teile der Sammlungen des Jüdischen Museums ausgestellt und können besichtigt werden. Über die Mauern zwischen der Klaussynagoge und dem Eingang zum Alten Friedhof ragen Grabsteine und Bäume.

Da finden wir den Eingang zu dem hochberühmten Ort, dem alten *Judenfriedhof von Prag*. Wenn wir im Frühsommer kommen, treten wir hier in einen lichten Wald, aus dem betörende Düfte strömen. Es ist die Zeit der Holunderblüte, jene Jahreszeit, in der einst Wilhelm Raabe Prag und diesen Friedhof kennenlernte, den er in der Novelle ›Die Holunderblüte‹ geschildert hat. Wie ein unverwelklicher Kranz ist die zarte traurige Geschichte an dieser Stätte niedergelegt. Die Zuneigung des Dichters zu dem kleinen Prager Judenmädchen Jemina ist ganz frei von den unausweichlichen Reflektionen unserer Zeit, frei von Philo- oder Antisemitismus. Der junge Dichter – hier tritt er als Student auf – und das schöne kranke Kind, dessen Schicksal von dem seines Volkes unzertrennlich ist, die unausweichliche persönliche und gesamte Situation sind mit soviel Ernst und Zartheit vorgetragen, daß ich keine Geschichte wüßte, die uns tiefer in jene Welt einführte, die nun für immer zu Ende ist. Raabes Beschreibung des Friedhofs aber trifft immer noch zu:

Ich sah die unzähligen, aneinandergeschichteten Steintafeln und die uralten Holunder, welche ihre knorrigen Äste drumschlingen und drüberbreiten. Ich wandelte in den engen Gängen und sah die Krüge von Levi, die Hände Aarons und die Trauben Israels. Zum Zeichen meiner Achtung legte ich wie die anderen ein Steinchen auf das Grab des hohen Rabbi Jehuda Löw bar Bezalel. Dann saß ich nieder auf einem schwarzen Steine aus dem 14. Jahrhundert, und der Schauer des Ortes kam in vollstem Maße über mich. Seit tausend Jahren hatten sie hier die Toten des Volkes Gottes zusammengedrängt, wie sie die Lebenden eingeschlossen hatten, in die engen Mauern des Ghetto . . .

Votivbild des Erzbischofs Jan Očko von Vlašim,
vor 1371: Kaiser Karl IV. und sein Sohn, König
Wenzel, knien vor der Madonna, hinter ihnen die
Heiligen Sigismund und Wenzel, in der unteren
Reihe der Erzbischof Jan Očko vor seinem
heiligen Vorgänger Adalbert kniend, daneben
die Heiligen Veit, Ludmila und Prokop.

DIE ALTSTADT

Aus dem schwarzen, feuchten, modrigen Boden, der so viele arggeplagte, mißhandelte, verachtete, angstgeschlagene Generationen lebendiger Wesen verschlungen hatte, in welchem Leben auf Leben versunken war, wie in einem grundlosen, gefräßigen Sumpf – aus diesem Boden stieg ein Hauch der Verwesung auf, erstickender als von einer unbeerdigten Walstatt, gespenstig genug, um allen Sonnenglanz und allen Frühlingshauch und allen Blütenduft zunichte zu machen.

Ein Angestellter des Jüdischen Museums führt die heutigen Besucher zwischen den Gräbern hindurch und erzählt aus dem Leben der hier Ruhenden, deren Bedeutendster eben jener Rabbi Löw war, der den *Golem* geschaffen haben soll. Die berühmte Geschichte möge hier in der Fassung, wie sie der ›Born Judas‹ bewahrt, ihren Platz finden:

Es lebte zu Worms ein Mann von gerechtem Wesen mit Namen Bezalel. Diesem wurde in der Passahnacht ein Sohn geboren. Es war das Jahr fünftausendzweihundertdreiundsiebzig nach der Weltschöpfung, und die Juden litten unter schweren Verfolgungen. Die Völker, in deren Mitte sie lebten, beschuldigten sie, daß sie bei der Herstellung des Passahbrotes Blut verwendeten. Als der Sohn Rabbi Bezalels zur Welt kam, brachte seine Geburt schon Gutes. Wie nämlich das Weib von Geburtswehen erfaßt wurde, liefen die Hausgenossen auf die Straße, um die Wehmutter zu holen und vereitelten dadurch das Vorhaben einiger Bösewichte, die ein totes Kind im Sacke trugen und es mit der Absicht, die Juden des Mordes zu beschuldigen, in die Judengasse werfen wollten. Da weissagte Rabbi Bezalel über seinen Sohn und sprach: »Dieser wird uns trösten und uns von der Plage befreien. Sein Name in Israel sei Juda Arje, gemäß dem Vers im Segen Jakobs: Juda ist ein junger Löwe; als meine Kinder zerrissen wurden, stieg er hoch«.

Und der Knabe wuchs heran und wurde ein Schriftgelehrter und Weiser, dem alle Wissenszweige vertraut waren und der alle Sprachen beherrschte. Er wurde Rabbiner der Stadt Posen, bald darauf aber berief man ihn nach Prag, woselbst er oberster Richter der Gemeinde war.

Sein Sinnen und Trachten war darauf gerichtet, seinem bedrängten Volk zu helfen und es von der Verleumdung des Blutgebrauches zu befreien. Er bat den Himmel, ihm im Traume zu sagen, wie er den Priestern, die die falschen Anklagen verbreiteten, beikommen könnte. Da ward ihm in nächtlichem Gesicht der Bescheid: Mache ein Menschenbild aus Ton, und du wirst der Böswilligen Absicht zerstören. Nun rief der Meister seinen Eidam, wie seinen ältesten Schüler zu sich und vertraute ihnen die himmlische Antwort an. Auch erbat er ihre Hilfe zu dem Werk. Die vier Elemente waren zur Erschaffung des Golems notwendig: Erde, Wasser, Feuer und Luft. Von sich selbst sprach der Rabbi, ihm wohne die Kraft des Windes inne; der Eidam sei einer, der das Feuer verkörpere; den Schüler nehme er als Sinnbild des Wassers; und so hoffe er, daß ihnen dreien das Werk gelingen werde. Er legte ihnen ans Herz, von dem Vorhaben nichts zu verraten und sich sieben Tage lang für die Aufgabe vorzubereiten.

Als die Frist um war, es war der zwanzigste Tag des Monats Adar im Jahre fünftausenddreihundertundvierzig und die vierte Stunde nach Mitternacht, begaben sich die drei Männer nach dem außerhalb der Stadt gelegenen Strome, an dessen Ufer eine Lehmgrube war. Hier kneteten sie aus dem weichen Ton eine menschliche Figur. Sie machten sie drei Ellen hoch, formten die einzelnen Gesichtszüge, danach die Hände und die Füße und legten sie mit dem Rücken auf die Erde. Hierauf stellten sie sich alle drei vor die Füße des Tonbildes, und der Rabbi befahl seinem Eidam, siebenmal im Kreise darum zu schreiten und dabei eine von ihm zusammengesetzte Formel herzusagen. Als dies vollbracht war, wurde die Tonfigur gleich einer glühenden Kohle rot. Danach befahl der Rabbi seinem Schüler, gleichfalls siebenmal das Bild zu umkreisen und eine andere Formel zu sagen. Da kühlte sich die Glut ab, der Körper wurde feucht und strömte Dämpfe aus, und siehe da, den Spitzen der Finger entsprossen Nägel, Haare bedeckten den Kopf, und der Körper der Figur und das Gesicht erschienen als die eines dreißigjährigen Mannes. Hierauf machte der Rabbi selbst sieben Rundgänge um das Gebilde, und die drei Männer sprachen zusammen den Satz aus der Schöpfungsgeschichte: »Und Gott blies ihm den lebendigen Odem in die Nase, und der Mensch ward zur lebendigen Seele!«

Wie sie den Vers zu Ende gesprochen hatten, öffneten sich die Augen des Golems, und er sah den Rabbi und seine Jünger mit dem Blick an, der Staunen ausdrückte. Rabbi Löw sprach laut zu dem Bildnis: »Richte dich auf!« Und der Golem erhob sich und stand da *auf seinen Füßen. Danach zogen ihm die Männer Kleider und Schuhe an, die sie mitgebracht hatten – es waren Kleidungsstücke, wie sie Synagogendiener trugen –, und der Rabbi sprach zu dem Menschen aus Ton: »Wisse, daß wir dich aus dem Staub der Erde geschaffen haben, damit du das Volk vor dem Bösen behütest, das es von seinen Feinden zu leiden hat. Ich heiße deinen Namen Joseph; du wirst in meiner Gerichtsstube wohnen und die Arbeit eines Dieners verrichten. Du hast auf meine Befehle zu hören und alles zu tun, was ich von dir fordere, und hieße ich dich durchs Feuer gehen, ins Wasser springen oder dich von einem hohen Turm herunterwerfen.« Der Golem nickte mit dem Kopfe zu den Worten des Rabbi, als wollte er seine Zustimmung ausdrücken. Er hatte auch sonst in allem ein menschliches Gebaren; er hörte und verstand, was man zu ihm sprach, nur die Kraft der Rede blieb ihm versagt. Sie waren zu drei in jener denkwürdigen Nacht aus dem Hause des Rabbi gegangen; als sie aber um die sechste Morgenstunde heimkehrten, waren ihrer vier.*

Seinen Hausgenossen sagte der Rabbi, daß er, als er des Morgens nach dem Tauchbad gegangen sei, einem Bettler begegnet wäre und ihn, da er redlich und unschuldig zu sein schiene, mitgenommen habe. Er wolle ihn in seiner Lehrstube als Bedienten gebrauchen, verbiete es ihnen aber, den Knecht für häusliche Arbeiten zu verwenden.

Und der Golem saß beständig in einer Ecke der Stube, den Kopf auf beide Hände gestützt, und verhielt sich reglos wie ein Geschöpf, dem Geist und Verstand abgehen und das sich um nichts bekümmert, was in der Welt vorgeht. Der Rabbi sprach von ihm, daß ihm weder Feuer noch Wasser etwas anhaben würden, und daß ihn kein Schwert verwunden könne. Den Namen Joseph hatte er ihm zur Erinnerung an den im Talmud erwähnten Joseph Scheda gegeben, welcher halb Mensch und halb Geist gewesen war, die Schriftgelehrten bedient und sie vielmals aus schwerer Bedrängnis gerettet hatte.

Der Hohe Rabbi Löw bediente sich des Golems nur, wo es galt, die Blutbeschuldigung zu bekämpfen, unter welcher die Juden Prags besonders zu leiden hatten. Schickte Rabbi Löw den Golem irgendwohin, wo dieser nicht gesehen sein sollte, so legte er ihm ein Amulett um, das auf Hirschhaut geschrieben war. Das machte ihn unsichtbar, er selbst aber konnte alles sehen. In der Zeit vor dem Passahfest mußte der Golem allnächtlich durch die Stadt streifen und jeden aufhalten, der eine Last auf dem Rücken trug. War es ein totes Kind, das in die Judengasse geworfen werden sollte, so band er den Mann und die Leiche mit einem Strick, den er immer bei sich trug, und führte ihn nach dem Stadthaus, wo er ihn der Obrigkeit übergab. Die Kraft des Golems war übernatürlich, und er vollbrachte viele Taten.

Diese Legende hat in dem Roman Gustav Meyrinks ›Der Golem‹ eine höchst merkwürdige Fortsetzung gefunden, die aber viel dazu beigetragen hat, Legende und Ort, nämlich Prag, weltberühmt zu machen. Meyrink schreibt:

Wer kann sagen, daß er über den Golem etwas wisse? Man verweist ihn ins Reich der Sage, bis sich eines Tages in den Gassen Prags ein Ereignis vollzieht, das ihn plötzlich wieder aufleben läßt. Und eine Zeitlang spricht dann jeder von ihm, und die Gerüchte wachsen ins Ungeheuerliche, werden so übertrieben und aufgebauscht, daß sie schließlich an der eigenen Unglaubwürdigkeit zugrunde gehen. Der Ursprung der Geschichte reicht wohl ins 17. Jahrhundert zurück, sagt man. Nach verlorengegangenen Vorschriften der Kabbala soll ein Rabbiner da einen künstlichen Menschen – den sogenannten Golem – verfertigt haben, damit er ihm als Diener helfe, die Glocken in der Synagoge läute und allerhand grobe Arbeit tue.

Es sei aber doch kein richtiger Mensch daraus geworden und nur ein dumpfes, halbbewußtes Vegetieren habe ihn belebt. Wie es heißt, auch das nur tagsüber und kraft des Einflusses eines magischen Zettels, der ihm hinter den Zähnen stak und die freien siderischen Kräfte des Weltalls herabzog.

Und als eines Abends vor dem Nachtgebet der Rabbiner das Siegel aus dem Munde des Golem zu nehmen versäumt, da wäre dieser in Tobsucht verfallen, in der Dunkelheit durch die Gassen gerast und hätte zerschlagen, was ihm in den Weg gekommen. Bis der Rabbi sich ihm entgegengeworfen und den Zettel vernichtet habe. Und da sei das Geschöpf leblos niedergestürzt. Nichts blieb von ihm übrig, als die zwerghafte Lehmfigur, die heute noch drüben in der Altneusynagoge gezeigt wird!

Ich kann freilich nicht wissen, worauf sich die Golemsage zurückführen läßt, daß aber irgend etwas, was nicht sterben kann, in diesem Stadtviertel sein Wesen treibt und damit zusammenhängt, dessen bin ich sicher. Von Geschlecht zu Geschlecht haben meine

Vorfahren hier gewohnt, und niemand kann wohl auf mehr erlebte und ererbte Erinnerungen an das periodische Auftauchen des Golem zurückblicken als gerade ich! ...

Ungefähr alle dreiunddreißig Jahre nämlich wiederholt sich ein Ereignis in unsern Gassen, das gar nichts besonders Aufregendes an sich trägt und dennoch ein Entsetzen verbreitet, für das weder eine Erklärung noch eine Rechtfertigung ausreicht:

Immer wieder begibt es sich nämlich, daß ein vollkommen fremder Mensch, bartlos, von gelber Gesichtsfarbe und mongolischem Typus aus der Richtung der Altschulgasse her, in altmodische, verschossene Kleider gehüllt, gleichmäßigen und eigentümlich stolpernden Ganges, so, als wolle er jeden Augenblick vornüber fallen, durch die Judenstadt schreitet und plötzlich – unsichtbar wird.

Gewöhnlich biegt er in eine Gasse und ist dann verschwunden.

Ein andermal heißt es, er habe auf seinem Wege einen Kreis beschrieben und sei zu dem Punkte zurückgekehrt, von dem er ausgegangen: einem uralten Hause in der Nähe der Synagoge.

Einige Aufgeregte wiederum behaupten, sie hätten ihn um eine Ecke auf sich zukommen sehen. Wiewohl er ihnen aber ganz deutlich entgegengeschritten, sei er dennoch, genau wie jemand, dessen Gestalt sich in weiter Ferne verliert, immer kleiner und kleiner geworden und – schließlich ganz verschwunden.

Vor sechsundsechzig Jahren nun muß der Eindruck, den er hervorgebracht, besonders tief gegangen sein, denn ich erinnere mich – ich war noch ein ganz kleiner Junge –, daß man das Gebäude in der Altschulgasse damals von oben bis unten durchsuchte. Es wurde auch festgestellt, daß wirklich in diesem Hause ein Zimmer mit Gitterfenster vorhanden ist, zu dem es keinen Zugang gibt. Aus allen Fenstern hatte man Wäsche gehängt, um von der Gasse aus einen Augenschein zu gewinnen, und war auf diese Weise der Tatsache auf die Spur gekommen.

Da es anders nicht zu erreichen gewesen, hatte sich ein Mann an einem Strick vom Dache herabgelassen, um hineinzusehen. Kaum aber war er in die Nähe des Fensters gelangt, da riß das Seil, und der Unglückliche zerschmetterte sich auf dem Pflaster den Schädel. Und als später der Versuch nochmals wiederholt werden sollte, gingen die Ansichten über die Lage des Fensters derart auseinander, daß man davon abstand.

Ich selber begegnete dem Golem das erste Mal in meinem Leben vor ungefähr dreiundreißig Jahren. Er kam in einem sogenannten Durchhause auf mich zu, und wir rannten fast aneinander.

Es ist mir heute noch unbegreiflich, was damals in mir vorgegangen sein muß. Man trägt doch um Gotteswillen nicht immerwährend, tagaus, tagein die Erwartung mit sich herum, man werde dem Golem begegnen. In jenem Augenblick aber, bestimmt – ganz bestimmt, noch ehe ich seiner ansichtig werden konnte, schrie etwas in mir gellend auf: der Golem! Und im selben Moment stolperte jemand aus dem Dunkel des Torflures hervor, und jener Unbekannte ging an mir vorüber. Eine Sekunde später drang eine Flut bleicher, aufgeregter Gesichter mir entgegen, die mich mit Fragen bestürmten, ob ich ihn gesehen hätte.

Und als ich antwortete, da fühlte ich, daß sich meine Zunge wie aus einem Krampfe löste, von dem ich vorher nichts gespürt hatte. Ich war förmlich überrascht, daß ich mich bewegen konnte, und deutlich kam mir zum Bewußtsein, daß ich mich, wenn auch nur den Bruchteil eines Herzschlags lang, in einer Art Starrkrampf befunden haben mußte ...

Über all das habe ich oft und lang nachgedacht, und mich dünkt, ich komme der Wahrheit am nächsten, wenn ich sage: immer einmal in der Zeit eines Menschenalters geht blitzschnell eine geistige Epidemie durch die Judenstadt, befällt die Seelen der Lebenden zu irgendeinem Zweck, der uns verhüllt bleibt, und läßt wie eine Luftspiegelung die Umrisse eines charakteristischen Wesens erstehen, das vielleicht vor Jahrhunderten hier gelebt hat und nach Form und Gestaltung dürstet. Vielleicht ist es mitten unter uns, Stunde für Stunde, und wir nehmen es nicht wahr. Hören wir doch auch den Ton einer schwirrenden Stimmgabel nicht, bevor sie das Holz berührt und es mitschwingen macht.

Vielleicht ist es nur so etwas wie ein seelisches Kunstwerk, ohne innewohnendes Bewußtsein – ein Kunstwerk, das entsteht, wie ein Kristall nach stets sich gleichbleibendem Gesetz aus dem Gestaltlosen herauswächst. Wer weiß das?

Um 1600, als der berühmte Rabbi Löw lebte, regierte Kaiser Rudolf II., unter dem Wissenschaft und Künste, aber auch der Kunsthandel blühte. Der damalige Bürgermeister der Judenstadt, Mordechai Maisel, der 1601 hier begraben wurde, war für den Kaiser ständig mit Darlehen zur Hand, »... er kannte den Pfeil, der selbst durch eiserne Türen dringt, er kannte den Schlüssel zu dem Herzen der höheren, kleineren und kleinsten Herren, und dieser Schlüssel und Pfeil war aus Gold«. Maisel sparte in seiner Stadt, nämlich im Ghetto, nicht mit dem gewonnenen Reichtum. Er war kinderlos. Zwei Synagogen hat er errichtet, er ließ die Straßen im Ghetto pflastern, ein Badehaus und ein Spital errichten, er beschenkte die Synagogen mit kostbaren Paramenten und Gefäßen, er stattete jährlich zwei arme verwaiste Bräute aus.

Irgendwo hier liegt auch ein Rabbiner begraben, der am Judenfriedhof ein Bethaus gründete. Zu dieser nach ihm benannten *Pinkas-Synagoge* wird man über den alten Friedhof geführt. Sie ist in ihrer Art ein Teil des Friedhofes, ein einzigartiges Ehrenmal: 77297 Namen bedecken ihre Wände, fein säuberlich alphabetisch nach Orten, und innerhalb dieser wiederum nach Familien geordnet. Die Vornamen von Vater, Mutter, Kindern, Enkeln stehen jeweils neben zwei Daten: dem Tag ihrer Geburt und dem Tag des Abtransportes in eines der Vernichtungslager. Daumennagelgroß sind die Buchstaben, und sie bedecken die Wände vom Fußboden bis zu den Gewölben. An der Stirnwand, vor der ein großer siebenarmiger Leuchter steht, ist nur die Judenschaft von Pilsen aufgeschrieben. Nur das ehemalige Protektorat Böhmen und Mähren ist hier ›erfaßt‹, nicht die Juden aus Reichenberg, Aussig, Karlsbad, Troppau, Preßburg oder aus anderen Ländern; nur die aus Prag und dem tschechischen Umland. Irgendwo stehen hier auch die Namen der Schwestern Franz Kafkas, ihrer Männer und Kinder...

Es ist gut, daß wir auf dem Rückweg noch einmal über den alten Friedhof gehen dürfen; gewiß liegen auch hier Tausende, aber es hatte doch jeder sein Grab, seinen Stein, das Gebet seiner Anverwandten. Dort in der Pinkas-Synagoge sind Tausende von Buchstaben aneinandergereiht, und der einzelne, jener Mann oder jene Frau, die wir gekannt, ihre Kinder, die fröhlich bei ihnen waren, sie sind namenlos hingeschlachtet worden – der alte Judenfriedhof mutet auf einmal wie ein Garten an, durch den wir nur sehr langsam gehen können.

Die Universität

»Spondeo ac polliceor – ich gelobe und verspreche«, sagte jeder Doktorand, wenn er an der Hohen Schule zu Prag feierlich promoviert wurde. Er legte dabei die Schwurfinger der rechten Hand auf das Zepter der Fakultät, das ihm der Pedell in Robe feierlich entgegenhielt. Der Promotor, jener Professor, der dem Dekan und dem Rektor die Kandidaten, die sich strengen Prüfungen unterzogen und durch ihre wissenschaftliche Arbeit ausgewiesen hatten, vorstellte, hatte die Eidesformel vorgesprochen:

Sie sollen also geloben, erstens: die Universität, an der Sie die höchste Stufe in der Philosophie ersteigen, stets in dankbarer Erinnerung zu behalten und ihre Sache und Sachwaltung nach Kräften zu fördern; zweitens: den Ehrentitel, den ich Ihnen verleihen will, rein und makellos zu bewahren, ohne ihn jemals durch einen schlechten Wandel oder ein ehrloses Leben in den Schmutz zu ziehen; schließlich und endlich: die Humanitätsstudien in rastloser Arbeit zu pflegen und fortzupflanzen, nicht um schnöden Gewinnes willen noch zu Erraffung eitlen Ruhms, sondern vielmehr darum, um die Wahrheit zu verbreiten und ihr Licht heller aufleuchten zu lassen, da in der Wahrheit das Heil der Menschheit beschlossen ist. Wollen Sie das aus Ihrem aufrichtigen Entschluß geloben und versprechen?

Bis zum Jahre 1939 war in Prag die Doktorpromotion eine würdige akademische Feier, entweder in der gotischen Kapelle des *Carolinum* oder in der Spiegelkapelle des *Clementinum*. Immer war etwas von der stolzen Tradition der ersten Universität im Heiligen Römischen Reich Deutscher Nation zu spüren, und sie blieb den Prager Doktoren auch bewußt. Aber noch ein Zweites bewegte Studenten und Doktoren dieser Universität. Sie wußten, daß die Kämpfe um die ›Alma mater‹ durch alle Jahrhunderte angehalten hatten und daß diese philosophischen, theologischen und nationalen Auseinandersetzungen immer sofort auch in Machtkämpfe der Politik außerhalb der Universität umschlugen. Wohl schützte ein Sonderstatus das Territorium der Universität, aber die Lehrer und Studenten trugen ja oft die Kämpfe selbst auf die Straße, und weit vom Ursprung eines Meinungsstreites, der in Worten ausdiskutiert werden sollte, wurden Kämpfe daraus, an denen die ganze Stadt, der Erzbischof, der König, das Land mit den Ständen teilnahmen, und dies nicht nur einmal im 15. Jahrhundert, ein Menschenalter nach der Gründung 1348, sondern durch alle Jahrhunderte bis in unsere Tage.

Als meine Generation das Studium zwischen den beiden Kriegen begann, gab es zwei Universitäten, eine deutsche und eine tschechische, die recht und schlecht miteinander auskamen. Trotz einiger Neubauten der tschechischen Universität waren die Institute und Hörsäle in der ganzen Stadt verstreut, wie dies schon im Mittelalter der Fall gewesen war. Das Hauptgebäude blieb für die Geisteswissenschaften das Clementinum mit der Bibliothek. Das Klinikviertel lag östlich vom Karlsplatz in der Neustadt. Die Studentenkrawalle waren stark nationalpolitisch gefärbt, die Prügeleien oft sehr heftig. Aber letzten Endes vertrug man sich dann auch wieder. Als im März 1939 die deutschen Truppen Prag besetzten, war es klar, daß die tschechische Intelligenz sich gegen die Errichtung eines Protektorats Böhmen und Mähren stellen würde, das der so selbstbewußt begonnenen eigenstaatlichen Entwicklung in der ersten Republik ein klägliches Ende setzte. 1918 bis 1938, erst zwanzig Jahre waren vergangen, seit man wie in einem Rausch die Freiheit genossen hatte. Die tschechische Universität wurde bald Zentrum des Widerstandes gegen die Entmachtung; sie wurde auf Befehl des Reichsprotektors am 17. November 1939 geschlossen. Dies bedeutete für ein ganzes Volk die völlige Abschnürung des akademischen Nachwuchses. Die Empörung der Tschechen war ungeheuer. Viele deutsche Akademiker schämten sich dieser Maßnahme. Die Prager deutsche Universität hatte 1939 eine große Zahl bedeutender Lehrer verloren, die als Gegner des Nationalsozialismus emigriert waren, manche von ihnen waren schon seit 1933 auf der Flucht vor den Schergen Hitlers. In jenen sechs Jahren von 1933–39 war Prag Mittelpunkt einer deutschsprachigen Emigration gewesen, die auf Presse, Theater und Universität Einfluß gehabt hatte.

Die Schließung der tschechischen Universität, die nicht wie versprochen nach drei Jahren wieder aufgehoben wurde, führte dann 1945 zu der Gegenmaßnahme, daß am 18. Oktober Präsident Benesch rückwirkend bis zu jenem 17. November 1939 auch die deutsche Universität von Prag aufhob, die bis zur Kapitulation im Mai 1945 ihre Lehrtätigkeit aufrechterhalten hatte. Als man 1948 zur 600-Jahrfeier der ›Alma mater Pragensis‹ rüstete, konnten nur wenige Gäste aus dem Ausland zu den Festlichkeiten kommen. Der kommunistische Umsturz vom Frühjahr warf bereits seine Schatten auf die Freiheit des Lehrens und Lernens. Welch ein merkwürdiges Verhängnis lag immer wieder über den Jubiläen!

1648, 1748, 1848: diese wenigen Daten zeigen schon, welch inneren und äußeren Schwierigkeiten die von ihren Studenten doch so geliebte Alma mater stets bedrohten. Der Stiftungsbrief Karls IV. ist vom 7. April 1348 datiert:

Karl, von Gottes Gnaden Römischer König, immer Mehrer des Reiches und König von Böhmen. Zu immerwährendem Andenken.

Unter allen Dingen, die Unser Herz ersehnt und die Unserem königlichen Sinn unausgesetzt vorschweben, bekümmert Unsere Seele vornehmlich Eine Sorge, wenn Wir nämlich Unser Augenmerk darauf richten, wie Unser Königreich Böhmen, das Wir vor allen übrigen erblich oder glücklich erworbenen Würden und Besitzungen vorzugsweise ins Herz geschlossen haben, dessen Förderung Wir mit aller Umsicht betreiben und auf dessen Ehre und Wohlfahrt Wir mit allen Mitteln bedacht sind, so wie es die Natur durch göttlichen Ratschluß verschwenderisch mit Lebensgütern versorgt zu seiner Lust, auf

DIE ALTSTADT

Geheiß Unserer Fürsorge zu Unseren Zeiten eine Menge kluger Männer gewinne zu künstereicher Zier, auf daß unsere getreuen Untertanen, die unablässig nach dem Genusse der Wissenschaft dürsten, nicht gezwungen in der Fremde um Brocken zu betteln, im Königreich ihren gedeckten Tisch finden und daß diejenigen, die eine angeborene Feinheit der Anlage zu Ratgebern vorbestimmt, sich wissenschaftlich schulen können und nicht einfach genötigt sind, ja es für überflüssig erachten, zur Erwerbung von Wissen den Erdkreis zu durchwandern, fremde Völker aufzusuchen, und damit ihr Verlangen gestillt werde, in fremden Landen zu betteln, sondern daß sie ihre Ehre darein setzen, andere aus der Fremde zum süßen Geruch und zur Teilnahme an solcher Köstlichkeit zu entbieten. Damit nun eine so heil- wie lobsame Empfängnis Unseres Geistes auch rechte Frucht bringe, so wollen Wir mit den frohen Erstlingen der Neuerung den Thron des genannten Königreichs erhöhen und haben mit vorbedachtem zeitigen Rat beschlossen, in Unserer reizvollen Metropolitanstadt Prag, welche die Fülle des Bodenertrags und die anmutige Lage gepaart mit Wohlstand für ein solches Unternehmen zweckdienlich machen, ein Generalstudium einzusetzen, einzurichten und neu zu schaffen. An diesem Studium soll es Doktoren, Magister und Scholaren geben in jeglicher Fakultät. Wir versprechen sie herrlich auszustatten und werden diejenigen, die Wir wert befinden, königlich belohnen. Wir nehmen die Doktoren, Magister und Scholaren samt und sonders auf der Reise und in jeglicher Fakultät, und woher sie immer kommen mögen, bei der Zureise, während des Aufenthalts und bei der Rückreise unter den besonderen Schutz und das freie Geleit Unserer Majestät und sind entschlossen, jedem einzelnen die feste Zusicherung zu geben, allen, die hieher kommen wollen, samt und sonders alle Privilegien, Immunitäten und Freiheiten mildreichst zu erteilen, welche auf den Studien zu Paris und zu Bologna die Doktoren und die Scholaren aus königlicher Macht ungestört zu genießen gewohnt sind, und bewirken zu wollen, daß dies von allen samt und sonders unverbrüchlich beobachtet werde. Zu Urkund alldessen und zu vollerer Sicherheit haben Wir gegenwärtigen Brief ausstellen und mit der goldenen Bulle unter dem Siegelabdruck Unserer Majestät bekräftigen lassen. Gegeben zu Prag im Jahre des Herrn 1348, in der ersten Indiktion, am 7. April, Unserer Reiche im zweiten Jahre.

UNIVERSITÄT

Papst Clemens hatte schon ein Jahr zuvor, am 26. Januar 1347, in einer Bulle sein Einverständnis zur Errichtung des ›Generalstudiums‹ gegeben und den Erzbischof von Prag zum Kanzler eingesetzt. Damals bestanden in Italien und Spanien mehrere Universitäten. Ruhm genoß vor allem auch das ›Studium generale‹ in Paris, und doch gelang es der jungen Residenzstadt Prag sehr bald, ein Mittelpunkt der Wissenschaften und Künste zu werden, die reiche aufstrebende Gemeinde zog Lehrer und Studenten von überall her an.

Die Lernenden wurden nach ihren Herkunftsgebieten in vier ›Nationen‹ unterteilt, die je eine Stimme in der Selbstverwaltung und Regierung der Universität haben sollten. Zur ›böhmischen‹ gehörten alle Landeskinder, gleich ob deutscher oder tschechischer Zunge, ferner solche aus Mähren, Glatz, Ungarn, Siebenbürgen und den Balkanländern, zur ›bairischen‹ die Süd- und Westdeutschen, zur ›sächsischen‹ die Norddeutschen und zur ›polnischen‹ Polen, Preußen und Balten. Nicht national, sondern geographisch war diese Einteilung begründet. Der erste Streit innerhalb dieser neuen akademischen Gemeinschaft entbrannte bald nach Karls IV. Tod um Freiplätze und Stipendien. Die Landfremden konnten die Landeskinder stets mit einem Stimmenverhältnis 3:1 überstimmen, und die Böhmen fanden es ungerecht, wenn aus Landesmitteln geschaffene Stiftungen ihnen nicht zuerst und in einem besseren Zahlenverhältnis zustanden. Die ursprünglich übernationalen, nur wissenschaftlichen Gesichtspunkte einer Förderung sollten nicht mehr der einzige Maßstab sein. König Wenzel, Erzbischof Johann von Jenstein als Kanzler und der Rektor Konrad von Soltau waren in den Streit verquickt. Schließlich erhielten von den zwölf Plätzen im Karlskolleg fünf die Böhmen, sechs die drei anderen Nationen, der zwölfte sollte gleichmäßig allen zugänglich sein. 1390 ging auch dieser nach neuerlichem Streit an die Böhmen. So unwichtig dies scheinen mag, viele der deutschen Lehrer zogen damals schon an die neuen Universitäten, die in der zweiten Jahrhunderthälfte überall entstanden waren: nach Wien oder Krakau, Heidelberg oder Köln.

Indessen ging es bald um schwerwiegendere Dinge. Das geistige Europa war in zwei Lager gespalten: hie Nominalisten, hie Realisten. Es ging um das Verhältnis Begriff – Ding. Die Diskussionen bewegten überall Geist und Gemüt, in Prag aber waren unglücklicherweise fast alle deutschen Magister Nominalisten, sie waren also konservativ und papsttreu. Die tschechischen Lehrer verfochten, gestützt auf mancherlei Schriften, die aus England kamen, die neuen Lehren mit Leidenschaft. Der Kontakt mit der fernen Insel im Norden war neuerdings lebhaft, denn eine Tochter Karls IV. war dem englischen König vermählt worden. Man hörte immer wieder von dem Oxforder John Wiclif, der umstürzende Ideen verbreitete. 1403 wurde manches davon als ketzerisch verurteilt und einige der Schriften verboten, doch schwelten die Auseinandersetzungen um seine Lehrsätze weiter. 1408 erhielt einer der glühendsten Verteidiger Wiclifs, Johannes Hus, Predigtverbot. Rom hatte über den Prager Erzbischof eingegriffen. König Wenzel war damals bereits nur mehr Böhmischer König, 1400 hatten ihn die Kurfürsten als Deutschen König abgesetzt und Ruprecht von der Pfalz gewählt, wobei sie der Papst unterstützt hatte. Dennoch ließ es sich Wenzel angelegen sein, öffentlich zu erklären, daß es in Prag keine Ketzer gäbe. Da änderte sich die Situation schlagartig, als ein Konzil einberufen wurde, das einen neuen Papst wählen und das große Schisma beenden sollte. Wenzel glaubte, hier eine Chance für sich zu sehen, er kündigte leichten Herzens seinen Gehorsam auf, denn er erhoffte von dem neuen Papst seine Wiedereinsetzung als König in Deutschland. Jetzt brach der Streit zwischen König und Erzbischof aus. Die Wiclifiten aber sahen ihre Stunde gekommen, den König auf ihre Seite zu ziehen: Wenn er zu ihren Gunsten das Stimmenverhältnis an der Universität ändern würde, würde er diese wichtige Institution auf seiner Seite haben, da sie sich in der Mehrzahl aus böhmischen Landeskindern zusammensetzte.

UNIVERSITÄT

1409 erließ König Wenzel das berühmte *Kuttenberger Dekret*, nach dem die böhmische Nation drei, die übrigen zur ›Natio teutonica‹ zusammengeschlossenen nur eine Stimme haben sollten. Die drei Nationen empörten sich gegen diese Verfügung und drohten mit dem Abzug. Am 9. Mai 1409 forderte der König den bisherigen Rektor Henning Baltenhagen auf, die Zeichen seines Amtes auszuliefern, und er gebot, Zdenko von Laban als neuen Rektor anzuerkennen. Die Freiheit und Selbstbestimmung nach der Satzung, die Wenzels Vater, Karl IV., dem ›Studium generale‹ gegeben hatte, waren verletzt. Die Mehrzahl der Deutschen – Lehrende und Lernende aus den drei übervorteilten Gruppen – der bairischen, der sächsischen und der polnischen Nation – zogen fort aus Prag. Man schätzt, daß es achthundert bis tausend Studenten waren, ferner sechzig Magister und Doktoren und mit diesen Dienerschaft und Schreiber, Buchhändler und Kaufleute. Ein erster Exodus fünfzig Jahre nach der Gründung! Dafür kamen aus vielen Ländern an diese Universität Prag die überall verfolgten Waldenser, Collarden und Piccarden. So wurde nicht nur wegen der Hussiten Böhmen als Ketzerland verschrien.

Die Kriegswirren des 15. Jahrhunderts, die Kämpfe um Glauben und Recht im 16. Jahrhundert waren der Entwicklung der Prager Hohen Schule nicht förderlich. 1416 hatte man sie in Konstanz auf dem Konzil aufgehoben. Es blieb auch in Wirklichkeit nur die ›facultas artium‹, das was wir heute die philosophische Fakultät nennen würden, lebendig. Die Zahl der Professoren schwankte zwischen acht und zehn während des 16. Jahrhunderts. 1621 waren nur noch vier Professoren der Karls-Universität tätig, und die Niederlage der böhmischen Stände auf dem Weißen Berge brachte einen ihrer bedeutendsten, den Rektor Jessenius, aufs Schafott.

Neben der ›Alma mater Carolina‹ hatte sich inzwischen ein neues Collegium unter dem Schutz der Habsburger langsam aber zäh entwickelt. Bereits 1556 waren die Jesuiten nach Prag gekommen und hatten die besonders schwierige Situation erfaßt und energisch auf eine Abänderung hingearbeitet. Der Ordensvater, der hl. Ignatius, gab den Patres, die in die böhmische Hauptstadt zogen, eigene Vorschriften, und er ordnete an, daß der berühmte und nachmals heiliggesprochene Petrus Canisius anläßlich eines längeren Aufenthaltes in Prag nach dem Rechten sehen sollte.

Den Patres des Kollegs in Prag
in des Ignatius Auftrag:

Rom, 12. Februar 1556

Drei Ziele sind in Prag zu erstreben: 1. religiöse Förderung für Stadt und Königreich, 2. Erhaltung und Wachstum der Unsrigen im inneren Leben, an Wissenschaft und Zahl, 3. Sicherung und Mehrung des äußeren Kollegsbestandes, damit in den beiden ersten Punkten um so mehr zur Ehre Gottes zu erreichen ist.

Es ist nicht nur der Erhaltung der dortigen Katholiken und ihrer religiösen Förderung die gebührende Sorgfalt zu widmen, sondern auch der Gewinnung der zahlreichen Häretiker und Schismatiker, damit sie zum Schoß der Kirche und auf den Weg des Heils zurückkehren. Für beide Klassen gemeinsam dienen folgende Mittel:

Das Beispiel in jeder christlichen Tugend; denn das macht mehr als alles andere Eindruck auf die Herzen und regt zur Nachahmung in Glaube und Sitte an.

Der vertraute und liebenswürdige Verkehr, hauptsächlich von seiten derer unter den Unsrigen, die die Gabe des Umgangs haben. Am besten ist die Zeit bei denen angebracht, die wieder ihrerseits sich andern nützlich machen können, das heißt bei einflußreichen und gebildeten Männern oder solchen, die sich vermutlich für den apostolischen Beruf gewinnen ließen ...

Die Predigt in deutscher oder lateinischer Sprache, bis es auch auf böhmisch geht. Dabei lege man den Nachdruck nicht auf die Widerlegung der Gegner, sondern auf die Begründung und Befestigung des katholischen Glaubenslebens, schon aus Klugheit, um sich nicht von Anfang an die Gemüter zu entfremden; die Gegner verlieren schon beträchtlich durch das Erstarken der Katholiken. In allem lasse man die Zuhörer seine Liebe und das Verlangen für das Heil auch der Andersgläubigen erkennen und hüte sich vor Streitereien ...

Man nehme jedermann in die Schule auf, der den gebührenden Anstand und die Schulordnung beobachten will, und suche auch den Schülern die unehrenhaften oder schlechten Sitten abzugewöhnen...

Über die hauptsächlichsten Irrtümer der Andersgläubigen muß man sich auskennen, um sein Wissen zur rechten Zeit und am rechten Ort mit der Geschicklichkeit und Freundlichkeit zu verwerten, mit der man andere zum Verständnis des Katholischen führen kann.

Berufen sich etwelche Böhmen darauf, die Kommunion unter beiden Gestalten sei ihnen von der Kirche bewilligt, und sie haben recht und sind im übrigen katholisch, so wird man ihnen die Lossprechung nicht verweigern. Sind es Schüler, so wird man gut daran tun, sie zum monatlichen Empfang der Sakramente anzuhalten...

Für alle erwähnten Punkte wird es förderlich sein, die Meinung Seiner Majestät des Königs (Ferdinand I., des Kolleggründers) und seiner Räte zu erkunden, auch sie mit den Unsrigen in Wien und Dr. Canisius zu besprechen. Letzterer muß auf alle Fälle zur Eröffnung mitgehen und für den Anfang bleiben; ihm – aber auch schon dem Rektor mit seinen Beratern – bleibt es überlassen, was überhaupt von obengenannten Winken gelten soll. Auch gute Freunde im Lande selbst mag man zu Rate ziehen...

Man achte auf die Erhaltung der Gesundheit und der Körperkräfte; deshalb dulde der Rektor keine zu große Ermüdung in den Studien oder geistlichen Übungen; alles soll nach den Kräften des einzelnen bemessen sein.

Alle mögen sich bestreben, durch Beispiel und Verkehr den guten Ruf der Gesellschaft zu verbreiten...

Man richte sein Augenmerk auf einen guten apostolischen Nachwuchs, der mit den nötigen Talenten ausgestattet ist. Jedoch darf von den Schülern keiner ohne Zustimmung der Eltern beziehungsweise Vormünder aufgenommen werden...

Im Auftrag: Johannes v. Polanco.

Zu Ende des 16. Jahrhunderts müssen in Prag und Böhmen vom religiösen Standpunkt aus gesehen, die Zustände trostlos gewesen sein. Niemand war nach dem langen Hader zwischen Utraquisten, Taboriten, Brüdergemeinde, Lutheranern, Reformierten und all den kleinen Splittergruppen seines Glaubens recht froh. Die meisten Kirchen standen verödet, die Gottesdienste waren schlecht besucht. Nur der einzelne konnte sein ganz individuell gefärbtes Bekenntnis ablegen. Man fürchtete, vor allem aus politischen Gründen, die Rückkehr aktiver katholischer Gruppen. Heftige Angriffe gegen Rom und den Papst ließen nicht nach. Der erste wieder in Prag residierende Kaiser, Ferdinand I., rief die ›Compania Jesu‹ zu Hilfe und versprach ihr seinen allergnädigsten Schutz. Trotz der eindeutigen katholischen Haltung der Habsburger müssen wir uns vergegenwärtigen, daß sie den eben beschworenen Religionsfrieden auch halten wollten. Ein gutes halbes Jahrhundert hatten also alle Bekenntnisse zunächst die gleichen Chancen.

Die Jesuiten zogen in das ehemalige Dominikanerkloster St. Klemens an der Brücke ein, während die weißen Prediger das von den Clarissen verlassene Agneskloster und später, als die Nonnen dorthin wiederkehrten, an der Aegidienkirche ein neues großes Klostergebäude bewohnten. Bereits nach sechs Jahren hatten die Jesuiten für ihr *Collegium Clementinum* das Promotionsrecht, und sie standen mit dem protestantischen Carolinum im Wettstreit, bis sie nach dem Aufstand der böhmischen Stände und der Wahl des Calvinisten Friedrich von der Pfalz aus Prag ausgewiesen wurden. 1621 kehrten sie allerdings triumphierend wieder, und ein Jahr später, am 14. November 1622, wurde ihnen formal der gesamte Besitz der Karls-Universität übergeben, dazu Siegel, Urkunde, Bibliothek und Insignien. 1638 wird aber auf kaiserlichen Befehl die Tradition der alten Carolina wieder erneuert, die Jesuiten müssen manches wieder herausgeben, es bleiben ihnen die theologische und philosophische Fakultät, während die juristische und die medizinische neu errichtet und in der Tradition der Stiftung Karls IV. weitergeführt werden sollen. Der Streit um verschiedene Vorrechte führt schließlich zu einem Eingreifen Kaiser Ferdinand III., der 1654 die vier Fakultäten wieder zu einer Volluniversität zusammenschloß, welche seither den Namen Carolo-Ferdinandea trug. Diese bestand bis 1882, dann wurde sie in zwei gleichberechtigte Universitäten mit deutscher und tschechischer Unterrichtssprache geteilt. Der Nationalitätenstreit war durch die Teilung keineswegs beendet. Durch die nationale und soziologische Umschichtung der immer größer werdenden Stadt Prag wurde der deutsche Student, vor allem der aus den böhmischen Randgebieten, den Sudetenländern, stammende, auch schon vor 1918 als ein Fremder betrachtet.

In der jungen Tschechoslowakischen Republik ging der Streit um den Vorrang und die eigentliche Tradition weiter, und schließlich brach 1934 der berühmte Insignienstreit aus, wobei ein aus Schwaben stammender, damals amtierender deutscher Rektor, August Naegle, die von Karl IV. gestifteten Kostbarkeiten verteidigte, bis schließlich der Präsident der Republik zu Gunsten der tschechischen Universität eingriff. Inzwischen sind die kostbaren goldenen Zepter des Rektors und der Dekane, die beiden Universitäten so teuer waren, seit 1945 verschwunden.

Nach der Burg ist auf dem Boden Prags der größte Gebäudekomplex das *Clementinum*, ein Komplex mit vier Innenhöfen, drei Kirchen, zwei Kapellen, zwei Bibliotheken mit über zwei Millionen Bänden und etwa fünftausend Handschriften – eine fast quadratische Anlage, gekrönt vom Turm einer eigenen Sternwarte. Diesen Bau haben die Jesuiten für die Universität errichtet, und bis zum heutigen Tage ist er durch seine Einrichtungen, die Institute und Hörsäle und die zentrale Bibliothek, ein Mittelpunkt des geistigen Lebens der Stadt.

Der älteste Teil ist der *Westflügel* mit der reichgegliederten Front in der *Kreuzherrengasse*, neben der *Salvatorkirche*, die 1578 begonnen worden war. Das Kollegiengebäude, nach einem Entwurf von Carlo Lurago, entstand 1645, als die Salvatorkirche bereits den schönen Portikus vor dem Portal erhalten hatte. Neben diesem führt ein bescheidenes Tor in den mächtigen Gebäudekomplex, der durch seine klare Gliederung mehr wie ein wohlproportionierter Innenraum wirkt. Das Gefühl, in diesen Höfen und Gebäuden zu Hause, bei sich selbst zu sein, ist sicher jedem Prager Studenten erinnerlich.

Einige der schönen Repräsentationsräume im *Bibliothekstrakt* sind auf Wunsch zugänglich. Man meldet sich im zweiten Hof beim Eingang der Universitätsbibliothek und wird geführt. Schon der Lesesaal im Erdgeschoß nimmt es durch seine Größe mit jeder ähnlichen Einrichtung auf. Die schönen Fresken an den Stirnwänden, die vorzügliche Einrichtung und das geräuschlose Funktionieren schaffen eine Arbeitsatmosphäre ganz eigener Art. Den heute etwa in München Studierenden wird es ja kaum glaublich erscheinen, daß man in einem solchen Lesesaal immer einen Platz finden kann! Eine gewisse gemütliche, man sollte sagen, großartig gemütliche Note kommt in diesen Saal durch den größten Kachelofen, der mir je begegnet ist. Riesenhaft und dunkelrot, reliefgeschmückt, ist er ein Meisterwerk barocker Hafnerkunst und gleichsam das warme Herz der ganzen Bibliothek.

Im ersten Geschoß wird der *Astronomische Saal* mit den prachtvollen Globen gezeigt, dann der *Uhrensaal* mit Meisterwerken des 17. und 18. Jahrhunderts, die von gelehrten Jesuiten-Mathematikern gebaut worden sind. In der *Spiegelkapelle* finden gelegentlich Kammerkonzerte statt. Sie ist ein intimer Raum, seit vielen Jahrzehnten ihrer ursprünglichen Bestimmung entzogen.

Die drei großen Kirchen des Clementinums stehen jeweils um ein paar Meter versetzt hintereinander an der *Südfront* gegen die *Karlsgasse*. Sie gehören heute nicht mehr zur Universität.

St. Salvator hat eine komplizierte Baugeschichte. Das Innere wirkt vor allem durch den reichen frühbarocken Stuck, mit dem die lichte, dreischiffige Emporenhalle überzogen ist. Erwähnt seien die schönen Apostelfiguren auf den Beichtstühlen von Johann Georg Bendl, 1675, der auch den reichen Figurenschmuck der Fassade schuf. Eine kürzlich erfolgte Restaurierung hat hier das kontrastreiche Gegenüber von dunklen Steinfiguren und weißlich getöntem Mauerwerk in der glücklichsten Weise wiederhergestellt.

An St. Salvator schließt die *Wälsche Kapelle* an, 1590–1600 erbaut. Von Anfang an eine Eigenkirche der in Prag ansässigen Italiener, ist diese auch heute noch Eigentum des italienischen Staates und für die Allgemeinheit unzugänglich. Von der Karlsgasse aus ist der kleine Portikus stets durch perspektivische Gitter von großer Schönheit abgeschlossen: niemand hat sie jemals offen gesehen!

Ebenso unzugänglich scheint die dritte, hier anschließende Kirche, *St. Clemens*, die jenes uralte Patrozinium übernahm, das am Königsweg an dieser Stelle seit der Jahrtausendwende überliefert ist. Der barocke Saalbau von 1711–15 ist durch seine kostbare Innenausstattung berühmt. Im orthodoxen Pfarramt im Clementinum kann man um Einlaß in diese Kirche bitten. Man betritt sie von der Altarwand her. Nur durch eine bescheidene Ikonenwand ist St. Clemens für den orthodoxen Ritus adaptiert; die ursprüngliche Einrichtung von verschwenderischem Reichtum blieb erhalten. Künstlerische Höhepunkte sind die Seitenaltäre, die Kanzel, die Beichtstühle und die Orgelempore aus der Werkstatt des Matthias Braun. Eigenhändig dürfte der Tiroler Bildhauer und Schnitzer die Figuren der Evangelisten und Kirchenväter gearbeitet haben:

Einige der Kirchenväter neigen sich so weit aus den Nischen, daß man um ihr Gleichgewicht fürchtet, andere sind in laute Selbstgespräche vertieft oder werden wie von Fieberschauern geschüttelt: religiöse Ekstasen haben ihre Leiber verzehrt und ihre Gesichter gezeichnet. Tiefe Bohrungen und gähnende Löcher reißen die brodelnden Gewandmassen auf, deren Säume sich wie in großer Hitze kräuseln. Putten- und Engelschöre nisten auf den Altären und Beichtstühlen oder stürzen frei durch den Raum, der als das eigentliche Medium dieser Plastik die strömende Bewegtheit des Kircheninneren sichtbar macht. (Erich Bachmann.)

In merkwürdigem Gegensatz dazu steht die gemalte Architektur des Hauptaltares. Auf jeden Fall sollte bei einem längeren Aufenthalt in Prag der Besuch dieser einzigartigen Kirche versucht werden.

Am Altstädter Brückenturm

St. Salvator ist ein prachtvolles Widerlager zur Brücke, gleichsam ein Kontrapunkt gegen den Altstädter Brückenturm, der im Anblick der Kirchenfassade zu einem Durchgang wird. Der *Kreuzherrenplatz* ist nach den Ordensmännern benannt, deren Kloster und Kirche an der Nordseite den Platz abschließen. Er gehört zu den glücklichsten Erfindungen der Prager Stadtbaukunst. Unruhig ist nur die Südseite, wo zwischen dem *Palais Colloredo* und den Gebäuden der *Altstädter Mühlen, des Bades* und der ehemaligen alten *Brückenmaut* durch einen engen Torbogen lärmender Verkehr sich drängt, besonders unzeitgemäß durch die altertümlichen Straßenbahnen, die weder in unsere heutige Zeit noch in jene der Erbauung dieses Platzes passen.

Ein bescheidenes, aber gut plaziertes *Denkmal Karls* IV. hat man hier 1848 aufgestellt. Es galt dem Gründer der Universität, anläßlich ihrer 500-Jahrfeier, und so ist der Kaiser mit der Gründungsbulle in der Hand dargestellt. Zu Füßen dieses Denkmals kann man auf dem Platz ein wenig verweilen. Hier steht man schon fast unter dem Altstädter Brückenturm, der steil wie ein Wehrturm aufragt. Fast könnte man seine wohlerhaltene geschmückte Fassade gegen die Stadt zu vergessen, auf der in einem wohldurchdachten Programm die Könige und die Heiligen des Landes dargestellt sind. Hier auf dem Kreuzherrenplatz begegnen wir in Zeichen und Bildern überall jenen Mächten, die den Platz aus der Altstadt gewissermaßen herauslösen und mit der Burg verbinden, zu der der Weg über die Brücke führt. Nicht nur Brückenkopf ist dieser Platz, sondern eine Anticamera des Hradschin und der Kleinseite. Schon beim ersten Weg durch die Altstadt, als wir aus dem engen Gassengeflecht heraustraten, erlebten wir das beherrschende Gegenüber auf dem jenseitigen Moldauufer. Urplötzlich vergißt man wieder, was hinter einem liegt. Eine neue Welt öffnet sich dem staunenden Blick, zu der man den Zugang durch das Tor im Brückenturm findet – ein Vorspiel dessen, was uns auf dem Platz selbst erwartet. Zwei Kirchen, zwei Kollegienhäuser, ein Palast, der freistehende hohe Turm: wie locker ist dies alles auf einem so engen Grundriß vereinigt! Es erhält Geräumigkeit durch die Offenheit zur Moldau hin, durch die Breite des Tales und durch die gegenüber weit zurücktretenden Uferberge, den bewaldeten Laurenziberg und den von der Burg und dem Dom und den Palästen besetzten Hradschin.

Der *Altstädter Brückenturm* wird zu den Meisterwerken der gotischen Architektur gezählt. Der Figurenschmuck auf der Ostseite ist auf die beiden Obergeschosse verteilt, das untere trägt über dem spitzen Torbogen die Wappen der Länder, die Karl IV. regierte. Daneben und auch im Mittelgeschoß sind höchst dekorativ König Wenzels Zeichen, der Eisvogel im Liebesknoten, aufgesetzt. In der Maßwerkarchitektur des Mittelgeschosses sitzen die beiden Brückenbauer, Karl IV. und Wenzel IV., mit allen Zeichen ihrer Herrscherwürde porträtähnlich dargestellt. Zwischen ihnen spannen sich zwei Brückenbogen, über denen der Patron des Domes, St. Veit, steht. Im Obergeschoß sind als weitere Patrone die Heiligen Adalbert und Sigismund abgebildet. Der Turm ist über eine seitliche schmale Wendeltreppe zugänglich, deren groteske Abschlußfigur ebenso wie die bereits genannten aus der Parlerhütte stammt. Der Ausblick vom Turm ist vor allem über die Altstadt hin lohnend, da man aus nächster Nähe über die Dächer schauen kann und hier noch einmal das Dominierende der Türme, jener ›100 Türme‹ Prags, zum Greifen nahe sieht.

Die Brückenseite des Turmes trägt eine rühmende Inschrift. Sie erzählt von der tapferen Verteidigung der Stadt gegen die

DIE ALTSTADT

Schweden im letzten Jahr des Dreißigjährigen Krieges. Damals, 1648, sind die Figuren dieser Fassade beschädigt und wenig später entfernt worden. Jedenfalls können wir ein durchlaufendes Programm für den Schmuck des Turmes annehmen, das unmittelbar nach den Arbeiten für das Triforium im Veitsdom, 1376-78, ausgeführt wurde. Die Zeit war freilich fortgeschritten, und der lebhafte Jüngling Wenzel, den wir oben im Dom sahen, wird hier bereits als König von Böhmen dargestellt, und Karl IV. wirkt wie ein gebückter alter Mann.

Vom Moldauknie gleichweit entfernt liegen zwei przemyslidische Klostergründungen besonderer Art: hier an der Brücke die Kreuzherren mit dem roten Stern und moldauabwärts das Agneskloster. Die nachmals als Selige verehrte Prinzessin Agnes von Böhmen gründete – wie schon erwähnt – 1234 ein Doppelkloster nach den Regeln des hl. Franziskus und der hl. Clara. Gleichzeitig entstand eine Bruderschaft, die sich der Krankenpflege annahm, und denen der König und seine Schwester ein *Spital* nebst Kirche *zum Heiligen Geist* am Altstädter Ufer an der Brücke errichteten. 1237 werden die sogenannten *Kreuzherren* als eigene Ordensgemeinschaft nach den Regeln des hl. Augustinus bestätigt, 1252 bekommen sie für ihr Habit das Zeichen des roten Kreuzes mit dem roten Stern genehmigt. Aus dieser Gemeinschaft entwickelt sich der einzige auf Böhmens Boden entstandene Orden. Bis zur Hussitenzeit können die Kreuzherren auf zahlreiche Neugründungen in Böhmen, Mähren und Schlesien blicken. Der jeweilige Großmeister hatte in Prag seinen Sitz, die Klöster waren reich beschenkt worden, und hier in Prag verfügte der Orden über eine ständige Einnahme aus der Brückenmaut. Dafür oblag ihm auch die Sorge für die bauliche Pflege und Instandhaltung und damit die Verantwortung für den gesamten Verkehr über die Moldau. Die Kreuzherren haben als eine der wenigen Ordensgemeinschaften die Hussitenstürme und die Reformation verhältnismäßig gut überstanden. Durch fast hundertfünfzig Jahre – nämlich seit der Wiederbesetzung des Prager Erzbischöflichen Stuhles 1561 – war bis 1694 der jeweilige Großmeister zugleich Erzbischof von Prag. Diese Männer waren »von jeher aus den ersten Landesständen und Mitgenossen des Königs von Böhmen«. Wahrscheinlich geht der Stern als Ordenszeichen auf den ersten Großmeister, Albrecht von Sternberg, und dessen Familienwappen zurück.

Die heutige Kirche, *St. Franziskus*, ein Zentralbau nach Plänen des einzigen in Prag wirkenden französischen Barockbaumeisters, Jean Baptiste Mathey, ist ein nobler, fein ziselierter Würfel, von einer leuchtend grünen Kuppel bedeckt. In einer gewissen Weise wirkt sie wie eine kleine Schwester der großen Niklaskirche drüben auf der Kleinseite. Bauherr war der Großmeister Wenzel Adalbert von Sternberg; 1679–88 wurde sie gebaut. Die Klostergebäude von Carlo Lurago standen bereits seit 1662. »Der kubische Baublock schiebt sich an der schmalen Stirnseite des tiefen Klosterkomplexes mit prachtvoller Unbekümmertheit gegen den Altstädter Brückenplatz. Nur das messerscharfe Kranzgesims ragt über dem Portal mit einem Dreieckgiebel wuchtig auf, der unten mit energisch gespreiztem Gewände durchstoßen wird.« In den Nischen der Fassade stehen Figuren der Landespatrone, neben dem Portal eine Maria Immaculata und der hl. Johannes von Nepomuk. Die Weinsäule, von der Figur des hl. Wenzel gekrönt, ursprünglich am abgetragenen Mauthäuschen, ist jetzt an die nördliche Ecke des Baues gestellt. Das Innere wirkt wie aus der Mauermasse ausgehöhlt. Zur Ausstattung sind bedeutende Künstler berufen worden: als Freskant Wenzel Lorenz Reiner, der das Jüngste Gericht malte, für die Altargemälde Johann Christoph Lischka und sein Schwiegervater Michael Willmann. Der erstere schuf das Gemälde der Stigmatisation des hl. Franz von Assisi für den Hauptaltar. Diesem Heiligen ist unter seinem besonderen Titel Franziskus Seraphicus die Kirche geweiht, die ursprünglich, wie fast alle mittelalterlichen Spitäler, zum Heiligen Geist genannt war. Die sächsischen Bildhauer Jeremias und Konrad Süssner lieferten die prachtvollen antikisierenden

Figurenpaare der hll. Joachim und Anna und der als römische Soldaten dargestellten Martin und Georg. Alle übrigen Bildhauerarbeiten, insbesondere die Rahmen der Altarbilder, aber auch die Engel außen auf der Attika, kommen aus der Werkstatt des Matthäus Wenzel Jäckel. Kühl und stark zugleich ist der Eindruck.

Aus diesem Kloster entsprang der nachmals so berühmte Charles Sealsfield, der als Karl Postl hier eingetreten war und Sekretär des Großmeisters wurde. Seine Gelübde und seine Anonymität hat dieser große Erzähler in der Neuen Welt auf merkwürdige Weise gehalten.

Die Neustadt

Der Wenzelsplatz

Das Prag der Neuzeit, die große moderne Stadt, die sich mit Bauten des 19. und 20. Jahrhunderts in einem breiten Ring um die Altstadt legt, ist, soweit sie ›Neustadt‹ heißt, älter, als es den ersten Anschein hat. Ihre Mitte ist der *Wenzelsplatz*, der alte Roßmarkt, ein leicht ansteigender breiter Straßenplatz, an dem große Hotels, Kaufhäuser, Banken und elegante Geschäfte aufgereiht sind. Es ist der Platz, der im 19. Jahrhundert zahlreiche große Kundgebungen gesehen hat, in denen sich das tschechische Selbstbewußtsein manifestierte, bis er schließlich nach dem bedeutendsten ›nationalen‹ Heiligen, dessen Standbild hier schon lange aufgestellt war, umbenannt wurde. Ein Blick auf den Stadtplan von Prag bestätigt, daß die Ausmaße des Wenzelsplatzes erstaunliche sind. Gleichzeitig wird uns bewußt, daß er radial von der Altstadt aus auf die großen Straßen nach Osten und Südosten zuführt und so das Roßtor, das ihn bis ins 19. Jahrhundert abschloß, eine der wichtigsten Toranlagen Prags war. Der Wenzelsplatz und die ganze Neue Stadt um ihn sind gleichzeitig mit dem Veitsdom, der Karlsbrücke und dem Karlstein entstanden. Sie sind eine Schöpfung Karls IV. Er wollte seine Haupt- und Residenzstadt erweitern und hat dies in großzügiger und repräsentativer Weise getan, wenn er auch nicht ahnen konnte, daß der Raum, den er eingrenzte, bis ins 19. Jahrhundert genügen würde. Seine Gründung wurde eine Generation später in ihrer ersten Blüte zerstört, und in einer gewissen Art blieb die Neustadt trotz all ihrer hervorragenden Bauten ein Suburbium – eine Vorstadt. Das hat sich erst im 19. und 20. Jahrhundert geändert, wo ein neues Selbst-

Verständnis die Prager erfüllte, als die alten Stadtkerne, die weltlichen und geistlichen, gleichsam ausgehöhlt waren, weil die neuen geistigen Mittelpunkte nicht mehr Burg und Kirche, Kloster und Palast waren, sondern Museum, Theater, Konzertraum, Sportplatz, kurz alle jene säkularen Orte, wo sich die Menge selbst erlebt. Eine solche Rolle als Ort der Begegnung hat der Wenzelsplatz bis auf den heutigen Tag.

Im 19. Jahrhundert konnte sich ein Deutsch-Nationaler in einem anonymen Reiseführer noch ein wenig lustig machen, wenn er die Aufmärsche der Tschechisch-Nationalen beschreibt. Die Zeit der großen Auseinandersetzungen zwischen Deutschen und Tschechen in Prag und im ganzen Land hatte begonnen; noch aber hieß der Wenzelsplatz Roßmarkt:

Was hat der Roßmarkt nicht Alles erlebt! Im vorigen Jahrhundert noch Schauplatz von Hinrichtungen, sah er in den Hunger- und Theuerungsjahren, in den ersten zwei Jahrzehnten unseres Jahrhunderts jene blutigen Kämpfe ums tägliche Brod, welche die Eisenbahnen glücklicher Weise unmöglich gemacht haben. Das Brod mag jetzt theuer sein, aber man bekommt es doch zu kaufen, ohne sich um dasselbe schlagen zu müssen, wie es unsere Väter noch oft thun mußten. In den dreißiger Jahren kamen die Roßmarktsparaden in Schwung, denen im achtundvierziger Jahre die Festmessen vor der Wenzelsstatue folgten, wie eine solche die Juni-Ereignisse einleitete. In den sechziger Jahren blühten die Fahnenweihen und die Massenpromenaden zum hl. Wenzel, die ihre Spitze gegen die Deutschen kehrten. Wo es auch in der Stadt einen Auflauf gab – die Schlußpointe desselben spielte sich immer auf dem Roßmarkte ab. Die Schaaren der Malcontenten wälzten sich immer der Wenzelsstatue zu, um sie demonstrativ anzusingen oder anzubeten. Und im Gegensatz zu diesen mitunter sehr lärmenden Abendvergnügungen ließen sich die regelmäßigen, sonntäglichen Fahnenmeetings sehr gemüthlich an, wenngleich sie eben so dissonanzreich waren wie die Nachtfeste. Denn katzenmusikartig ließen zehn, zwölf Musikchöre gleichzeitig die verschiedensten Weisen ertönen, während weißgekleidete Jungfrauen tricolorengeschmückt auf den Tribünen in der Sonnengluth schmorten, wenn nicht der wohlthuenden Abwechslung wegen ein tüchtiger Regenschauer ihren Enthusiasmus abkühlte. Abenteuerlich costümirte Banderialisten machten Spalier, bedenklich aussehende Männer mit Aexten auf den Schultern warfen drohende Blicke auf die Fenster, die nicht decorirt waren, tausendstimmig schallte das Na zdar (Gut Heil) den Arbeiterführern entgegen, welche damals noch populär waren. Von all dem Fahnen- und Banderialistenpomp ist nur der Katzenjammer zurückgeblieben und die Arbeiterführer haben sich auch sachte wie die Katzen davongeschlichen, als die Cassen der Arbeitervereine leer waren.

Als Prag die Hauptstadt der jungen Tschechoslowakischen Republik geworden war, vereinigte sich auf diesem mittelalterlichen Platz alle Eleganz, alle Modernität, alle Internationalität. Doch wir Kinder empfanden den Wenzelsplatz als eine Art seriösen Wurstlprater. Es gab dort nur gute und schöne Dinge. Am Abend war es ein immer wieder neuer Genuß, die Lichtreklamen zu bewundern, die ununterbrochen ein- und ausgeschaltet wurden. Unser erklärter Liebling war der hochbeinige Storch des Wäschegeschäftes Prokop & Čap. Es gibt ihn heute nicht mehr, und ich muß ihm einen Nachruf schreiben. Über vier Stockwerke dehnten sich seine langen roten Beine, darauf saß sein schneeweißer Miniaturkörper. Der Schnabel, ebenfalls leuchtend rot, klappte auf und zu, und heraus fielen herrliche Ballen weißen Leinens, einer nach dem anderen. Sie türmten sich feinsäuberlich auf, bis der Stoß so hoch war wie der Storch - vier Stockwerke! In diesem Augenblick erlosch alles, und dann kam wieder der lange Storch allein und schichtete Leinen auf, und der rote Schnabel klappte auf und zu.

In jenen Jahren, als dieser bunte Zauberwald existierte, kam Wilhelm Hausenstein nach Prag, und er hat dem Wenzelsplatz eine wundervolle Passage in seinem Essay über Prag gewidmet:

Kein Zweifel: mit dem Wenzelsplatz kündigt Prag sich als eine europäische Hauptstadt an; das Europäische ist unmittelbar da. Wahrscheinlich war der Platz, da er dem Provinzialen, dem Mittelbar-Europäischen noch näher stand als heute, viel schöner, als er jetzt ist. Das Internationale, das ihn nun ausmacht, hat ihn auch erschlagen und ausgehöhlt – so im Wesen wie in der Architektur. Aber er ist da, auf sehr unmittelbare Weise da. Der Umtrieb, den wir ›Verkehr‹ zu nennen pflegen, um damit einen Maßstab des Hauptstädtischen aufzustellen (denn so sind wir), ist auf dem Wenzelsplatz als dem City-Forum wohl dreimal so dicht wie im heimischen München, das doch nicht viel kleiner ist. Man wird an die Berliner Straße erinnert. Auf diesem Wenzelsplatz hat die öffentliche Regsamkeit den Thermometergrad der Zeit erreicht, in der wir sozusagen weltbürgerlich leben. Die Öffentlichkeit selbst ist da – recht als Zeit-Öffentlichkeit; sie ist zu sich gekommen und bewegt sich und stellt sich dar. So kann das Vulgäre natürlich auch nicht fehlen; die Diagonale dieser Öffentlichkeit hat das Gewöhnliche des Modernen. Man denkt den Platz um zwei oder drei Generationen zurück; er muß so wohltätig gewesen sein wie die letzten Häuser, die an diesem langen Rechteck von einem minder hauptstädtischen, minder ›kapitalen‹, aber gewiß nicht minder wesentlichen Prag zeugen. Jetzt – dies ist vorbei. Glasscheiben, Auslagen, Schilder, Passagen, Architektur von gestern und jetzt. Nun ist dies City-Mitte; tschechischer Broadway; man muß es wohl oder übel so nehmen.

Tagsüber ist es mir nicht leicht; das Häßliche, das Unwarme (ob auch Fiebrig-Entstellte) des Modernen ist dann zu offenkundig; aber der Abend entrückt den großen Platz, der sich als eine mechanisch anziehende Entrée (als ein Exhaustor für die vom Bahnhof Kommenden) zur inneren Stadt hinunterbreitet, – der Abend, sage ich, entrückt den Platz ins Märchenhafte. Bauliches Unwesen verschwindet hinter den Lichtern, ist nur noch Halter, Gestell für Licht. Dann gehen die tausend und abertausend weißgoldnen und roten und hitzig-blauen Glühbirnen der Reklamen auf. In diesem Zeichen erkennt sich der Romantismus unserer Welt. In diesem Zeichen begeistert sie sich zu sich selbst; hier wird sie ihr eigener Enthusiasmus, ihre Verschwendung, ihr Höllen-Himmel, ihre funkelnde und zugleich heillose Gestirnkarte. Hier dichtet sie ihre Hexameter; hier verführt sie sich zum Glauben an ihre eigene Art und Unart. Hier ist das ›Blendwerk‹ so überschwenglich, so bezaubernd, so kindlich-naiv und so sündhaft wie irgendwo in unserer Sphäre; auch so versprechend und so leer, so stofflos und so reizend ...

DAS NATIONALMUSEUM

Der Riesenbau des *Nationalmuseums* schließt den Platz in seiner ganzen Breite ab: 1885-90 hat man es errichtet. Das geistige und künstlerische Vermächtnis des böhmischen Volkes sollte dort gesammelt und aufbewahrt werden. Wichtige Dokumente, Kunstwerke, Bibliotheken, Stiftungen einzelner oder großzügig geförderte Ankäufe haben hier wirklich im Sinne des 19. Jahrhunderts ein einmaliges Museum zusammengebracht, denn lange schon bevor das Gebäude aufgerichtet war, hatten in patriotischer Begeisterung Böhmen deutschen und tschechischen Stammes für diese gemeinsame Unternehmung zum Ruhme des Vaterlandes gesammelt. Wir kennen in Deutschland eine ähnliche Einrichtung: das Germanische Nationalmuseum in Nürnberg. Bereits 1818 haben unter Führung böhmischer Adeliger Landespatrioten einen eigenen Museumsverein gegründet, und wir wissen, daß Goethe sich für diesen Plan lebhaft interessiert hat. In den Jahrzehnten des völkischen Erwachens spielte dieser Museumsverein ideell und materiell die Rolle einer Schatzkammer. Für die ernsten wissenschaftlichen Bestrebungen war es entscheidend, daß die böhmischen Stände im Jahre 1839 den jungen Historiker Franz Palacky als Sekretär angestellt haben. Er schrieb in deutscher Sprache die erste kritische Geschichte seines Vaterlandes und spielte in der Politik des Jahres 1848 eine führende Rolle. In seinem Brief an das Parlament in Frankfurt, in dem er sein Fernbleiben begründet, stehen die immer wieder zitierten Sätze:

Ich bin ein Böhme slawischen Stammes, und habe mit all dem Wenigen, was ich besitze und was ich kann, mich dem Dienste meines Volkes ganz und für immer gewidmet. Dieses Volk ist nun zwar ein kleines, aber von jeher ein eigentümliches und für sich bestehendes; seine Herrscher haben seit Jahrhunderten am deutschen Fürstenbunde teilgenommen, es selbst hat sich aber niemals zu diesem Volke gezählt, und ist auch von andern im Ablauf aller Jahrhunderte niemals dazu gezählt worden ...

Sie wissen, daß der Südosten von Europa, die Grenzen des russischen Reichs entlang, von mehreren in Abstammung, Sprache, Ge-

schichte und Gesittung merklich verschiedenen Völkern bewohnt wird – Slawen, Walachen, Magyaren und Deutschen, um der Griechen, Türken und Schkipetaren nicht zu gedenken –, von welchen keines für sich allein mächtig genug ist, dem übermächtigen Nachbarn im Osten in alle Zukunft erfolgreichen Widerstand zu leisten; das können sie nur dann, wenn ein einiges und festes Band sie alle miteinander vereinigt. Die wahre Lebensader dieses notwendigen Völkervereins ist die Donau: seine Zentralgewalt darf sich daher von diesem Strome nicht weit entfernen, wenn sie überhaupt wirksam sein und bleiben will. Wahrlich, existierte der österreichische Kaiserstaat nicht schon längst, man müßte im Interesse Europas, im Interesse der Humanität selbst sich beeilen, ihn zu schaffen ...

Palacky hat den Baubeginn des Museums nicht mehr erlebt. Es ist verständlich, daß die Sammlungen nach anderen Gesichtspunkten zusammengekommen sind und auch aufgestellt werden, als etwa jene in der Nationalgalerie auf der Burg. Es ist ein im alten Sinn ganzheitliches pädagogisches Unternehmen und umfaßt die Gebiete der Vor- und Frühgeschichte, der Mineralogie, der Paleontologie, der Zoologie; eigene Münz-, Instrumenten- und Theaterabteilungen sind heute angegliedert. Hervorzuheben ist die umfangreiche Bibliothek, in die durch Stiftungen auch Handschriften kamen. Die Sammlungen sind sehenswert und die wechselnden Sonderausstellungen zu empfehlen.

Unter den verschiedenen Einrichtungen, die dem Nationalmuseum unterstehen, sei vor allem die reiche volkskundliche Sammlung in der Kinskyschen Villa in Smichow, einem freundlichen Empirebau, hervorgehoben und ihr Besuch sehr empfohlen.

Die mittelalterliche Dominante für den Platz – ähnlich wie es die Teynkirche für den Altstädter Ring ist – war bis vor hundert Jahren der hohe Chor der Kirche *Maria Schnee*. Die breiten biedermeierlichen Häuser rundum, die wir aus alten Ansichten kennen, überragte die Kirche um ein Vielfaches. Heute ist sie hinter den Hochhäusern am untern Platzende verschwunden.

Deckenfresken in der barockisierten gotischen
St. Thomaskirche auf der Kleinseite,
gemalt von Wenzel Lorenz Reiner, 1728:
Szenen aus dem Leben und der Glorie der
Heiligen Thomas und Augustinus.

Geschichte der Neustadt

Für einen Rundgang durch die Neustadt ist die urpsrüngliche Planung Karls IV. wichtig, denn nur so finden wir die historisch bedeutsamen und kunstgeschichtlich interessanten Bauten zwischen all den Geschäfts- und Wohnhäusern, die im allgemeinen um die Jahrhundertwende in einem etwas üppigen Gründerstil gebaut wurden. Karl IV. hat innerhalb des riesigen Areals, das er befestigen ließ, neue Zentren angelegt oder in kleinen Siedlungen, die innerhalb dieses Raumes bereits bestanden, durch Schenkungen den Ausbau der bereits bestehenden ermöglicht. Damals waren dies die Pfarrkirchen oder Klöster und Stifte mit ihren Kirchen und sozialen Einrichtungen. Den Neusiedlern wurden bedeutende Freiheiten eingeräumt, so daß bereits in den ersten Jahren ein lebhafter Zuzug in die ›Neue Stadt‹ Prag einsetzte. Es ist tragisch, daß nur zwei Generationen diese erstaunliche Entwicklung erlebten, denn dann wurde an vielen Stellen das eben Erbaute zerstört, verwüstet, von den Bewohnern verlassen. In den unsicheren Zeitläuften des 15. und 16. Jahrhunderts gelang es nicht, die Neustadt so zu entfalten, wie dies seit 1348 ein gutes halbes Jahrhundert der Fall gewesen war. Es ist erschütternd, an einzelnen Objekten zu sehen, wie an der einmal gewählten Stelle ein Neubeginn versucht wurde, wie aber trotz idealler und materieller Bemühungen eine einmal unterbrochene Entwicklung nicht mehr das erhoffte Ziel erreichen konnte. Nach den großen entscheidenden soziologischen Veränderungen im 17. Jahrhundert wuchsen dann seit der Jahrhundertmitte und das ganze folgende Jahrhundert die Neugründungen schneller und gesünder heran, wenn sie sich auch meist in der Nähe der ersten Kristallisationspunkte angesiedelt hatten. Sie sind schwer im modernen Häusermeer aufzufinden, aber es ist interessant, wie sich gotische und barocke Baulichkeiten in schöner Gleichmäßigkeit fast immer nebeneinander befinden, wie graue und gelbe Perlen regelmäßig gereiht.

GESCHICHTE DER NEUSTADT

Erhalten blieb aus dem 14. Jahrhundert das Straßennetz mit den Platzanlagen, und erstaunlicherweise genügen sie dem modernen Verkehr immer noch. Der Stiftungsbrief für die Neustadt wurde am 8. März 1348 gegeben. Kaiser Karl fertigte einen Gnadenerlaß aus:

... kraft dessen er die neuen Einwohner dieser Stadt, sowohl Christen als Juden, auf zwölf Jahre lang von allen Steuern und Abgaben frey sprach; doch wurden die Bürger der Altstadt Prag, die sich in der Neustadt seßhaft machen wollten, davon ausgenommen, damit jene hiedurch keinen Abgang an den Einwohnern leiden möchte. Er befahl in diesem Briefe zugleich, daß alle Bierbrauer, Wagner, Schmiede, Klempner, und andere dergleichen lärmenden Handwerksleute, welche viel mit Feuer arbeiten, und mit ihrem tönenden Klopfen und Schlagen ihre Nachbarn zu beunruhigen pflegen, die Waffenschmiede und Pferdbeschläger allein ausgenommen, sich von der alten in die neue Stadt übertragen sollten. Den 25. April nächsten Jahres legte er den Grundstein zu der neuen Stadtmauer, die er vom Wischehrad an bis an die Moldau unter dem Dorfe Porzicz geführt, selbe mit mehreren Thören und hohen Thürmen versehen und in zwey Jahren darauf zu Ende gebracht hatte.

Die Neustadt zerfällt in zwei verschieden große Teile: die vom Wenzelsplatz südwestlich liegende *obere Neustadt*, im Osten begrenzt von der Geraden, die vom Nationalmuseum bis zum Karlshof führt, von dort zieht sich ein Stück alter Stadtmauer bis zu den Befestigungen am Wischehrad, im Westen bildet die Moldau bis zum National-Theater die natürliche Grenze: ein unregelmäßiges Rechteck also, in der Längsausdehnung etwa drei Kilometer, in der Breite etwa einen Kilometer. Die *untere Neustadt* gehört bis zur Hybernergasse, der alten Hauptstraße vom Pulverturm in Richtung Kuttenberg, eigentlich ganz zum Wenzelsplatz. Von der Hybernergasse nördlich bis zur Moldau befinden wir uns auf sehr früh besiedeltem Boden, der Ortsname Pořič wurde bereits erwähnt. Diese beiden Viertel sind jeweils etwa fünfhundert Meter im Quadrat.

Erster Rundgang

Ein Rundgang durch die *obere Neustadt* beginnt am besten in der Mitte des Wenzelsplatzes an der Stephansgasse, und man sollte sich dafür einen ganzen Nachmittag Zeit nehmen, auch gut zu Fuß sein. Wer einen langen Weg scheut, dem sei empfohlen, mit dem Auto zum Karlshof, nach Emaus und auf den Karlsplatz zu fahren.

An einer Parallele zur Moldau liegen die drei Hauptkirchen der oberen Neustadt, die Karl IV. gründete: *Maria Schnee* am 4. September 1347 für den Orden der Karmeliter anläßlich seiner Hochzeit mit Blanca von Valois:

Er schenkte gleich das Holz von dem riesigen Gerüst, auf dem wie auf einer Bühne er öffentlich gespeist hatte, dem Kloster für den Neubau. Er bat aber die Ordensmänner auch, stets für ihn, seine Gemahlin, seine Kinder, seine Vorfahren und Nachkommen zu beten. Es heißt, daß mehr als zweihundert Karmeliter dieses Kloster bewohnten, bis zu jenem schrecklichen Tag 1415, als die Wicklifiten unter Anführung des Hieronymus von Prag Kloster und Kirche erstürmten, was sich im Jahre 1420 wiederholte, als dann von dieser Kirche aus die Menge zum Neustädter Rathaus zog und dies zum ersten Prager Fenstersturz führte.

Die Pfarrei der oberen Neustadt wurde *St. Stephan*. Sie übernahm das Patrozinium einer kleinen Kirche der Ansiedlung am ›Fischteich‹, die dem deutschen Ritterorden gehörte. Schließlich liegt am südlichsten Punkt dieser Geraden der *Karlshof* mit der Kirche zu Ehren Karls des Großen, 1350 als Augustiner-Chorherrenstift am südöstlichen Eckpunkt der Befestigungsanlagen errichtet, vom oberen Ende des Wenzelsplatzes etwa einen Kilometer entfernt.

Am Weg zur alten Pfarrkirche St. Stephan liegt in der nach ihr benannten Gasse das eleganteste Hotel Prags, das ›Alcron‹, 1932 erbaut. Nach der Kreuzung Korngasse kommen wir zu der 1351 gegründeten und 1394 eingewölbten Stephanskirche, die in allen Jahrhunderten ihres Bestandes wertvolle Geschenke von den Bürgern bekommen hat. Seit dem Ende des

15. Jahrhunderts wird hier ein Muttergottesbild besonders verehrt.

Neben der gotischen Kirche steht eine romanische Rundkirche aus dem 12. Jahrhundert, die *Kapelle des hl. Longinus*, die ursprünglich dem Erzmärtyrer Stephanus geweiht war. Hier also war einer der frühen Siedlungskerne, die weit verstreut bereits auf dem Gelände bestanden, das Karl IV. zu einer Stadt zusammenschloß. Nicht weit davon kreuzt eine zweite wichtige Querstraße, die *Gerstengasse*, und wir kommen in das Klinikviertel, in das eingeschlossen das alte *Katharinenkloster* liegt. Ein schlanker gotischer Turm ist der letzte Zeuge dieses Baus, den Karl IV. 1355 zum Dank für den siegreichen Italienzug gestiftet und den Augustinerinnen übergeben hatte. Es war in blühendem Stand »bis auf das Jahr 1420, wo selbes durch die Taboriten und den Troß ihrer Weiber am 25. Mai zerstöret, und die sämtlichen Klosterfrauen vertrieben worden sind. Diese Rotte bemühte sich bei diesem Überfall den überaus hohen Turm, davon heutzutage nur ein Teil noch zu sehen ist, herabzureißen, und sie würde auch von ihrem bösen Vorhaben nicht nachgelassen haben, wenn nicht siebenundzwanzig dieser Kirchenstürmer von einer plötzlich herabstürzenden Mauerlast getötet worden wären«.

1737–41 wurde die *Katharinenkirche* nach Plänen Maximilian Kankas neu gebaut und von Wenzel Lorenz Reiner mit Fresken aus dem Leben der Titelheiligen geschmückt. Sie sind hervorragend erhalten. Die Kirche ist mitsamt ihrer barocken Einrichtung kürzlich sehr einfühlsam restauriert worden, doch wurde diese ganze Mühe eigentlich zunichte gemacht, als man sie zum ›Lapidarium‹ erklärte. Der schöne Raum wird durch die mächtigen Stein- und Gipskolosse, Originale und Abgüsse einzelner Figuren von der Karlsbrücke, das Reiterstandbild des hl. Wenzel von Bendl, welches bis 1913 am Wenzelsplatz stand, und anderes überfüllt, die Proportionen gestört und die Altäre, Bilder und Fresken zu Kulissen herabgewürdigt. Das ist schade, denn natürlich verdienen die hier aufgestellten Figurengruppen der Karlsbrücke unser Interesse, wenn man sie einmal in unmittelbarer Nähe und gleichsam in Augenhöhe umschreiten und betrachten kann. Viele Qualitäten, die auf der Brücke nicht sichtbar werden können, werden hier erst deutlich, dafür fehlt aber der weite Horizont mit dem wechselnden Licht. Es empfiehlt sich, die Öffnungszeiten für die Katharinenkirche im Nationalmuseum zu erfragen.

Man umschreitet den großen Block der Nervenklinik, in den St. Katharina einbezogen ist, und kommt auf die *Straße zum Karlshof*. Hier erwartet uns eine köstliche Überraschung: die *Villa Amerika*. In dem einst breiten Grüngürtel am Rande der Neustadt hat es früher viele solch kleiner Lust- und Sommerhäuser gegeben. Dieses eine, ein Kabinettstück Kilian Ignaz Dientzenhofers, blieb erhalten, und mit Entzücken stellen wir fest, daß der Vollender der Niklaskirche auch ein so intimes Bauwerk mit ganzer Meisterschaft für den Bauherrn Wenzel Michna von Weizenhofen errichtete. Aus der Werkstatt Anton Brauns stammen die Figuren. Im Inneren hat Johann Ferdinand Schor freskiert. Man ist geneigt, diesen anmutigen zweistöckigen Bau, einen Fremdling in seiner heutigen Umgebung, das ›Belvedere der Neustadt‹ zu nennen. Mit viel Geschmack ist heute darin ein Anton Dvořák-Museum eingerichtet.

Eine längere Strecke führt die Straße zwischen den mächtigen langgezogenen Klinikbauten, bis sich vor uns der merkwürdige Umriß des *Karlshofes* abzeichnet. Das große Oktogon ist eine getreue Nachbildung des Aachener Domes, jedenfalls was seine Ausmaße und den Grundriß betrifft. Karl IV. hat in diesem Bau Karl den Großen, seinen heiligen Ahnherrn, verehrt, und so wie jener Aachen zur Residenz ausbaute, so wollte Karl Prag zur Hauptstadt seines Reiches machen. Deshalb gedenkt er an bevorzugter Stelle – der höchsten Erhebung über dem Wischehrad – der geistigen und geistlichen Zusammenhänge, trägt er doch seit seiner Firmung den Namen Karls – auf Wenzel war er getauft.

Vom ursprünglichen Bau stehen nurmehr die Umfassungsmauern, der Chor ist 1498 erst eingewölbt worden. Wie der Zentralbau gedeckt war, wissen wir nicht genau; es wurde fälschlicherweise angenommen, daß das Gewölbe auf einer Mittelsäule ruhte. Die Raumwirkung ist ungewöhnlich fesselnd; durch die Barockisierung ist das Kirchenrund in eine Bühne verwandelt worden; über den gegenüberliegenden Portalen sind im Inneren Balkone angebracht, auf denen lebhafte Figurengruppen agieren. Die Ausmalung des 19. Jahrhunderts will den Sternenhimmel des 14. wiedergeben, aber damals schon war der Bau eigentlich nur als ein historisierender zu verstehen. Versetzen wir uns doch einmal nur für einen Augenblick in Gedanken in das strenge, schwere und massige Bauwerk von Aachen – und wir werden den zeitlichen und geistigen Abstand spüren!

Auch die *Klostergebäude* sind im Barock erneuert worden, und der Besuch dieses merkwürdigen Heiligtums galt damals vor allem der heiligen Stiege und der Bethlehemsgrotte.

Von dem hochgelegenen ehemaligen Augustiner-Chorherrenstift und der Karlskirche, dieser eigentlich unverstanden gebliebenen Gründung Karls IV., geht es abwärts zur Moldau, durch die *Berggasse*, ein Stück an der alten Stadtmauer entlang. Schräg vor uns erhebt sich der vielfach befestigte Wischehrad. An diesem vorbei führte eine alte Hauptstraße vom Süden kommend, an ihr liegt die kleine Kirche *Maria auf dem Wasen* als erste einer langen Reihe von Sakralbauten, die links und rechts von dieser Hauptverkehrsader entstanden sind. Die erwähnte Marienkirche, 1360 zugleich mit einem Servitenkloster gegründet, heißt auch *Maria auf der Säule*, nach der Mittelsäule, die das Gewölbe des quadratischen Schiffes trägt. Die Legende berichtet, daß vor Zeiten auf dieser Säule das Bild des Götzen Swatowit gestanden sei, dem die heidnischen Tschechen schwarze Hähne opferten. Merkwürdigerweise klingt ›Svatý Vít‹, das heißt auf deutsch ›Heiliger Veit‹, ganz ähnlich, und wir wissen, daß der Schutzpatron des Prager Domes immer mit einem Hahn dargestellt wird.

Die südliche Neustadt zwischen Karlsplatz und Wenzelsplatz, nach dem Plan von Jos. Dan. Huber 1769
→

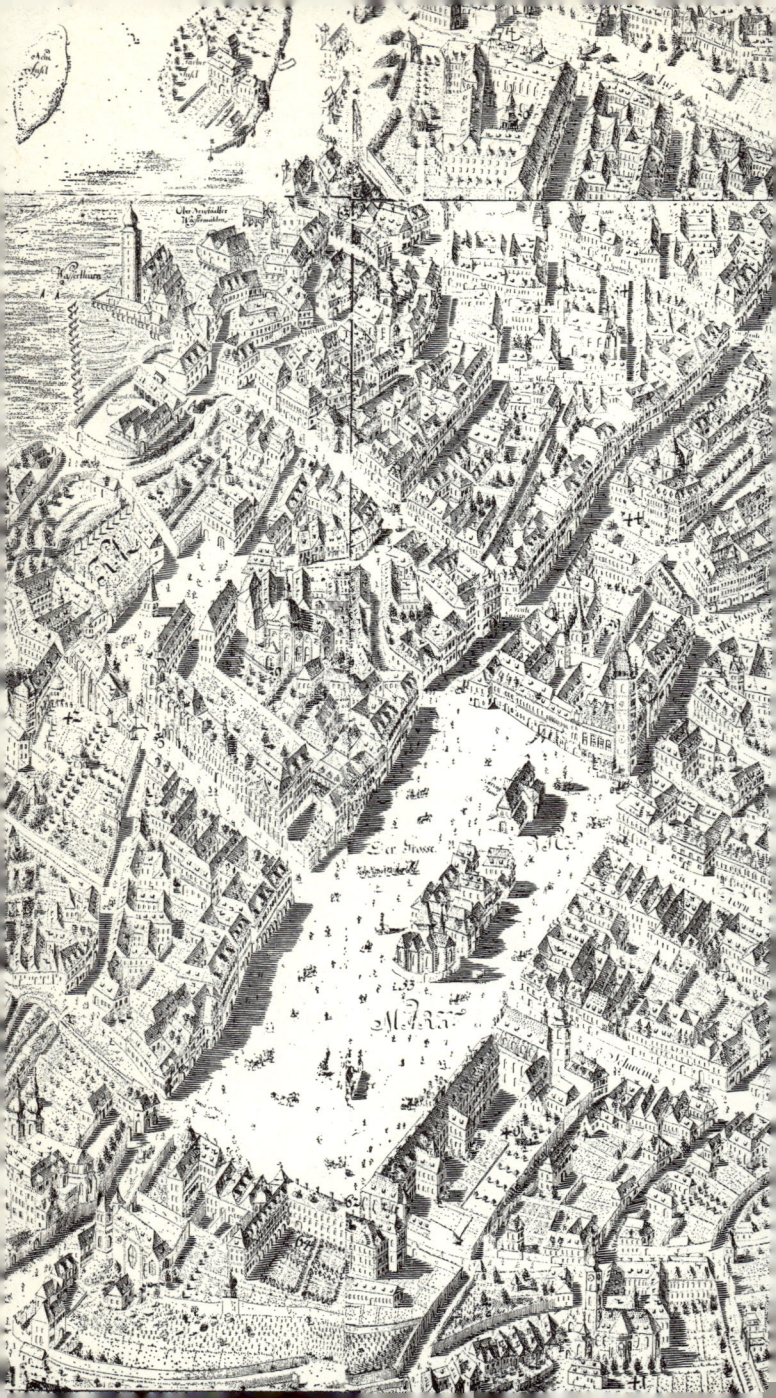

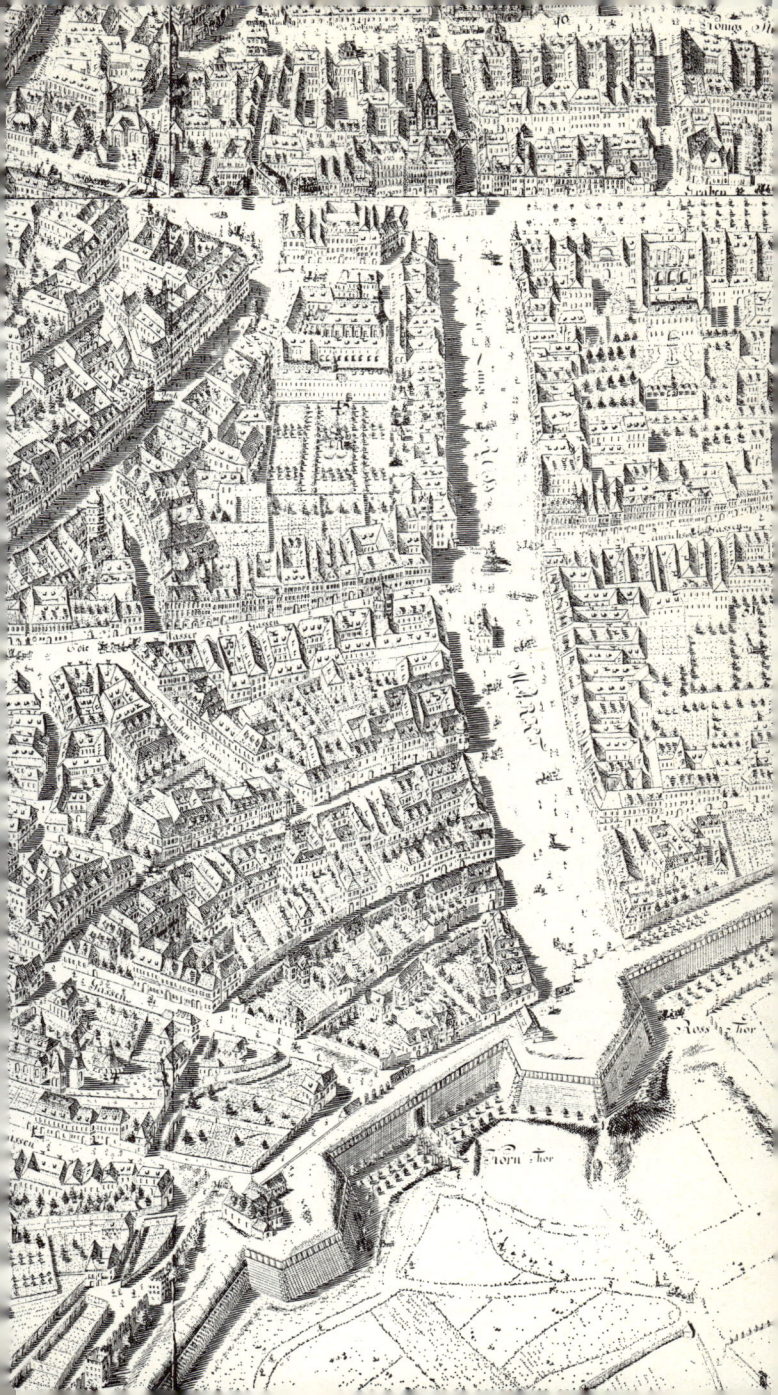

Am Beispiel dieses kleinen Klosters der Serviten sei etwas über das Schicksal der kaiserlichen Gründungen berichtet, wie es ähnlich für fast alle in der Neustadt zutrifft. Der Kaiser hatte am 24. März 1360 in Gegenwart vieler fremder und hoher Gäste den ersten Grundstein mit eigener Hand gelegt und sechs Ordensgeistliche aus Florenz nach Prag geholt:

Kaum brachten diese Ordensmänner ihr Klostergebäu zu einem vollkommenen Stande, so brach schon die allgemeine Landesverwüstung aus, die bald nach dem Hintritte Wenzel IV. den ersten Anfang zu Prag nahm und viele Klöster und Kirchen zerstöret hatte. Im Jahre 1420 den 3. Juni überfielen die Hussiten auch dieses Kloster, darin zu dieser Zeit vierundsechzig Geistliche versammelt waren, welche um dem Provinzkapitel hier beizuwohnen aus verschiedenen Gegenden in Prag zusammengekommen sind; und weil selbe der Hussitischen Lehre keineswegs beitreten wollten, besetzten diese Wüteriche das Kloster ringsum, damit keiner aus demselben entwischen könne, legten Feuer an, und so mußten diese sämtliche Geistlichen ein Brandopfer dieser blutrünstigen Rotte werden ...

1436 versuchen zwei Mitglieder des Ordens mit Genehmigung des Kaisers Sigismund das zerstörte Kloster wieder herzustellen, aber wer hätte helfen sollen? Die Einwohnerzahl der Stadt Prag war zusammengeschmolzen, und außerdem gab es nurmehr eine verschwindende Minderheit von Katholiken. 1554 gibt der Orden seine Bemühungen auf und verläßt Prag; Kloster und Kirche werden nebst Garten pfandweise an zwei Bürger der Stadt abgetreten. Nach der Schlacht am Weißen Berge kommen 1629 aus Wien wiederum Servitenmönche, und Kaiser Ferdinand II. legt den Grundstein zu einem neuen Kloster auf dem alten Platze. Von 1666 bis 1726 wurde gebaut, aber schon 1783 wurde dieses Kloster wie so viele andere unter Joseph II. aufgehoben, die Ordensmänner pensioniert, die Kirche gesperrt, das Kloster Kaserne. Die Klostergebäude gehören heute zu den allgemeinen Krankenhäusern der Stadt.

Unmittelbar neben dem Servitenkloster bauten die *Elisabethinerinnen* eine große Anlage, 1724–31, nämlich Kloster,

Spital und Kirche. Kilian Ignaz Dientzenhofer, der Vielbeschäftigte, schuf hier die Pläne. Die kurze Bauzeit ist bemerkenswert, ebenso die qualitätvolle Einrichtung. Etwas oberhalb dieser Anlage steht eine gotische Kirche, wiederum eine Gründung Karls IV., *St. Apollinaris*, in der Richtung zur Moldau der kleine Barockbau der *Kirche zur Allerheiligsten Dreifaltigkeit* von 1729.

Das kraftvollste städtebauliche Gegenüber von Gotik und Barock liegt aber erst vor uns: das ehemalige *Benediktinerkloster Emaus*, 1374 von Karl IV. für die aus Osteuropa vertriebenen Benediktiner slawischer Zunge gegründet, zur Linken der leicht ansteigenden Straße und zur Rechten die zweitürmige über einer Doppeltreppe hochaufragende Kirche *St. Johann am Felsen*. Ein und dasselbe Glaubensbekenntnis hat diese Bauten ermöglicht in jenen Zeiten, als die Katholiken in Böhmen aus vollem Herzen ihrer Religion anhängen konnten, im 14. und im 18. Jahrhundert. Dazwischen hat es keine der verschiedenen Gruppen zu einem wirklich aussagekräftigen Bau für ihr Bekenntnis, für ihren reformierten Glauben gebracht. Wieder ist es Kilian Ignaz Dientzenhofer, der dem berühmten ehrwürdigen Emauskloster gegenüber eine Kirche aufrichtet, Auftrag einer Bruderschaft. Damals bevölkerten spanische Benediktiner das *Kloster Emaus*, dessen bewegte Geschichte wir kurz bedenken wollen.

Am 21. November 1347 wird bei der alten Cosmas und Damian-Kirche, die der hl. Wenzel erbaut haben soll, von Karl IV. ein Benediktinerkloster gegründet. Es heißt zum hl. Hieronymus oder zu den Slawischen Heiligen. Es sollte eine Pflegestätte slawischer Liturgie werden, die ja seit den Zeiten der Heiligen Cyrill und Method von Rom anerkannt war, in Mähren viele Anhänger gefunden hatte und im Kloster Sazawa bei Prag auch eingeführt worden war. Eine Begegnung zwischen östlich-slawischer und westlich-lateinischer Frömmigkeit sollte hier ermöglicht werden. Am Ostermontag 1372 konnte die feierliche Einweihung stattfinden; an diesem Tag wird das Evangelium vom Gang der Jünger nach Emaus gelesen, und der Name des Fleckens bei Jerusalem blieb dem Prager Kloster für alle Zeit. Die Klosterweihe war für Karl IV. Anlaß für ein feierliches Auftreten mit seinem Sohn und Nachfolger Wenzel IV., der ganze Hof nahm teil, der Kardinal-Erzbischof von Prag, Jan Očko von Vlašim, hielt die Weihe. Zahlreiche geistliche und weltliche Ehrengäste waren erschienen. Es war in jenen Zeiten ein seltenes Ereignis, daß ein so großes Bauwerk zu Lebzeiten des Gründers fertiggebracht worden war. Ein Vierteljahrhundert nachdem Karl dieses Kloster für die slawischen Mönche anlegen ließ, konnte er die Einweihung miterleben. Der Konvent bestand aus Tschechen, Kroaten, Serben, Bulgaren und Russen.

In Emaus pflegte man nicht nur die kirchenslawische Liturgie, es entstand auch eine Schreibschule für glagolitische Texte. Gestützt auf die geistige und sprachliche Verbundenheit mit dem tschechischen Volk, gelang es den Mönchen, die ersten hussitischen Anstürme abzuwehren. Dann aber spaltete sich 1434 der Konvent, da ein Teil die Lehren der Utraquisten annahm und der andere Teil das Kloster und die Stadt Prag verlassen mußte. In dieser Epoche, in der auch ›Äbte‹ regierten, wurde eine der schönsten Handschriften 1452 nach Byzanz geschenkt, um die Verbundenheit mit der Ostkirche zu dokumentieren. 1574 kaufte Kardinal Karl von Lothringen diesen Kodex als ungewöhnliche Kostbarkeit und schenkte ihn zum Krönungsschatz von Reims. Fortan schworen auf dieses Evangeliar die französischen Könige ihren Krönungseid. 1717 besuchte Zar Peter I. die Kathedrale, er konnte in dem »altehrwürdigen« Buch lesen und seine Herkunft bestimmen. Es blieb in Reims und legt heute noch Zeugnis für die hohe Kultur des Klosters Emaus um 1400 ab.

1589 konvertierte Abt Horsky vom Utraquismus zum Katholizismus und unterwarf sich der Jurisdiktion der Benediktiner von Braunau-Břevnov. Er begann, unterstützt von Kaiser

Rudolf II., mit dem Wiederaufbau des mehr oder weniger verwahrlosten Klosters, aber der wirtschaftliche Verfall war nicht mehr aufzuhalten. Trotz des Widerstandes der böhmischen Benediktiner wurde Emaus schließlich 1635 von Kaiser Ferdinand III. den spanischen Benediktinern vom Montserrat zur Neubesiedlung übergeben. Schon Wallenstein hatte sie ins Land rufen wollen, um auf dem Bösigberge einen ›böhmischen Montserrat‹ zu gründen. Don Benedikt Pennalossa de Mondragon wurde der erste Abt und Emaus ein Treffpunkt der vielen Spanier, die in und nach dem Dreißigjährigen Krieg ins Land kamen. Mit wenigen Ausnahmen wurden immer wieder spanische Äbte eingesetzt, obwohl der Nachwuchs aus vielen anderen Nationen kam und im Laufe der Jahrzehnte auch aus dem Lande selbst.

Im 19. Jahrhundert ergaben sich erneut große wirtschaftliche Probleme, und schließlich zogen die durch den Kulturkampf aus Beuron verjagten Benediktiner über Volders in Tirol nach Emaus in Prag. Sie brachten das Kloster zu neuer Blüte und machten es zu einem geistigen Mittelpunkt der deutschsprachigen Katholiken Prags. Sie haben allerdings sowohl Kirche wie Kloster des 14. Jahrhunderts in ihrem Stil umgewandelt. 1942 ist es von den Nationalsozialisten geschlossen worden. Am 14. Februar 1945 zerstörten alliierte Fliegerbomben einen Großteil der Gebäude und trafen vor allem die Kirche schwer. Die Mönche, die 1945 zurückkamen, wurden nur kurze Zeit geduldet.

Die bedeutenden *Fresken* im Kreuzgang sind, soweit dies möglich war, restauriert worden. Sie werden derselben Hand zugeschrieben, wie jene auf dem Karlstein. Nach sorgfältiger Sicherung steht auch der dreischiffige Kirchenraum wieder in seiner herben Schönheit. Für die Fassade hat man eine mutige und städtebaulich geglückte Lösung gefunden: leicht wie ein Segel liegt eine Betonwand auf, die in zwei vergoldeten Spitzen – Türme imaginierend – endet.

Wir haben Emaus sehr geliebt. Als Kinder erlebten wir die

hohen kirchlichen Festtage in dieser Kirche. Den tiefsten Eindruck hinterließ die feierlich-ernste Karfreitagsliturgie vor den abgedeckten Altären. ›Pumpermette‹ nannten wir diese Andacht. Wenn sie zu Ende war und der wunderbare Gesang verstummte, zogen die Mönche paarweise durch ein kleines Portal fort. Es schienen uns viele hundert zu sein, die Leere und die Trauer in der Todesstunde Christi war dann auch für uns Kinder fast greifbar.

Im Krieg wollte ich einmal zum Sonntagsgottesdienst gehen – ich wußte nichts von der kürzlich erfolgten Schließung des Klosters. Alles war still, ich öffnete leise eine Seitentür an der Kirche, da packte mich das Grauen. Man hatte sie zu einem Depot für Theaterkulissen gemacht, und in der Mitte des Raumes stand wie eine gräßliche Blasphemie ein hölzerner Palmesel mit dem segnenden Christus. Unter diesem unauslöschlichen Eindruck habe ich die bewegte Geschichte des Klosters Emaus nachgelesen. Sie wirkt wie ein Gleichnis für die blutigen Glaubenskämpfe, die in dieser Stadt, in diesem Land, durch alle Jahrhunderte hindurch ausgetragen werden mußten.

St. Johann am Felsen hat wohl die schönste Lösung für eine Verbindung von Treppe und Kirchenfassade im Barock gefunden. Sie gehörte der Johannesbruderschaft, 1706 vom Papst genehmigt, welche aus »dreihundert weltlichen Mannesbildern, ebenso vielen Frauenzimmern, und fünfhundert Priestern bestand«. Es handelte sich eigentlich um eine Begräbnisbruderschaft, denn jedes Mitglied erhielt die Nachricht, wenn ein Mitbruder oder eine Mitschwester gestorben war und mußte nun ein heiliges Meßopfer für dessen Seelenheil lesen lassen oder »wenn solches etwan sein Vermögen nicht zuließ« ein solches für die Seele des Verstorbenen hören. Die Kirche war den drei Johannes geweiht: dem Täufer, dem Evangelisten und dem Nepomuk.

Zwischen den schönbehelmten, übereck gesetzten Türmen erhebt sich über Portal- und Giebelzone eine Pyramide, auf deren Spitze das vergoldete Abbild der Zunge des hl. Johannes von Nepomuk in einem Strahlen- und Sternenkranz funkelt; die Figur des Heiligen, und zwar das Holzmodell des Johann Brokoff von 1682, für den Bronzeguß auf der Karlsbrücke geschaffen, steht auf dem Hauptaltar. An die Kirche schließt ein langer schmaler Garten, der am Karlsplatz endet.

Der zweite große Platz der Neustadt, der ehemalige Viehmarkt, jetzt *Karlsplatz*, gleicht mit seinen Anlagen fast einem Park. Wir betreten ihn an der südlichen Schmalseite neben dem sogenannten *Fausthaus*. Der Name für dieses ansehnliche Gebäude aus dem 16. Jahrhundert, das im 18. umgebaut wurde, geht auf jene Bewohner zurück, die hier alchimistische Experimente gemacht haben. Einer war der Scharlatan Eduard Kelly, ein Alchimist Rudolfs II., der wegen seiner Betrügereien wiederholt im Kerker landete. Ein späterer Besitzer, Ferdinand Anton von Mladota, stellte hier chemische Versuche an, und das Volk brachte das ganze unheimliche Haus mit dem Namen des berühmten Doktor Faustus zusammen.

Über die halbe Platzlänge zieht sich im Osten die Fassade des Neustädter Jesuitenkollegs, an das die Kirche *St. Ignatius* anschließt. In allen drei Prager Städten hatten die Jesuiten ihre Residenzen, die größte und älteste in der Altstadt – der Bau des Clementinums war 1653 begonnen worden –, die schönste Kirche drüben auf der Kleinseite – St. Niklas, 1673 begonnen – und endlich hier in der Neustadt an bevorzugter Stelle St. Ignatius, 1658–67 erbaut.

Die Kirche, dem heiligen Ordenspatron geweiht, zeigt die strenge Lösung des Jesuitenschemas, eine Saalkirche mit Seitenkapellen, Carlo Lurago war der Baumeister; die Fassade und die Vorhalle schuf Paul Ignaz Bayer. Das Innere ist reich stukkiert, unter den Altarbildern ist das bedeutendste ›Die Glorie des hl. Ignatius‹ von Johann Georg Heintsch für den Hauptaltar. Nach der Auflösung des Ordens hatten die Jesuiten Prag verlassen und nach dem Wiedererstehen erst 1866 hier eine neue Residenz gegründet, und zwar in einem Haus neben der Kirche, die sie wieder in ihre Obhut bekamen. 1950 ist dieser Konvent aufgehoben worden.

An der Nordseite des Platzes ist seit den Restaurierungsarbeiten 1955 das *Neustädter Rathaus* wieder als bedeutender Renaissancebau kenntlich. Seine Entstehung reicht freilich bis zur Stadtgründung, und wir wissen, daß 1377 an dieser Stelle bereits gebaut wurde. Hierher zogen 1419, am 30. Juli, unter Führung des Predigers Johann v. Seelau, aufgebrachte hussitische Männer und Frauen, die eben noch an einem Gottesdienst teilgenommen hatten. Sie drangen in das Rathaus ein und warfen die katholischen Räte zum Fenster hinaus. Diese kamen nun nicht so glimpflich davon wie die Opfer des zweiten Prager Fenstersturzes hundert Jahre später, sondern sie wurden von den Lanzen und Spießen der wütenden Menge aufgefangen und grausam umgebracht.

An der großen Straße, die vom Karlsplatz zur Moldau führt, kam es in unseren Tagen zu grausamer Verfolgung. Im Keller der *Carl-Borromäuskirche* hatten sich im Juni 1942 Fallschirmspringer versteckt, die das Attentat auf den damaligen Reichsprotektor Heydrich ausgeführt hatten. Sie verteidigten sich bis zu ihrem Tod.

Die kleine Kirche mit dem anschließenden Priesterhaus, 1730–36 erbaut, wurde von Kilian Ignaz Dientzenhofer vollendet. Ihm ist sicher die reizvolle Lösung zu verdanken, die auf einen Ausgleich des abfallenden Geländes hinzielt. So entstand vor dem Kirchenportal ein kleiner Ehrenhof, über eine Treppe zugänglich, von schönen Gittern umschlossen.

Gegenüber liegt die kleine, stark regotisierte *Wenzelskirche*, in der noch romanische Grundmauern stecken. Sie war Pfarrkirche einer sehr frühen Siedlung am ›Zderaz‹. Hier baute Karls Sohn König Wenzel ein Badeschlößchen, und er soll gerne und oft hier geweilt haben. Vielerlei Geschichten über seine Liebschaften mit den schönen Bademädchen sind seit damals im Umlauf. Eine der Mägde, Susanna, soll ihm das

Leben gerettet haben. Sicher ist, daß in den berühmten Handschriften seiner Zeit immer wieder Anspielungen auf diese Mägde vorkommen und man Wenzel gewissermaßen als ihren Gefangenen darstellt. Wie eingesperrt sitzt er etwa in dem großen W, einer Initiale, und rundherum steigen in den Ranken und Schnörkeln die hübschen Mägdlein mit den Wasserzubern umher. Auf den phantastischen Blüten dieser Randleisten sitzt auch da und dort ein Eisvogel, das Lieblingssymbol Wenzels, wie wir es schon vom Altstädter Brückenturm kennen.

Die Moldau hat seit den Tagen König Wenzels immer wieder Ufersand angeschwemmt, und wir haben noch ein Stück bis hinunter zu den inzwischen gesicherten Ufern. Drei langgestreckte Inseln liegen im Fluß: die ehemalige *Sophien-Insel*, die *Schützen-Insel* und die *Juden-Insel*. Die erste legt fast wie ein Schiff am Neustädter Ufer an, an der Südspitze erhebt sich ein schöner alter Wasserturm von 1495, später von einem barocken Dach überdeckt. Zu seinen Füßen breitet sich das beliebte weitläufige *Café Mánes* aus, gleichzeitig Ausstellungsraum und Verwaltung des tschechoslowakischen Künstlerverbandes. Seinen Namen führt es nach der bedeutenden tschechischen Malerfamilie dieses Namens, deren Mitglieder zu Beginn des 19. Jahrhunderts eine große Rolle gespielt haben. Die Besichtigung der jeweils zeitgenössischen Ausstellungen kann sehr empfohlen werden, gleichzeitig kann man unten an der Moldau, vor allem an heißen Tagen, in der angenehmen Frische über dem Fluß von dem langen Rundgang ausruhen.

Der nordwestliche Eckpfeiler der Neustadt, von dem die Nationalstraße an der Altstadt entlangführt, ist ein repräsentatives Gebäude, verwandt dem Nationalmuseum, dem großen Abschluß des Wenzelplatzes: das *Nationaltheater*. Aus denselben Beweggründen ist es entstanden, und es spielt seither nicht nur für das kulturelle Leben Prags, sondern für das des ganzen Landes eine wichtige Rolle. 1868 erfolgte die Grundsteinlegung, 1881 war der Bau fertiggestellt, unmittelbar darauf suchte ihn ein verheerender Brand heim – wie das Unglück in Wien und München die neuen Theater verfolgt hatte –, 1883 konnte es aber wieder eröffnet werden. Die Musikalität der Böhmen ist seit dem 18. Jahrhundert in ganz Europa bekannt. Sie ist inzwischen in der gesamten westlichen Welt in ihren Gipfelleistungen beliebt. Hier in dem Haus an der Moldau in Prag hat sie ihre ganz eigene Ausprägung erfahren: die tschechische Oper des späten 19. Jahrhunderts ist für immer verbunden mit den Namen Anton Dvořák und Friedrich Smetana. Herzstück des Repertoires war und ist Smetanas volkstümliche Oper ›Die verkaufte Braut‹, eine der liebenswertesten Selbstdarstellungen, die eine Nation je gefunden hat. Weit über zweitausendmal ist sie in diesem Hause aufgeführt worden, meist, wie man sagen müßte, ›Eine ausverkaufte Braut‹. Immer wieder drängen sich alt und jung in die Aufführungen – wie oft habe ich sie hier gehört und gesehen! Hoch oben auf der Galerie, unten im Parkett, irgendwo in einer Loge; von überall her jubelt das Publikum, das jeden Takt kennt, den Sängern und Musikern zu, die genau wissen, daß keine Aufführung eine Routineangelegenheit sein darf. Das farbensprühende Bild der Trachten, in denen die Sänger auf der Bühne stehen, die bäuerlichen Tänze der Dorfjugend vor den Kulissen mit den weißen niedrigen Häusern und den leuchtenden Sonnenblumen, der immer wieder reizvolle Auftritt der Zirkusleute – für jeden Darsteller ist dies eine Prüfung, aber das Publikum ist hier gerne bereit, jedes Lob zu spenden, wenn diese seine Nationaloper so aufgeführt wird, wie sie kennt und liebt. Hier ist kein Experiment denkbar, wie dies etwa die Wagner-Enkel in Bayreuth mit ihren Inszenierungen versuchen. Gewiß hat sich das böhmische Dorf seit Smetana verändert, aber in der ›Verkauften Braut‹ will jeder das Dorf sehen, wie es seine Eltern und Großeltern kannten.

Eine zeitgenössische Variante zu dieser fröhlichen Liebesgeschichte bildet die auch sehr populäre Oper Leo Janáčeks ›Jenufa‹: Das tragische Schicksal eines Bauernmädchens.

MARIA-SCHNEE

Das Nationaltheater dient seit langem nurmehr der Oper, das Sprechtheater hat andere Häuser. Innerhalb eines weitgespannten Programms sind selbstverständlich slawische Komponisten bevorzugt. Bei einem mehrtägigen Besuch von Prag sollte man hier wenigstens einen Abend verbringen: in einem der besten und zugleich volkstümlichsten Opernhäuser des Kontinents.

Die *Nationalstraße*, eine der belebtesten Hauptstraßen, führt von hier, an dem einst bedeutenden Ursulinenkloster vorbei, zwischen Neubauten des 20. Jahrhunderts an das untere Ende des Wenzelplatzes und mündet dort in den Graben. Wir schließen unseren Rundgang mit der *Maria-Schnee-Kirche* ab, die durch die ehemaligen Klostergebäude erreicht wird. Eigentlich steht nur der Hochchor jener von Karl IV. gegründeten, den Karmelitern übergebenen und riesengroß geplanten Kirche. Man ist immer wieder überrascht, daß es diese eigenartige Architektur so nahe vom Wenzelsplatz gibt, da sie fast unsichtbar geworden ist. Der überhohe lichte Raum ist wahrhaft atemberaubend. Nach dem Veitsdom auf der Burg wäre dies die größte Kirche Prags geworden. 1379 hatte man begonnen, doch mußten die Bauarbeiten nach den Plünderungen durch die Hussiten unterbrochen werden, auch war inzwischen das Kloster verwaist. Erst 1606 kamen Franziskaner hierher, bauten ein Kloster und erneuerten die zerstörte Einrichtung der inzwischen wieder instandgesetzten Kirche. Prags größter Schnitzaltar wurde 1651 hier aufgestellt. Der Meister dieses ernsten, etwas bäuerlichen Kunstwerks ist unbekannt. Am Nordportal erinnert eine Marienkrönung mit den Figuren Karls IV. und seiner Gemahlin Blanca von Valois an die Gründer. Neuerdings ist der kleine Klostergarten zugänglich, eine Oase im Zentrum des Geschäftsviertels um den Wenzelsplatz.

Zweiter Rundgang

Die *untere Neustadt*, oder der nördliche Teil, unterscheidet sich zunächst vom südlichen dadurch, daß kein eigener neuer verkehrstechnischer Mittelpunkt entstand, wie dies der Karlsplatz ist. Der Heuwaagsplatz hat seine früher wohl bedeutendere Rolle verloren. Auch die Pfarrkirche dieses Teils, *St. Heinrich*, gehört eigentlich zum Wenzelsplatz. Zwei wichtige, für die moderne Entwicklung entscheidende Einrichtungen sind hier entstanden: die beiden ersten Bahnhöfe Prags, nach mancherlei Umbenennungen jetzt Prag Hauptbahnhof und Prag Mitte. Große Verkehrsdichte bedingen außerdem die Hauptausfallsstraßen nach Nord- und Westböhmen und die großen Industrieanlagen im angrenzenden Karolinental. An der Moldau treffen wir auf zwei romanische Kirchen, die uns frühe Siedlungen in Erinnerung bringen, *St. Peter* und *St. Klement*. Anzumerken ist, daß in diesem Teil der Neustadt an den beiden Hauptstraßen noch einige bemerkenswerte Stadtpaläste im 18. Jahrhundert entstanden sind, am Graben und in der Hybernergasse. Einen Rundgang brauchen wir eigentlich nicht vorzuschlagen.

Über den *Graben* flaniert man sowieso immer wieder, vorbei am ehemaligen *Palais Sylva-Tarouca*, heute Clubhaus. Oktavian Fürst Piccolomini beauftragte Kilian Ignaz Dientzenhofer mit dem Bau, den Anselmo Lurago zu Ende führte. Drei Tore führen in das zweieinhalb Stockwerk hohe Gebäude, das sich weit in die Tiefe entwickelt. Wir sollten wenigstens in den ersten Hof treten und einen Blick auf das anmutige Treppenhaus werfen: eine letzte Blüte profaner Barockarchitektur in Prag. Freilich beachtet man die schöne Fassade im Vorübergehen kaum, da sie wie jede andere von Auslagenfenstern durchbrochen ist. Aber von der gegenüberliegenden Straßenseite, sozusagen am Rande der Altstadt, sieht man, wie sich hier in Richtung Pulverturm noch andere schöne Gebäude reihen, das ehemalige Piaristengymnasium, ein Rokokobau, und das ehemalige Deutsche, jetzt ›Slowakische Haus‹, als Palais

1697 für den Freiherrn Vernier de Rougemont gebaut, 1797 von Franz Heger im klassizistischen Stil umgebaut. Damals hatten die Häuser noch tiefe Gärten, streng geschnittene Boskette und farbenprächtige Parterres. Die Anlage am Palais Vernier kennen wir aus einer Zeichnung um 1700. Der jetzt noch übrige Teil, ein Wirtsgarten, ist nur eine blasse Erinnerung daran.

Die eindrucksvollste und nie zu übersehende Palastfront bietet sich aber an der Nordseite der *Hybernergasse*, wo zwei große *Palais* der Grafen *Sweerts-Sporck* neben einem *Palais Kinsky* stehen. Heute sind in diesen Feudalbauten Museen, darunter das Lenin-Museum in jenem Gebäude, das Carlo Lurago ursprünglich für Johann Anton Losy von Losymthal aus drei Häusern errichtet hat. Dieser böhmische Graf, erst nach dem Dreißigjährigen Krieg zu Namen und Rang gekommen, war zu Lebzeiten sehr berühmt. Er war einer der größten Lautenisten Europas, also ein Mitbegründer des Ruhmes der böhmischen Musikalität. Hören wir, wie er lebte und starb; der Historiker Jan Dlabacz hat es in seinem ›Allgemeinen historischen Künstlerlexikon für Böhmen‹ (Prag 1815) beschrieben:

Losy, ein böhmischer Graf, und einer der größten Lautenspieler in Europa, kam in Böhmen 1638 zur Welt. Gleich in seiner ersten Jugend zeigte er große Neigung sowohl zu den Wissenschaften als zu der Musik, die zu dieser Zeit vom hohen böhmischen Adel mit vielem Fleiß getrieben wurde. Graf Losy ergriff also das Instrument der Laute, und bildete sich zu einem so großen Virtuosen, daß er keinen seinesgleichen, weder in Frankreich noch in Italien, gefunden hat. Deswegen soll er von Kaiser Leopold in den Grafenstand seyn erhoben worden, in dessen Gegenwart er sich mehrmals hat hören lassen müssen. Er lebte zu Prag mit einem jährlichen Einkommen von 80000 fl. ganz in und für die Musik; und machte manchmal Reisen ins Ausland. So hielt er sich im Jahre 1697 zu Leipzig auf, wo in seinem Hause der berühmte Wettstreit zwischen ihm auf der Laute, Kuhnau auf dem Klavier und Hebenstreit auf dem Pantalon vorfiel. Losy brachte wirklich sein Instrument zu einer solchen Vollkommen-

heit, daß man es mit dem Bessard ›Principem quasi et reginam musicorum instrumentorum‹ nennen mußte. Auf seinen Reisen, so oft ihm ein schöner Einfall kam, ließ er die Pferde anhalten, und trug ihn in seine Schreibtafel ein. Die Methode der Franzosen und Italiener, das Instrument zu behandeln, faßte er bald und setzte herrliche Stücke für dasselbe auf. Herr Kapellmeister Stölzel, der mit ihm um das Jahr 1715, und durch ganze drei Jahre in Leipzig und Prag einen genauen Umgang hatte, redet mit vieler Achtung von seiner Kunst, und erzählet, daß Losy gemeiniglich an dem Vormittage einige Stunden im Bette sich bloß mit der Laute beschäftigte, nach Mittag aber die Violine im Saale spielte, wozu man ihn auf dem Flügel accompagnieren mußte. Bei diesem Spiele verweilte er öfters auf einer wohlangebrachten Dissonanz sehr lang, überdachte sie, und rief dann aus: »E'una nota d'oro« – ja, er ließ sie drei bis viermal wiederholen und anatomirte den vorgetragenen Satz bis in das kleinste Detail. Er war ein besonderer Liebhaber der Lullischen und Fuxischen Kompositionen, und deswegen mußten an jedem Abend einige Stücke aus den gedruckten Opern des Lully gespielt werden. Und dies war sein Unterhalt, und dies war sein Leben!

Er starb im Jahre 1721, im 83. Jahre seines um die Tonkunst sehr verdienten Alters in Prag. Sein Tod wurde auf folgende Art von Prag aus dem Auslande bekannt gemacht: »Es ist jetzo vor drei Wochen, daß unser lieber Vater der Laute alles verlassen, und von dieser Welt in das Ewige verreiset, nämlich der Graf Losy. Als man ihm vor drei Wochen den Tod ankündigte, daß es seines Aufkommens nicht mehr seyn würde, sprach er: ›A Dio Lauten! a Dio Geigen!‹ ließ darauf die Lauten und Geigen umkehren, und ein schwarzes Bändchen um sie binden, um dadurch anzuzeigen, daß die Laute auch todt wäre, und sollten also alle Lauten Trauer um ihn tragen.«

Unmittelbar neben den barocken Palästen entstand 1844 bis 1845 unter der Bauleitung des Herrn Johann Jüngling der erste Bahnhof von Prag, in den am 20. September 1845 der erste Zug einfuhr. Ein biedermeierlicher Bahnhof! Wenn nicht heute noch die meisten Züge in der Tschechoslowakei mit Braunkohle fahren würden, dann könnte diese frühe Bahnhofsanlage in ihrer einfachen Schönheit erstrahlen, ohne Schmutz, Gestank und Lärm.

STADTERWEITERUNG

In einer Gartenanlage nordöstlich vom Bahnhof steht das *Museum der Stadt Prag*. Wir sollten es besuchen, denn in seinen Sammlungen sind viele interessante und schöne Dinge zur Stadtgeschichte zu sehen. Etwas besonders Merkwürdiges ist das Modell der Stadt Prag aus der ersten Hälfte des 19. Jahrhunderts, welches der brave Herr Anton Langweil – nomen est omen – in ungezählten Stunden aus Papier zusammengeklebt hat. Es war das Entzücken unserer Kindertage, als wir selber noch papierene Burgen und Städte ausschnitten und aufbauten.

Welche stolze Freude haben doch die Menschen des 19. Jahrhunderts an der rasenden Entwicklung ihrer Städte gehabt. Die Reisebeschreibungen übertrumpfen sich gegenseitig, wenn von diesem märchenhaften Aufschwung die Rede ist. Die neuartigen Gebäude für die wunderbaren Erfindungen faszinieren besonders. Vom Hochufer der Moldau aus beschreibt diesen Teil der Neustadt von Prag und die angrenzenden neuen Industrie- und Wohnviertel ein anonymer Reisender mit sichtlichem Stolz auf seine Zeit:

Links steigt die Bergstadt Žižkow amphitheatralisch und stellenweise terrassenförmig auf einem Terrain in die Höhe, das vor zehn Jahren, von hier aus gesehen, den Anblick einer vielfach zerklüfteten kahlen Hügelkette darbot. Und in der Tiefe selbst, umfriedet von den neuen, gleichsam aus der Erde emporgestampften Städten, die sich außerhalb der Mauern gelagert haben, mit ihrem Menschenschwall gegen den steinernen Gürtelring gleichsam ungeduldig anbrandend, erheben sich neue Bauten von originellem, man möchte fast sagen, von hier und da märchenhaftem Gepräge. Oder hat das leichte, zierliche, gleichsam frei schwebende Gefüge der Franz-Josefs-Brücke, von oben aus betrachtet, nicht etwas Märchenhaftes an sich? Man glaubt das Filigranwerk mit einem starken Athemzuge wegblasen zu können – wie eine über den Fluß gespannte Hängematte sieht es sich aus der Vogelperspective des Belvederes an. Und drüben die griechischen Kuppeln des Turnauer Bahnverwaltungsgebäudes, mehr an die sich in ähnlicher Weise zu einer gewölbten Kuppeltrias zuspitzende Muttergotteskirche in Nižnei-Nowgorod als an ein cisleitha-

Östliche Altstadt und Neustadt, Moldauschleife
nach dem Plan von Jos. Dan. Huber, 1769
→

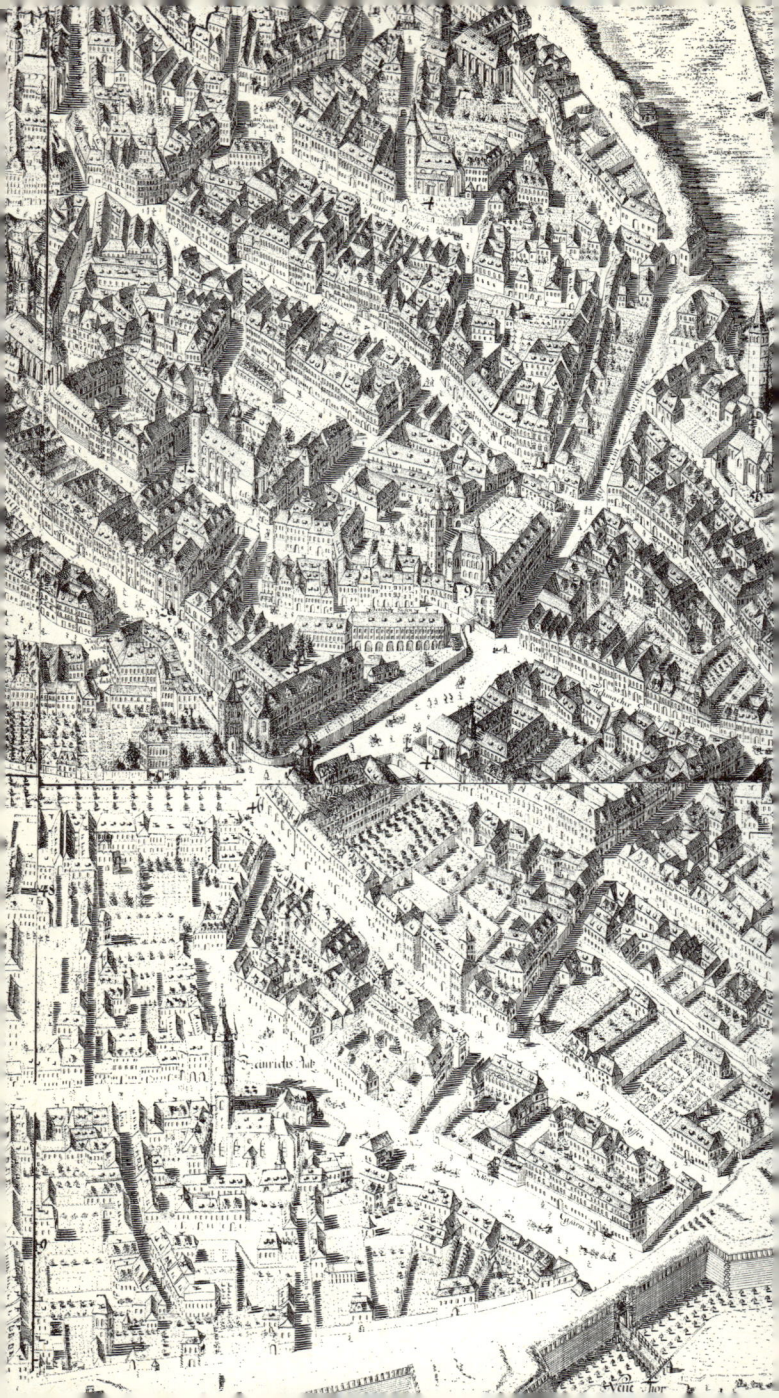

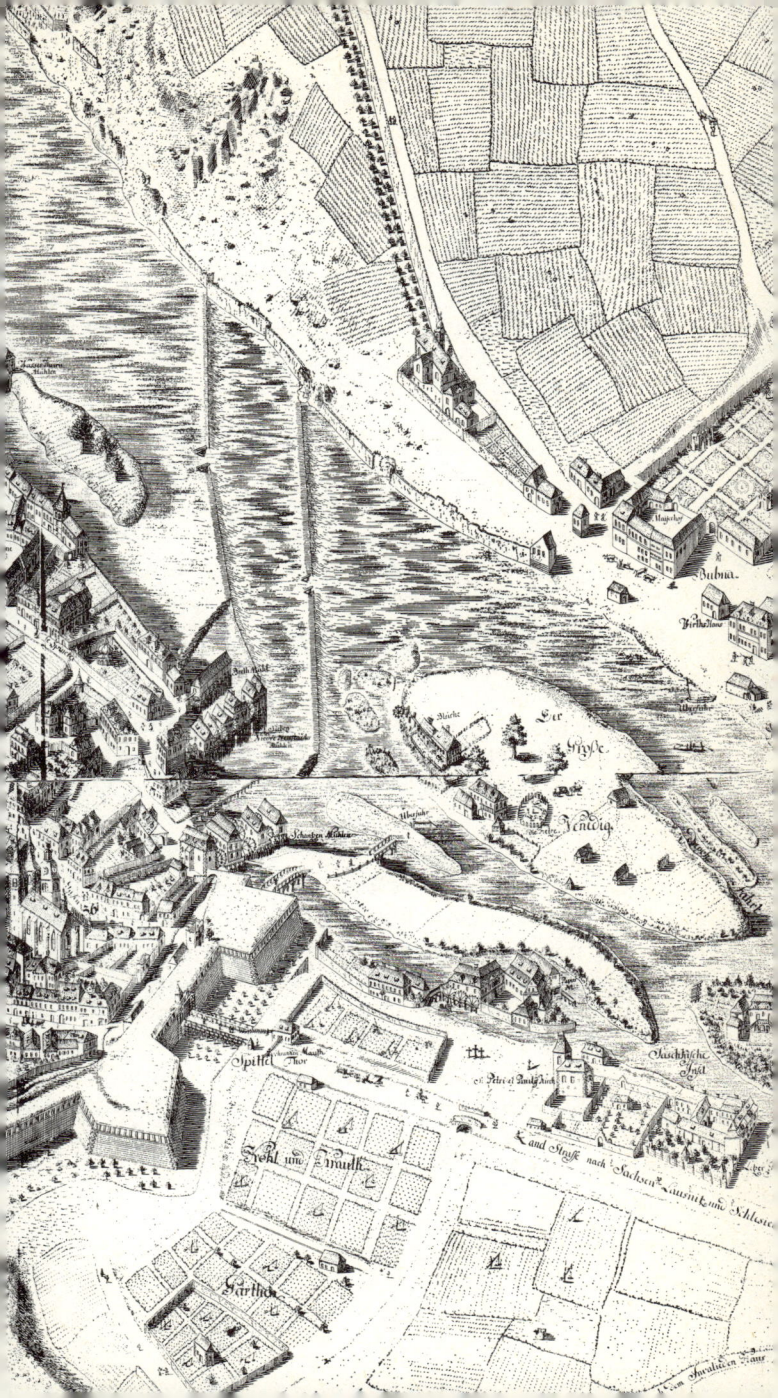

nisches Administrationsgebäude mahnend – bieten nicht auch sie einen Anblick, als ob ein Märchen im Vorüberfluge auf sie seinen Schatten hätte fallen lassen?

Mitten im Häuserchaos vergraben strecken zwei neue Bahnhöfe ihre Riesenflügel weithin aus – links, von einem kleinen Wald gleichsam zierlich umschlungen, dehnt sich der Nordwestbahnhof, rechts auf einem malerisch aufsteigenden Piedestal breitet sich, von der Chaussée umschlängelt, der Franz-Josefs-Bahnhof auf ehemaligem Feldgrunde aus, bei Nacht, wenn er erleuchtet ist, anzusehen wie Flottwells Palast im ›Verschwender‹.

Die große Hauptstraße, *Na Poříčí*, trägt den Namen der alten Ansiedlung an der Moldau, deren Hauptkirche *St. Peter* noch etwas von ihrem romanischem Charakter in der strengen Fassade zeigt. Eng stehen zwei schlanke Westtürme neben dem Portal. Kleine winkelige Gäßchen führen von dem Platz mit der Kirche und dem freistehenden Glockenturm nach allen Seiten. Hier ist der einzige Sondercharakter innerhalb der Neustadt bewahrt. Das stille Handwerkerviertel hat sich bisher immer noch allen Regulierungen entzogen. Um St. Peter haben im frühen Mittelalter ursprünglich die deutschen Kaufleute gesiedelt, bis sie in die Altstadt gerufen wurden.

Durch die *Tischlergasse* – hier sind noch Erinnerungen an die Zunftsiedlungen – kommen wir auf den *Platz der Republik* und sind bald wieder am *Pulverturm*. Das einstige Hybernerkloster, eine Gründung aus Irland vertriebener Mönche, wurde zu einem *Zollhaus* mit auffallend schöner klassizistischer Fassade umgebaut; heute dient es als Ausstellungsgebäude. Dieser Knotenpunkt des Verkehrs, von dem aus wir unseren ersten Weg in die Stadt eingeschlagen hatten, hat vor etwas mehr als hundert Jahren eines der vielen Feste Prags gesehen. Die Beschreibung eines Augenzeugen ist so lebendig und hängt so mit all dem zusammen, was wir in Prag auch wissen müssen, daß wir sie unseren Lesern nicht vorenthalten wollen. Damals wurde hier noch auf der Straße gefeiert:

AM PULVERTURM

Mit dem Regierungsantritte Kaiser Ferdinands begann eine Aera großartiger Feste. Der Krönung in Prag folgte jene in Mailand. Am 7. September 1836 wurde Ferdinand zum König von Böhmen gekrönt. Als ihm im Dome zu St. Veit die Krone des hl. Wenzel auf das Haupt gesetzt wurde, sah aus einer vergitterten Loge ein depossedierter König melancholisch auf die feierliche Ceremonie herab. Karl X. von Frankreich lebte damals als Gast des Kaisers in Prag, wohnte im königlichen Schloß und war ein fleißiger Besucher des Doms. Bei der böhmischen Königskrönung, der letzten, die überhaupt stattfand, ging es nicht ohne Blutvergießen ab. Die Prager Fleischhauerzunft hatte von altersher das Recht, bei der Krönung in voller Wehr in das Innere der Burg einzuziehen. Man hatte nun vergessen, den Ulanen, welche die Zugänge zur Burg zu bewachen und den Volksandrang abzuwehren hatten, die Instruction zu geben, die Fleischhauer passiren zu lassen. Als diese erschienen und die Ulanen ihnen den Einlaß verweigerten, fühlten sich die Fleischhauer so verletzt und ergrimmt, daß sie das Militär in ernster Attacke angriffen. Die Ulanen setzten sich natürlich zur Wehr und es gab auf beiden Seiten Todte und Verwundete.

Den Glanzpunkt der Prager Krönungsfeste bildete jener bunte Festzug, welchen die böhmischen Stände veranstaltet hatten, um dem neugekrönten Könige in symbolischer Form ein Bild des ganzen Landes, seiner Erzeugnisse und Eigenthümlichkeiten zu geben.

Jeder der damaligen sechzehn Kreise Böhmens war in diesem Aufzuge durch seine Specialitäten vertreten; was er an Land und Leuten Interessantes und Prägnantes bot, konnte man da auf der Invalidenwiese außerhalb der Vorstadt Carolinenthal, wo der Festzug in Scene ging, vertreten sehen – von der charakteristischen Tracht der Bewohner der einzelnen Kreise bis zu den Erzeugnissen des Bodens, bis zu dem, was der Berg überirdisch an Wein und Obst, unterirdisch an Silber, Eisen und Kohle producirte. Jeder Kreis hatte ein Brautpaar ausgestattet, und die auserwählten sechzehn Paare hatten vor dem Kaiser Tänze aufzuführen, die ihnen wochenlang von dem landständischen Tanzmeister in den Localitäten des Oberstburggrafenamtes in der Burg eingedrillt worden waren.

Während dieses Volksfestes waren in der Stadt selbst, vom Pulverthurm angefangen, den Josefsplatz, Porschitz und die Carolinenthaler Hauptstraße entlang, in fortgesetzter endloser Reihe Tausende *von Tischen aufgestellt. Was die sämmtlichen Brau- und Einkehrhäuser von Prag, was die Schänken und Gartenrestaurationen an Tischen zur Verfügung hatten, war für diesen Tag von Landeswegen requirirt worden. Zehntausend irdene Krönungstöpfe waren gebrannt worden und lagen über die tausend Tische ausgestreut. In der Nähe des Invalidenhauses war eine Monstreküche im Freien errichtet worden, deren Centrum eine umplankte Gänsebraterei en gros bildete. Die wohlgemästete Gans ist bekanntlich eine böhmische Specialität, und besonders die Bauern von Rusin leisten in der Gänsemast Großartiges. In dieser Gänsebraterei brodelte, schmorte es auf hundert improvisirten Herden in zahllosen Pfannen, und in jeder Minute flogen fünf, sechs gebratene Gänse über die Verplankung herüber unter die tausendköpfige Menge, um alsbald in der Luft zerrissen zu werden. Und während Gans nach Gans unter die Menge flog, griffen zehntausend Hände nach den über die Tische vertheilten Krönungstöpfen, denn von Carolinenthal her kam ein bierbeladener Wagen nach dem andern, und der Gerstensaft floß allerorten in Strömen, so daß, als es Abend wurde, die Gegend zwischen dem Pulverthurm und dem Invalidenhaus ein großer Biersee war. Denn zuletzt, als mit der Trunkenheit die Gier, der Durst und der Übermuth wuchsen, ließ man dem Fasse nicht die Zeit, seinen Inhalt auf übliche Weise von sich zu geben; wenn das Bier nicht rasch genug dem Gefäß entlief, schlugen ungeduldige Leute, die schon bis an die Knöchel in Bierpfützen wateten, dem Fasse den Boden ein, und was nun von dem so rücksichtslos entfesselten Naß nicht in die kleineren Gefäße, in die irdenen, mit zwei geschwänzten Löwen gezierten Krönungsnäpfe oder, selbst mit Umgehung dieser Vermittler, in die Kehlen abfloß, das verschlang die Erde.*

Am rechten Moldauufer war das oben erwähnte Stadtviertel Karolinental planmäßig angelegt worden, einige schöne Empirebauten aus jener Zeit sind an der Hauptstraße erhalten. An den Veitsberg lehnt sich die Arbeiterwohnsiedlung Žižkov, die das Prager ›Ottakring‹ wurde. Líbeň am rechten Moldauufer hat einen alten Kern. Das kleine Renaissanceschlößchen ist nach mancherlei Umbauten in den Besitz der Prager Bürgermeister, der Primatoren, übergegangen.

Vor der Stadt

Kloster Strahow und Laurenziberg

Unmittelbar neben dem Tor, durch das die Straße nach Karlsbad und Teplitz, beziehungsweise nach Pilsen führte, war die eigentliche Stadt zu Ende. Das ganze große Gelände im Sattel zwischen Laurenziberg und Hradschin war Besitz des altehrwürdigen Prämonstratenserklosters *Strahow*. Es hieß seit seiner Gründung 1143 auch ›Berg Sion‹, denn der fromme Bischof Heinrich von Olmütz, der dem Herzog, dem nachmaligen König Wladislaw, den Platz vorgeschlagen hatte, gab an, »als er verschiedener Zeit seiner Andacht halber in Jerusalem gewesen, er die Gelegenheit und Ansehen dieser Stadt, mit allem Fleiß in Acht genommen, und niemahls eine Stadt gesehen, deren Gelegenheit der Stadt Jerusalem so ähnlich sey, als die Stadt Prag, denn die Gebürge und Bergleute um Prag wären eben wie die um Jerusalem; auf solchem Gebürge und Höhe um Jerusalem sey ein vortrefflich Kloster, so auf dem Berg Sion genennet werde, und liege über der Stadt Jerusalem gleich wie der Strahow über der Stadt Prag«. Die ersten weißen Mönche kamen aus Steinfeld in der Eifel. Das Kloster gehörte stets zu den angesehensten und reichsten Abteien Böhmens. Seit 1627 liegt hier der hl. Ordensgründer Norbert von Prémontré, später Bischof von Magdeburg, begraben. 1134 war er im Dom des jungen Bistums an der Elbe beigesetzt worden. Seine Überführung mitten im Dreißigjährigen Krieg, wenige Jahre vor der Zerstörung Magdeburgs, 1631, glich einem Triumphzug. Seit der Gegenreformation zählt Norbert zu den böhmischen Landespatronen. Wir sehen ihn, die Monstranz in Händen, im Reigen der hier besonders verehrten Heiligen.

Das Haupttor zu dem großen Klosterkomplex liegt an der Westseite. Man betritt einen ausgedehnten baumbestandenen Hof, der immer noch tiefen Frieden atmet, obwohl 1953 die letzten Stiftsherren das Kloster verlassen mußten und dieses inzwischen in ein Museum der tschechischen Literatur umgewandelt wurde. Man konnte sich dabei auf zwei einzigartige Ordensbibliotheken stützen, die sowohl als Räume wie durch ihre Sammlungen zu den hervorragendsten im Lande gezählt werden müssen. Die Fassade der sogenannten neuen Bibliothek, eines eigenen Baus, tritt deutlich zu unserer Rechten hervor. Zur Linken steht die kleine, entwicklungsgeschichtlich sehr interessante *St. Rochuskirche*. Unter Rudolf II. als Pfarrkirche 1603–12 errichtet, steht sie mit ihren gotisierenden Elementen in einer wichtigen böhmischen Tradition. Sie konnte kürzlich vor dem Verfall bewahrt werden.

Die *Klosterkirche* ist der Muttergottes geweiht. Ihre Fassade aus der Mitte des 18. Jahrhunderts wurde einem Bau des 12. Jahrhunderts vorgeblendet. Das Kircheninnere, wiederholt umgebaut und zuletzt barockisiert, läßt noch etwas von den gewaltigen Maßen des eigentlich romanischen Baues spüren. In der nördlichen Seitenkapelle ruhen die Gebeine des hl. Norbert. Die reiche Ausstattung schufen böhmische Künstler des 17. und 18. Jahrhunderts: die Deckengemälde Josef Kramolin und Ignaz Raab, den Stuck Michael Ignaz Palliardi, Altarbilder Michael Willmann, andere der Prämonstratenser Siardus Nosecky. Er war auch als Freskant in der Kirche und im Kloster hier in Strahow, sowie in Ordensniederlassungen in der Provinz tätig.

Das *Museum der tschechischen Literatur* ist im ältesten Teil der Klostergebäude über mehrere Stockwerke untergebracht. Man betritt es durch einen zweiten Hof, der sich zwischen der Apsis der Kirche und dem langen Prälaturgebäude erstreckt. Der mächtige romanische Chor steht in schönem Gegenüber zu den zwei barock behelmten Osttürmen, die in der Stadtsilhouette eine so wichtige Rolle spielen. Im alten Kreuzgang und einem romanischen Saal ist eine Fülle literarischer Dokumente aus der Frühzeit der tschechischen Sprache ausgebreitet, den Höhepunkt bilden Bibeln und Flugblätter der Hussiten. Die Führung durch das Museum gipfelt bei den großen Klosterbibliotheken, die in ihrer alten Form übernommen wurden. Der sogenannte theologische Saal, 1671 erbaut und 1723 von Siardus Nosecky freskiert, ist mit seinen niedrigen, schweren Gewölben eine schöne alte Klosterbibliothek – dann aber kommt man in den philosophischen Saal! Schon der Name weist darauf hin, daß der Bau in die Epoche der Aufklärung fiel. 1782–84 hat Ignaz Palliardi den zweistöckigen Saal gebaut. Die Wände sind zwischen den Fenstern mit gold- und braunschimmernden Bücherregalen überzogen, über denen sich ein in lichtesten Farben gemaltes Deckenfresko wölbt. In der Mitte der offene Himmel, an der Gewölbezone eine Fülle von Gestalten, die nach einem genau festgelegten Programm die Menschheitsgeschichte in der Entwicklung der Wissenschaften darstellen. Franz Anton Maulpertsch hat den Entwurf für dieses letzte große Fresko im Süden des Reiches geschaffen und die Ausführung auch überwacht. Der Auftrag fiel 1794 bereits in die Zeit der josephinischen Reformen, das heißt in die Zeit der Schließung und Auflösung vieler Klöster. Die Prämonstratenser von Strahow behielten alle ihre Rechte, ja sie kauften aus dem aufgelösten Kloster Bruck bei Znaim das gesamte Inventar für ihre neue Bibliothek. Auch dort waren es Prämonstratenser, auch dort hatte Maulpertsch ein Fresko mit einem ähnlichen Thema 1778 gemalt – 1784 war es bereits übertüncht worden und inzwischen ist es zerstört. Der Bibliotheksbau von Strahow, dessen schon klassizistische Fassade ein Medaillon mit dem Bildnis Josephs II. trägt, steht am Ende einer Epoche – am Ende der großartigen süd- und südostdeutschen klösterlichen Bibliotheksbauten.

Überall, auch im Garten, ist die ehemals strenge Klausur natürlich aufgehoben. Im Prälaturgebäude hat man ein Restaurant eingerichtet. Dort und von den vielen schönen Wegen genießt man einen herrlichen Blick auf die Stadt. Einer der Aussichtswege führt hinüber in den lichten Wald des *Laurenziberges*. Dieser mächtige Höhenrücken hat seinen Namen von einer kleinen Barockkirche, die Teile eines romanischen Baues umschließt, der bereits 1135 genannt wird. Neben dem Gotteshaus zu Ehren des alten Reichsheiligen Laurentius – an seinem Festtag siegte 955 der deutsche König am Lechfelde gegen die Magyaren – stehen noch zwei kleine Kapellen: ein Heiliges Grab, 1732, und ein Kalvarienberg, 1735. Die malerische Gruppe von sakralen Bauten erinnert an einen kleinen Wallfahrtsort. Früher galt ihnen auch lebhafter Besuch, heute gehen die Leute zu anderen Gebäuden hier oben: zum Aussichtsturm, der eine Miniaturausgabe des Eiffelturmes ist, 1891 errichtet, oder in das Diorama, in dem man die heldenhafte Verteidigung der Altstadt gegen die Schweden 1648 bewundern kann. An dieses plastische Bild ist ein Spiegelkabinett und ein Irrgarten angeschlossen. Welch eine seltsame Mischung! Über all den ›Attraktionen‹ sollte man das reizende biedermeierliche Gartenrestaurant zum ›Nebozízek‹ nicht vergessen. Alle diese von den Pragern viel besuchten Stätten kann man auch von der Kleinseite aus mit einer Seilbahn erreichen.

Immer noch befinden wir uns im mittelalterlichen Stadtbereich, und hier am Laurenziberg sieht man die alte Stadtmauer, die sogenannte *Hungermauer*, den großen Bogen vom Aujezd den Berg hinauf nach Strahow schlagen. Die imposante Stadtbefestigung hat Karl IV. um seine drei Prager Städte und die Burg geführt. Oben am Berg gegen Nordwest sind diesem Mauerzug die weitläufigen Wälle und Bastionen des 17. und 18. Jahrhunderts vorgelagert. Wenn wir dort oben nach Strahow zurückgehen, gewinnen wir ein neues Verständnis für die Geschichte der so oft gerade auf dieser Seite belagerten Stadt und Festung Prag.

31 *Alte Bibliothek, Strahow*

30 *St. Laurentius auf dem Laurenziberg*
←

32 Detail aus dem Deckenfresko im Prälatensaal zu Břevnov
von Cosmas Damian Asam

34 Portal der Gnadenstätte auf dem Weißen Berge
←

35 Freitreppe an der Gartenfront des Schlosses Troja

Schloß Stern 36
→

Kloster Břevnov

Das älteste Kloster Böhmens, *Břevnov*, ist etwa eine halbe Stunde Fußweg von der Prager Burg, Richtung Pilsen, entfernt. Der hl. Adalbert, der zweite Bischof von Prag, hat es 993 gemeinsam mit dem Przemyslidenfürsten Boleslaw II. gegründet. Die ersten Mönche, Mitbrüder des Bischofs, kamen aus Rom, wo Adalbert im Kloster St. Alexius das schwarze Kleid des hl. Benedikt empfangen hatte. Von dort brachte er die Reliquien der Heiligen mit, die als Patrone in Břevnov verehrt werden: Alexius und Bonifatius. Später wurde die hl. Margarethe zur Hauptpatronin der Kirche, als das Kloster im 13. Jahrhundert Reliquien dieser Märtyrerin bekam, die zu den vierzehn Nothelfern gehört und im Mittelalter höchste Verehrung genoß.

1045 starb tief im Böhmerwald der heiligmäßige Einsiedler Gunther. Sein Freund Herzog Břetislaw brachte den Leichnam nach Břevnov, obwohl Gunther Laienbruder der Abtei Niederaltaich an der Donau gewesen war. Im reifen Mannesalter war Gunther, Graf von Schwarzburg, Verwandter Kaiser Heinrichs II., in den Benediktinerorden eingetreten. Er wollte als Einsiedler sein Leben beschließen und zog von Niederaltaich nach Rinchnach und später noch tiefer in den Wald, hinüber ins Böhmische. Seine politischen Erfahrungen, sein immer noch großer Einfluß machten ihn zum Friedensstifter zwischen Bayern und Böhmen, und die Legende berichtet, er hätte den Goldenen Steig gerodet. So wird er mit dem Spaten oder mit dem Wanderstab in der Hand dargestellt. Seine Grabstätte in Břevnov wurde viel besucht, eine alte Grabplatte aus dem frühen 14. Jahrhundert finden wir heute an der südlichen Außenwand des Klosters.

Břevnov war die erste Abtei des Königreichs Böhmen, ein Hort der Frömmigkeit und Gelehrsamkeit. Von hier aus wurden zahlreiche Tochterklöster in Böhmen, Mähren und Schlesien gegründet. Diese Entwicklung wurde jäh unterbrochen, als Abt und Mönche 1420 vor den Hussiten nach Braunau in Nordböhmen flohen, von wo aus sie das alte Mutterkloster schlecht und recht weiter betreuten. Zu seiner ersten Bedeutung wurde es nie mehr gebracht. Es blieb zwar besetzt, es hatte auch seinen Anteil an den Bemühungen der Gegenreformation, aber andere Orden und andere Klöster hatten mehr Einfluß im Land. Der jeweilige Abt behielt eine Doppelresidenz, Břevnov und Braunau; meist hielt er sich in Nordböhmen auf, wo die Mönche ein sehr berühmtes Gymnasium leiteten, in das die angesehensten Familien aus Böhmen, Mähren und Schlesien ihre Söhne zum Studium sandten. Diese Schule bestand bis 1945. Sie wird heute von den Benediktinern aus Břevnov und Braunau in Rohr bei Regensburg weitergeführt. In Břevnov hatte man im 18. Jahrhundert einmal eine Ritterakademie nach dem Muster von Ettal erwogen. Sie wurde aber nicht realisiert.

Zwei Äbte des 18. Jahrhunderts haben ihre beiden Residenzen und die dazu gehörenden Klöster, Kirchen und Pfarren mit der damals so verbreiteten Bauleidenschaft um- und neugebaut: Otmar Zink und Benno Löbl. Im Zuge dieser Arbeiten erhielt auch das alte Kloster Břevnov ein ganz neues Gesicht. Die Bauherren bewiesen eine glückliche Hand, als sie einen genialen Architekten in Dienst stellten, der einen ebenso genialen Sohn hatte; beide übernahmen außer der Bauleitung auch die Verhandlungen für die gesamte Ausstattung der Kirchen und Klostergebäude, deren Bau ihnen übertragen worden war: Vater Christoph und Sohn Kilian Ignaz aus der berühmten Baumeisterfamilie der Dientzenhofer, die im 17. Jahrhundert aus Oberbayern nach Franken und Böhmen gekommen war. Christoph baute die Kirche St. Margareth, er führte gleichzeitig den Klosterbau weiter, welchen Paul Ignaz Bayer begonnen hatte. Christoph Dientzenhofer erlebte noch die feierliche Einweihung der ausgedehnten Klostergebäude. 1722 ist er gestorben. Sein Sohn Kilian Ignaz hatte vor allem die großen Aufträge für Braunau und Wahlstatt durchzuführen, doch sorgte er auch für Břevnov, wo seit 1738 Abt Benno Löbl um eine würdige Inneneinrichtung der Räume besorgt war. Gemeinsam mit dem Architekten gelang es ihm, namhafte Maler, Freskanten, Bildhauer, Bossierer und andere Künstler zu gewinnen, so daß Kloster und Kirche zu einem einzigartigen Kunstwerk des 18. Jahrhunderts wurden, das ohne Eingriffe bis in unsere Tage erhalten blieb.

Ostern 1945 haben wir in Břevnov die Osterliturgie gefeiert. Der Konvent war gemischt national – Deutsche und Tschechen. Nach der Schließung des Benediktinerklosters Emaus durch die Nationalsozialisten war hier ein Mittelpunkt der liturgischen Erneuerung, ähnlich wie Beuron oder Maria Laach. Als wir damals in der Karwoche in den frühen Morgenstunden zum Gottesdienst herauskamen, brannten im Hof Feuer. Soldaten biwakierten, in den Ställen standen wieder Pferde, die Wirtschaftsgebäude waren von Militär besetzt. Vielleicht hat es so nach der Schlacht am Weißen Berge hier ausgesehen. Die Mönche waren auf einige Räume zusammengedrängt und wurden bespitzelt. Nur in der Kirche merkte man nichts von dem Sturm, der rund um Prag tobte und der diese ruhige Insel wenige Tage nach Ostern grausig heimsuchen sollte. Leiden, Tod und Auferstehung Christi wurden gefeiert, wie dies in den fast tausend Jahren seit der Gründung alljährlich geschehen war. Hier hatte der hl. Adalbert bereits das Oster-Alleluja angestimmt und wir sangen es damals auch. Es war das letzte Ostern der Mönche; das Kloster steht heute leer, in den Konventsgebäuden sind Teile des staatlichen Archivs untergebracht.

Břevnov wirkt heute still und unberührt, wenn man durch das noble Portal, gekrönt von der Figur des Ordensvaters Benedikt, in den ersten Hof eintritt. Die *Kirche*, deren Turm nicht sichtbar ist, wirkt wie aus einer Sandform herausgedrückt. Dieser Vergleich sei erlaubt, denn die Außenwand des Baues ist von geradezu atmender Plastizität. Wir kommen auf die Südfassade zu, an der sich auch eine kleine Eingangstür – Portal kann man das nicht nennen – befindet. Der erste Eindruck im Inneren ist ein Verwundern, daß alle Altararchitektur nur an die Wand gemalt ist. Dies scheint sehr merkwürdig, ist aber in Böhmen eine sehr häufig auftretende Form. Der langgestreckte Raum ist freskiert und stuckiert, die Deckenbilder von Johann Jakob Steinfels fallen gegen die hervorragenden Altarbilder etwas ab. Diese sind durchwegs Arbeiten von Peter Brandl, zwischen 1715–19 gemalt, und sie gehören zu den großen Eindrücken in diesem Kirchenraum. Die Malereien ergänzen sich ikonographisch zu einem böhmisch-benediktinischen Programm.

Auf den Deckenbildern sind vom Chor her beginnend dargestellt: der hl. Adalbert und seine fünf Brüder in der himmlischen Glorie – die drei Patrone Alexius, Bonifatius und Margarethe – böhmische Benediktinerheilige, darunter Adalbert und Prokop – über der Orgel die böhmischen Landespatrone.

In den kleinen Rahmenbildern am Gewölbe sind die Wohltäter des Klosters zu sehen: die Päpste Johann XV. und Bonifatius XI. – die Fürsten Boleslaw II. und Bretislaw I., Ottokar I. und Johann von Luxemburg, Rudolf II. und Ferdinand II.

Bei den Altarbildern beginnen wir an der Epistelseite vom Eingang her: Altar des hl. Otmar mit den hll. Bonifatius und Alexius – Altar des hl. Benedikt mit den hll. Maurus und Placidus – Altar des hl. Gunther, darüber ein Bild des hl. Prokop – Muttergottesaltar mit den hll. Bernhard und Gunther.

Der Hauptaltar ist nach einem Entwurf Christoph Dientzenhofers ausgeführt, die Figur der Kirchenpatronin Margarethe stammt von Matthäus Wenzel Jäckel. – Altar des hl. Adalbert: dargestellt ist die Begegnung des Heiligen mit dem Fürsten Boleslaw bei der Quelle in Břevnov – Kreuzaltar mit den hll. Johannes und Maria Magdalena – Altar des hl. Wenzel mit den hll. Gertrud und Scholastika.

So bedeutend die Kunstwerke in der Kirche sind, das bekannteste und zu Recht gerühmteste finden wir hier nicht. Im *Prälatensaal* des Klosters können wir mit einer eigens erforderlichen Erlaubnis des Zentralarchivs Prag das *Deckenfresco* des Cosmas Damian Asam bewundern. Wir sollten keine Mühe scheuen, dieses Meisterwerk zu sehen. Auf eine flache Decke eines mittelgroßen Saales, der auf beiden Seiten Fenster hat, ist ein farbig lebhaftes Fresko gemalt, das eine einzige Szene darstellt: das Wunder des hl. Gunther. An einem Fasttag war der fromme Mönch bei einem heidnischen Fürsten zu Gast und bekam Fleisch vorgesetzt. Auf sein Gebet hin erhob sich der schon gebratene Pfau – jetzt wieder im prächtigen Federkleid – und verließ flügelschlagend die Schüssel. Vom Himmel her brachten Engel Fastenspeisen. Asam hat die rechteckige Bildfläche als eine große, in der Mitte geöffnete gewölbte Halle komponiert. An der einen Längsseite ist die Festtafel, an der das Wunder geschieht, an den übrigen Bildrändern bewegen sich lebhafte Figurengruppen, die alle mit dem Festmahl zu tun haben: Köche, Jäger, Diener, Musikanten. 1727 hat der berühmte bayerische Freskant für die Benediktiner in Böhmen und Schlesien gearbeitet.

Auch die übrigen Gemeinschaftsräume des Klosters, *Bibliothek* und *Refektorien* sind reich ausgestattet. Im Garten befindet sich die volkstümliche und sehr beliebte *Adalbertsquelle*, die ›Vojtěška‹. Dort ist eine Szene aus großen, farbig gefaßten Holzfiguren ähnlich wie in einer Krippe dargestellt: Herzog Boleslaw und der hl. Adalbert begegnen sich an der Quelle, aus der ein Hirsch trinkt. Ein Kriegsknecht und ein Negerpage begleiten den Herzog, der Knabe hält bereits den barocken Bauplan für Kirche und Kloster in Händen. Im Hintergrund sind ein paar Bäume aufgestellt – die heilkräftige Quelle strömt unter dem Aufbau in einem tiefen Schacht.

Wie wir bereits wissen, haben Bauherr und Baumeister mit den damals bedeutendsten Ausstattungskünstlern verhandelt und diese zur Mitarbeit herangezogen. Verträge und Urkunden sind im Klosterarchiv erhalten, und es ist interessant, einmal zu hören, wie genau sowohl der Abt als auch Kilian Ignaz Dientzenhofer die Arbeitsverträge abfassen ließen.

Kontrakt
Heunth, Endesgesetzten Dato ist zwischen dem Löbl. Closter Margaretha an eime und dem Ehrenfesten Herrn Mathis Jäckl bürger und bildthauer der Königl. Neuen Stadt Prag an anderm theil folgender Contract geschlossen worden, als nämblich:

Es verspricht jetzt bemeldter Herr bildthauer in die neu erbaute Kirchen bey S. Margaretha acht Statuen $3^3/_4$ ehlen lange von wohl ausgedörrtem lindenem holtz zu Verfertigen auf das feinste nach der jetzigen Arth undt von solchen heunth undt denen hl. Oster feier Tägen zwey, nämbl. S. Johannes Evangelist zur rechten und S. Maria Magdalena zur linken seythe des Altares unter der Cantzl. dann von den hl. Osterfeier Tägen biss S. Joanni wiederumb zwey, nämbl. S. Mauriz zur Epistel- und S. Placidi zur Evangeliiseythe des Altares gegen der Cantzl gegenüber. Mehr von S. Joannes biss S. Michael zwey nämbl. S. Scholastica zur Evangelii- und S. Gertrud zur Epistelseythen des letzten Altares auf der seythen der Kirche, wo die Cantzl stehet; undt endlich bis zum Ende des jetzt laufenden Jahres die letzten zwey, eine S. Bonifacii M. auf der Evangelii- und die andere S. Alexii Conf. zur Epistelseythen des letzten Altares bei der Kirchenthür zu liefern. Wann er nun selbste jedesmal leisten undt selbste anständig befunden werden, verspricht ihm obbenanntes Löbl. Closter vor jede zu zahlen: Viertzig Gulden. Sollte aber bey solchen Statuen sich einige Fehler ereignen, so wird er selbte entweder zu verbessern oder aber zurückzunehmen, undt dagegen andere unmangelbahre zu verfertigen schuldig seyn. Zu mehrer Befestigung seint zwey gleichlautende Exemplaria ausgefertigt, besiegelt unterschrieben undt jedem Contrairendem theil eingehändigt worden. So geschehen im Closter S. Margareth zu Břevnov.

P. Christopher p. t. Prior, des 21. Januarii 1718 Mathes Jäckl Bildhauer

P. Henricus p. t. supprior
P Laurentius, p. t. provisor

Anno 1718 den 13. Aprilis vor zwey Statuen S. Joannis et S. Maria Magdalena	*80 fl.*
den 18. Julii vor zwey Statuen S. Placidi et Mauri	*80 fl.*
den 26. August vor zwey Statuen S. Scholastica et Gertrudis	*80 fl.*
den 31. Decembris vor zwey Statuen S. Bonifacii et S. Alexii	*80 fl.*
	320 fl.

Anno 1718 den 31. December ist dieser Contract richtig bezahlt worden mit 320 fl.

Mathaei Jäckl Bildthauer

Wenn wir uns einen Augenblick an den herrlichen Tisch erinnern, den Cosmas Damian Asam auf dem berühmten Deckenfresko im Prälatensaal darstellt, dann werden wir der künstlerischen Gestaltung einer solchen Tafel glauben, auch wenn sie uns nur in einer Rechnung vom 10. Februar 1739 vorliegt. Johann Karl Bucher, Konditor in Prag, schreibt:

Dass vor Ihro Hochw. und Gnaden H. H. Prälat von Sanct Margareth zu einer aufgerichteten Tafel vor vierundzwanzig Personen von versilberten mit crystallen Glas-Postamenten, vorstellend einen neuen Ziergarten mit unterschiedlichen Alleen und Obstbäumen, verschiedenem Blumenwerk, unter welchem das Mittelstück eyner Triumphpforten von den vier Atlanten unterstützet worden, allwo sich der Neptunus gezeiget mit allerhand feynen Confekten, gefrorenen Früchten, sambt zweyerlei Compot versehen von vier Stück nach Sanct Margareth den 10. Feber geliefert worden. Mithin kommt vor meine Arbeith (welche mit neun Personen durch zehn Tage zugebracht), Confekten sambt besagten Ziergarten 55 Gulden.

Vor kurzem hat man mit Grabungen begonnen und romanische Bauteile freigelegt, darunter die gut erhaltene Krypta.

Der Weiße Berg

Eine ratternde Straßenbahn der Linie 22 fährt bis zur Endstation ›Weißer Berg‹. Sie kommt über den Wenzelsplatz, fährt zum Nationaltheater, dann den Kai entlang, beim Rudolfinum über die Brücke, die Serpentinen zum Chotekpark hinauf, an der Nordseite der Burg auf den alten Befestigungswall, an Strahow und Břevnov vorbei und dann – wo sich die Häuser nurmehr schütter reihen, Felder und Gärten beginnen, in einer Art Niemandsland, zieht sie eine Schleife: Endstation Weißer Berg.

VOR DER STADT

Das ist also der Schauplatz jener *Schlacht am Weißen Berge*, die eine Zäsur in der böhmischen Geschichte setzte, von deren Tragweite die damals Kämpfenden nichts ahnten. Ein halber Tag, der 8. November 1620, entschied über Jahrhunderte. Eine Wunde wurde geschlagen, die schlecht vernarbte. Das Selbstbewußtsein eines freien Königreichs war tief getroffen – nicht an dem Tage selbst; die Folgen der Niederlage bekam weniger der besiegte landfremde König Friedrich von der Pfalz zu spüren, als die Herren Stände des Königreichs.

Der Weiße Berg ist eine kahle Kuppe, von der aus das Gelände im Osten gegen den Hradschin zu langsam abfällt. Steiler sind die Hänge nach Süden gegen das Tal von Motol, im Nordosten dehnt sich der Park von Schloß Stern, nach Westen zieht die breite Straße Richtung Karlsbad.

Die Begegnung des siegreichen Kaisers mit diesem Ort der Entscheidung schildert Jaroslav Durych in seinem berühmten historischen Roman ›Friedland‹:

Der Kaiser war gekommen, um sich von den Drangsalen des kurfürstlichen Reichstags zu erholen. Hatte die Wirren des Heiligen Reichs verlassen, um sich in dem niedergezwungenen und gesicherten Prag zu freuen, dortselbst für den wunderbaren Sieg zu danken und über den Weg des Heils für sich und dieses Königreich nachzudenken. Und nun wieder: Werbungen, Krieg! Es ist doch schon Ruhe, und zur Verteidigung der Grenzen der Erbländer genügt das Unternommene ...

Hier hatte Dominik gepredigt. Dort hatten die Bayern gestanden. Aufgescheucht aus dem Wildgarten, kroch ein kleines Rudel von Wildschweinen durch die zerfallene Mauer und bewegte sich ruhig übers Feld zur Pfütze. Eine alte Sau wühlte in der Erde; sie wühlte einen angefaulten Knochen hervor. Ein großer Frosch schlug mit dem Bauch in den Frühjahrslehm. Das Pferd des Kaisers drehte sich um und glotzte den Frosch an. Der Frosch entsetzte sich und blähte sich auf. Auch der Kaiser blähte sich vor Trauer und frommem Sinnen. Die Äste der Bäume waren bereits rötlich überschimmert, an einigen erglänzten Blattknospen. Die Steinbrüche bangten im Schatten und die Straße zog sich bitter hin wie ein Bußweg. Aber die Sonne brannte ein kleines und aus einer Ackerfurche stieg die Lerche, ein unverständlich freudiges Lied singend.

Längst schon waren die Abdrücke der Pferdehufe vergangen und der dumpfe Talkessel wußte nichts mehr von den Gebeten Dominiks ...

... Graf Buquoy hatte die Schlacht zwei kaiserlichen Kommandanten anvertraut, Rudolf von Tiefenbach und Maximilian von Liechtenstein, die das Heer in drei Schlachtreihen gestaffelt hatten, nachdem Herr Lamotte die Nachricht gebracht, daß so das böhmische Heer gestellt sei. Das Fußvolk war nach spanischem Vorbild in großem Viereck von fünf Terzien gestellt, deren zwei in der ersten, die mittlere in der zweiten und die zwei hinteren in der dritten Schlachtreihe waren. Die Reiterei stand an den Flügeln, nur zwischen den beiden vorderen Terzien waren acht Kompagnien Reiter zur Verstärkung aufgestellt. Herr Lamotte erhielt Weisung, die Regimenter und Kommandanten zu nennen, und er tat es mit geziemender Hochachtung und Nachdruck.

Die erste vordere Terzie war wallonisch und wurde vom Obristen Wilhelm Verdugo mit seinem Regiment und Obristleutnant von Henin mit dem Regiment des Grafen Buquoy angeführt. Die linke war deutsch und es war in ihr das Regiment des Hans Philipp von Breuner und Rudolfs von Tiefenbach. Zwischen beiden Terzien stand Obrist Lacroy und Obrist Graf Meggau, jeder an der Spitze von vier Kompagnien Reiterei. Am linken Flügel acht Kompagnien des Kürassierregiments Don Balthasar von Marradas, die Obrist Felipe d'Areyzaga y Avandagno befehligte, und am rechten Flügel vier Reiterkompagnien vom Wallensteinschen Regiment mit dem Obristleutnant Torquato Conti und Pietro Lamotte, der die Ehre hatte, sich mit Erfolg der Erkundungsaufgabe gegen das böhmische Heer zu entledigen und die Herren Kommandanten zur Einwilligung in die Schlacht zu bewegen, die ein so glückhaftes Ergebnis gebracht.

Die Terzie inmitten der zweiten Schlachtreihe bildete der spanische Sukkurs; es war neapolitanisches Fußvolk, das von dem spanischen maestro di campo und dem Generalwachtmeister Carl Spinelli d'Orsonuovo befehligt wurde; sie standen in der zweiten Reihe, damit die kaiserliche Präzedenz nicht Schaden nehme. Zu ihren beiden Seiten hielt die Reiterei des Obristen Hans Christoph Löbel ...

Dem Kaiser war traurig zumut. Er wollte über die Gnade Gottes nachdenken, den Schutz der Jungfrau, über seine Schuld für den wunderbaren Sieg. Er wagte aber keinen von den Anwesenden nach den Wunderzeichen zu fragen, von denen nach dieser Schlacht geschrieben und erzählt worden. Es waren weltliche Kavaliere. Wußten ganze Seiten mit Namen der Offiziere herzusagen, die in der Schlacht auf Pferden gesessen, sich hin und her gedreht und Befehle gegeben zum Laden, zum Schießen, zum Wenden und zum Halten, aber vom himmlischen Sieg wußte keiner auch nur ein Wort zu sagen. Die Namen der Kavaliere raschelten trocken wie Laub vom Vorjahr: dies alles kann in umfängliche Relationen gesetzt und mit gefällig unrichtigen Stichen samt beigefügter Legende mit falschen Zahlen gedruckt werden. Aber wenn Pater Dominik da wäre! So sehr hatte er ihn gebeten, bald von Rom nach Wien zurückzukehren. Gott befohlen! Traurig darüber, daß er nichts von den Taten der Generalissima der himmlischen Heerscharen vernehme und sehe, ersuchte er, den Weg nach Prag fortzusetzen. Die Raben flogen vor dem Zug auf und die Wildgänse zottelten zurück in den Wildgarten. Am Frühlingshimmel zog ein Storchenpaar. Tausendschön und das erste Schöllkraut grüßten Seine Majestät auf dem Weg nach Prag. Zur linken Hand trauerten die Reste des verwüsteten Klosters von Břewnow.

»Hat man noch nicht an eine Votivkirche zum Dank für den Sieg gedacht?« fragte er den Fürsten von Liechtenstein. »Gewiß, Majestät; es geht schon die Kollekte.«

Es ist ein marianischer Wallfahrtsort geworden, der bei aller Bescheidenheit – vergleicht man ihn mit den berühmten Heiligen Bergen von Příbram, Olmütz, Grulich und anderen – ganz den Vorstellungen einer typisch böhmischen Gnadenstätte des 18. Jahrhunderts entspricht.

Ein langgezogenes Mauerrechteck mit vier Eckkapellen umgibt eine kleine *Kirche,* die auf dem Grundriß eines gleichseitigen Kreuzes errichtet ist. Kuppeln, Türmchen, darüber schimmernde Kreuze! Das Südportal an der Längsseite der Anlage trägt reichen Figurenschmuck. Die lange, einförmige Mauer ist vergessen, wenn sich mit einem Male eine neue Perspektive ergibt: wir treten in einen völlig abgeschlossenen Bezirk, in dessen Mitte das Heiligtum auf grünem Wiesengrund steht.

Gewölbte Ambiten, Umgänge, umziehen im Innern das Geviert, die Eckkapellen sind offen, im Westen schließt ein anmutiges, zweistöckiges Priesterhaus mit einer »schöne firtl und stundt schlag uhr« im Giebel den Binnenhof ab. Hier scheint die Zeit stille zu stehen – am Ostchor der kleinen Kirche blüht ein riesiger Apfelbaum und streut seine Blüten auf den Rasen; langsam umschreiten wir das Geviert, besuchen die Eckkapellen: zum hl. Johannes von Nepomuk, zum hl. Adalbert, zur Allerheiligsten Dreifaltigkeit, zum hl. Wenzel. In den Gewölben des Umgangs sind neununddreißig marianische Wallfahrtsstätten aus der katholischen Welt des 18. Jahrhunderts aufgemalt: der Ort selbst, darüber das Gnadenbild und zweisprachig – tschechisch und einst deutsch – die Anrufung: Heilige Mutter Gottes von Maria Maggiore, von Altötting, von Mariazell, von Mariaschein, von Tschenstochau, von Montserrat ... bitte für uns! Welch eine Fülle von Gnadenorten, von Stätten gläubiger Verehrung und tiefer Frömmigkeit im weiten christlichen Abendland! Gegenwart der großen schützenden Kraft, der mächtigsten Fürsprecherin bei Gott, der Mutter Gottes!

Das Innere des kleinen Gotteshauses ist fast beengt; die Gläubigen fanden Platz in drei quadratischen Räumen, die sich um den gleichgroßen Altarraum legen, ein vierter im Osten ist Sakristei. Den Hauptaltar schmückt eine Kopie des wundertätigen Bildes, welches in der Schlacht am Weißen Berge den kaiserlichen Truppen vorangetragen wurde: ein kleines spätgotisches Tafelbild der Geburt Christi. Das Original war Besitz der Deutsch-Ordenskommende von Strakonitz, wo es die Soldateska der protestantischen Union geschändet hatte, indem sie Josef, Maria und den Hirten die Augen ausstach. Maria de Victoria heißt nunmehr das Gnadenbild.

Drei bedeutende Freskanten malten die Kuppeln aus: über dem Hauptaltar Cosmas Damian Asam, über dem Hilariusaltar Johann Adam Schöpf, über dem der hl. Rosalie Wenzel Lorenz Reiner.

Freilich ist die ganze Anlage, wie wir sie heute kennen, erst ein Werk des 18. Jahrhunderts, anläßlich der Hundertjahrfeier der Schlacht. 1622-24 hatte man eine kleine Gedächtniskapelle errichtet, 1628 ein Servitenkloster geplant, doch erst 1704 begann eine umfassende Bautätigkeit. Eine eigene Bruderschaft unter der Führung des Malers Christoph Luna – wir kennen sein Haus im Hohlen Weg – nahm sich des Platzes an und verwandelte ihn in eine Wallfahrtsstätte. Es gibt einen schönen Kupferstich, den Luna entwarf, auf dem die 1730 fertiggestellten Baulichkeiten und das Gnadenbild in großem barocken Rahmen dargestellt sind. Grundriß und Legende sind beigefügt. Da heißt es:

Anno 1620, den 8. Nov., war durch vorbitt der Allerseligsten Mutter Gottes allzeit Jungfrau Maria de Victoria auf dem Weisse berg negst Prag die Herrliche Viktory wider die uncatholisch, wodurch der Catholische glaube das Ertzhauß Österreich bey kron und scepter erhalten.

Anno 1712, den 21. August, war der Rom. Heil. Mart. Hilarius von Prag biß weissenberg processionaliter von unzahlbarer menge deß Volcks bekleidet, all wo eine Triumphporten aufgerichtet.

Anno 1720, den 21. July, war die Hundert Jährige gedächtniß der grossen Victory durch ein Jubiläum Achtag mit vollkommenen Ablaß nebst Triumphportten, Trompetten und pauckhenschaal auch Lösung der stuckh prächtigst gehalten.

1785 wurde der Wallfahrtsort durch die Josephinischen Reformen aufgehoben, 1812 übernahmen die Mönche von Břevnov den Weißen Berg in ihre Obhut. Daran erinnern zwei Inschriften neben dem Kirchenportal. Wie fern ist die Stille dieses Ortes dem Lärm einer Schlacht, dem Lärm des Alltags, dem Lärm der Trambahn und der Autos draußen auf der Hauptstraße.

Das Denkmal einer Schlacht, die im Dreißigjährigen Krieg für ein ganzes Land eine entscheidende Wende bedeutete, wurde zu einer Stätte der Gottesmutter, die auf dem Gnadenbild in der Anmutigkeit einer jungen Frau dargestellt ist, die sich über ihr neugeborenes Kind beugt. Drunten in der Stadt

Prag steht eine Kirche, die auch an den Tag der Schlacht vom Weißen Berg erinnert: Maria de Victoria auf der Kleinseite. Dort regiert das Kind, das zur Weihnacht geboren ward, das zarte Jesulein – das Prager Jesulein.

Schloß Stern

Die erste Villa, wie man in Italien die Landhäuser der Renaissance genannt hat, baut in Prag ein Habsburger. Es ist Kaiser Ferdinand I., der für seine Gemahlin Anna das Belvedere im königlichen Garten der Burg 1538 aufrichten läßt. Sein Sohn, der kunstsinnige Erzherzog Ferdinand von Tirol, baut die zweite, wenn man *Schloß Stern* als Villa und Lusthaus bezeichnen will. Der kaiserliche Vater hatte in den Wäldern nordwestlich von Prag, die dem Kloster Břevnov gehörten, einen ummauerten Wildpark angelegt, dort hinein stellte der Sohn 1555 ein Jagd- und Lustschlößchen, in dem er sich mit seiner Gemahlin, der schönen Augsburger Patrizierstochter Philippine Welser, öfter aufhielt. Einige der Baumeister sind uns ja von der Burg her bereits bekannt: Bonifaz Wolmut und Hans von Tirol; dazu kamen die Italiener Juan Maria del Pambio und Giovanni Lucchese. Der geniale Einfall des Grundrisses geht auf einen Entwurf des Erzherzogs zurück. Der Bau erhebt sich über einem sechszackigen Stern, zwei Stockwerke hoch. In der Mitte des Sterns ist jeweils ein kreisrunder Saal, von sechs rhombenförmigen Zimmern umgeben. Die bizarre Architektur entfaltet auch im Dach wieder einen Stern. Das Innere der Räume ist mit feinstem italienischen Renaissancestuck überzogen. Szenische Darstellungen aus der antiken Mythologie wechseln mit rein ornamentalen Feldern.

Leider hat man in den sehr gut restaurierten Räumen ein *Jirásek-Museum* eingerichtet. Dieser tschechische Schriftsteller des späten 19. Jahrhunderts spielte für seine Landsleute eine ähnliche Rolle wie Gustav Freytag für Deutschland. Umfangreiche Romane berichteten über die Geschichte der Tschechen von der Urzeit her, und das dichterische Bild, das er entwarf, sowie die Illustrationen, welche seine Bücher schmückten, waren von großem Einfluß auf die ältere Generation der heute lebenden Tschechen. Man hätte für die Ehrung eines solchen Mannes sicher einen geeigneteren Platz finden können, als die einzigartige Architektur von Schloß Stern.

Der *alte Tierpark* ist heute nicht mehr erhalten, nur die Mauern stehen noch, und von den beiden Toren führen Alleen auf das Schlößchen zu. Wo früher Jagdlärm erscholl, wandeln heute die Spaziergänger.

An den Parkmauern wurde eine der großen Schlachten der europäischen Geschichte geschlagen. Sie ist nach dem nahegelegenen Weißen Berg benannt worden. In den zeitgenössischen Berichten von 1620 ist aber meist Schloß Stern genannt. Herzog Maximilian von Bayern erfocht hier für den Kaiser den Sieg über die ständischen Truppen des Königs Friedrich von der Pfalz. Er berichtet an den Kurfürsten Johann Georg von Sachsen einen Tag nach der Schlacht:

Den 22. Octobris sind wir von Lidiz, nächst Pilsen gelegen, aufgebrochen und mit unserem ganzen Volk auf Senomati, sechs Meilen von Prag gelegen, marschiert, da wir den 26. Octobris angekommen und befunden, daß fast zu gleicher Zeit der Feind mit seiner ganzen Macht jenseits der Stadt sich gelagert. Indem er sich aber mit ungefähr zweitausend Reitern avanciert, haben wir (dann der Graf von Bucquoi mit dem kaiserlichen Volk noch nicht angelangt gewesen) etliche unser Cornett Reiter mit ihnen scharmuzieren lassen, also daß der Feind ziemlich in Unordnung gebracht und, da nicht eben die Nacht eingefallen, wohl etwas Fruchtbarliches ausgerichtet wäre worden.

Den 1. dies haben wir dem Feind einen starken Posto nächst unserm Feldlager von Volschin mit Gewalt abgenommen und die darin gelegenen Knechte erlegt.

Den 3. hat sich die Stadt Laun in Ihre Kaiserlichen Majestät Gehorsam ergeben.

Darauf wir den 4. von Volschin aufgebrochen und unsern Weg nach Prag genommen, sind unterwegs etliche Proviantwagen begeg-

net, deren wir bis in die fünfundzwanzig aufgefangen. Sobald der Feind unsern Aufbruch gemerkt, hat er gleichfalls mit seiner Armada angefangen zu marschieren, in Meinung, uns den Weg nach Prag abzuschneiden, und sind beide unsere Feldlager so nahe aufeinander gestoßen, daß, da nicht abermal die Nacht eingefallen und der Conte Bucquoi etwas zeitlicher marschiert, wir mit ihnen zu treffen, gute Gelegenheit gehabt hätten.

Den folgenden Tag, so gewesen ist der 8., haben wir fast die ganze Nacht in armis gestanden, des Morgens früh haben wir ihn in einem starken Posto (dahin er die ganze Nacht marschiert und nächsthin beim Tiergarten, der Stern genannt, sich verschanzt, auch seine Artillerie auf uns gerichtet gehabt) angetroffen, darauf wir uns gegen ihn in voller Schlachtordnung avanciert und der Conte de Bucquoi mit seinem Volk uns sekundiert und haben im Namen Gottes, dem um den Sieg billig Dank zu sagen, die Schanz mit ihm gewagt und hat anfänglich oft gedachter Teil mit seinem Geschütz, welches er etliche male auf uns abgehen lassen, unserm Volk nit wenig Schaden zugefügt. Wir sind aber letztlich zu stark geworden und (haben) ihn in solche Unordnung gebracht, daß er anfänglich seine aufgeworfene Schanz, hernach alle seine Feldstücke, deren wir sieben erobert, verlassen und nach Prag, teils in den Tiergarten durch die Flucht zu salvieren sich unterstanden. Im Zurückweichen ist ihm der größte Teil, darunter sonderlich die Ungarn, niedergehaut und in allem bis in vierundzwanzig Cornett und Fändel abgenommen, unter anderem auch der Englische Orden de la jaretiera, den der Pfalzgraf Kurfürst getragen, in freiem Feld gefunden worden. Diejenigen, so sich im Stern zu salvieren vermeint, haben sich auf Gnad und Ungnad ergeben, sind auch unter währendem Treffen etliche ansehnliche Befehlshaber teils tot, teils gefangen verblieben. Die Anzahl derer, so ob der Walstatt das Leben gelassen, ist noch nicht eigentlich bewußt, unter den Gefangenen aber befindet sich ein junger Graf von Schlick neben einem Rheingrafen und Fürsten Christian von Anhalts ältestem Sohn gleichen Namen mit seinem Vater, der ist übel verwundet.

Heute früh haben uns die Kleinseiter verbotschaftet, es seien die meisten Rädelsführer über das Wasser hinüber in die Altstadt geflohen, untertänigst bittend, die verbliebenen Bürger in unsern Schutz zu nehmen.

Diesem Bericht über die siegreiche Schlacht folgte vier Tage später ein weiterer, in dem unter anderem geschildert wird, wie sich der Winterkönig Hals über Kopf aus der Burg von Prag davonmachte, in die Altstadt floh und von dort nach Norden bis Breslau.

Als den 8. dies nachmittags, als gleich auf dem Weißen Berge schon alles vorüber und verspielt gewesen, er aber von dem Ausgang nicht gewußt, hinausgewollt, ist ihm auf Hratschin bei der Goldenen Kugel der Fürst von Anhalt, Graf von Thurn und Hollach und andere ihres gleichen Consorten, eilends Fuß gehend, begegnet, darüber er sich entsetzet und gefragt, was dieses bedeute, welche ihm geantwortet, daß leider die Schlacht verloren und kein Mittel zu des Feindes Aufhaltung übrig sei. Darauf er in großem Schrecken und Eile samt ihnen umgewendet, mit seiner Gemahlin sich hinüber in die Altstadt retiriert und alsbald zu weiterer Flucht sich bereit, und dieses mit solcher Flucht, Schrecken und Eile und Zagheit, daß sie ein sehr großes Gut von Kleinodien, Geldschatz, Kleidern, auch wichtige Schreiben in Zimmern hinter sich verlassen, so alles von den Unseren bekommen worden, auch gar des Engelländischen Ordens Hosenband mit vielen köstlichen Diamanten gezieret, so man auf 15 000 Fl. schätzt, hat der Pfalzgraf dahinten verlassen und ist Ihrer Fürstlichen Durchlaucht zu Händen gekommen. Ist also mit ungefähr zweihundert Roß samt seiner Gemahlin davon. Wohin er sich gewendet, weiß man noch nicht, hat also sein Königlich Regiment, Hoffart, Ringelrennen, Tanzen und leichtsinniges Wesen eine kurze Zeit gewähret und ein trauriges Ende genommen.

Schloß Troja

Die meisten Besucher, welche nach *Troja* hinausfahren, kennen das berühmte Sternbergische Sommerschloß aus Abbildungen. Sicher sind sie enttäuscht, daß die große Auffahrt, die eine barocke Anlage eigentlich braucht, hier fehlt. Die ganze Anlage ist von der ödesten Vorstadtarchitektur umwuchert, und alles erweckt einen trostlosen Eindruck. Die zahlreichen Ausflügler, die an Feiertagen hier herausziehen, besuchen den Zoologi-

Fenster mit den böhmischen Landespatronen in der dritten nordwestlichen Kapelle des St.-Veits-Domes. Alfons Mucha, gestiftet 1931 von der Bank Slavie.

schen Garten, der 1930 auf vierzig Hektar ehemaligen landwirtschaftlichen Schloßgrundes angelegt wurde. Dennoch hat Troja einen ganz eigenartigen Zauber. Es liegt am nördlichen Ufer der Moldauschleife, in der Luftlinie genau dem Altstädter Ring gegenüber, hinter dem Hochplateau der Leiten oder Letná, das die Moldau weitausholend umfließt.

1679–96 ließ Wenzel Adalbert Graf Sternberg ein Sommerschloß nach Plänen des französischen Baumeisters Jean Baptiste Mathey errichten: eine dreiflügelige, klar gegliederte Anlage mit der Schauseite zum Garten und Wirtschaftsgebäuden an der Straßenfront. Zwei vorspringende Ecktürme und der um ein Geschoß erhöhte Mitteltrakt setzen Akzente und sind gleichzeitig Hintergrund für die berühmte doppelläufige *Freitreppe zum Garten*, auf der mit »dekorativem Getöse« der Sturz der Titanen dargestellt ist. Über dem Portal thront siegreich Victoria, unter ihr stehen auf den Treppenpodesten wildbewegte überlebensgroße Figuren, die mächtigsten liegen niedergeschmettert im tiefen Brunnenschacht zwischen den Treppenläufen: Angehörige eines Riesengeschlechtes, auch da unten noch furchtbar. Während wir aufwärts- oder abwärts schreiten, erhalten die Figuren durch Licht und Schatten und durch unsere Bewegung neues, wildes Leben. Die Erfindung dieses theatralischen Gigantensturzes dürfte auf den Architekten zurückgehen, die Ausführung hatten zwei aus Dresden stammende Bildhauer, Johann Georg Heermann und sein Neffe Paul.

Die Treppe führt aus dem Garten zum *großen Saal*, der den Mitteltrakt über fünf Fensterachsen und zwei Geschosse einnimmt. Ähnlich wie draußen, ist auch hier im Inneren der erste Eindruck Pathos und Getöse. Der Saal ist vollständig ausgemalt, und zwar nicht al fresco, sondern mit Öl und Tempera. Zwischen Wand- und Deckenzone ist keine klare Grenze gezogen. Überall agieren große, in dunkel-kräftigen Farben gemalte Gestalten: Heilige, Menschen, Tiere. 1693–99 haben die beiden holländischen Brüder Isaak und Abraham Godin diesen ersten ›Kaisersaal‹ ausgemalt. Illusionistische Elemente haben sie noch nicht eingeführt. Das Thema der gesamten Ausmalung ist eine Huldigung an das Haus Habsburg. Vor allem wird der fromme Glaube und dessen tapfere Verteidigung gerühmt. Ecclesia und Imperium wirken unter diesen Herrschern zum Wohle aller Untertanen. Auf der einen Schmalseite ist Rudolf von Habsburg, der erste deutsche König aus diesem Geschlecht, dargestellt, wie er einem Priester, der den Leib des Herrn einem Sterbenden bringt, sein Pferd schenkt, damit jener ungefährdet weiterziehen kann. Gegenüber sehen wir Leopold 1. als Sieger über die ungläubigen Türken. Hier thront Bellona, dort Fides über dem Kamin. Auf der Decke wird die Mitte dem Namen Jesu eingeräumt, von dem alle rechte Macht ausgeht. Der hl. Leopold, ein Vorfahre der Habsburger und Patron des regierenden Kaisers, versinnbildlicht die Zusammenhänge. Das Wappen des Bauherrn findet sich neben dem des Kaisers. So fällt Glanz auch auf ihn, weil er treu und gehorsam an der Verteidigung des rechten Glaubens teilnimmt.

Der Saal steht leer. Vom ursprünglichen Mobiliar ist im ganzen Schloß nichts erhalten. Troja diente lange als Lapidarium, heute werden in den großen Nebenräumen Wechselausstellungen gezeigt. Reizvoll sind die sogenannten chinesischen Zimmer, deren Wände ausschließlich Darstellungen verschiedenster Brücken in China zeigen. Die seltsamen Konstruktionen, die wir hier sehen, dürften wohl Produkte aus Reisebeschreibungen und der Phantasie der Maler sein.

Saal und Treppe wirken wie seit langem verlassen. In den wenigen noch erhaltenen Vasen im Garten wächst Unkraut, der Rasen ist braun und trocken.

Burg Karlstein

Karl IV., 1316 als Sohn Johanns von Luxemburg und der letzten Przemyslidenprinzessin Elisabeth geboren, gehört zu den faszinierendsten Regentenpersönlichkeiten des Mittelalters. Eine umfassende Biographie fehlt leider immer noch, freilich müßte sie auf Grund von Studien in Böhmen, Frankreich, Italien und Deutschland entstehen. Die böhmischen Quellen sind fast durchweg bekannt.

Karl war mit den Königen von Frankreich, den Herzögen von Burgund und Österreich, um nur die wichtigsten regierenden Häuser zu nennen, versippt und verschwägert, weitgereist, vielseitig gebildet und hatte sich eine reiche, strafferführte Hausmacht in Böhmen geschaffen. Als Dreißigjähriger wird er in Bonn zum deutschen König gekrönt, obwohl Ludwig der Bayer, Deutscher König und Römischer Kaiser, noch lebt, wenn auch gebannt und von zahlreichen Gegnern bedrängt. Als er 1347 stirbt, wird aus dem Gegenkönig Karl der rechtmäßige Nachfolger. 1355 zieht er nach Rom, wo er sich allerdings nur einen Tag aufhält, an dem ihn der Papst zum Kaiser krönt. Er ist viermal verheiratet, seine erste Gemahlin Blanca von Valois stammt aus Frankreich, ihr folgt Anna von der Pfalz, dann Anna von Schweidnitz und schließlich Elisabeth von Pommern. Durch die letzten Heiraten wurde der Besitz Karls erheblich erweitert. Damals war es nicht so selbstverständlich, von Prag aus das Deutsche Reich zu sehen, hier die Mitte zu setzen und sich nach Osten zu genau so interessengebunden zu wissen wie nach dem Westen. Negativ beurteilte Karl die Möglichkeiten in Italien, aber gleichzeitig war er bestrebt, die Idee vom Heiligen Römischen Reich wieder lebendig zu tradieren, seine Symbole, seine Heiltümer als Zeichen der rechtmäßigen Herrschaft zu hüten und zu verehren. Er glaubte an ihre heilenden Kräfte, die sie aus den eingeschlossenen Reliquien hatten. Er zeigte sie in feierlichen Schaustellungen dem Volke an bestimmten Festtagen des

Jahres und er bewahrte sie an unzugänglicher Stelle auf, wie sich dies für so heilige Kostbarkeiten geziemt.

In der Nähe seiner Hauptstadt Prag legte Karl als Böhmischer und Deutscher König am 10. Juni 1348 in einem abgeschiedenen schmalen Waldtal den Grundstein zu einer Burg, die seinen Namen tragen sollte und die die Aufgaben einer Gralsburg erfüllen würde. Als er acht Jahre später als gekrönter Römischer Kaiser aus Rom zurückkam, stand der Karlstein bereits und nur Einzelheiten wurden noch geändert; die Grundidee war verwirklicht worden: eine sakrale Burg, ein Hort für des Reiches Kleinodien, für die Heiltümer, die seit Karls des Großen Zeiten die Rechtmäßigkeit und die Macht des Königtums verbürgten. Karl umgab die Heiligtümer mit vielen anderen, oft teuer erkauften Reliquien, die er überall im christlichen Europa zusammensammelte. Die wichtigsten Stücke kennen wir aus einem Verzeichnis, unter vielen anderen:

Item, es sind auch diese nachfolgende Ding, von wegen Christlicher Andacht dahin geleget.

Ein Stein, gebrochen an dem Ort, wo das heilige Creutz gestanden, daran der Herr Christus gelitten.

Der Stein einer, darum die Teufel beym Herrn Christo angehalten, daß er zum brod gemacht würde.

Ein Stein von dem Ort, da der Herr Christus gestanden, als er gen Himmel auffahren wollen.

Ein Stein aus des Herrn Christi Grab.

Ein Stück von Moysis Stab, damit er das Meer getheilet, den Kindern Israel zu gute.

Ein Stück von des Aarons-Stabe, welcher geblühet.

Des Heil. Gangolphi Pantzer-Kragen.

St. Wenceslai Pantzer-Kragen.

Ein höltzern Becherlein, daraus St. Wenceslaus zu trincken gepflogen.

Des Ritters St. Georgen rothseidene Fahne mit einem weissen Creutz.

Ein sehr grosser Kopff, etwa von einem Lind-Wurm.

Zwey beinerne Rohr, so etwa St. Rulandi, des Hertzogen aus Burgundien gewesen, hangen an eisernen Ketten.

VOR DER STADT

Zwey eiserne Nägel aus der Archa Noe, von sehr seltsamer Arbeit.
Ein grosser Viol-brauner Stein, in Silber gefaßt.
Ein sehr grosse Corallen, welche in Kaysers Caroli IV. Schatz-Kammer in hohen Werth geachtet worden.

Auf einem Felsen, dessen Struktur diesem einmaligen Bauvorhaben entgegenkam, nahe der kleinen Stadt Beraun am gleichnamigen Fluß, erhebt sich die *Burg*. Das Gelände auf dem Felsen steigt langsam von Süden nach Norden an, um dann vom höchsten Punkt ganz steil abzustürzen. Dort steht vielfach gesichert der fünfgeschossige große Turm, dem alle übrigen Gebäude untergeordnet sind. So sehr Turm und Burg unserer Idealvorstellung einer mittelalterlichen Anlage entsprechen, so sehr unterscheidet sich der Karlstein von jeder anderen Burg durch seine Bestimmung.

Tief unter den Mauern, die den großen Turm eigens schützen, führt ein erstes Tor an der Längsseite des Felsens entlang zu einem zweiten, durch das man in die Vorburg gelangt. Hier versammeln sich die Besucher, denn zu allen Zeiten war der Karlstein nur unter Führung zugänglich. Karl IV. hatte ein eigenes Burggrafenamt eingerichtet, und je ein Vertreter aus dem Herren- und einer aus dem Ritterstand hatten dieses wichtige Amt inne. Hier in der Vorburg wohnten die Herren mit den Wachmannschaften. Der langgestreckte Palast war dem Kaiser vorbehalten. Er liegt um ein Stockwerk höher als das Burggrafenhaus. Seine eindrucksvolle Hauptschauseite wendet sich nach Süden. Rechtwinkelig aus der Mitte des kaiserlichen Palastes führt nach Norden ein gedeckter Gang in ein mächtiges, turmartiges Gebäude, in dem sich die Marienkapelle und die Privatkapelle des Kaisers, der hl. Katharina geweiht, befinden. Der Fels türmt sich noch einmal höher auf, zwischen dem Gebäude der Marienkirche und dem auf dem höchsten Punkt stehenden großen Turm klafft ein tiefer Graben, über den einst eine Zugbrücke ging. An der Südseite des Turmes führt in einem vorgebauten Stiegentrakt eine Wendeltreppe in das eigentliche Heiligtum des Karlsteins, in die Kapelle des heiligen Kreuzes. Hier sind die Mauern doppelt so stark wie die aller anderen Gebäude der Burg, und nach Norden zu ist der große Turm ohne irgendeine Öffnung, nur freiragende starke Mauer. Palast, Kapitelkirche und Kreuzkapelle, in hierarchischer Ordnung gestaffelt, sind auf das Kostbarste eingerichtet gewesen, vieles davon ist erhalten, und heute noch empfinden wir den Karlstein als Reliquienschrein. Die überkommenen Kostbarkeiten, die einzelnen erhaltenen Räume imaginieren die ganze ursprüngliche Pracht. Die Burg ist nie erobert worden, wohl aber geplündert, als ungetreue Burggrafen dort herrschten; dann war sie lange Zeit vergessen, ihrer eigentlichen Bestimmung entzogen, die böhmischen Kleinodien lagen in der Kronkammer des Prager Veitsdomes, die Reichskleinodien in der geistlichen Schatzkammer in Wien. Wohl hatte man zu Ende des 16. Jahrhunderts in der Burg gebaut, dadurch im Kaiserpalast große Freskenzyklen zerstört, nach dem Dreißigjährigen Krieg aber geschah nichts mehr, und erst die romantische Wiederbesinnung auf die eigene Vergangenheit lenkte den Blick böhmischer Dichter und Maler, Historiker und Restauratoren auf dieses Heiligtum Böhmens. Trotz aller ›Gotisierungen‹ durch den berühmten Josef Mokker, der in Böhmen eine ähnliche Rolle spielte wie Viollet-le-Duc in Frankreich, ist der Eindruck einzigartig. Ja, man ist fast beklommen und ratlos, weil man weiß, daß eine genauere Kenntnis der ursprünglichen Idee auch uns aufgeklärte Touristen in die tiefen Schichten eines mystischen Zaubers einfangen würde, den wir allenthalben wie ein dichtes goldenes Netz voll von funkelnden Edelsteinen um uns spüren. Wir wissen, daß wir zu einem erhabenen Heiligtum aufsteigen, und doch wird von Schritt zu Schritt das Staunen, das Überwältigtwerden immer stärker, man meint eine Steigerung sei nicht möglich und doch ist der ganze Weg eine solche bis hin zur Kreuzkapelle.

Wir beginnen unseren Weg im kaiserlichen Palast, in dem

das *Audienzzimmer Karls* erhalten blieb. Der große Ahnensaal mit dem Stammbaum, der vom biblischen Noah über die babylonischen Könige, die römischen Cäsaren, die Karolinger, Salier und Staufer bis zu den Herzögen von Luxemburg führte, ist zerstört. Er endete mit dem Porträt Karls und seiner Gemahlin Blanca von Valois. Aus dem sogenannten Heidelberger Kodex, einer Handschrift, die um 1575 für Maximilian II. angefertigt wurde, ist uns die genaue Reihenfolge bekannt, da der Habsburger die Ahnenreihe vom Karlstein für sich selbst kopieren ließ.

Bildnissen des Herrscherpaares begegnen wir in der *Marienkapelle* und in der Katharinenkapelle des Mittelbaues. Zu dieser der Muttergottes geweihten Kirche wurde ein eigenes Kapitel gestiftet. Die Themen der den ganzen Raum ausfüllenden Fresken sind aus der Apokalypse, dem Lieblingsbuch Karls, genommen, nur die eine Hälfte der Südwand bildet eine Ausnahme. Hier sind die berühmten, neuerlich restaurierten Szenen der Reliquienübergabe gemalt. Hinter dieser Wand liegt das Oratorium des Kaisers, die zellenartige Katharinenkapelle. Dreimal ist Karl auf dem Fresko dargestellt, in verschiedenen mantelartigen Gewändern, immer mit der Bügelkrone auf dem Haupt. Auf dem ersten Bild empfängt er aus der Hand des französischen Thronfolgers, des nachmaligen Königs Karl V., eine Kreuzreliquie und zwei Dornen aus der Dornenkrone Christi. Die zweite Szene schildert die Übergabe eines weiteren Spanes aus dem Kreuz Christi, gefaßt in einen Bergkristall. Hier überreicht das kostbare Geschenk der König von Zypern und Jerusalem, Peter von Lusignan, der längere Zeit am Hofe Karls in Prag weilte. Auf dem letzten Bild legt Karl diese von der gesamten Christenheit verehrten Andenken an das Leiden des Heilands in ein kostbares, eigens angefertigtes Reliquienkreuz, das auf dem Karlstein verwahrt wurde und in dem alten Inventar also beschrieben ist:

In dem grossen Creutz, welches 10.000 Hungarische Ducaten reines Goldes wieget, sind diese Heiligthümer:

Erstlich, ein ziemliches Stück unsers Herrn Christi Creutz, sambt dem Loch, wo seine heilige Füß angenagelt gewesen.
Ein Stück vom Nagel, damit seine H. Füsse angenagelt gewesen.
Ein Glied vom Finger S. Johannis des Tauffers, damit er auf Christum gezeiget, sprechende: Diß ist das Lamm Gottes, ec.
Ein Stachel aus der Dornen-Crone, damit der Herr Christus gekrönet worden.
Ein Stück vom Purpur-Mantel, darinnen der Herr Christus verspottet worden.
Und dieses Creutz ist von köstlicher Arbeit, darinnen viel grosser Edelsteine versetzt, als Saphiren, Smaragden, Rubin, Pallas, und köstliche Perlen.

Der kleine, bärtige, dunkelhaarige Mann, den wir auch von den Porträtbüsten im Dom und auf dem Brückenturm zu Prag kennen, hat sich zu privater Andacht in die kleine *Katharinenkapelle* zurückgezogen. Sie ist durch eine schwere Eisentür abgeschlossen und nur selten zugänglich. Doch sollte man alles versuchen, diesen Raum sehen zu dürfen. Hier also hat der Kaiser vor allem in der Karwoche Tage und Nächte im Gebet verbracht. Durch ein kleines Mauerloch wurde ihm Wasser und Brot gereicht, manchmal auch eine Schriftrolle, wenn unaufschiebbare Entscheidungen zu treffen waren.

Der Raum ist länglich, klein, über und über mit geschliffenen Halbedelsteinen und Malereien bedeckt, ganz in der Art wie die Wenzelskapelle im Veitsdom zu Prag. Ein kleiner Altar trägt auf dem Sockel das Bild der Kreuzigung, die Nische über der Altarplatte schmückt ein Fresko der thronenden Muttergottes, neben der Karl und seine dritte Gemahlin, Anna von Schweidnitz, knien. Die Madonna wendet sich der Königin zu, das Kind auf ihrem Schoß streckt die Händchen dem knienden Kaiser entgegen. Auf der inneren Längswand der Kapelle sind unter dem Gewölbeansatz in einer Reihe sieben Heilige gemalt; man sagt, es seien die Landespatrone. Später hat man auch diese Bilder mit Edelsteinen verkleidet und über die Häupter in der ganzen Länge ein Brett gelegt, das eine der kostbarsten Reliquien in Karls Sammlung war: der Boden des

Wagens, in dem man den Leichnam des hl. Wenzel von Alt-Bunzlau nach Prag geführt hatte. Welch eine atemberaubende, in der Enge des Raumes doppelt spürbare und bedrängende Kraft all der Heiligen, die den einsamen Beter umgeben, der vor sich auf dem Altar das Leiden Christi betrachtet, dessen ergreifende Darstellung und dessen ehrwürdiges Andenken so nahe sind. Welch ein Exercitium, welch ein Paradox, das elende Sterben des Menschensohnes so mit allem Reichtum und aller Schönheit zu umgeben. Das unfaßbare Geheimnis, Gott und Mensch in Jesus Christus, wiederholt sich in dem Bild des kleinen Holzsplitters, der, in Gold und Edelsteine gehüllt, in einer eigens erbauten Burg von einem büßenden Kaiser verehrt wird. Karl hatte sein Oratorium der hl. Katharina geweiht, weil er an ihrem Festtag zweimal aus großer Gefahr errettet worden war.

Noch aber sind wir nicht im Innersten der Burg. Wir überschreiten den Graben zum großen Turm und gelangen über die Wendeltreppe an der Südseite von Stockwerk zu Stockwerk. Im Falle der Gefahr konnte jede Verbindung zum großen Turm zerstört werden. Die Treppen sind mit zwei Freskenzyklen geschmückt. Außen die Legende des hl. Wenzel, an der Innenwand die der hl. Ludmila.

Unvermittelt treten wir in die *Kreuzkapelle*. Gold, Gold, Gold, Edelsteine, freihängend wie riesige Tropfen, groß wie eine Faust, an den Wänden kopfgroße Brocken, an der Schnittfläche poliert, rotbraun, grün, violett und dazwischen wieder Gold. Ein goldener Himmel das ganze Gewölbe, dazwischen schimmernde Sterne aus Glasfluß eingelegt, unzählig wie am klaren Nachthimmel. Über dem Sockel aus Edelstein, den Amethysten, Chrysoliten, Jaspisen, Topasen und Onyxen, die Wände vertäfelt mit großen Bildern, Reihe auf Reihe. Aus dunklen Rahmen blicken ernst, fast dumpf, überlebensgroß die Häupter von Königen, Bischöfen, Bekennern, Märtyrern, Jungfrauen und Aposteln, ein himmlisches Jerusalem, ganz gegenwärtig in strenger heiliger Ordnung.

Barbarisch schön? Ja und nein. Das Schwerblütige, fast Martialische geht von den Bildern aus, die Meister Theoderich, dieser unbekannte Genius der böhmischen Malerei, geschaffen hat. Hinter jedem dieser Bilder befanden sich Reliquienbehälter, in Vertiefungen der Holztafel eingelassen. Ursprünglich trugen die Dargestellten auch goldene und silberne Schilde, brockatene Gewänder; eine riesige Ikonenwand, die auch wirklich wie in der Ostkirche die Gegenwart der Heiligen meint.

Heute kommt Licht durch helle Glasfenster, aber aus frühen Beschreibungen und aus erhaltenen Resten wissen wir, daß auch die Fenster ein Edelsteinmosaik waren, dünngeschnittene, durchlässige Quarze. Das Licht aber kam von den Kerzen, die auf den vergoldeten Dornen eines umlaufenden Bandes in der Höhe der Bänke angebracht waren. Dreizehnhundertdreißig flammten auf, wenn hier Gottesdienst gehalten wurde. Welch ein Strahlen und Funkeln, welch ein unermeßlicher Glanz, immer wieder beschrieben in den Märchen aller Völker, ist hier verwirklicht zur Ehre des Kreuzes und der Heiligen!

Nur wenige Auserwählte hatten zu den Gottesdiensten Zutritt. Durch das goldene Gitter, das die Kreuzkapelle in der Mitte teilt, durften in den Altarraum nur der Erzbischof von Prag oder infulierte Bischöfe; der Kaiser, der durch seine Salbung zum Diakon geweiht war, betrat den Raum barfuß und barhaupt. Hinter dem goldenen Gitter standen die Verwalter der höchsten Landesämter und Gäste von hohem Rang. Dadurch, daß schon zu Karls Zeiten nur ganz wenige überhaupt jemals diese Kapelle betreten hatten, mußten die Schilderungen ihrer Pracht wie eine wundervolle Legende immer weiter ausgesponnen und verbreitet worden sein. Auch in den späteren Jahrhunderten ist die Kapelle versiegelt geblieben, und nur zu ganz bestimmten Anlässen mit Erlaubnis der Landstände durfte das Siegel erbrochen und der Raum betreten werden. Einzelne, die ihn wenigstens einmal sehen wollten, durften mit Erlaubnis der höchsten Landesbeamten durch ein Guckloch hineinschauen.

Zwar darf man heute bis zum goldenen Gitter, aber der Ort selbst verbietet jede Anbiederung und Neugier. Oben über dem Altar verschließen goldene Gitter eine tiefe Nische; dort lagen in zwei Schreinen die Reichskleinodien und die böhmischen Kroninsignien sowie die kostbarsten Reliquien, die Karl hierher gebracht hatte. Darüber hängt ein Triptychon, die Muttergottes zwischen den Hll. Wenzel und Palmatius; den Leib des letztgenannten Heiligen hatte Karl aus Trier bekommen, und die kleine Pfarrkirche des nahe der Burg gelegenen Dorfes war nach ihm benannt worden. Im letzten Geschoß über dem Altar schließlich ist die Kreuzigung dargestellt, links der Schmerzensmann zwischen zwei Engeln und rechts die drei Marien. Um diese thematischen Haupttafeln scharen sich die Bildnisse der zwölf Apostel.

Die triumphierende Kirche, der Chor der Heiligen, auf mystische Weise durch die Reliquien gegenwärtig, verehrte gemeinsam mit den Lebenden das Andenken an das Leiden, den Tod und die Auferstehung des Herrn. Trotz aller Pracht ist nie vergessen worden, daß dies eine Kapelle des heiligen Kreuzes ist. Durch die Gnade Jesu Christi, der uns am Kreuz, von dem ein Teil hier gegenwärtig liegt, erlöste, war Karl wie seine Vorgänger und seine Nachfolger nach der Auffassung der Zeit rechtmäßiger Herrscher und in den weltlichen Dingen Stellvertreter Christi, wie es in den geistlichen der Papst war. Welch ein Bewußtsein: der Erste und zugleich ein Unvollkommener zu sein. Wir verstehen besser, daß der Kaiser sich strengsten Exercitien unterwarf und daß er alle Heiligen, insbesondere seine heiligen Vorfahren und seine Blutsverwandten und das himmlische Jerusalem zu Hilfe ruft, wenn er im Angesicht des Kreuzes Christi und der Reichskrone sich seiner Pflichten als christlicher Herrscher bewußt wird.

Unter Karls Sohn Wenzel zerbrach diese Welt- und Wertordnung. Der Karlstein blieb als Zeuge jener Herrlichkeit bestehen, die das hohe Mittelalter besungen hat. Seine Bedeutung wurde immer wieder erkannt, aber seine Aufgabe, die ihm der Erbauer zugedacht hatte, erfüllte er eigentlich nur zu dessen Lebzeiten. Auf der Burg Karlstein bei Prag ist wie an keinem anderen Ort etwas vom Glanz und der Heiligkeit des mittelalterlichen Kaisertums sichtbar und greifbar. Hier ist der leere Schrein, in dem die Heiltümer des Reiches kurze Zeit geruht haben

Ausklang

Was hätte ich nicht noch alles erzählen wollen! Als ich dieses Buch begann, wußte ich, daß es ein handliches Format haben müßte, nicht zu groß also und nicht zu dick! Deswegen haben manche köstliche Geschichten keinen Platz mehr gefunden, jene etwa von dem kleinsten und höchstgelegenen Gemüsegarten Prags. Wissen Sie, wo sich dieser befand? Oben zwischen Kuppel und Uhrturm von St. Niklas. Dort zog der Küster seine Tomaten und ich habe sie reif und rot gesehen. – So gerne hätte ich von der lieben alten Brodová erzählt, der Inhaberin eines altmodisch-eleganten Blumengeschäftes, die in unserer Familie bereits eine wichtige Rolle spielte, lange bevor wir wußten, daß es einen berühmten Schriftsteller dieses Namens gibt. Zu meinem ersten Ball schenkte mir die Brodová eine violettbraune Orchidee für das blaue Kleid! Es war wundervoll – die Blume, das Kleid, der Ball – und die kleine, alte Jüdin, die uns so gern hatte.

Über die Vororte Prags hätte ein eigenes Kapitel geschrieben werden können, haben sie doch einen eigenartigen Zauber und oft eine lange Geschichte; einige sind fast so alt wie die Stadt, zu der sie jetzt gehören. Eines dieser Stadtviertel muß aber doch genannt werden, wir durchfahren es auf dem Weg nach Karlstein: es ist Smichow. Hier steht das kleine Gartenhaus, in dem Mozart wohnte und komponierte, die ›Bertramka‹. Egon Erwin Kisch schreibt darüber in der Einleitung zu einer seiner berühmten Kriminalreportagen:

Die Landschaft von Smichow – zu deutsch: Lachende Au – war im Zeitalter des Rokoko das Rokoko an sich. Hier besaßen die Herren des böhmischen Adels ihre Lustschlösser und Lustgärten, und wer eine besonders privilegierte Freundin innehatte, ließ ihr in nächster

Nachbarschaft ein eigenes Tuskulum erbauen, wie zum Beispiel der Graf Clam für die Sängerin Duschek. Diese wiederum hatte einen Freund, der Wolfgang Amadeus Mozart hieß und im lauschigen Garten der Madame Duschek mancherlei Andantes und Allegros komponierte. So schuf er hier die Ouvertüre zum ›Don Giovanni‹, denn dieser Garten ›Bertramka‹ war der adäquate Platz zum Musizieren über Wollust und Tod.

Jeglicher der Herren in diesem Bezirk war mehr oder minder ein Don Juan, den eine Donna Elvira liebte und dem eine Donna Anna Rache sann, und an Smichower Zerlinchen gab's genug, die sich die Werbung der feinen Herren gerne gefallen ließen. Vom Hügel des Gartens blickte der Kompositeur auf den Friedhof ›Malvazinka‹ hinunter. Der war zwar ein verspielter Rokokofriedhof, aber nichtsdestoweniger ein Friedhof. Sicherlich galt eines der Grabmonumente dem Komtur, der vom Verführer seiner Tochter erstochen ward und nun darauf sinnt, im steinernen Gewand beim Gastmahl des Mörders zu erscheinen . . .

Bereits in der ersten Halbzeit des 19. Jahrhunderts schwand der galante Charakter der Gegend, und wenn nun jemand das Wort Smichow mit ›Lachende Au‹ übersetzte, so geschah es im Witz. Die Lust in den Lustschlössern hatte aufgehört, denn ein ununterbrochenes Dröhnen drang heran, das drohender war als der nahende Schritt eines steinernen Gastes. Es war der Schritt einer neuen Zeit. Selbst ein Mozart hätte hier nicht mehr reine Engeltöne aus dem himmelblauen Himmel auf sein Notenpapier übertragen können. Bliesen doch Fabrikschlote dichte Rauchschwaden in diesen Himmel, und schrille Sirenen zerrissen die Harmonie der Sphären. Die Lachende Au war zu einem Industriedistrikt geworden. Kurz nach den großen Weberaufständen von Lyon und Schlesien, die sich gegen die Bedingungen der Heimarbeit richteten, brach in Smichow wegen der Aufstellung eines Kattundruckautomaten der erste Fabrikarbeiterstreik auf dem europäischen Kontinent aus. Diese Entwicklung setzte sich weiter fort, Smichow wurde und blieb ein radikaler Wahlbezirk, und deshalb wurden hart an den Mietskasernen große Militärkasernen aufgeführt, darunter auch die, in der ich meiner Dienstpflicht samt Arreststrafen Genüge getan hatte. Auf dem Grundstück dreier Adelsparks erhob sich eine Waggonfabrik, auf anderen Brauhäuser, Metallwaren- und Textilfabriken. Das Clam-

sche Grafenschloß war zu einem Tanzlokal umgewandelt, wobei allerdings die Boskett s im Garten ihren alten Zweck erfüllten. Nur das durch Mozart geheiligte Tuskulum ›Bertramka‹ sowie der mystische Rokokofriedhof ›Malvazinka‹ blieben unverändert bestehen und hatten sogar einen Gärtner.

Kisch, der eben zu Worte kam, gehörte zu jenem berühmten Kreis deutscher Schriftsteller in Prag, die in den zwanziger Jahren für die gesamte deutschsprachige Literatur eine so entscheidende Rolle spielten. Freilich hätte man ihnen allen auch ein Kapitel widmen können, aber es hätte vielleicht die Überschrift getragen: In Prag lebte nicht nur Kafka. Die alten Prager sind doch ein bißchen verärgert, daß heute fast alle Reportagen über ihre Stadt davon ausgehen, es hätte nur Franz Kafka Prag ›erlebt‹. Besonders die ausländischen Reporter und Journalisten meinen, stets auf seinen Spuren zu wandeln. Man sollte doch auch lesen, was seine Freunde, die Zeitgenossen wie Max Brod oder Johannes Urzidil, über das Prag jener Jahre und ihren Freund schreiben. Urzidil, der Kafka die Totenrede hielt, der Prag »die verlorene Geliebte« nennt, hat ein kleines, sehr instruktives Buch unter dem Titel ›Da geht Kafka‹ geschrieben. Er versucht darin, das Phänomen zu deuten, warum gerade in Prag, in einer fremdsprachigen Umwelt, in einer zerbrechenden Gesellschaft, eine solche Fülle von literarischen Begabungen heranreifen konnte:

Die Prager deutschen Dichter und Schriftsteller hatten gleichzeitig Zugang zu mindestens vier ethnischen Quellen: dem Deutschtum selbstverständlich, dem sie kulturell und sprachlich angehörten; dem Tschechentum, das sie überall als Lebenselement umgab; dem Judentum, auch wenn sie selbst nicht Juden waren, da es einen geschichtlichen, allenthalben fühlbaren Hauptfaktor der Stadt bildete; und dem Österreichertum, darin sie alle geboren und erzogen waren und das sie schicksalhaft mitbestimmte, sie mochten es nun bejahen oder auch dieses oder jenes daran auszusetzen haben. Jeder dieser Quellpunkte nun bezog seine Dynamik aus zwei Sphären; aus dem ortsgebundenen Pragertum und aus dem zentripetal anflutenden Böhmentum. Dieses wiederum bestand aus den teils ansässig gewordenen, teils von der deutschen Universität herangezogenen Sudetendeutschen; aus einem Grundstock tschechischen Landvolkes, das nach der Landeshauptstadt, später Staatshauptstadt, gravitierte; aus tschechischen oder auch deutschen Landjuden, die als mittlere Gutsbesitzer oder Gutspächter einen besonderen Typus darstellten; dann aber aus dem eingeborenen böhmischen, zum Teil auch tschechisch betonten österreichischen Adel (sowie dem deutsch, das heißt österreichisch katexochen empfindenden) mit seinen Palais in der Stadt und seinen prächtigen Landsitzen rundum in Böhmen, uralt und in manchen Fällen sogar noch in die Zeit der Przemysliden-Könige zurückreichend, einem Adel also, dem selbst die Habsburger als relative Neuankömmlinge erscheinen mochten. All dies wirkte zusammen, mit alledem fand sich ein Dichter konfrontiert und geriet dadurch sehr bald aus der Sphäre örtlicher Gebundenheit in die des Grundsätzlichen.

Und so schreibt Urzidil über das Prager Deutsch, das er selbst mit dem unüberhörbaren Akzent spricht:

Unser oft genug gelästertes, zwar nicht akzent-, aber durchaus dialektfreies Prager Deutsch konnte sich seit dem Mittelalter auf der Prager Sprachinsel unversehrt erhalten, eben weil es den verschleifenden und dialektisierenden Einwirkungen des Provinzialen und Landschaftlichen nicht unterworfen war. Das war für die Literatur ein einzigartiger Segen. Denn wir Prager Deutschen dichteten und dichten noch immer in der Sprache, in der wir leben und die wir auch tagsüber sprechen. Das galt schon von Karl Egon Ebert ebenso wie von Rainer Maria Rilke und von Egon Erwin Kisch. Zwischen Dichtung und Lebenssprache bestand für die Deutschprager niemals eine Kluft, kein inneres – wenn auch noch so unbewußt vollzogenes – Umschalten ist nötig. Diese völlige Koinzidenz der Sprache des Lebens mit der des Dichtens ist wahrscheinlich das stärkste Form- und Wirkungsgeheimnis der Prager und besonders gerade Kafkas. Wer ihn als Menschen sprechen hörte, der hört ihn auch bis in die kleinste Nuance aus jeder seiner Zeilen. Dies ist das Geheimnis einer inneren Identität, die wir Prager so lange als möglich gehütet haben und die mit uns Letzten entschwindet.

Es ist schwer zu begreifen, daß zwar viele dieser Schriftsteller tschechisch lasen und sprachen und durch ihre Übersetzungen der Literatur dieses westlichsten slawischen Volkes den Weg in die Welt ebneten – so auch dem braven Soldaten Schwejk, dessen Autor Jaroslav Hašek von Max Brod entdeckt wurde –, daß aber umgekehrt

> *fast all die literarischen Tschechen über mittelmäßigste französische Skribenten weit besser Bescheid wußten als über ihre Nachbarn aus der nächsten Gasse, mochten sie nun Rilke, Kafka, Werfel oder Brod heißen, der doch selbst so viel für das Weltverständnis tschechischer Kultur vollbracht hatte. In einer bestimmten Art war diese Unaufmerksamkeit der Tschechen damals sogar zu begreifen, waren sie doch vorerst noch ganz taumelig, berauscht und sogar bestürzt von der unvermutet über sie hereingebrochenen staatlichen Selbständigkeit und verwirrenden Vorherrschaft über andere Völker. Wie hätten sie auch damals ahnen können, daß der Name des deutschen jüdischen Schriftstellers, der ja auch sonst kaum bekannt war, unlöslich verknüpft bleiben würde mit dem Lebensnamen ihrer charismatischen Hauptstadt Prag? Wie hätten sie auch nur entfernt vermuten können, man würde einstmals weit in der Welt auf die bloße Nennung des Namens ›Kafka‹ gleichsam unwillkürlich mit ›Prag‹ reagieren, ja daß diese historische Stadt von europäischer Bedeutung schon in drei Jahrzehnten für zahllose Menschen lediglich als Heimat Kafkas Bedeutung haben würde?*

Von allen diesen Problemen erfuhren wir als Kinder fast gar nichts. Die Spannungen nahmen wir unbewußt auf, aber wir erlebten sie nicht als Tragödie, denn wir konnten uns in beiden Sprachen ausdrücken und bewegen. Erst in der Schule und in der zweiten Hälfte der dreißiger Jahre drang auch in unser Bewußtsein die Schicksalsfrage nach Volk, Nation und Staat.

Daß wir zur tschechischen Sprache von Kindheit her ein natürliches Verhältnis hatten, machte sie freilich nicht viel leichter, als wir ihre Grammatik und Literatur in der Schule erarbeiten mußten. An den Fragen des Übersetzens erkannten wir, was Muttersprache ist. Ein Brief Kafkas an seine tschechische Freundin Milena Jesenská, der ein einzigartiges Dokument innerhalb dieses Fragenkreises ist, sei hier zitiert:

AUSKLANG

Bitte schreiben Sie die Adresse ein wenig deutlicher, ist Ihr Brief schon im Umschlag, dann ist er schon fast mein Eigentum und Sie sollen fremdes Eigentum sorgfältiger, mit mehr Verantwortungsgefühl behandeln.

Ich habe übrigens auch den Eindruck, ohne es näher bestimmen zu können, daß ein Brief von mir verloren gegangen ist. Ängstlichkeit der Juden! Statt zu fürchten, daß die Briefe gut ankommen!

Jetzt werde ich noch etwas Dummes zur gleichen Sache sagen, das heißt dumm ist, daß ich etwas, was ich für richtig halte, sage, ohne Rücksicht darauf, daß es mir schadet. Und dann redet noch Milena von Ängstlichkeit, gibt mir einen Stoß vor die Brust oder fragt, was im Tschechischen an Bewegung und Klang ganz dasselbe ist: Jste žid? Sehen Sie nicht, wie im ›Jste‹ die Faust zurückgezogen wird, um Muskelkraft anzusammeln? Und dann im ›žid‹ den freudigen, unfehlbaren, vorwärts fliegenden Stoß? Solche Nebenwirkungen hat für das deutsche Ohr die tschechische Sprache öfters. Sie fragten zum Beispiel einmal, wie es komme, daß ich meinen hiesigen Aufenthalt von einem Brief abhängig mache und antworteten gleich selbst: nechápu. Ein fremdartiges Wort im Tschechischen, und gar in Ihrer Sprache, es ist so streng, teilnahmslos, kaltäugig, sparsam und vor allem nußknackerhaft, dreimal krachen im Wort die Kiefer aufeinander oder richtiger: die erste Silbe macht einen Versuch, die Nuß zu fassen, es geht nicht, dann reißt die zweite Silbe den Mund ganz groß auf, nun paßt schon die Nuß hinein und die dritte Silbe endlich knackt, hören Sie die Zähne? Besonders dieses endgiltige Schließen der Lippen am Schluß verbietet dem andern jede andere weitere gegenteilige Erklärung, was ja allerdings manchmal recht gut ist, zum Beispiel, wenn der andere so schwätzt wie jetzt ich. Möglich, daß die drei Silben auch die Bewegungen der Apostel auf der Prager Uhr bedeuten: Ankunft, Sichzeigen und böser Abgang. Worauf der Schwätzer wieder, um Verzeihung bittend, sagt: »Man schwätzt doch nur, wenn man einmal ein wenig froh ist.«

Allerdings ein Brief kam heute von Ihnen nicht. Und was ich zum Schluß eigentlich sagen wollte, habe ich auch noch nicht gesagt. Nächstens. Gern, gern würde ich morgen etwas von Ihnen hören, die letzten Worte, die ich von Ihnen vor dem Zuschlagen der Tür – alle zuschlagenden Türen sind abscheulich – gehört habe, sind schrecklich. Ihr F.

AUSKLANG

Die junge Frau, an die der Brief gerichtet ist, war zu Lebzeiten Kafkas die einzige, welche einige seiner kurzen Prosastücke ins Tschechische übertragen hat, und aus ihrer Feder stammte auch der einzige Nachruf in einer tschechischen Zeitung auf Franz Kafka, in den ›Národní listy‹ vom 6. Juni 1924. Milena Jesenská soll eine Nachfahrin jenes berühmten Arztes und Rektors der Prager Universität, Jessenius, gewesen sein, welcher 1621 auf dem Altstädter Ring hingerichtet worden ist. Milena überlebte ihren Freund Kafka lange. Sie wurde in ein deutsches KZ gebracht, wo sie starb.

Für Reisende ohne slawische Sprachkenntnisse wird es stets schwer sein, sich im Tschechischen mit der zunächst fremdartigen Aussprache und mit der sehr komplizierten Grammatik vertraut zu machen. Es ist zwar alles in lateinischen Buchstaben geschrieben, doch tragen diese oft merkwürdige Zeichen – die Häkchen, welche im allgemeinen den betreffenden Konsonanten erweichen. Daneben gibt es Längenzeichen, welche vor allem bei den Eigenschaftswörtern eine wichtige Rolle spielen. Wir sollten uns aber durch die ungewohnten Zeichen auf den so vertrauten Buchstaben unseres Alphabetes nicht stutzig machen lassen und ab und zu ein bißchen buchstabieren. Eigentlich kommt man in Prag mit Deutsch überall weiter – die ältere Generation spricht in den gebildeten Kreisen zudem meist auch französisch, die jüngere englisch. So sind vielen Einwohnern auch die deutschen Bezeichnungen der Straßen und Plätze geläufig, und es ist einfacher, wenn man höflich nach dem ›Altstädter Ring‹ fragt, als radebrechend nach dem ›Staroměstské náměstí‹. Wenn man freilich einige Tage in Prag ist und Tschechisch aufmerksam hört, dann sollte man ruhig einmal versuchen, die richtige Aussprache des einen oder anderen Wortes zu lernen – in unserer Schulzeit wurde dies vor allem an dem Namen der alten Fürstenfamilie der Przemysliden geübt. – Es ist leider ein Faktum, daß sich jeder Mitteleuropäer ›geniert‹, wenn er ein französisches Wort nicht richtig ausspricht oder englische Ausdrücke nicht selbstverständlich ins Gespräch einstreut; über jedes slawische Wort aber wird gestolpert und man findet nichts dabei; wir haben vergessen, oder wollen nicht wahrhaben, daß die größere Hälfte unseres Kontinents der slawischen Sprachfamilie zugehört.

Ein kleiner, aber wichtiger Hinweis: jede Dame, ob Frau oder Fräulein, ja sogar das kleine Mädchen, heißt immer ein wenig anders als der dazugehörige Ehemann, Vater oder Bruder. An den Zunamen wird die Silbe -ová angehängt. Also heißt es: Herr Dvořák   pan Dvořák
           Frau Dvořák   paní Dvořáková,
die Tochter dazu heißt Fräulein Dvořák slečna Dvořákova.

Bitte verfallen Sie aber nicht in den so häufigen Fehler, nun diese angehängte Silbe besonders zu betonen. Im Tschechischen wird die erste Silbe betont! – Auch Sie werden im Gespräch, wenn Sie in einen tschechischen Kreis eingeführt sind, vielleicht nicht mehr Frau Drescher, sondern Frau Drescherová genannt werden. Nur bei Namen, welche sich von Eigenschaftswörtern ableiten, gibt es eine andere Regel, es heißt dann zum Beispiel pan Tichý und paní Tichá oder pan Moudrý und paní Moudrá.

In welcher Weise nun durch die Häkchen eine Erweichung der Aussprache, etwa bei ř, eintritt, wird Ihnen an dem oben angeführten Namen klar, denn jeder weiß, wie der berühmte tschechische Komponist Dvořák ausgesprochen wird. Das š ist unser sch, das č unser tsch (tschechisch – český), das ž wird wie das französische j ausgesprochen. Aber fragen Sie, ein gehörtes Wort ist immer besser zu behalten, als die schönste phonetische Schreibweise!

Aus dem Straßen- und Platzverzeichnis haben wir schon viel gelernt und vielleicht bringen wir doch nebst vielen schönen Erinnerungen von unserer Reise nach Prag einen kleinen tschechischen Wortschatz mit:

AUSKLANG

der Platz	náměstí	das Hotel	hotel
der Markt	trh	das Restaurant	restaurace
die Gasse	ulice	die Weinstube	vinárna
die Straße	třída	das Essen	oběd
die Station	stanice	das Brot	chléb
der Bahnhof	nádraží	die Suppe	polévka
		das Fleisch	maso
		der Fisch	ryba
bitte	prosím	das Bier	pivo
danke	děkuji	der Wein	víno
guten Tag	dobrý den	die Milch	mléko
gute Nacht	dobrou noc	die Butter	máslo
auf Wiedersehen	na shledanou	der Zucker	cukr

Ein ganz wichtiges Wort auf der Speisekarte ist ›knedlík‹ – der Knödel! Der böhmische Knödel, der echte, als Beilage zu Schweinebraten und süßem Weißkraut, wird in Scheiben geschnitten aufgetragen. Als ich kürzlich einmal zu böhmischen Knödeln einlud, sagte ein Kenner: »Aber hoffentlich zu diesen . . .«, und er machte die bezeichnende Handbewegung des In-Scheiben-Schneidens der Knödel ›Wurst‹. Gewiß kann auch der Knödel einzeln in kugelrunder Form serviert werden, vielleicht ist das feiner, aber nicht mehr ganz echt. Nun aber zu den Ingredienzen. Entscheidend als Grundlage ist das ›griffige Mehl‹, hier in Deutschland ›Doppelnuller‹ genannt. Dazu kommen in Würfel – nicht wie in Bayern in Scheiben – geschnittene altbackene Semmeln, Eier, Milch und Salz. Natürlich hatte jedes Haus noch seine Geheimrezepte, hier gab man Wasser dazu, dort Petersilie, manche weichten die Semmelwürfel in Milch ein, andere rösteten sie im Rohr.

Man hört immer wieder vom ›böhmischen Serviettenknödel‹, und damit sind die obigen gemeint. Ich kann aber versichern, daß weder bei uns zu Hause noch sonst wo im Lande jemand für den fast täglich zu kochenden Knödel, der wie eine längliche Wurst ins siedende Wasser gelegt wurde, eine Serviette, vielleicht sogar aus Damast, schmutzig gemacht

AUSKLANG

hätte. In ein Tuch oder eine Serviette kam bei uns zu Hause der viel seltenere, aber sehr beliebte riesige Hefeknödel, groß wie ein Krautkopf, der in der Serviette gekocht wurde und als glänzende Kugel in sichelförmige Teile geschnitten mit Powidelsauce zum Nachtisch gereicht wurde.

Der Powidel, das herrliche, stunden- und tagelang eingekochte Zwetschkenmus! Es war die Lieblingsmarmelade von groß und klein, von arm und reich im ganzen Lande und es hieß scherzhaft die ›böhmische Krönungssalbe‹. Anläßlich des Powidels sei auch der Buchteln, der Kolatschen und der Dalken – welch letztere man auch mit Süßkraut essen konnte – gedacht. Alles einfache und herzhafte Gerichte. Doch wir sind schon bei den Süßspeisen und da dürfen wir die Zwetschkenknödel, die Kirsch- und Marillenknödel nicht vergessen. Aber jetzt muß ich aufhören! Ich will nur mitteilen, daß mir anläßlich eines Geburtstages nach einer langen und gelehrten Diskussion über Knödel ein kleines Kochbuch ›88 Knödelrezepte‹ überreicht wurde.

Die Tschechen trinken gerne Bier. Es ist meist von hervorragender Qualität. Manches ist weltbekannt, so Pilsner Urquell, Budweiser Bier und aus Prag das Smichower. Das dunkle Bier wird hier ebenso gepflegt wie das helle, ja es gibt sogar Lokale, in denen nur dunkles ausgeschenkt wird. In das berühmteste dieser Art, ›Beim Fleck – U Fleků‹, sollte man gegen Abend gehen. Ein Fremder findet das Lokal nur schwer. Es liegt irgendwo hinter dem Nationaltheater in der Neustadt, doch wird jedermann gern Auskunft über den Weg dorthin geben. In großen gewölbten Räumen, die um einen baumbestandenen Hof liegen, wird köstliches süffiges Bier ausgeschenkt. Überall herrscht beste – aber gar nicht laute – Stimmung. Man kann die eigenartige Musikalität und Sentimentalität der Tschechen an so einem Ort kennenlernen. Beide Begriffe decken sich aber nicht ganz mit dem, was wir uns bei andern Völkern darunter vorstellen. Müde von des Tages Arbeit und durstig sitzen die Leute hier beisammen, sehr oft kommen größere Gruppen von Bauersleuten, die einen anstrengenden Tag in der Hauptstadt hinter sich gebracht haben. Sie sind froh, endlich ruhig sitzen bleiben zu können. Irgendwo fängt einer zu singen an, die anderen fallen ein, urmusikalisch in der Mehrstimmigkeit, stets in einer merkwürdigen Moll-Tonart, nie wird geschrien oder geplärrt.

Viele Touristen besuchen auch das Wirtshaus ›Zum Kelch‹, das durch den Hundehändler und nachmaligen braven Soldaten Schwejk bekannt wurde. Nun habe ich schon zum zweiten Mal die Hauptfigur eines Buches genannt, dessen Lektüre vor oder nach einem Besuch Prags und der Tschechoslowakei uns manches von dem verständlich macht, was uns hier an hintergründigem Humor begegnet. Es gibt aber noch ein anderes Buch, das ich empfehlen möchte, obwohl es gleichsam den Gegenpol zu dem eben genannten bildet. Sein Verfasser hat es »seinen Landsleuten, insbesondere der alten ehrwürdigen Stadt Prag in treuer Liebe gewidmet«, er nennt es »einen Dichtungsversuch aus der Geschichte seines Heimatlandes«. Es ist Adalbert Stifters ›Witiko‹, der vor etwas mehr als hundert Jahren erschienen ist. Vielleicht klingt das merkwürdig unzeitgemäß, aber es gibt kein Werk der Dichtung aus diesem Land, in dem so beharrlich jener Geist beschworen ist, aus dem allein das Zusammenleben der Völker fruchtbar wird. So wie Witiko nach Böhmen geht, rechtschaffen und treu, so gesammelt, so bereit, das Rechte zu tun, Anteil zu nehmen, so sollten auch wir uns auf die Reise begeben, namentlich in ein Land, dessen jüngste Geschichte so einschneidende Veränderungen für seine Bewohner gebracht hat.

Und wer würde nicht, wenn er Prag und die Geschichte dieser Stadt kennt, atemlos die Dramen Grillparzers lesen: ›Libussa‹, ›König Ottokars Glück und Ende‹, ›Ein Bruderzwist in Habsburg‹!

Prag als Weltbühne! Auch in der letzten großen Oper Paul Hindemiths ›Die Harmonie der Welt‹ ist Prag Schauplatz, ebenso wie in Claudels ›Der seidene Schuh‹.

AUSKLANG

Zu diesem Schauplatz böhmischer und europäischer Geschichte kommen heute Scharen von Fremden aus allen Ländern Europas und aus Übersee – Prag ist wieder Mitte und Treffpunkt! Es kommen in wachsender Zahl die Kinder und Kindeskinder böhmischer Auswanderer, Emigranten, Flüchtlinge und Vertriebener – Deutsche und Tschechen –, ja diese selbst.

Die Bemühungen, den Hradschin, Herz und Haupt der Stadt, Sitz des Präsidenten, wieder zum ersten Ziel aller Besucher zu machen, haben zu beachtlichen Ergebnissen geführt. Die seit Jahren betriebene systematische Erforschung der Burg, ihrer Bauten in Geschichte und Gegenwart, wird in lehrreichen Aufschriften und Modellen für die Besucher fruchtbar gemacht.

Auf eine besondere Leistung dieser Forschungsarbeiten sei eigens hingewiesen: 1964 wurde eine *Burggalerie* festlich eröffnet, die erstaunliche Funde birgt. Die Nachricht von diesen Bildern in Prag hatte ein lebhaftes Echo in der gesamten Welt der Kunst ausgelöst. Was war geschehen? Bedeutende Werke der europäischen Malerei des 16. und 17. Jahrhunderts, die zu einem Dornröschenschlaf verurteilt gewesen waren, hatte man wieder entdeckt. Es waren freilich nicht Reste der Rudolfinischen Sammlungen, wie manche überschwenglich behaupteten, aber Bilder, die in ihrer besonderen Weise ein Stück böhmischer Geschichte widerspiegeln, weshalb darauf kurz eingegangen werden soll. Wir folgen dabei der Darstellung Jaromir Neumanns, dessen Forschungen zu dieser Wiederentdeckung geführt haben.

Galerie-Inventare für Prag aus den Jahren 1718, 1737 und ein bisher unbekannt gewesenes von 1685 zeigen, daß für die im Dreißigjährigen Krieg verloren gegangenen Kunstschätze eindrucksvoll Ersatz geschaffen worden war, und zwar von den Habsburgern. Erzherzog Leopold Wilhelm, Statthalter in Brüssel, Kunstkenner und Sammler von Rang, der Bruder Kaiser Ferdinands III., war mit den Käufen für Prag betraut. Seine eigene große Sammlung bildete später den Grundstock der Wiener höfischen Galerie, die heute im Kunsthistorischen

AUSKLANG

Museum zu sehen ist. Infolge der Revolution in England kamen viele große Kunstsammlungen auf dem Kontinent zur Versteigerung; diesen Ausverkauf machte man sich zunutze – auch Frankreich hat damals vieles von dem gekauft, was heute im Louvre bewundert wird.

1718 waren wieder 553 Gemälde auf dem Hradschin zu einer repräsentativen Burggalerie vereinigt. Anläßlich der Umbauten unter Maria Theresia wurde manches nach Wien gebracht, vieles aber auch verkauft, vorab nach Dresden. »Die böhmische Öffentlichkeit, die über die Abtransporte nur wenig informiert war und in die Burg praktisch keinen Zutritt hatte, war unter dem Eindruck des unseligen Schicksals der Rudolfinischen Sammlungen und der Versteigerung ihrer Reste im Jahre 1782 zur Ansicht gelangt, daß man in Böhmen um alles gebracht war, was einst das Ansehen einer Herrscherresidenz bestimmte.« Als dann 1876 von Wien aus Nachforschungen auf der Prager Burg angestellt wurden, was unter den Bildern dort von Wert sei, fanden sich bedeutende Kostbarkeiten, die als reine Dekorationsstücke gehängt waren – und wieder ging ein Transport nach Wien ab. Dennoch haben die verdienstvollen neuen Forschungen, die nicht von der einseitigen Sicht »es ist doch alles verloren« ausgingen, nochmals zu überraschenden Feststellungen geführt: siebzig hervorragende Bilder, darunter ein Frühwerk Rubens', mehrere Gemälde von Veronese, Tintoretto, Bassano, niederländische und böhmische Meister sind dem kunstinteressierten Publikum zugänglich gemacht worden. Die ausgezeichnete Aufstellung der sorgfältig restaurierten Bilder, die umfangreiche Dokumentation und ein reich ausgestatteter Katalog spiegeln die stolze Freude, dies alles wieder zu besitzen.

Noch auf eine andere Sammlung sei hingewiesen, in der sich einige erlesene Stücke aus der Zeit Rudolfs II. befinden: das *Kunstgewerbemuseum* in der Altstadt. Die neue Aufstellung kommt den einzelnen Kunstwerken sehr zugute. Reich und qualitätvoll sind die im Lande gepflegten Zweige des Kunst-

AUSKLANG

handwerks zur Anschauung gebracht: Keramik, Porzellan, Zinn, Gold- und Silberschmiedekunst aus verschiedenen Jahrhunderten, allem voran aber das Glas! Welch ein Schimmer über diesen zerbrechlichen, spröden, immer neu erdachten böhmischen Gläsern!

Wer die schönen Dinge des täglichen Gebrauchs liebt, sollte dieses Museum an der Moldau, am Rande des alten jüdischen Friedhofs, unbedingt besuchen.

Eindrücke und Bilder in Fülle! Wenn wir in Prag sind, wenn wir an Prag denken – auf dem Wege dahin, auf der Rückreise, wenn wir von dieser Stadt erzählen! Was Wunder, daß immer wieder Bericht und Lobpreis niedergeschrieben wurden, wenn durch die Jahrhunderte das Bild dieser Stadt beschworen wurde. Eine Bibliothek könnte man mit diesen Werken füllen und dankbar will ich wenigstens einige Titel nennen, die auch für den Leser dieses Buches das hier Gesagte ergänzen und vertiefen könnten.

Unter den deutschsprachigen Werken dieses Jahrhunderts ist das Buch Oskar Schürers, ›Prag‹, unvergeßlich. Es erschien erstmals 1930; ein großer Wurf, ein Versuch ›Schicksal und Gestalt‹ einer Stadt zu beschreiben. Immer wieder aufgelegt wurde auch der großartige Bildband von Karel Plicka ›Prag‹. Dieser Fotograf, der jeden Winkel seiner Vaterstadt kennt, hat in den letzten Jahren sein reiches Fotomaterial zu neuen Bänden zusammengestellt, wie etwa ›Das königliche Prag‹, ›Die Prager Burg‹ etc.

Übersichtlich historisch und kunsthistorisch angeordnet ist das kleine, kenntnisreiche Buch Karl M. Swobodas ›Prag‹, welches, 1941 erschienen, auch neue Forschungsergebnisse erstmals veröffentlichte.

Eine unschätzbare Hilfe waren mir die neuen tschechischen wissenschaftlichen Arbeiten und viele freundliche Hinweise von Prager Kollegen. Ein hervorragender Begleiter ist Emanuel Poches ›Prahou krok za krokem‹, das heißt ›Schritt für Schritt durch Prag‹ (1963 Orbis). Am liebsten aber ging ich mit dem ›Plán kulturních památek‹ spazieren, am Ort selbst und später im Geiste, wenn dieser ›Plan der Kulturdenkmäler Prags‹ auf meinem Schreibtisch ausgebreitet lag (Prag 1960). Ich kenne nur einen ähnlich kompletten historischen, kommentierten Plan einer Stadt, nämlich jenen von Salzburg. Dieser sehr wohlfeile Stadtplan – 12 Kčs – ist auch für denjenigen lesbar, der Tschechisch nicht versteht, aber Karten lesen kann, und der sich die Mühe macht, im Textteil die jeweilige Nummer des Gebäudes – 1391 Nummern auf 124 Seiten – nachzuschlagen und dort zumindest Künstlernamen und Jahreszahlen mühelos zu entziffern.

Natürlich habe ich auch die ältere Literatur zu Rate gezogen und dort manche der köstlichen Geschichten gefunden, die mitgeteilt werden: Schaller Jaroslav, Beschreibung der königlichen Haupt- und Residenzstadt Prag, 4 Bände, Prag 1794–97; Redel Carl Adolf, Das sehenswürdige Prag, Frankfurt und Leipzig, 1710 – wobei mich der langatmige Titel dieses Buches besonders amüsierte, der unter anderem besagt, daß das Werk »denen Frembden und Einheimischen Liebhabern der Antiquitäten und Novitäten zu Dienst und weiterer Nachforschung, bei müßigen Stunden in Prag abgefasset« worden war.

Auf langen Umwegen kam aus meiner ersten Studentenbude das reizend bebilderte kleine Büchlein von Merklas und Wagner, Gemälde von Prag und dessen Umgebungen, 8. Auflage, Prag 1863, bei K. André, wieder an mich zurück!

Von den monographischen Werken seien erwähnt: Swoboda, Peter Parler; Fehr, Benedikt Ried; E. Poche -J. Krofta, Na Slovanech (Kloster Emaus) 1956; V. Dvořaková-D. Menclová, Karlštejn (Die neueste Monographie über die Burg Karlstein, Prag 1965).

Die in ihrer Art einmalige Reihe ›Zmizelá Praha – Das verschwundene Prag‹, in der dokumentarisch festgehalten wird, was alles im 19. und 20. Jahrhundert an bedeutenden Bauwerken verschwunden ist, wobei man an Hand älterer Darstellungen – auch sehr früher Fotos, so etwa bei dem Band über das

Ghetto – ihre einstige Rolle im Stadtbild kennenlernt. In demselben Verlag (Václav Poláček, Prag) erschienen auch andere wichtige Werke, auf die hingewiesen werden soll: K. Novotný-E. Poche, Karlův most (Die Karlsbrücke) 1947; E. Poche, Pražské portály (Prager Portale); A. Kubíček, Pražské paláce (Prager Paläste) 1946; O. J. Blažíček-J. Čeřovský-E. Poche, Klášter v Břevnově (Das Kloster in Břevnov) 1944.

Es ist mir eine angenehme Pflicht, die reichhaltige Literatur wenigstens in dieser Auswahl anzuführen und ich möchte einigen der genannten Autoren dafür danken, daß sie mir darüber hinaus mit Rat und Hilfe beigestanden haben. Dank gebührt freilich auch jenen, die mich die Stadt und das Land lieben lehrten: zu allererst meinen Eltern. Es war schön, Freud und Leid der Studienjahre in Prag mit so vielen Freunden teilen zu dürfen, und es haben sich bei den jüngsten Besuchen neue Freundschaften geknüpft.

Ich danke dem Verlag, der dieses Buch, das einer so nahen und doch ein wenig fremden Stadt gilt, mit so viel Verständnis gefördert hat. In Werner Neumeister fanden Verlag und Autor einen Fotografen, der Prag liebt, der die Schönheit dieser Stadt neu entdeckte, der sie gleichsam Bild um Bild eroberte.

In der Nationalbibliothek zu Wien liegt der schöne, auf zwölf Tafeln montierte Plan, den Josef Daniel Huber 1769 gezeichnet und Maria Theresia sowie Joseph II. gewidmet hat. Wir danken für die Erlaubnis, Ausschnitte aus diesen Federzeichnungen, auf denen jedes Haus des barocken Prag zu erkennen ist, hier abdrucken zu dürfen.

Ich danke allen, die in den Jahren, als dieses Buch entstand, mir so liebevoll Pragensia sammeln halfen und mich so reich damit beschenkten. Ein Ausdruck meines Dankes sei dieses Buch!

Herzöge und Könige von Böhmen

Přzemysliden:

Boriwoj I. (erster christlicher Herzog)	
Spitihnew I.	um 916
Wratislaw I.	um 920
Wenzel, der Heilige	920– 929
Boleslaw I., der Grausame	929– 967
Boleslaw II., der Fromme	967– 999
Boleslaw III., der Rote	999–1003
Jaromir	1003–1012
Udalrich	1012–1034
Bretislaw I.	1034–1055
Spitihnew II.	1055–1061
Wratislaw II. (als König Wratislaw I.,)	1061–1092
Bretislaw II.	1092–1100
Boriwoj II.	1100–1107
Swatopluk	1107–1109
Wladislaw I.	1109–1125
Sobieslaw I.	1125–1140
Wladislaw II. (als König Wladislaw I. seither Erbkönigtum)	1140–1173
Sobieslaw II.	1173–1179
Friedrich	1179–1189
Konrad	1189–1191
Przemysl	1192–1193
Heinrich Bretislaw	1193–1197
Ottokar I.	1197–1230
Wenzel I.	1230–1253
Ottokar II.	1253–1278
Wenzel II.	1278–1305
Wenzel III.	1305–1306

Nach dem Aussterben der Přzemysliden:

Rudolf von Habsburg	1306–1307
Heinrich von Kärnten	1307–1310

Luxemburger:

Johann, der Blinde	1310–1346
Karl I. (als Kaiser Karl IV.)	1346–1378
Wenzel IV.	1378–1419

HERZÖGE UND KÖNIGE VON BÖHMEN

Sigismund	1419–1437
Albrecht von Habsburg	1437–1439
Ladislaus Postumus	1439–1457
Georg von Podiebrad	1458–1471

Jagellonen:

Wladislaw II.	1471–1516
Ludwig	1516–1526

Habsburger:

Ferdinand I.	1526–1564
Maximilian II.	1564–1576
Rudolf II.	1576–1612
Matthias	1611–1619
Friedrich v. d. Pfalz, der Winterkönig	1619–1620
Ferdinand II.	1619–1637
Ferdinand III.	1637–1657
Leopold I.	1657–1705
Joseph I.	1705–1711
Karl II. (als Kaiser Karl VI.)	1711–1740
[Karl von Wittelsbach, als Kaiser Karl VII.]	1742–1745
Maria Theresia	1740–1780
Joseph II.	1780–1790
Leopold II.	1790–1792
Franz II.	1792–1835
Ferdinand V., der Gütige (als Kaiser Ferdinand I.)	1835–1848
Franz Joseph I.	1848–1916
Karl III. (als Kaiser Karl I.)	1916–1918

Tschechisches Straßenverzeichnis

Bartolomějská ulice	Bartholomäusgasse
Betlémská ulice	Bethlehemsgasse
Celetná ulice	Zeltnergasse
Dlouhá třída	Lange Gasse
Havelská ulice	Gallusgasse
Horská ulice	Berggasse
Hrad	Burg
Hradčanské náměstí	Burgplatz
Hradčany	Hradschin
Husova ulice	Husgasse
Hvězda	Stern, Schloß
Hybernská ulice	Hybernergasse
Jakubská ulice	Jakobsgasse
Jindřišská ulice	Heinrichsgasse
Jiřské náměstí	Georgsplatz
Kanovnická ulice	Kanonikergasse
Kaprová ulice	Karpfengasse
Karlova ulice	Karlsgasse
Karlovo náměstí	Karlsplatz
Karlův most	Karlsbrücke
Karmelitská ulice	Karmelitergasse
Ke Karlovu	Zum Karlshof
Křižovnické náměstí	Kreuzherrenplatz
Lázeňská ulice	Badgasse
Loretánská ulice	Loretogasse
Malá Strana	Kleinseite
Malé náměstí	Kleiner Ring
Malostranské náměstí	Kleinseitner Ring
Maltézské náměstí	Malteserplatz
Martinská ulice	Martinsgasse
Míšeňská ulice	Meißnergasse
Mostecká ulice	Brückengasse
Na Poříčí	Am Poritsch
Na Slovanech	Am Emauskloster
Na slupi	Auf der Säul
Národní třída	Nationalstraße
Nerudova ulice	Nerudagasse (Eh. Spornergasse)
Nové Město	Neustadt
Nový Svět	Neue Welt

TSCHECHISCHES STRASSENVERZEICHNIS

Ovocný trh	Obstmarkt
Pařížská třída	Pariser Straße
Petrské náměstí	Petersplatz
Petřín	Laurenziberg
Pohořelec	Brandstätte
Prašná brána	Pulverturm
Příkopy	Graben
Revoluční třída	Revolutionsstraße
Rytířská ulice	Rittergasse
Sněmovní ulice	Landtagsgasse
Staré Město	Altstadt
Staroměstské náměstí	Altstädter Ring
Štěpánská ulice	Stephansgasse
Thunovská ulice	Thungasse
Tržiště	Neumarkt
Truhlářská ulice	Tischlergasse
Týnská ulice	Teyngasse
U Lužického semináře	Beim Lausitzer Seminar
Uhelný trh	Kohlenmarkt
Úvoz	Hohler Weg
Václavské náměstí	Wenzelsplatz
Valdštejnská ulice	Waldsteingasse
Valdštejnské náměstí	Waldsteinplatz
Velkopřevorské náměstí	Großprioratsplatz
Vlašská ulice	Wälsche Gasse
Vltava	Moldau
Vyšehrad	Wischehrad

Register

ADALBERT, Heiliger 29, 30, 37-39, 50, 162, 263, 313, Farbt. 4, S. 241
Agnes von Böhmen, Selige XIf., 162, 229-232, 264, Farbt. 3, 4
Aleš, Mikoláš XII
Alliprandi, Giovanni Battista 141, 148
Alte Stadtmauer (Hungermauer) 164, 304
Alt-Neu-Synagoge 163, 234, 238, 239, Abb. 25
Altstadt (Staré Město) 10-13, 16, 163, 181, 189-266, Abb. 18-29
Altstädter Brückenturm 13, 169, 172, 262-264, Abb. 17, 18
Altstädter Rathaus 11-13, 164, 189-191, Abb. 19
Altstädter Ring (Staroměstské náměstí) Xf., 11-13, 189-209, 228, Abb. 23, Farbt. 1, 2
Am Lausitzer Seminar (U Lužického semináře) 122
Am Poritsch (Na Poříčí) 275, 298, 299
Anna von Böhmen, Gemahlin Kaiser Ferdinands I. 32, 66, 67, 325
Anna von der Pfalz, Gemahlin Kaiser Karls IV. 42, 332
Anna von Schweidnitz, Gemahlin Kaiser Karls IV. 42, 332, 337
Arcimboldo, Giuseppe 71
Asam, Cosmas Damian 317, 323, Abb. 32

BACHMANN, Erich 69, 75, 87, 148, 182, 261

Ballhaus 69
Baltenhagen, Henning 255
Bayer, Josef 184
Bayer, Paul Ignaz 287, 314
Beethoven, Ludwig van 125, 131
›Beim Glaubitz‹, Restaurant 118
›Bei den drei Straußen‹, Restaurant 118
›Bei Sankt Thomas‹, Brauerei 118
›Beim Schnell‹, Bierrestaurant 118
Belvedere, Lustschloß 66-68, 165, 325
Ben-Gavriel, M. Y. 233
Bendl, Georg 40
Bendl, Johann Georg XXI, 212, 260
Benesch, Eduard 93, 251
Beran, Josef, Kardinalerzbischof von Prag 127
Bertramka, Villa 342
Bianco, Baccio del 132
Biederle, Johann Michael 95
Bischofshof 120, 163
Blanca von Valois, Gemahlin Kaiser Karls IV. 42, 276, 291, 332, 336
Böhm, Josef Kamil 175
Boethius de Bodt, Anselmus 72
Boleslaw I., Herzog von Böhmen 43, 46
Boleslaw II., Herzog von Böhmen 313
Bondini, Pasquale 138
Bonifatius, Heiliger 313
Boriwoj I., Herzog von Böhmen 22

REGISTER

Boriwoj II., Herzog von
  Böhmen 39
Brahe, Tycho de 73, 213
Brandl, Johann Peter XIV, 52,
  122, 218, 316
Brandstätte (Pohořelec) 96
Braun, Anton 227, 278
Braun, Johann Bernhard XIV
Braun, Matthias 69, 92, 116, 140,
  174, 175, 227, 261
Braunau, Nordböhmen 314
Brentano, Clemens 158
Bretislaw I., Herzog von
  Böhmen 39
Bretislaw II., Herzog von
  Böhmen 39
Breughel, Jan d. Ä. 68
Breughel, Pieter d. Ä. 71
Brod, Max 237, 344, 346
Brokoff, Ferdinand Maximilian
  87, 116, 174, 175, 179, 180,
  212, 218
Brokoff, Johannes 175, 182, 186,
  287
Brokoff, Josef Michael 175
Brus, Anton, Bischof von Wien
  und Prag 51
Budowetz, Wenzel von 215
Buquoy, Karl Bonaventura von
  124
Burg (Hrad) XV, 19-85, 163, 165,
  Abb. 1-8, Farbt. 13
Burgstadt 85-116, 163
Busbecq, Angerius Ghislain de
  68

Canisius, Peter, Heiliger 256,
  257
Capaoli, De, Giovanni 90, 91
Čapek, Karel 157
Caratti, Fancesco 89-91
Carlone, Carlo 227
Carolinum 220-222, 249, 258

Casanova, Giovanni Giacomo
  130
Čedok, Reisebüro 10
Chitussi, Anton XII
Chotek, Oberstburggraf 67
Clam, Johann Christof, Freiherr
  von 226
Clara, Heilige 162, 230, 231
Claudel, Paul 127, 128, 150, 151,
  352
Clemens VI., Pierre Roger, Papst
  53, 253
Clementinum 13, 15, 249, 250,
  258, 260, 287, Abb. 24
Collin, Alexander 32
Colloredo, Rudolf, Graf 141
Colloredo, Rudolf Josef, Graf
  84, 93
Corradini, Antonio 35
Correggio 71
Cranach, Lukas d. Ä. 71
Cyrill, Slawenapostel, Heiliger
  37, 283
Czernin, Grafen 86, 91, 129
Czernin, Humprecht Johann,
  Graf 89-91
Czernin, Hermann Jakob, Graf
  91, 92
Czernin, Franz Josef, Graf 92
Czernin, Prokop Adalbert, Graf
  93
Czernin, Johann Rudolf, Graf
  93

Daliborka 64, 65
Dee, John 73
Denkmäler
  Franz I. 167
  Johann Hus 12, 209
  Karl IV. 262
  Radetzky 117
Deutsch, Ernst 237
Deutscher Saal 70

REGISTER

Deutsches Haus (heute Slowakisches Haus) 292
Dientzenhofer, Christoph 125, 148, 314, 316, Farbt. 12
Dientzenhofer, Kilian Ignaz 88, 94, 121, 149, 227, 228, 278, 283, 288, 292, 314, 315, 317
Dietrichstein, Fürstenfamilie 86
Dietrichstein, Gundakar Poppo, Graf von 124
Dietrichstein, Johann Carl, Fürst 80
Dlabacz, Jan 293
Drahomira, Gemahlin Herzog Wratislaws I. 22-26, 45, 46
Draschitz, Johann von, Bischof von Prag 224
Dražic-Platz 122
Dürer, Albrecht 52, 71, Farbt. S. 176/177
Durych, Jaroslav 320-322
Duschek, Franz Xaver und Josephine 223, 343
Dvořák, Antonín 157, 278, 290
Dvořák, Karel 174, 178

EBERT, Karl Egon 345
Eggenberg, Fürstenfamilie 86
Ehrenfriedhof auf dem Wischehrad 156, 157
Elisabeth von Böhmen, Gemahlin König Johanns des Luxemburgers XI, 42, 163, 231
Elisabeth von Pommern, Gemahlin Kaiser Karls IV. 28, 42, 332
Elisabeth von Thüringen, Heilige 229, 230

FABRITIUS, Philipp 63
Fausthaus 287
Fehr, Götz 57
Ferdinand I., röm.-deutscher Kaiser und König von Böhmen 32, 59, 66, 68, 70, 257, 258, 325
Ferdinand II., röm.-deutscher Kaiser und König von Böhmen 86, 282, 320-322, 326
Ferdinand III., röm.-deutscher Kaiser und König von Böhmen 75, 258, 285
Ferdinand I., Kaiser von Österreich, als König von Böhmen
Ferdinand V. 48, 56, 299
Ferdinand II. von Tirol, Erzherzog 325
Fischer von Erlach, Johann Bernhard 218, 226, 227
Fischer von Erlach, Joseph Emanuel 35
Florian, Miroslav 168
Franz Joseph I., Kaiser von Österreich 70, 180
Franz I. Stephan, röm.-deutscher Kaiser 76, 78, 85
Franz II., röm.-deutscher Kaiser, als König von Böhmen Franz I. 93
Franziskus von Assisi, Heiliger 230
Franziskus Xaverius, Heiliger 179
Friedrich II., röm.-deutscher Kaiser 229, 230
Friedrich II., König von Preußen 92
Friedrich von der Pfalz, König von Böhmen 40, 41, 75, 258, 320, 326, 328
Fürstenberg, Karl Egon II., Fürst 137
Fürstenberg-Garten 137, Abb. 11, 12

GALLAS, Grafen 26
Gallas, Johann Wenzel, Graf 226

REGISTER

Gallusstraße (Havelská ulice) 219, 220
Georg von Podiebrad, König von Böhmen 32, 51, 58, 209
Georgsplatz (Jiřské náměstí) 19, 20
Ghetto 189, 233, 235
Gihl, Pater Joseph 77
Godin, Abraham 330
Godin, Isaak 330
Goethe, Johann Wolfgang von 117, 118, 158, 271
Goldast, Melchior 74
›Goldenes Brünnl‹, Weinstube 119
Goldmachergäßchen 64, 65
Goltz, Johann Arnold, Graf von 228
Graben (Příkopy) 10, 189, 292
Grillparzer, Franz 159, 352
Großprioratsplatz (Velkopřevorské náměstí) 124
Grund, Norbert 52
Gunther, Graf von Schwarzburg 313

Haas, Willy 237
Haffenecker, Anton 125
Halbwax, Michael Wenzel 212
Hans von Aachen 71, 72
Hans von Tirol 29, 325
Hanusch, Meister 189
Harant von Polžic, Christoph 140
Hašek, Jaroslav 346
Hatalah el Damschi, Georg 118
Hauptbahnhof xviii
Haus ›Koruna‹ Farbt. 9
Haus zur steinernen Glocke x f., Farbt. 2
Hausenstein, Wilhelm 269, 270
Heermann, Johann Georg 330
Heermann, Paul 330

Heger, Franz 293
Heinrich (vii.), deutscher König 229
Heinrich, Bischof von Olmütz 301
Heintsch, Johann Georg 212, 287
Heintz, Josef 71
Hennevogel, Johann 149
Herold, Wolfgang Hieronymus 175, 182, 186
Heydrich, Reinhard 288
Hieronymus von Prag 51, 276
Hilbert, Kamil 31
Hillger, Hans 174
Hindemith, Paul 352
Hoefnagel, Georg 71
Hohenfurth, Zisterzienserkloster 55
Hohler Weg (Úvoz) 113
Holbein, Hans d. J. 71
Horsky, Abt des Klosters Emaus 284
Hotel Forum xix
Hradschin (Hradčany) 14, 19–116, 161, 166, 352, Abb. 8, 28
Hradschinplatz (Hradčanské náměstí) 16, 50, 87, 88
Hus, Johannes 12, 51, 191, 224, 254
Husgasse (Husova ulice) 224
Hybernergasse (Hybernská ulice) 293
Hynais, Vojtěch xii

Ignatius, Heiliger 256
Ignatius a Jesu 122
Innozenz iii., Lothar Graf v. Segni, Papst 27

Jäckel, Matthäus Wenzel 122, 174, 266, 316, 318, 319
Jakub, Ibrahim ibn 161, 235
Janáček, Leo 290

Janák, Pavel 93
Jentzenstein, Johannes von, Erzbischof von Prag 36, 43, 253
Jesenská, Milena 346, 348
Jessenius, Rektor der Universität Prag 192, 255, 348
Jirásek, Alois 159, 325, 326
Johann der Luxemburger, König von Böhmen 30, 42, 163, 219
Johann Georg, Kurfürst von Sachsen 326
Johann Heinrich, Markgraf von Mähren 42
Johanna von Bayern, Gemahlin König Wenzels IV. von Böhmen 42
Johannes von Nepomuk, Heiliger 14, 30, 34-37, 42, 182-188, 220
Josefstadt 189, 229-249
Joseph II., röm.-deutscher Kaiser 93, 225, 233, 282, 303
Judenfriedhof, Alter 234, 235, 240, 242, 248, 249, Abb. 27
Judeninsel 289
Jüngling, Johann 294
Jungmannplatz Farbt. 9

KÄNISCHBAUER, Johann Baptist 96
Kafka, Franz 65, 237, 344, 346
Kampa 122, 123
Kandler, Wilhelm 50
Kaňka, Franz Maximilian 92, 222, 277
Kapliř, Paul 60
Karl IV., röm.-deutscher Kaiser und König von Böhmen XVI, 27, 28, 30, 32, 41, 42, 48, 50, 53, 55, 56, 58, 163, 164, 169, 221, 251, 252, 255, 262-264, 267, 274-278, 282-284, 291, 304, 332-334, 336, 337, 340, Farbt. S. 241
Karl VI., röm.-deutscher Kaiser und König von Böhmen 34, 75
Karl von Lothringen, Kardinal 284
Karl Albrecht, Kurfürst von Bayern (als Kaiser Karl VII.) 75
Karlsbrücke (Karlův most) 14, 164, 169-183, 277, 278, Abb. 16-18
Brückenheilige 172-181
Rolandsäule 181
Karlsgasse (Karlova ulice) 13, Abb. 20
Karlsplatz (Karlovo náměstí) 164, 287
Karlstein, Burg 48, 55, 285, 333-341, Abb. 33, Farbt. S. 144/145
Karmelitergasse (Karmelitská ulice) 126, 142
Karpfengasse Farbt. 7
Kaspar, Karl, Kardinalerzbischof von Prag 127
Kastalusgasse Farbt. 8
Kelley, Edward 73, 287
Kepler, Johannes 73, 88, 136, 213
Khevenhüller zu Aychelberg, Johann Joseph, Graf 76
Kinsky, Grafen 228
Kinsky, Stephan Wilhelm, Graf 80
Kinsky, Ulrich, Graf 60, 61
Kirchen, Kapellen und Klöster
St. Aegidius, Kirche und Kloster XVII, 164, 180, 224, 225, 258
Agneskloster XIff., 162, 229, 230, 232, 258, 264, Farbt. 3
Allerheiligenkapelle 20, 27, 59
St. Apollinaris 283

REGISTER

Kirchen (Fortsetzung)
St. Benedikt 87
Bethlehemskapelle 224
Břevnov, Benediktinerkloster XVII, 38, 162, 284, 313-319, 324, 325, Abb. 32
Burgkapelle zum Heiligen Kreuz 49
Carl Borromäuskirche 288
St. Clemens 261, 262
Cosmas und Damiankirche 283
Elisabetherinnen, Kirche und Kloster der 282
Emaus, Benediktinerkloster 164, 227, 283-286, 315
St. Franziskus 13, 265, 266, Farbt. 3
St. Gallus 163, 220
St. Georg, Kirche und Kloster XIII, 19-22, 26, 38, 162, Abb. 8, Farbt. 11, S. 49
Georgskapelle 161
St. Heinrich 164, 292
St. Ignatius 287
St. Jakob, Kirche und Kloster 163, 218, 219
St. Johann am Felsen 182, 283, 286, 287
St. Johann Nepomuk an St. Georg 21
St. Johann Nepomuk auf dem Hradschin 88
St. Joseph 122
Karlshof, Kirche und Kloster 164, 276, 278, 279
Karmeliterinnenkloster 122
Katharinenkirche und Katharinenkloster XXI, 277, 278
St. Klement 292
Kreuzherrenkirche und -kloster 13, 262, 264-266

Kirchen (Fortsetzung)
St. Laurentius 304, Abb. 30
Longinus, Kapelle des heiligen 277
Loretoheiligtum 89, 94-96
Malteserkirche 124
Maria unter der Kette 120
Maria, Königin des Friedens XX f.
Maria auf der Säul, Kirche und Kloster 279
Maria Schnee 164, 272, 276, 291
Maria Teyn 11, 120, 162, 164, 209, 211-216, Abb. 23
Maria de Victoria 126, 140, 325
Marienkapelle 161
St. Martin 162
St. Martin in der Mauer 223
St. Niklas auf der Kleinseite 14-16, 117, 147, 287, 342, Abb. 10, 29
St. Nikolaus in der Altstadt 12, 227, 228
St. Peter 162, 292, 296
Peter und Paulskirche 156, 161
Salvatorkirche 259, 260, Farbt. 3
St. Stephan 276
Strahow, Prämonstratenserkloster XVII, 14, 41, 140, 162, 180, 183, 227, 301-303, Abb. 31, Farbt. 13
St. Thomas, Kirche und Kloster 52, 118, 120, 121, 132, 133, 163, 180, Farbt. S. 273
St. Ursula XVII, Farbt. 10
Teynkirche *siehe* Maria Teyn
Veitsdom 17, 19, 20, 27-48, 54, 120, 161, 164, Abb. 1, 4,

REGISTER

Kirchen (Fortsetzung)
  29, Farbt. 13, S. 329
  Außenfront 27-29
  Baugeschichte 29-31
  Das Innere 31-48
    Chorkapellen 34-41
    Domschatz 49
    Grabmal der
      Habsburger 32
    Grabmal des hl. Johannes
      Nepomuk 34, 35,
      Abb. 5
    Königskrypta 32
    Kronschatz 47, 48
    Triforium 41, 42
    Tumben der
      Przemysliden 31, 40
    Wenzelskapelle XVII, 33,
      43-45
    Wladislawsches Oratorium 34
  Wälsche Kapelle 261
  Wenzelskirche 288
  Zum Heiligen Geist 264
  Zum Heiligen Kreuz,
    Rotunde 223
  Zum Jesulein *siehe* Maria de Victoria
  Zur Allerheiligsten Dreifaltigkeit 283
Kisch, Egon Erwin 213, 342, 345
Klaussynagoge 240
Kleiner Ring (Malé náměstí) 13, 161, Abb. 22
Kleinseite (Malá Strana) 14-16, 117-151, 163, 182, Abb. 9-15
Kleinseitner Brückenturm 170, 172
Kleinseitner Ring (Malostranské náměstí) 117, 118, 163
Königlicher Garten 66, 68, 69, 165

Königsmarck, Hans Christoffer, Graf 121
Kohl, Johann Friedrich 148, 175
Kohlenmarkt (Uhelný trh) 219, 222, 223
Kolowrat, Ludmila, Gräfin 96
Kolowrat-Liebsteinsky, Franz Anton, Graf 180
Konservatorium 225
Konstanze von Ungarn, Gemahlin König Ottokars I. 229
Kornfeld, Paul 237
Kosárek, Adolf XII
Kracker, Lukas 149
Krafft, Hans Ulrich 71
Kramolin, Josef 149, 302
Kramolin, Wenzel 184
Kreuzherrenplatz (Křižovnické náměstí) 262, 263
Kubelík, Jan 156
Kulturpalast XIX
Kunze, Reiner 168
Kuhnau, Johann 293
Kupetzki, Johannes 52
Kyrill und Methodius XVf.

LADISLAUS Postumus, König von Böhmen 32
Lapidarium XXI, 277, 278
Laurenziberg (Petřín) 14, 15, 304, Abb. 30
Lebzelter, Friedrich 134, 135
Ledebur-Garten 137
Lehmann, Caspar 72
Leonardo da Vinci 71
Leopold I., röm.-deutscher Kaiser und König von Böhmen 90, 91, 122, 293
Leopold II., röm.-deutscher Kaiser und böhmischer König 93
Lessing, Gotthold Ephraim 220
Leuthner, Abraham 90

REGISTER

Libussa, Fürstin in Böhmen xx, 40, 157-160
Liechtenstein, Emanuel, Fürst 80
Liechtenstein, Jakob Ernst, Graf, Bischof von Olmütz 82, 85
Liechtenstein, Johann Wenzel, Fürst 80
Lischka, Johann Christoph 265
Lobkowitz, Fürstenfamilie 86, 96, 129
Lobkowitz, Benigna Katharina, Prinzessin von 94
Lobkowitz, Johann, Prinz von 225
Lobkowitz, Johann, Prinz von, Burggraf 87
Lobkowitz, Polyxena, Prinzessin von 126
Lobkowitz, Wilhelm, Prinz von 60
Löbl, Benno, Abt des Klosters Břevnov 314, 315
Löw, Jehuda, Rabbi 73, 239-242, 247
Losy von Losymthal, Johann Anton 293, 294
Lucchese, Giovanni 325
Ludmila, Heilige 21-26, 29, 45, 46, Farbt. 4, S. 49, S. 241
Ludwig der Bayer, röm.-deutscher Kaiser 332
Ludwig, König von Böhmen und Ungarn 59
Luna, Christoph 113, 324
Lurago, Anselmo 149, 228, 292
Lurago, Carlo 225, 259, 265, 287, 293

Macha, Karel Hynek 157
Maderna, Giovanni Battista 92
Maisel, Mordechai 248
Maltesergarten 124

Malteserplatz (Maltézské náměstí) 125, Abb. 13
Manderscheid, Moritz Gustav, Graf von, Erzbischof v. Prag 78
Mandl, Michael Bernhard 175
Mánes, Malerfamilie 126, 289
Mánes, Antonin xii
Mánes, Josef xii, 190
Mánes, Quido xii
Manriquez de Lara, Maria Maximiliana, Prinzessin 126
Margarethe, Heilige 313
Maria von Österreich, Mutter Kaiser Rudolfs ii. 72
Maria Theresia, Kaiserin, Königin von Böhmen 75-85, 127, 166
Mariensäule auf dem Hradschinplatz xx, 87
Martin und Georg aus Klausenburg, Brüder 28
Martinitz, Grafen 86
Martinitz, Graf, Kaiserlicher Statthalter 60-63
Masaryk, Jan 93
Masaryk, Tomas Garrigue 70, 93
Matějček, Antonín 54
Mathey, Jean Baptiste 69, 122, 265, 329
Mathias von Arras 30, 34, 43
Mathias Corvinus, König von Ungarn 58
Matthias, röm.-deutscher Kaiser und König von Böhmen 73, 74
Maulpertsch, Franz Anton 303
Max, Emanuel 174, 175, 178
Max, Josef 174
Maximilian ii., röm.-deutscher Kaiser und König von Böhmen 32, 336

369

REGISTER

Maximilian I., Herzog von
 Bayern 124, 326, 327
Mayer, Johann 175
Medek, Martin, Erzbischof von
 Prag 27
Meister von Hohenfurth XIII
Meister I. P. 212
Meister Theoderich XIII, 55, 339,
 Farbt. S. 144/145
Meister von Wittingau XIV
Melantrichgasse Abb. 21
Method, Slawenapostel,
 Heiliger 283
Metro XVIII f.
Meyrink, Gustav 65, 66, 245-247
Michna von Weizenhofen,
 Johann Wenzel, Graf 278
Mikowec, Ferdinand B. 22-26
Milada, przemyslidische Prinzes-
 sin und Äbtissin 21, 22
Militsch von Kremsier, Johann
 224
Mladota von Solopisk, Ferdi-
 nand Anton 287
Mladota von Solopisk, Josef 80
Mocker, Josef 31, 222, 335
Moldau (Vltava) 14, 15, 123,
 154, 155, Abb. 29
Moritz Adolph, Herzog von
 Sachsen, Bischof von
 Leitmeritz 78, 82
Morper, Johann Josef 90
Mozart, Wolfgang Amadeus
 151, 220, 223, 243
Mucha, Alfons 156, Farbt.
 S. 329
Mühlheim, Johann von 224
Museen
 Burggalerie 353
 Hus-Museum 224
 Jirásek-Museum 325, 326
 Jüdisches Museum 240
 Kunstgewerbemuseum 354

Museen (Fortsetzung)
 Lapidarium 277, 278
 Nationalgalerie XI ff., XV ff.,
  52-55, 120, 182, 273, Farbt.
  S. 176/177
 Nationalmuseum 124, 179,
  271, 272, Farbt. 4, 5
 Museum der tschechischen
  Literatur 302, 303
 Museum der Stadt Prag
  295
 Reitschule im Waldstein-
  Garten 132, 133
Myslbek, Josef Vaclav 40,
 Farbt. 4

NAEGLE, August, Rektor der
 Universität Prag 259
Nationalbibliothek 83
Nationalstraße (Národní třída)
 10, 289, Farbt. 10
Nationaltheater XIX, 289-291,
 Farbt. 10
Navratil, Josef XIII, 50
Němcová Božena 157
Neruda, Jan 113-115, 157
Nerudagasse (Nerudova ulice)
 siehe auch Spornergasse 16,
 113, 114, 116, Abb. 15
Neue Schloß-Stiege 116, Abb. 9
›Neue Szene‹ XIX, Farbt. 10
Neue Welt (Nový Svět) 88
Neumarktgasse (Tržiště) 139-
 141
Neumeister, Werner 357
Neustadt (Nové Město) 163,
 164, 182, 267-300
Neustädter Rathaus 288
Norbert von Prémontré,
 Heiliger 41, 301, 302
Nosecky, Siardus 302, 303
Nostitz, Franz Anton, Reichsgraf
 von 220

REGISTER

Oberer ring 148
Obstmarkt (Ovocný trh) 219
Orden, geistliche
　Augustiner 118, 120, 163, 180, 264, 276
　Augustinerinnen 277
　Benediktiner 38, 162, 227, 283, 284, 313, 314
　Benediktinerinnen 28, 161
　Clarissinnen 162, 258
　Dominikaner 163, 180, 224
　Elisabetherinnen 282
　Franziskaner 162, 230, 264, 291
　Franziskanerinnen 264
　Jesuiten 147, 148, 255-258, 287
　Johanniter 120, 163
　Kapuziner 89
　Karmeliter 87, 126, 276, 291
　Karmeliterinnen 122
　Kreuzherren (mit dem roten Stern) 162, 264, 265
　Malteser 123, 124, 163
　Minoriten 216
　Prämonstratenser 162, 180, 227, 303
　Ritterorden, deutscher 276
　Serviten 279, 282
　Theatiner 179
　Trinitarier 181
　Ursulinen 88, Farbt. 10
　Weiße Prediger 258
　Zisterzienser 179
Orsi, Domenico 148
Orsi, Giovanni 94
Ottl, Johannes 169
Otto I. der Große, röm.-deutscher Kaiser 37, 161
Otto II., röm.-deutscher Kaiser 37
Otto III., röm.-deutscher Kaiser 38

Ottokar I., König von Böhmen 39, 48, 229
Ottokar II., König von Böhmen XVI, 39, 40, 56, 163, 231, 235

Pacassi, Nikolaus 75
Palacky, Franz 47, 160, 235, 271, 272
Palais
　Buquoy 124
　Clam-Gallas 226, 227, Abb. 24
　Colloredo 262
　Czernin 89-94, 166
　Czernin-Morzin 16, 116
　Erzbischöfliches 50, 87, Abb. 3
　Hrzanovsky, ehem. Mettych 123
　Kaunitz 122
　Kinsky, Altstädter Ring 11, 228
　Kinsky, Hybernergasse 293
　Kolowrat, später Thun-Hohenstein 16, 116, 125
　Ledebur 137
　Liechtenstein, Kampa 123
　Liechtenstein, Kleinseitner Ring 148
　Lobkowitz XVff., 141
　Malteser 124, 125
　Nostitz 125
　Öttingen 122
　Rohan 142
　Rosenberg 20
　Schwarzenberg, ehem. Lobkowitz 16, 87, 88, 165, Abb. 1
　Schönborn 141
　Slawata 116
　Sternberg 52, Farbt. S. 176/177
　Sweerts-Sporck 293

371

REGISTER

Palais (Fortsetzung)
  Sylva-Tarouca 292
  Toskana 87, Abb. 2
  Thun-Hohenstein, ehem.
    Kolowrat 16, 116, 125
  Trauttmansdorff 226
  Waldstein XIX, 129-136
  Wolkenstein 125
  Wratislaw 141
Palko, Franz Xaver 149
Palliardi, Michael Ignaz 141, 302, 303
Pambio, Juan Maria del 325
Pardubitz, Ernest von, Erzbischof von Prag 43, 224
Pariser Straße (Pařížká třída) 233, 238
Parlament XVIII
Parler, Peter 27, 30, 34, 39, 43-45, 169, 211
  Heinrich 44
Parlerhütte 39, 211, 215, 263
Pelzel, Franz Martin 125
Pennalossa de Mondragon, Benedikt 285
Pešina, Jaroslav 54
Peter I., Zar von Rußland 284
Peter von Lusignan, König von Jerusalem 336
Piccolomini, Octavian 292
Piepenhagen, August XIII
Pieroni, Giovanni 132, 133
Pinkas-Synagoge 248
Platzer, Ignaz 149
Plicka, Karel 355
Poche, Emanuel 355
Polanco, Johannes von 257
Pozzo, Giovanni Battista 90, 91
Prachner, Peter 149
Prachner, Richard 149, 225
Přehořovsky, Grafen 141
Preiss, Franz 41, 212

Prokop, Heiliger 27, 29, Farbt. 4, S. 241
Przemysl, Fürst in Böhmen 40, 158, 159
Przemysliden, Fürstenfamilie 39, 40, 158, 161-163, 231
Pujmanová, Marie 156
Pulverturm (Prašná brána) 10, 164, 298

QUITTAINER, Johann Anton 225

RAAB, Ignaz 302
Raabe, Wilhelm 240
Raffael Santi 71
Ramhoffsky, Johann Heinrich 76
Rathaus in der Josefstadt 239
Rathaussynagoge 240
Rauchmüller, Matthias 175, 182
Redelmeyer, Josef 149
Reiner, Wenzel Lorenz XIV, 52, 88, 92, 95, 137, 218, 225, 265, 277, 323, Farbt. S. 273
Reinhart, Brüder 66
Reitschule auf dem Hradschin 69
Reitschule im Waldstein-Garten 132, 133
Rejsek, Mathias 212
Rembrandt, eigentl. Harmensz van Rijn 91
Řičan, Karl Adam Löw von 178
Řičan, Litwin von 60
Ried, Benedikt 34, 57, 59
Rilke, Rainer Maria 345
Rittergasse (Rytířská ulice) 220
Rohan, Karl Anton, Prinz 142-147
Rokycana, Johannes, Bischof 51, 212
Rosenberg, Fürstenfamilie 50, 55, 86

372

REGISTER

Rottmayr, Johann Michael 138
Rubens, Peter Paul 52, 91, 120
Rudolf I. von Habsburg, deutscher König 40
Rudolf II., röm.-deutscher Kaiser und König von Böhmen XVI, 32, 52, 56, 59, 64, 69-74, 133, 140, 164, 213, 247, 285, 287, 302, Farbt. S. 176/177
Rudolf, P. Vladimir XXI
Rudolphinische Sammlungen 70, 71
Ruland, Vater und Sohn, Ärzte 73
Rupprecht I., deutscher König 254

SADELER, Ägidius 59, 164
St. Ignatius, Jesuitenkolleg 16, 287
Santin-Aichel, Johann 116, 137
Savery, Roeland 71
Sazawa, Kloster 27, 283
Scamozzi, Vincenzo 75
Schafgotsch, Johann Ernest Antoni, Graf 78-80, 82, 85
Scheffler, Felix Anton 95
Schlick, Joachim Andreas, Graf 191
Schlick, Leopold, Graf 34
Schmidthammer, Georg 32
Schönborn, Grafen 141
Schönherr, Matthias 218, 225
Schöpf, Johann Adam 95, 323
Schor, Johann Ferdinand 184, 186, 278
Schürer, Oskar 355
Schützeninsel 289
Schulz, Josef Farbt. 5
Schwarzenberg, Fürstenfamilie 86, 87
Schwarzenberg, Friedrich von, Kardinalerzbischof 40

Schwarzenberg, Joseph Johann Nepomucenus, Fürst 80
Schwarzer Turm 64
Scotti, Bartholomäus 124
Sealsfield, Charles 139, 225, 226, 266
Sebregondi, Nicolo 132
Seelau, Johann von 288
Seminargarten 140
Sendivoj, Michael 73
Seni, Astrologe 135, 136
Severus, Bischof von Prag 39
Sigismund, röm.-deutscher Kaiser, König von Böhmen 51, 282
Sigismund, Burgunderkönig, Heiliger 29, 263, Farbt. S. 241
Singender Brunnen 68
Šrámková, Alena XVIII
Skreta, Karl XIV, 52, 212, 215
Slawata, Graf, Kaiserlicher Statthalter 60-63
Smetana, Friedrich (Bedřich) 64, 154, 157, 290
Smetanatheater XVIII
Smiřicky, Albrecht von 60, 118
Smiřicky, Margarete von 118
Sobieslaw II., Herzog von Böhmen 58, 215
Soltau, Konrad von 253
Sontag, Henriette 225
Sophieninsel 289
Spanischer Saal 70
Spezza, Andrea 132
Spital zum Heiligen Geist 162, 264
Spitzweg, Carl XIII
Spornergasse siehe auch Nerudagasse 16, 113, 114, 116, Abb. 15
Spranger, Bartholomäus 71
Spitihnew I., Herzog von Böhmen 22

373

REGISTER

Spitihnew II., Herzog von Böhmen 39
Stadnik, Karel XXI
Ständetheater XIX, 219-221
Stegner, Mathias 96
Steinfels, Johann Jakob 316
Stella, Paolo della 67
Stephan, König von Ungarn, Heiliger 38
Stern, Schloß (Hvězda) 325, 326, Abb. 36
Sternberg, Familie XXII
Sternberg, Albrecht, Graf von 265
Sternberg, Kaspar, Graf von 118
Sternberg, Wenzel Adalbert, Graf von 265, 329
Stifter, Adalbert 352
Strada, Jacopo da 73
Strada, Katharina da 73
Süssner, Jeremias und Konrad 265
Svitavsky, Prior von St. Thomas 120
Swoboda, Karl M. 43, 355

TECHNISCHE Hochschule 225, 226
Teyngäßchen (Týnská ulice) 214, 215
Teynhof 161
Teynschule, Alte 212, Abb. 23
Thèbes, Madame de 65
Thietmar, Bischof von Prag 37
Thun, Grafen 138
Thun, Franz Josef, Graf 180
Thun, Maximilian, Graf 138
Thun, Quidobald, Graf, Fürsterzbischof von Salzburg 138
Thun, Romedio Franz, Graf 180
Tintoretto 71
Tizian 71, 73
Tomášek, Františec, Kardinal XII

Trauttmansdorff, M., Gräfin 137
Troja, Schloß XXII, 328-331, Abb. 35
Typotius, Jacobus 73

UDALRICH, Böhmenherzog 27
Ullfeld, Corfix, Graf 84
Ungelt 215
Universität 220-222, 225, 249-262
  Carolinum 220-222, 249, 258
  Clementinum 13, 15, 249, 250, 258, 260, 287, Abb. 24
  St. Wenzelskolleg 225
Urzidil, Johannes 344

VAVRAMÜHLE XIII
Vechta, Konrad von, Erzbischof von Prag 51
Veit, Heiliger 29, 30, 37, 363, Farbt. S. 241
Vennio, Hugo 66
Vernier de Rougemont, Freiherr 293
Veronese, Paolo 71
›Vikarka‹, Weinstube 21
Villa Amerika 278
Vlašim, Jan Očko von, Kardinalerzbischof von Prag XIII, 39, 43, 52, 53, 284, Farbt. S. 241
Vrchlický, Jaroslav 113
Vries, Adriaen de 133

WÄLSCHE Gasse (Vlašská ulice) 139
Wälsches Spital 141
Waldhauser, Konrad 209
Waldstein, Grafen 129, 130
Waldstein, Adolf, Graf 133
Waldstein, Albrecht Wenzel Eusebius, Graf 118, 129-136, 226, 285
Waldstein, Ferdinand, Graf 130

REGISTER

Waldstein, Karl Josef, Graf 130
Waldstein, Marie, Gräfin 131
Waldstein, Markward 130
Waldstein, Maximilian, Graf 130, 131
Waldstein, Wilhelm, Graf 118
Waldstein-Garten 132, 133, 136
Waldsteingasse (Valdštejnská ulice) 136, Abb. 14
Weiß, Franz Ignaz 225
Weißer Berg
  Schlacht am Weißen Berg 12, 124, 320-322, 326, 327
  Wallfahrtsort 322-324, Abb. 34
Welser, Philippine 325
Wenzel, Herzog von Böhmen, Heiliger 26, 29-31, 37, 43-47, 50, 161, 283, 338, Farbt. S. 49, S. 241
Wenzel I., König von Böhmen 48, 218, 229, 231
Wenzel II., König von Böhmen 120, 163
Wenzel III., König von Böhmen 163
Wenzel, deutscher König, als König von Böhmen Wenzel IV. 32, 35, 36, 42, 51, 53, 182, 221, 253-255, 263, 264, 284, 288, 289, 340, Farbt. S. 241
Wenzel, Herzog von Luxemburg 42
Wenzelsplatz (Václavské náměstí) XVIII, 10, 164, 267-272, Farbt. 4, 6, 9
Werfel, Franz 237
Wiclif, John 254
Wilhelm Florentin, Fürst von Salm-Salm, Fürsterzbischof von Prag 87
Williges, Erzbischof von Mainz 37

Willmann, Michael 265, 302
Winter, Zikmunt 234, 236
Wischehrad (Vyšehrad) 155-163, 165, 235
Wittingau, Augustinerstift 55
Wladislaw II., Herzog von Böhmen, später als König von Böhmen Wladislaw I. 40, 124, 130, 301
Wladislaw Jagello, König von Böhmen 20, 34, 58
Wladislawscher Saal 20, 57-59, 83, 84, 165, Abb. 7
Wolfgang, Bischof von Regensburg, Heiliger 37
Wolmut, Bonifaz 29, 67, 69, 325
Wratislaw I., Herzog von Böhmen 21-23, 45
Wratislaw II., als König von Böhmen Wratislaw I. 83, 161, Farbt. S. 33
Wratislaw von Mitrowitz, Franz Carl, Graf 64
Wratislaw von Mitrowitz, Johann Joseph, Graf, Bischof von Königgrätz 78, 82
Wratislaw von Mitrowitz, Johann Wenzel, Graf 218
Wrtba, Grafen 129, 140
Wrtba-Garten 140
Würth, Joseph Johann 35
Wunschwitz, Mathias, Freiherr von 175, 182, 186

ZEIDLER, Hieronymus, Abt des Klosters Strahow 180
Zeltnergasse (Celetná ulice) 10, 11, 228
Zink, Otmar, Abt von Kloster Břevnov 314
Zollhaus 298